Thilo von Trotha

Der Kampf um Plewna

Taktische Studien

Thilo von Trotha

Der Kampf um Plewna
Taktische Studien

ISBN/EAN: 9783743325906

Hergestellt in Europa, USA, Kanada, Australien, Japan

Cover: Foto ©ninafisch / pixelio.de

Manufactured and distributed by brebook publishing software (www.brebook.com)

Thilo von Trotha

Der Kampf um Plewna

Der Kampf um Plewna.

Taktische Studien

von

Thilo von Trotha.

Zweite, völlig umgearbeitete und erweiterte Auflage.

Mit einem Plan und sieben Skizzen in Steindruck.

Berlin 1896.
Ernst Siegfried Mittler und Sohn
Königliche Hofbuchhandlung
Kochstraße 68—71.

Alle Rechte aus dem Gesetze vom 11. Juni 1870
sowie das Uebersetzungsrecht sind vorbehalten.

Vorwort.

Der Kampf um Plewna, dieser strategische Brennpunkt des blutigen Balkan-Feldzuges von 1877, bot ein von der ganzen gebildeten Welt mit höchster Spannung verfolgtes Schauspiel; vor Allem aber erweckte er die gespannteste Aufmerksamkeit und das geradezu fieberhafte Interesse aller militärischen Kreise, welche in den Ereignissen jenes Kampfes ein mit Blut geschriebenes Lehrbuch moderner Taktik sahen, welches die Wirksamkeit der neuesten taktischen Faktoren — Schnellfeuer und Schnellbefestigung — zu lehrreicher Anschauung brachte.

Dieses allgemeine und ein großes persönliches Interesse veranlaßte mich, unmittelbar nach dem Falle Plewnas, noch zu Ende des Jahres 1877, auf Grund der zur Zeit verfügbaren natürlich noch sehr dürftigen Quellen eine zusammenhängende Darstellung jener interessanten Episode zu geben und an die Darstellung verschiedene taktische Betrachtungen anzuknüpfen.

Als erste zusammenhängende Darstellung, welche die Gesammtheit der bei Plewna sich abspielenden Kämpfe umfaßte, fand meine Arbeit, trotz der ihr im Hinblick auf die dürftigen Quellen naturgemäß anhaftenden Mängel, in den militärischen Kreisen des In- und Auslandes eine ziemlich weitgehende Verbreitung.

Seit jener ersten Darstellung sind 18 Jahre verflossen und in dieser Zeit haben sich zahlreiche Quellen erschlossen, welche eine Vervollständigung des früher nur skizzenhaften Bildes und eine kritische Klärung des Urtheils in manchen Richtungen ermöglichten.

Sämmtliche bei der jetzigen neuen Bearbeitung benutzten Quellen im Einzelnen anzuführen, würde zwecklos sein; ich beschränke mich darauf, die wichtigsten hervorzuheben.

An erster Stelle ist hier zu nennen die große kritische Arbeit des Generals Kuropatkin: „Lowtscha, Plewna und Scheinowo" mit der daran anschließenden Fortsetzung „Die Blockade Plewnas", welche beiden Werke in einer vortrefflichen, theils wörtlichen, theils auszugsweisen deutschen Bearbeitung des Obersten Krahmer unter dem Titel: „Kritische Rückblicke auf den russisch-türkischen Krieg von 1877/78" erschienen sind.

Kuropatkin, zur Zeit des Krieges Generalstabsoffizier bei dem bekannten General Skobelew, giebt eine außerordentlich eingehende und freimüthige Darstellung der Ereignisse von Plewna, von der Erstürmung von Lowtscha an bis zum Schluß, wobei indessen verschiedene Begebenheiten, an denen Skobelew nicht direkt betheiligt war, unberücksichtigt geblieben sind. Das Werk Kuropatkin-Krahmer bietet für die behandelten Partien der Plewna-Kämpfe ein geradezu überwältigend reiches Material nicht nur an taktischen und technischen Einzelheiten, sondern auch in Bezug auf die inneren Verhältnisse und den ganzen inneren Dienstbetrieb des russischen Heeres. Nicht nur als Spezialquelle für das Studium einzelner Abschnitte der Plewna-Kämpfe, sondern darüber hinaus als Quelle für das Studium gewissermaßen der Individualität des russischen Heeres unübertrefflich, kann das genannte Werk vermöge seiner bruchstückweisen, sehr unübersichtlichen Darstellung und vermöge der sehr wesentlichen Lücken — so fehlen das erste und zweite Plewna, die Ausfallschlacht von Pelischat, die Oktoberkämpfe auf der Sofia-Straße (Gornji Dubnjak) und die taktischen Einzelheiten des Durchbruchsversuchs der Türken so gut wie ganz — eine zusammenhängende übersichtliche Gesammtdarstellung des Kampfes um Plewna nicht ersetzen.

Diese Auseinandersetzung hielt ich für erforderlich, um das Verhältniß meiner Arbeit zu dem genannten Werke klar zu stellen; eine Konkurrenz zwischen beiden ist meiner Ansicht nach überhaupt ausgeschlossen, da die Anlage beider Werke eine ganze verschiedene ist.

Abgesehen von den Quellen, welche schon bei der ersten Auflage meiner Arbeit benutzt wurden, sowie abgesehen von solchen russischen Werken, welche die Gesammtverhältnisse des Krieges von 1877/78 betreffen, und welche für die einleitende strategische Uebersicht benutzt wurden, habe ich speziell für die Ereignisse bei Plewna aus folgenden größeren russischen Arbeiten und Aufsätzen geschöpft:

für das erste Plewna:

Tutolmin, Die kaukasische Kasaken-Brigade in Bulgarien.

Das erste Plewna (Erinnerungen eines Artilleristen) aus der großen Sammlung von Meschtscherski.

für das zweite Plewna:

Tutolmin, Kaukasische Kasaken-Brigade.

Kubnizki, Das zweite Plewna. — Eingehende Darstellung der Ereignisse auf dem russischen linken Flügel.

Erinnerungen eines Offiziers des Regiments Serpuchow (die Ereignisse auf dem russischen rechten Flügel betreffend).

Literarische Polemik zwischen General Krüdener und Generalstabsoberst Biskupski über die Vorgeschichte des zweiten Plewna.

für Lowtscha:

Kuropatkin.

Tutolmin.

für das dritte Plewna:

Kuropatkin.

Suchotin, Der Sturm von Plewna am 30. August (11. September) 1877. — Zum Theil polemischen Inhalts gegen Kuropatkin.

Tutolmin.

Eksten, Erinnerungen an die Thätigkeit der Artillerie vor Rustschuk und Plewna.

für die Kämpfe auf der Sofia-Straße im September und Oktober:

Tutolmin, Die Kavallerie jenseits des Wid.

Puschrewski, Erinnerungen eines Generalstabsoffiziers an den Krieg von 1877/78.

Afanassowitsch (Generalstabsoffizier), Erinnerungen an die bei der 2. Garde-Infanterie-Division im Kriege 1877/78 verlebte Zeit.

Enkel, Die 3. Garde-Infanterie-Division im Kriege 1877/78.

Tagebücher verschiedener Garde-Regimenter aus der großen Sammlung von Meschtscherski.

für den Durchbruchsversuch der Türken am 10. Dezember:

Kuropatkin, Die Schlacht bei Plewna am 28. November (10. Dezember) 1877. — In der Krahmerschen Bearbeitung nicht enthalten.

B***, Die 3. Grenadier-Division im Kriege 1877/78.

Als Ergänzungen der russischen Quellen dienten für die Theilnahme der Rumänen:

Bacarescu, Rumäniens Antheil am Kriege 1877/78.
Fisch, Kooperation der rumänischen Armee in Bulgarien.

Ich wende mich nunmehr zu den türkischen Quellen.

Oberstlieutenant Talaat, während des Feldzuges 1877 Adjutant Osman Paschas und in dieser Stellung an den Kämpfen bei Plewna selbst lebhaft betheiligt, veröffentlichte das von ihm geführte Journal über diese Ereignisse einige Jahre nach dem Kriege in der türkischen Zeitschrift „Terdshuman Chakikat". Dieses Werk, welches im Jahre 1885 in russischer Uebersetzung erschien, war nach unseren Begriffen kriegsgeschichtlicher Darstellungen überaus mangelhaft, immerhin aber füllte es eine klaffende Lücke in den Quellen des letzten Krieges wenigstens nothdürftig aus. Dieses ursprüngliche Werk des Oberstlieutenants Talaat Bey wurde später von dem Divisionsgeneral Mouzaffer Pascha durchgesehen, ins Französische übersetzt und nach Angaben Osman Paschas sowie durch Beigabe einer Anzahl offizieller Aktenstücke (Truppenverzeichnisse u. s. w. enthaltend) vervollständigt; verschiedene Angaben, welche das frühere Werk Talaats enthalten hatte, wurden dagegen beseitigt. In dieser neuen Form erschien das von Mouzaffer Pascha herausgegebene Werk im Jahre 1889 in Paris unter dem Titel Défense de Plewna, ausgestattet mit einem Atlas sorgfältig ausgeführter Karten.

Die Angaben dieses gewissermaßen offiziösen Werkes darf man im Allgemeinen wohl als ziemlich richtig annehmen, indessen sind sie so unvollständig und stellenweise so unklar und unbestimmt gehalten, daß viele Punkte durchaus zweifelhaft bleiben.

Von anderen türkischen Quellen, welche den allgemeinen Verlauf des Krieges und die strategischen Beziehungen zwischen der Armee von Plewna und den anderen türkischen Armeen betreffen, mögen hier genannt werden:

Subdetul Chakeik, Sammlung offizieller türkischer Dokumente über den Krieg von 1877/78, in russischer und deutscher Uebersetzung erschienen.

Die Verhandlungen in dem großen kriegsgerichtlichen Prozeß gegen Suleiman Pascha — in französischer und russischer Uebersetzung.

Baker Pascha (früherer englischer Offizier, dann türkischer General), War in Bulgaria.

Fife-Cookson (englischer Militär-Attaché bei der türkischen Armee während des Krieges), With the armies of the Balkans in 1877/78.

W. v. Tyszka, Die türkische Armee unter Mehmed Ali in den Kämpfen am Lom.

Schließlich will ich nicht unterlassen, die „Studien auf dem Kriegsschauplatz des russisch-türkischen Krieges 1877/78" des schweizerischen Obersten Ott zu erwähnen, welche in Bezug auf die topographischen und fortifikatorischen Verhältnisse außerordentlich lehrreich sind und die ich mehrfach benutzt habe.

Auf Grund der obengenannten und einer Anzahl weniger wichtiger Quellen habe ich die Ereignisse des Kampfes um Plewna innerhalb eines in allgemeinen Zügen entworfenen strategischen Rahmens wesentlich vom taktischen Gesichtspunkt aus dargestellt; die technischen Verhältnisse — fortifikatorische Anlagen und Waffenwirkung — sind von mir nur soweit berücksichtigt worden, als für das taktische Verständniß unbedingt erforderlich schien.

Die im Hinblick auf die ungenauen statistischen Angaben der türkischen Quellen sehr im Unklaren liegende Zusammensetzung der Armee von Plewna habe ich in einem besonderen Abschnitt näher besprochen; in einem ferneren Abschnitt habe ich die für die endliche Entscheidung des Kampfes um Plewna ausschlaggebenden Verpflegungsverhältnisse im Zusammenhange dargestellt.

Der Verfasser.

Inhaltsverzeichniß.

Erstes Buch.
Einleitung. — Die Gegner. — Der Schauplatz.

Erster Abschnitt. Einleitende Uebersicht über den Feldzug in Bulgarien 1877.

		Seite
1.	Einleitung	1
2.	Die russische Operations-Armee	1
3.	Die türkische Operations-Armee	2
4.	Uebergang der Russen über die Donau	3
5.	Exzentrischer Vormarsch der russischen Haupt-Armee nach Süden	4
6.	Gegenmaßregeln der Türken	5
7.	Das Scheitern der russischen Offensive	6
8.	Heranziehung von Verstärkungen seitens der russischen Heeresleitung	9
9.	Das Scheitern der türkischen Offensive am Schipka-Paß, am Lom und bei Plewna	10
10.	Niederlage der Russen in den Septemberkämpfen bei Plewna	12
11.	Die Einschließung Plewnas	13
12.	Vergebliche türkische Entsatzversuche	13
13.	Plewnas Fall	15

Zweiter Abschnitt. Die russischen Streitkräfte.

14.	Allgemeine Heeresverfassung	15
15.	Infanterie	15
16.	Kavallerie	16
17.	Artillerie	17
18.	Ingenieurtruppen	18
19.	Kasaken	18
20.	Bewaffnung	19
21.	Munitionsausrüstung	22
22.	Abgekürzte Truppentheilbezeichnungen	23

Dritter Abschnitt. Die rumänischen Streitkräfte.

23.	Allgemeine Heeresverfassung	23
24.	Die permanente Armee	24
25.	Die Territorial-Armee	24
26.	Bewaffnung	24

Vierter Abschnitt. Die türkischen Streitkräfte.

		Seite
27.	Allgemeine Heeresverfassung	25
28.	Die Nizam-Truppen (stehendes Heer)	26
29.	Die Redif-Truppen (Landwehr)	27
30.	Die Mustahfis-Truppen (Landsturm)	28
31.	Die Muawine-Truppen (Irreguläre)	29
32.	Bewaffnung	29
33.	Munitionsausrüstung	30
34.	Abgekürzte Truppentheilbezeichnungen	31

Fünfter Abschnitt. Plewna.

35.	Geographisch-strategische Verhältnisse	32
36.	Topographische Verhältnisse	34
37.	Fortifikatorische Verhältnisse	38

Zweites Buch.
Das erste und zweite Plewna.

Sechster Abschnitt. Vormarsch der türkischen West-Armee unter Osman Pascha von Widdin nach Plewna.

38.	Osman Pascha erhält den Befehl zum Vormarsch	45
39.	Osmans Anordnungen für den Vormarsch	46
40.	Ereignisse bei Plewna vor Osmans Ankunft	47
41.	Osmans Marsch von Widdin nach Plewna	48
42.	Osmans Eintreffen bei Plewna am 19. Juli	50
43.	Stellung der Türken am Abend des 19. Juli	51

Siebenter Abschnitt. Vormarsch der Russen unter General Schilder-Schuldner gegen Plewna.

44.	Die ersten Erkundungen gegen Plewna	52
45.	Anordnungen Krüdeners nach der Einnahme von Nikopolis	53
46.	Anordnungen Krüdeners zum Vormarsch gegen Plewna	53
47.	Vormarsch Schilder-Schuldners am 19. Juli	54

Achter Abschnitt. Das Treffen bei Plewna am 20. Juli.

48.	Das Gefecht des russischen rechten Flügels um die Höhen von Bukowa	56
49.	Das Gefecht des russischen linken Flügels um die Höhen von Grivica	57
50.	Die kaukasische Kasaken-Brigade bei Rabischewo	59
51.	Die Verhältnisse auf türkischer Seite	60
52.	Verluste	61

	Seite

Neunter Abschnitt. Vormarsch der Generale Krüdener und Schachowski gegen Plewna.

53.	Anordnungen Krüdeners zur Sicherung gegen Plewna	62
54.	Anordnungen des Armee-Oberkommandos zur Verstärkung der West-Armee	63
55.	Kriegsrath bei Bresljenniza am 26. Juli	65
56.	Ereignisse bei der russischen West-Armee vom 26. bis 29. Juli . .	65
57.	Stellung der russischen West-Armee am Abend des 29. Juli . .	67
58.	Kriegsrath in Porabim am 29. Juli	68
59.	Russische Angriffsdisposition für den 30. Juli	70

Zehnter Abschnitt. Osman Paschas Armee in der Zeit zwischen der ersten und zweiten Plewna-Schlacht.

60.	Die Einnahme von Lowtscha durch die Türken .	73
61.	Die türkischen Streitkräfte bei Plewna	73
62.	Stellung der Türken am Morgen des 30. Juli . .	74

Elfter Abschnitt. Die Schlacht bei Plewna am 30. Juli.

63.	Anmarsch des russischen rechten Flügels und Artilleriekampf auf der Griwiza-Front	76
64.	Infanterieangriff auf der Griwiza-Front	78
65.	Rückzug des russischen rechten Flügels	82
66.	Anmarsch des russischen linken Flügels und Artilleriekampf auf der Radischewo-Front	82
67.	Infanterieangriff auf der Radischewo-Front. Einnahme der Redoute Ibrahim Bey	84
68.	Gegenangriff der Türken abgewiesen	87
69.	Erfolgloser Angriff der Russen auf die Stellung von Arab Tabia	88
70.	Rückzug des russischen linken Flügels	89
71.	General Gorschkow bei Radischewo in der Nacht und am Morgen des 31. Juli	91
72.	Vorgänge bei Porabim in der Nacht und am Morgen des 31. Juli	92
73.	Gefecht auf der Krischin-Front westlich der Tutscheniza-Schlucht . .	93
74.	Die Vorgänge auf türkischer Seite	96
75.	Verluste	98

Drittes Buch.

Einschließung Plewnas auf der Ostseite.

Zwölfter Abschnitt. Die russische West-Armee vor Plewna im August.

76.	Zusammensetzung und Kommandoverhältnisse	100
77.	Vorbereitungen zur Wiederaufnahme der Offensive	101
78.	Aufstellung am 22. August	102
79.	Nachrichten über den Gegner	104

Dreizehnter Abschnitt. Die rumänische Armee vom Ausbruch des Krieges bis zum Eintritt in die Operationen gegen Plewna.

80. Mobilmachung und erster Aufmarsch der rumänischen Armee . . 105
81. Gespanntes Verhältniß zwischen Rußland und Rumänien 105
82. Abschluß eines Bündnißvertrages zwischen Rußland und Rumänien 107
83. Uebergang des rumänischen Operationskorps auf das rechte Donau-Ufer 108
84. Vereinigung des rumänischen Korps mit der russischen West-Armee 110

Vierzehnter Abschnitt. Die Ausfallschlacht von Sgalewitze—Pelischat am 31. August.

85. Die türkische Plewna-Armee im August 112
86. Osmans Vorbereitungen zu einer Offensivunternehmung 112
87. Aufstellung des russischen 4. Korps am Morgen des 31. August . 113
88. Angriff auf die russischen Stellungen bei Sgalewitze und Pelischat 114
89. Rückzug der Türken 116
90. Verluste 117

Fünfzehnter Abschnitt. Die Erstürmung von Lowtscha durch die Russen am 3. September.

91. Lowtscha von den Türken besetzt 117
92. Russisches Beobachtungsdetachement gegen Lowtscha 118
93. Zusammenziehung eines Korps unter General Fürst Jmeretinski zur Einnahme von Lowtscha 119
94. Vorgehen der Russen gegen Lowtscha am 1. und 2. September . 119
95. Die Stellung der Türken bei Lowtscha 120
96. Russische Angriffsdisposition für den 3. September 122
97. Einleitender Artilleriekampf 123
98. Einnahme der türkischen Stellungen auf dem rechten Osma-Ufer . 125
99. Entwickelung der russischen Truppen zum Angriff gegen die türkische Hauptstellung am linken Osma-Ufer 127
100. Ueberwältigung der türkischen Hauptstellung 128
101. Die Verfolgung 130
102. Verluste 130
103. Erfolgloser Versuch der türkischen Haupt-Armee zum Entsatz von Lowtscha 131
104. Das Korps unter Jmeretinski vereinigt sich mit der West-Armee vor Plewna 133

Viertes Buch.
Das dritte Plewna.

Sechzehnter Abschnitt. Die russische West-Armee Anfang September.

105. Die bisherige russische Plewna-Armee 134
106. Das rumänische Korps 135
107. Das Korps unter Jmeretinski 135

		Seite
108.	Die Kavallerie des ehemaligen Avantgardenkorps	136
109.	Die 3. Infanterie-Division	136
110.	Die Belagerungsartillerie	137
111.	Gesammtstärke der West-Armee Anfang September	137
112.	Kommandoverhältnisse	138

Siebzehnter Abschnitt. Die türkische Plewna-Armee Anfang September.

113.	Die Streitkräfte	139
114.	Die Befestigungen	139
115.	Truppenvertheilung am 6. September	140

Achtzehnter Abschnitt. Die Vorbereitungskämpfe vom 7. bis 10. September.

116.	Grundgedanke der Angriffsoperationen	143
117.	Disposition für den Abend des 6. September	144
118.	Einnahme der Artilleriestellungen	147
119.	Aufstellung der Artillerie am Morgen des 7. September	148
120.	Artilleriekampf östlich der Tutscheniza-Schlucht am 7. September	149
121.	Artilleriekampf am 8. September	151
122.	Artilleriekampf am 9. September	152
123.	Artilleriekampf am 10. September	154
124.	Die Infanterie des 4. und 9. Korps während des Artilleriekampfes	154
125.	Aufgabe des Korps des Generals Imeretinski westlich der Tutscheniza-Schlucht	154
126.	Der 8. September. Stobelew bemächtigt sich des ersten und zweiten Kammes der Grünen Berge	155
127.	Räumung des zweiten Kammes in der Nacht vom 8. zum 9. September	158
128.	Vorgänge auf türkischer Seite am 8. und 9. September	159
129.	Der 9. September. Gefecht auf dem ersten Kamm	160
130.	Stellung der Türken westlich der Tutscheniza-Schlucht am Abend des 9. September	162
131.	Der 10. September. Stobelew setzt sich auf dem zweiten Kamm fest	162
132.	Taktische Würdigung der Stellung auf dem zweiten Kamm	165
133.	Rückblick auf die artilleristische Vorbereitung des Angriffs am 7., 8., 9. und 10. September	166
134.	Allgemeine Angriffsdisposition für den 11. September	168

Neunzehnter Abschnitt. Der Entscheidungskampf am 11. September auf der Griviza-Front.

135.	Rumänische Angriffsdisposition und Artillerievorbereitung	170
136.	Angriff der 3. rumänischen Division	171
137.	Angriff der 4. rumänischen Division	172
138.	Angriff der russischen 1./5. Infanterie-Brigade. Einnahme der ersten Griviza-Redoute	173
139.	Verluste	175
140.	Verhältnisse auf türkischer Seite	176

Zwanzigster Abschnitt. Der Entscheidungskampf am 11. September auf der Radischewo-Front.

		Seite
141.	Artillerievorbereitung	176
142.	Aufstellung und Bestimmung der russischen Infanterie	177
143.	Das Gelände	178
144.	Verfrühter Angriff der Regimenter Uglitsch und Jaroslaw	179
145.	Angriff der Regimenter Kasan und Schuja	180
146.	Angriff des Regiments Woronesch	182
147.	Angriff des Regiments Galitsch	182
148.	Scheitern des Angriffs auf der Radischewo-Front	182
149.	Verluste	183
150.	Verhältnisse auf türkischer Seite	184

Einundzwanzigster Abschnitt. Der Entscheidungskampf am 11. und 12. September auf der Krschin-Front.

151.	Aenderung der Befehlsverhältnisse auf dem russischen linken Flügel	185
152.	Aufstellung der Russen am Abend des 10. September	186
153.	Artillerievorbereitung	187
154.	Skobelew bemächtigt sich des dritten Kamms	187
155.	Stellung der Russen gegen 3 Uhr nachmittags	190
156.	Die russische Kavallerie westlich der Tutscheniza-Schlucht	191
157.	Verhältnisse auf türkischer Seite	192
158.	Einnahme der Redoute Kowanlük durch die Russen	193
159.	Abweisen zweier türkischer Gegenangriffe	196
160.	Festsetzen der Russen in der eroberten Stellung	198
161.	Einnahme der Redoute Issa Agha durch die Russen	199
162.	Der russische linke Flügel am Abend des 11. September	199
163.	Verhältnisse auf türkischer Seite	201
164.	Uebersicht über die Ereignisse des 12. September westlich der Tutscheniza-Schlucht	203
165.	Stellung der Russen bei Tagesanbruch	204
166.	Anordnungen Skobelews	205
167.	Die beiden ersten türkischen Gegenangriffe auf die Reboutenlinie	206
168.	Der dritte türkische Gegenangriff	207
169.	Gefecht an der Tutscheniza-Schlucht im Rücken der Reboutenlinie	208
170.	Skobelew erhält den Befehl zum Rückzuge	208
171.	Die Sachlage gegen 2 Uhr nachmittags	209
172.	Der vierte türkische Gegenangriff	211
173.	Der fünfte türkische Gegenangriff. Die Wiedereinnahme der Plewna-Redouten	212
174.	Verhältnisse auf türkischer Seite am 12. September	215
175.	Verluste	217

Fünftes Buch.
Völlige Einschließung Plewnas.

Zweiundzwanzigster Abschnitt. Uebersicht über die Ereignisse von Mitte September bis Anfang Dezember. — General Totleben übernimmt die Leitung der Einschließungs-Armee.

176. Die russisch-rumänische West-Armee nach den Septemberkämpfen . 221
177. General Totleben erhält die Leitung der Operationen gegen Plewna 222
178. Die Ereignisse von den Septemberkämpfen bis zum Festsetzen der Türken auf der Sofia-Straße 223
179. General Gurko erhält die Leitung der Operationen am linken Wid-Ufer. 224
180. Allgemeine Disposition für den 24. Oktober 225
181. Die Sofia-Straße Ende Oktober in den Händen der Russen . . 226
182. Vorschieben der russischen Einschließungslinie westlich der Tutschenitza-Schlucht 227
183. Theilung des Oberbefehls der russisch-rumänischen West-Armee zwischen Totleben und Gurko 227
184. Die russisch-rumänischen Streitkräfte vor Plewna Anfang November 228
185. Aufstellung und Gliederung der Streitkräfte am 8. November . . 230
186. Entschluß der russischen Heeresleitung zu einer offensiven Abwehr der von Sofia her drohenden Entsatzgefahr 232
187. Theilung der bisher vor Plewna versammelten Streitkräfte in eine Einschließungs-Armee unter Totleben und eine zu offensiven Operationen bestimmte West-Armee unter Gurko. 233
188. Zusammensetzung der Einschließungs-Armee 234
189. Eintheilung der Einschließungslinie in sechs Abschnitte 235
190. Befestigung der Einschließungslinie 237
191. Artillerieaufstellung in der Einschließungslinie 238
192. Verbindungen in der Einschließungslinie 239

Dreiundzwanzigster Abschnitt. Die türkischen Entsatzoperationen auf der Sofia-Straße.

193. Die rückwärtigen Verbindungen Plewnas 240
194. Die erste Entsatzoperation unter Achmed Chiwsi Pascha . . . 240
195. Fouragirungen der Türken im Westen von Plewna 242
196. Die zweite Entsatzoperation unter Chefket Pascha 244
197. Festsetzen der Türken auf der Sofia-Straße 244
198. Der Transport- und Eskortendienst auf der Sofia-Straße . . . 246

Vierundzwanzigster Abschnitt. Die russisch-rumänische Kavallerie zwischen Wid und Isker von Anfang September bis Ende Oktober.

199. General Loschkarew am linken Wid-Ufer während der September-kämpfe 246
200. Versuch zur Einschließung Plewnas durch zwei im Süden und Westen aufgestellte Kavalleriekorps 248

		Seite
201.	General Loschkarew am rechten Wid-Ufer	249
202.	General Krylow am linken Wid-Ufer	249
203.	Instruktion für die Thätigkeit der Kavalleriekorps	250
204.	Verschiebungen in der bisherigen Aufstellung der Kavallerie	251
205.	Das Gelände am linken Wid-Ufer	252
206.	Erkundungen nach Westen zu	253
207.	Erkundungsgefecht bei Telisch am 20. September	253
208.	Erkundungsgefecht bei Telisch am 21. September	254
209.	General Krylow beschließt den Abmarsch nach Smeret Trestjenik	255
210.	Gefecht bei Gornji Dubnjak am 22. September. Rückzug Krylows auf Petropol	256
211.	Widersprechende Befehle des Kommandos der West-Armee an Krylow	257
212.	Krylow geht vor dem türkischen Entsatzkorps auf Smeret Trestjenik zurück	258
213.	Krylows Streifzug über den Isker gegen Rahowa Ende September	259
214.	Krylow trifft wieder vor Plewna ein	259
215.	Gefecht von Dolni Petropol am 1. Oktober	260
216.	Streifzug des Obersten Lewis nach Süden	261
217.	General Gurko erhält die Leitung der Operationen gegen die Sofia-Straße	263

Fünfundzwanzigster Abschnitt. Die Kämpfe auf der Sofia-Straße am 24. und 28. Oktober.

218.	General Gurko übernimmt das Kommando. Erste Anordnungen	264
219.	Gurkos Disposition für den 24. Oktober	265
220.	Das Gelände bei Gornji Dubnjak	269
221.	Die türkische Stellung bei Gornji Dubnjak	269
222.	Das Detachement Rosenbach bis 11 Uhr mittags	270
223.	Das Detachement Seddeler bis 11 Uhr mittags	274
224.	Das Detachement Ellis I. bis 11 Uhr mittags	277
225.	Die allgemeine Gefechtslage um 11 Uhr mittags	278
226.	Das Detachement Ellis I. von 11 bis 2 Uhr	279
227.	Das Detachement Seddeler von 11 bis 2 Uhr	281
228.	Gurkos Anordnungen zur Ausführung eines allgemeinen Angriffs	282
229.	Das Detachement Rosenbach von 11 bis 3 Uhr	283
230.	Mißverständniß in Betreff des Signals zum allgemeinen Angriff	284
231.	Erfolglose vereinzelte Angriffe	285
232.	Erstürmung der Verschanzung von Gornji Dubnjak	286
233.	Verluste	287
234.	Unklare Disposition für das Vorgehen gegen Telisch	287
235.	Die türkische Stellung bei Telisch	288
236.	Berunglückter Angriff auf die Stellung von Telisch	289
237.	Verluste	291
238.	Demonstration gegen Dolni Dubnjak am 24. Oktober	291
239.	Die Russen auf der Sofia-Straße nach der Einnahme von Gornji Dubnjak	293

		Seite
240.	Einnahme von Telisch am 28. Oktober	293
241.	Gefecht bei Rakita am 28. Oktober	294
242.	Doljni Dubnjak am 1. November von den Russen besetzt. Völlige Einschließung Plewnas auf dem linken Wid-Ufer	296

Sechsundzwanzigster Abschnitt. Kämpfe der Rumänen um die zweite Grivitza-Redoute.

243.	Die Rumänen in der Einschließungslinie vor Plewna	296
244.	Beginn des Erdangriffs gegen die zweite Grivitza-Redoute . . .	297
245.	Verunglückter Sturmangriff am 18. September	297
246.	Fortsetzung des Erdangriffs	298
247.	Verunglückter Sturmangriff am 19. Oktober	298
248.	Fortsetzung des Erdangriffs. Minenangriff	299
249.	Stauarbeiten am Wid-Ufer	299

Siebenundzwanzigster Abschnitt. Vorschieben der Einschließungslinie unter Skobelew westlich der Tutschenitza-Schlucht Ende Oktober und Anfang November.

250.	Demonstration der Russen gegen die Krischin-Front am 24. Oktober und den folgenden Tagen	300
251.	Das Plewna—Lowtscha-Detachement unter Skobelew in der Stellung auf dem Rothen Berge	300
252.	Festsetzen der Russen auf der Höhe von Brestowez am 4. November	301
253.	Festsetzen der Russen auf dem ersten Kamm der Grünen Berge am 9. November	302

Sechstes Buch.
Plewnas Fall.

Achtundzwanzigster Abschnitt. Die türkische Plewna-Armee von Mitte September bis Anfang Dezember.

254.	Allgemeine Lage und Stärkeverhältnisse	306
255.	Die Befestigungen	307
256.	Die Armee von Plewna nach dem Verlust ihrer Verbindungen . .	308
257.	Die strategische Lage. Entsatzpläne und Entsatzversuche	311

Neunundzwanzigster Abschnitt. Türkische Vorbereitungen zum Durchbruchsversuch.

258.	Organisatorische Maßregeln	319
259.	Materielle Maßregeln	320
260.	Stärkeverhältnisse. Kranke und Verwundete	320
261.	Disposition für den 10. Dezember	321

Dreißigster Abschnitt. Russische Vorbereitungen in Erwartung des Durchbruchsversuchs.

262.	Allgemeine Anordnungen	324
263.	Allgemeine Aufstellung der Truppen des sechsten Abschnitts . . .	325

v. Trotha, Der Kampf um Plewna. 2. Aufl.   b

		Seite
264.	Die Befestigungen der russischen Stellung am linken Wid-Ufer	326
265.	Die Nachricht von der Niederlage bei Elena	328

Einunddreißigster Abschnitt. Die Schlußkatastrophe.

266.	Der Uebergang der Türken über den Wid in der Nacht vom 9. zum 10. Dezember	328
267.	Die Russen auf dem rechten Wid-Ufer in der Nacht vom 9. zum 10. Dezember	329
268.	Die Russen auf dem linken Wid-Ufer in der Nacht vom 9. zum 10. Dezember	331
269.	Stellung der Russen am Morgen des 10. Dezember	333
270.	Siegreiches Vordringen der Türken auf dem linken Wid-Ufer	334
271.	Erster Gegenstoß der Russen	336
272.	Erneutes Vordringen der Türken	337
273.	Eintreffen russischer Verstärkungen. Zweiter Gegenstoß der Russen	338
274.	Die Ereignisse auf dem rechten Wid-Ufer	339
275.	Das Ende der Plewna-Armee	340
276.	Verluste	342
277.	Schlußwort	343

Zweiunddreißigster Abschnitt. Die Zusammensetzung der Armee von Plewna.

278.	Zusammensetzung zur Zeit des ersten und zweiten Plewna	344
279.	Zusammensetzung zur Zeit des Treffens von Pelischat Ende August	344
280.	Zusammensetzung zur Zeit des dritten Plewna (Anfang September)	345
281.	Verstärkungen im September und Oktober	345
282.	Zusammensetzung Ende November	347
283.	Neuformation der Infanterie vor dem Durchbruchsversuch	349
284.	Artillerie	352
285.	Kavallerie	352

Dreiunddreißigster Abschnitt. Die Verpflegungsverhältnisse der Armee von Plewna.

286.	Einleitung	353
287.	Zusammenstellung der einzelnen Quellenangaben	353
288.	Der eintägige Bedarf der Plewna-Armee	357
289.	Die Transportmittel	358
290.	Die rückwärtigen Zufuhren	360

Siebentes Buch.
Betrachtungen.

Vierunddreißigster Abschnitt. Die strategischen Verhältnisse.

291.	Allgemeine Bedeutung der Ereignisse bei Plewna	366
292.	Osman Paschas Vormarsch von Widdin nach Plewna	367

		Seite
293.	Das erste Plewna	367
294.	Das zweite Plewna	369
295.	Die strategische Lage nach dem zweiten Plewna	372
296.	Das dritte Plewna	374
297.	Totleben	376
298.	Gornji Dubnjak	377
299.	Plewnas Fall	377

Fünfunddreißigster Abschnitt. Die taktischen Verhältnisse.

300.	Die Ursachen der russischen Niederlagen	378
301.	Das erste Plewna	379
302.	Das zweite Plewna	381
303.	Die artilleristische Vorbereitung zum dritten Plewna	385
304.	Das dritte Plewna	387
305.	Schlußwort	392

Erstes Buch.

Einleitung. — Die Gegner. — Der Schauplatz.

Erster Abschnitt.
Einleitende Uebersicht über den Feldzug in Bulgarien 1877.

1. Einleitung. Das am 30. Oktober 1876 von Livadia aus der Pforte gestellte Ultimatum, welches den sofortigen Abschluß eines Waffenstillstandes mit Serbien forderte, war der Beginn der diplomatischen Aktion Rußlands; am 13. November begann mit dem Ausspruch der Mobilmachung für einen Theil der Armee die militärische Aktion.

2. Die russische Operations-Armee. Für den europäischen Kriegsschauplatz wurde unter dem Großfürst Nikolaus, Bruder des Kaisers, eine „Operations-Armee" von vier Armeekorps (8., 9., 11., 12.) nebst einigen Spezialtruppen aufgestellt; zwei andere Armeekorps (7., 10.) bildeten die sogenannte „Küsten-Armee", welche unmittelbar dem Chef des Militärbezirks Odessa, General Semeka, in höchster Instanz aber ebenfalls dem Großfürst Generalissimus unterstellt war.

Bald darauf wurden der Operations-Armee drei weitere Armeekorps (4., 13., 14.) zugewiesen, so daß sie nunmehr aus 14 Infanterie-Divisionen, 7 Kavallerie-Divisionen, 1 Schützen-Brigade, einer Anzahl selbständiger Kasaken-Truppentheile und der neuformirten bulgarischen Legion (6 Bataillone) bestand, mit einer Gesammtstärke von rund 160 000 Mann Infanterie, 25 000 Mann Kavallerie, 20 000 Mann Spezialtruppen mit etwa 800 Feldgeschützen.

Zwischen Rußland und Rumänien war eine Uebereinkunft abgeschlossen, welche der russischen Armee den Durchzug durch rumänisches

Gebiet und die Benutzung der rumänischen Eisenbahnen gestattete, während die rumänische Armee, etwa 50 000 Mann stark, sich in der Kleinen Walachei versammeln sollte, die von den russischen Operationen nicht berührt werden durfte.

Nachdem die Kriegserklärung in Konstantinopel dem türkischen Minister des Auswärtigen am 23. April, in Petersburg dem türkischen Gesandten am 24. April 1877 übergeben worden, begann am 24. April der Einmarsch der in Bessarabien versammelten russischen Operations-Armee in rumänisches Gebiet und ging, wenn auch durch die Ungunst der Witterung und ihre üble Einwirkung auf den Zustand der Wege sehr erschwert, im Allgemeinen planmäßig und vom Gegner nicht im Geringsten gestört, von statten. Anfang Juni war der Aufmarsch von vier Korps (8., 9., 11., 12.) längs der Donau von der Mündung bis zur Aluta (gegenüber von Nikopolis) vollendet, während oberhalb der Aluta bis zur serbischen Grenze die zunächst noch neutrale rumänische Armee Aufstellung genommen hatte. Die drei erst später mobilisirten russischen Korps (4., 13., 14.) waren noch weiter zurück im Anmarsch begriffen.

3. **Die türkische Operations-Armee.** Die Gesammtstärke der Mitte April zwischen Donau und Balkan stehenden regulären türkischen Streitkräfte kann man auf etwa 140 000 Mann veranschlagen; von diesen dürften 75 000 Mann auf die ostbulgarische Armee in dem Festungsviereck Rustschuk — Silistria — Varna — Schumla und 45 000 Mann auf die westbulgarische Armee bei Widdin zu rechnen sein, während der Rest im mittleren Bulgarien theils längs der Donau in Sistowa, Nikopolis, Rahowa, theils in den Balkan-Plätzen Kasan, Eski Dschuma, Tirnowa und Lowtscha verzettelt war.

Außerdem waren südlich des Balkan bei Sofia, Philippopel und Adrianopel Reserven in der Organisation und Formation begriffen.

Kurz vor Ausbruch der Feindseligkeiten fand in dieser Aufstellung eine durchgehende Verschiebung nach Osten statt, unter gleichzeitiger Heranziehung eines Theiles der Reserven von der Südseite des Balkan zur ostbulgarischen Heeresgruppe, welche nunmehr in einer Gesammtstärke von etwa 100 000 Mann (einschließlich aller Festungsbesatzungen) als Haupt-Armee deutlich zu erkennen war; die Armee von Widdin hatte noch eine Stärke von etwa 35 000 Mann, während etwa 25 000 Mann zwischen diesen beiden Hauptgruppen verzettelt waren.

Höchstkommandirender der gesammten Streitkräfte in Bulgarien war der Serdar Ekrem (Generalissimus) Abdul Kerim Pascha. Die ihm unterstellten Truppen hatten keine dauernde Eintheilung in Divisionen und Korps, sondern gruppirten sich um die oben genannten Festungen. Unter Abbul Kerim befehligte der Muschir (kommandirender General) Achmed Ejub Pascha die Truppen im ostbulgarischen Festungsviereck, Muschir Osman Pascha die Truppen bei Widdin.

Außerhalb des Verbandes der großen bulgarischen oder Donau-Armee standen im Nordwesten der Türkei vier kleinere selbstständige Heerestheile im Felde:

Suleiman Pascha in der Herzegowina an der Nordgrenze von Montenegro;

Ali Saib Pascha in Albanien an der Südgrenze von Montenegro;

Veli Pascha in Bosnien an der Westgrenze von Serbien;

Mehmed Ali Pascha im Gebiet von Novibazar zwischen Montenegro und Serbien.

Außerdem befanden sich kleine selbstständige Truppenkorps in Thessalien und Epirus.

4. **Uebergang der Russen über die Donau.** Die nächste Aufgabe, welche die russische Heeresleitung zu lösen hatte, war der Uebergang über die Donau.

Die zur gleichzeitigen Ueberbrückung des gewaltigen Stromes an mehreren Stellen nothwendigen technischen Veranstaltungen hatte man schon lange vor Beginn der Feindseligkeiten ins Auge gefaßt, und seit Monaten schon wurde in Rumänien unter Aufsicht und Leitung russischer Offiziere an der Herstellung des für nothwendig erachteten ganz gewaltigen Materials gearbeitet; aber einerseits Irrthümer in der ursprünglichen Veranschlagung, andererseits störende Zwischenfälle mancherlei Art wirkten lähmend auf den Fortgang der Arbeit ein, so daß schon aus diesem Grunde der ursprünglich bereits für den Anfang Juni in Aussicht genommene Uebergang um mehrere Wochen hinausgeschoben werden mußte.

Die Thätigkeit der den Strom zunächst vollkommen beherrschenden türkischen Flottille wurde durch eine Reihe sehr geschickt angelegter Torpedosperren sowie durch dreiste Offensivoperationen eines kleinen Geschwaders von Torpedo-Schaluppen — welch letztere auf der Eisenbahn bis Dschurdschewo geschafft und hier ins Wasser gebracht waren — vollständig lahmgelegt, so daß Ende Juni die beiden zum

Uebergang ausgewählten Stromstrecken gegen Unternehmungen der türkischen Flottille völlig gesichert waren.

Am 22. Juni bewerkstelligte das abgesondert von der Haupt-Armee operirende 14. Korps unter Zimmermann seinen Uebergang über die untere Donau bei Braila und Galatz. Später durch Abgaben der Küsten-Armee bis auf 40 000 Mann verstärkt, spielte dies in der Dobrudscha stehenbleibende Korps im weiteren Verlauf des Feldzuges keine Rolle, welche zu jener Stärke in richtigem Verhältniß gestanden hätte; die ganze Wirkung beschränkte sich auf Paralysirung des weit schwächeren türkischen Dobrudscha-Korps.

In der Nacht vom 26./27. Juni erzwang die vorderste Staffel der Haupt-Armee bei Simniza—Sistowa den Uebergang gegen ein hier stehendes türkisches Detachement.

Anfang Juli stand die Haupt-Armee mit vier Korps (8., 9., 12., 13.) und einem aus Abgaben verschiedener Heerestheile gebildeten besonderen Avantgardenkorps unter Gurko bei Sistowa am rechten Donau-Ufer; ein Korps (11.) war in Postirungen längs des linken Donau-Ufers verzettelt; ein Korps (4.) war noch im Anmarsch durch Rumänien begriffen.

5. **Exzentrischer Vormarsch der russischen Haupt-Armee nach Süden.** Von Sistowa aus wurde nun die Haupt-Armee exzentrisch in drei getrennten Gruppen nach drei verschiedenen Himmelsgegenden in Bewegung gesetzt:

Der Thronfolger mit zwei Korps (12., 13.) nach Osten gegen Rustschuk und die feindliche Haupt-Armee;

Krüdener mit einem Korps (9.) nach Westen gegen Nikopolis;

Gurko (Avantgardenkorps) und Radetzki (8. Korps) — Jeder für sich — nach Süden gegen den Balkan.

Den einzelnen Heertheilen waren folgende Aufgaben gestellt:

Der Thronfolger soll sich zunächst an der Jantra konzentriren, dann gegen Rustschuk vorgehen, diesen Platz einschließen und womöglich nehmen.

Krüdener soll Nikopolis nehmen, dann die Linie Nikopolis—Plewna—Lowtscha sichern und über letzteren Ort mit dem im Balkan operirenden Centrum Verbindung suchen.

Gurko soll in der Richtung auf Tirnowa vorgehen, sich einiger Balkan-Pässe bemächtigen, die Instandsetzung derselben betreiben und seine Kavallerie über den Balkan werfen; in südlicher Richtung soll indessen zunächst nicht über Kasanlik vorgegangen werden.

Radetzki, anfangs bei Sistowa zurückgehalten, wurde bald ebenfalls auf Tirnowa in Marsch gesetzt.

Auf dem linken Flügel besetzte der Thronfolger am 5. Juli den wichtigen Jantra-Uebergang von Bjela durch ein voraufgesandtes Kavallerie-Regiment; unter dem Schutz der demnächst über die Jantra gegen den Lom vorgeschobenen Kavallerie vollzog die Armeeabtheilung bis zum 11. Juli ihren Aufmarsch längs der unteren Jantra und traf Vorbereitungen zum Beginn der Einschließung und Belagerung von Rustschuk.

Im Centrum besetzte Gurko am 7. Juli nach leichtem Gefecht Tirnowa, überschritt am 12., 13. und 14. Juli auf einem beschwerlichen Saumpfade den Hainkioi-Paß (östlich des Schipka-Passes), erschien gänzlich überraschend auf der Südseite des Balkan und warf vereinzelte ihm entgegentretende türkische Abtheilungen über den Haufen. Am 19. Juli war der Schipka-Paß, der wichtigste Uebergang über den mittleren Balkan, in den Händen der Russen.

Auf dem rechten Flügel erstürmte Krüdener am 15. Juli die Nikopolis beherrschenden, stark verschanzten Höhen, worauf diese Festung am 16. Juli kapitulirte. Das große Hauptquartier wurde am 8. Juli von Sistowa nach Bjela, am 12. Juli nach Tirnowa verlegt.

6. **Gegenmaßregeln der Türken.** Das Gegenspiel der türkischen Heeresleitung gegen das rasche Vorgehen der Russen hatte sich auf einige unentschlossene Hin- und Herbewegungen eines Theils der ostbulgarischen Armee beschränkt; der Vorschlag Osman Paschas, mit der westbulgarischen Armee von Widdin gegen die rechte Flanke der Russen vorzugehen, war vom Generalissimus Abdul Kerim nicht gutgeheißen worden. Osman erhielt von ihm den Befehl, bei Widdin stehen zu bleiben.

Angesichts dieser Verhältnisse hatte man in Konstantinopel schnell alles Zutrauen zu Abdul Kerims Heerführung verloren; schon am 17. Juli wurde er seiner Stellung entsetzt und Mehmed Ali — mit der gleichzeitigen Anweisung zu energischer Offensive — zu seinem Nachfolger ernannt.

Schon vorher aber waren von Konstantinopel aus zwei Maßregeln angeordnet worden, welche für den ganzen Feldzug von folgenschwerer Bedeutung werden sollten.

Am 9. Juli erhielt Suleiman Pascha, der, wie bereits erwähnt, mit einem Korps abgehärteter und kriegsgeübter Truppen in der

Herzegowina an der Nordgrenze von Montenegro stand, den Befehl, sein Korps nach Rumelien zu führen, wo es den Kern einer neu zu formirenden Süd-Armee bilden sollte; am 10. Juli aber erhielt Osman Pascha den Befehl zum Vormarsch von Widdin in der Richtung auf Nikopolis—Plewna. Die Schicksale der Armee Osmans werden in der nachfolgenden Darstellung eingehend geschildert werden.

In Betreff Suleimans mag hier zur allgemeinen Orientirung bemerkt werden, daß die Versetzung seines Korps nach dem rumelischen Kriegsschauplatze mit einer für türkische Verhältnisse geradezu erstaunlichen Präzision und Schnelligkeit erfolgte: am 9. Juli hatte Suleiman den Befehl zu der erwähnten Bewegung erhalten, am 11. Juli begann die Einschiffung seiner Truppen in Antivari, am 21. Juli landet er bei Dedeagatsch an der Maritza-Mündung, von wo sofort der Eisenbahntransport begann, und am 26. Juli stand das Korps schlagfertig bei dem rumelischen Eisenbahnknotenpunkt Tirnowo-Seimenli, um von hier aus die Offensive gegen das unter Gurko auf der Südseite des Balkan erschienene russische Avantgardenkorps zu beginnen.

Vorgreifend sei bemerkt, daß die ostbulgarische Armee auch unter ihrem neuen Befehlshaber Mehmed Ali sich vorläufig vollständig passiv verhielt, so daß man fast an ihrem Dasein zweifeln konnte. Mehmed Alis Aufgabe mußte zunächst allerdings darin bestehen, die überall verzettelten und an den verschiedenen festen Plätzen klebenden Abtheilungen der ihm unterstellten Streitkräfte zu einer wirklich operationsbereiten Armee zusammenzuziehen, welches Ziel erst Mitte August annähernd erreicht war.

7. **Das Scheitern der russischen Offensive.** Wir wenden uns nunmehr wieder den Vorgängen auf russischer Seite zu. Am 12. Juli war das Armee-Oberkommando in Tirnowa eingetroffen, wohin auch die auf das rechte Donau-Ufer gezogene Hälfte des 11. Korps im Anmarsch war; die Spitze des 4. Korps näherte sich der Donau.

Am 16. Juli traf bei dem Armee-Oberkommando die Nachricht ein, daß Krüdener Nikopolis mit Sturm genommen habe; gleichzeitig wurde der glücklich gelungene Balkan-Uebergang Gurkos bekannt.

Unter dem Eindruck dieser beiden Erfolge traf das Armee-Oberkommando sofort folgende Anordnungen:

Die Infanterie des 8. Korps wird zum Theil in die Balkan-Pässe vorgeschoben, um Gurkos Avantgardenkorps für weitere Unternehmungen nach Süden frei zu machen; der übrige Theil des 8. Korps rückt nach Tirnowa.

Der Thronfolger schreitet zur Einschließung von Rustschuk und zieht die Belagerungsartillerie heran.

Der eingetroffene Theil des 11. Korps übernimmt die Deckung Tirnowas nach Osten.

Das im Anmarsch befindliche 4. Korps konzentrirt sich als allgemeine Reserve bei Bjela an der Jantra.

Die bis jetzt erreichten Erfolge waren scheinbar allerdings großartig: Tirnowa und Nikopolis genommen, der Balkan überschritten, Rustschuk in Gedanken bereits belagert — und nirgends ernsthafter Widerstand stärkerer feindlicher Kräfte.

Letzterer Punkt mußte allerdings für jeden nüchternen Beurtheiler der Sachlage etwas Unheimliches haben.

Die ersten Wölkchen des heraufziehenden Gewitters zeigten sich auch bereits am Horizont.

Am 17. Juli trafen Meldungen der zwischen Osma und Wid streifenden Kavallerie Krüdeners ein, wonach sich am Wid türkische Kolonnen von Westen kommend gezeigt hatten. Trotzdem daß gleichzeitig auch eine direkt von Tirnowa aus abgesandte Kasakenabtheilung in der Gegend von Selwi und Lowtscha auf feindliche Abtheilungen gestoßen war, scheint das Armee-Oberkommando diesen Meldungen kein großes Gewicht beigelegt zu haben; die einzige Folge war die noch an demselben Tage (17.) an Krüdener gesandte telegraphische Weisung, „einen Theil seines Korps nach Plewna zu schicken".

Zunächst wurde die Siegeszuversicht noch durch das Bekanntwerden eines neuen Erfolges gesteigert. Am 19. ging die Meldung ein, der Schipka-Paß sei in den Händen des 8. Korps und Gurko sei nach mehreren siegreichen Gefechten im Tundscha-Thal auf der Südseite des Passes eingetroffen.

Unter dem Eindruck dieser Nachrichten erging am 21. Juli an den Thronfolger die Benachrichtigung, „der Feind sei durch die Erstürmung von Nikopolis und die Einnahme des Schipka-Passes entschieden demoralisirt; es sei daher jetzt der Moment gekommen, energisch gegen Rustschuk vorzugehen".

Kaum war indessen diese siegesfreudige Mittheilung abgegangen, so traf — noch am 21. — in Tirnowa die Nachricht ein, General Schilder-Schuldner (vom Korps Krüdeners) habe am 20. bei Plewna ein unglückliches Gefecht gehabt. Wenn auch diese Nachricht zunächst keine große Besorgniß hervorrief, so sah sich doch das Armee-Oberkommando veranlaßt, unter Mittheilung dieser Thatsache an Gurko diesen anzuweisen, vorläufig sich mit seiner Infanterie nicht zu weit von den Pässen nach Süden zu entfernen, da für den Fall einer von Plewna drohenden Gefahr Gurkos Infanterie die Pässe besetzen müsse, um die bisher dort stehenden Truppen des 8. Korps zu anderweitiger Verwendung frei zu machen. Hinzugefügt wurde die Mittheilung von dem Transport der Truppen Suleimans zu Wasser nach der Maritza-Mündung und von da auf der Bahn nach Adrianopel, welche Nachricht dem Armee-Oberkommando durch ein Telegramm des russischen Gesandten in Athen zugegangen war.

Mit Bezug auf die Lage der Dinge bei Plewna erließ das Armee-Oberkommando im Lauf des 22., 23. und 24. Juli mehrfache Befehle, durch welche im Ganzen drei Infanterie-Brigaden und eine Kavallerie-Brigade (Alles kürzlich eingetroffene und im Marsch auf Tirnowa begriffene Truppen theils des 4., theils des 11. Korps) unter dem gemeinsamen Oberbefehl des Generals Fürsten Schachowski (Kommandirender des 11. Korps) in der Richtung auf Plewna in Bewegung gesetzt wurden. Nach Ankunft dieser Verstärkungen sollte Krüdener dann den bei Plewna stehenden Gegner angreifen.

In den folgenden Tagen ist ein fortgesetzter, durch die bekannt gewordenen Thatsachen durchaus nicht motivirter schroffer Stimmungswechsel in den Anschauungen der oberen Heeresleitung zu bemerken, an Gurko und an den Thronfolger ergehen rasch hintereinander die widersprechendsten Befehle. Am 27. war die Stimmung wieder eine durchaus zuversichtliche. In einem an den Thronfolger gerichteten Erlaß sprach der Großfürst-Generalissimus seine Besorgniß aus, „die feindliche Armee könne glücklich über den Balkan entkommen"!

Selbst die Meldung Krüdeners, daß ein von ihm nach dem Eintreffen Schachowskis abgehaltener Kriegsrath den Angriff mit den zu seiner Verfügung stehenden Kräften auf den (der Zahl nach weit überschätzten) Gegner für bedenklich halte, konnte das Armee-Oberkommando in seiner zuversichtlichen Anschauung der Dinge nicht erschüttern; Krüdener erhielt den Befehl, unbedingt anzugreifen.

Am 31. Juli traf in Tirnowa die telegraphische Meldung Krüdeners ein, er sei am 30. bei Plewna geschlagen und zum Rückzug nach Bulgareni an der Osma gezwungen.

Der Ernst der Lage war um so weniger zu verkennen, als gleichzeitig Nachrichten einliefen, nach denen Gurko, der sich im Tundscha-Thal ausgebreitet, die Bulgaren zu den Waffen gerufen und bis Philippopel und Adrianopel hin Schrecken und Bestürzung verbreitet hatte, von weit überlegenen türkischen Streitkräften auf die Balkan-Pässe zurückgetrieben wurde. Die vollständige Passivität Osmans in Plewna nach dem am 30. Juli erfochtenen Siege bewahrte die russische Armee vor einer sonst vielleicht unausbleiblichen Katastrophe — aber immerhin war der erste Akt des Feldzuges als ein völliges Fiasko der russischen Kriegführung anzusehen.

8. **Heranziehung von Verstärkungen seitens der russischen Heeresleitung.** Russischerseits hielt man nicht nur die Heranziehung sehr bedeutender Verstärkungen an eigenen Truppen für nothwendig, sondern man sah sich zu einem Schritt genöthigt, der der russischen Staats- wie Heeresleitung gleich unbequem sein mußte: man „gestattete" der rumänischen Armee die Theilnahme an den Operationen, nachdem man dieselbe anfänglich mit geflissentlicher Verächtlichkeit bei Seite geschoben.

Russischerseits waren zunächst die 2. und 3. Infanterie-Division und 3. Schützen-Brigade, deren Mobilmachung bereits früher ausgesprochen war, verfügbar. Ursprünglich für die Verstärkung des im Balkan stehenden Centrums bestimmt und augenblicklich noch im Anmarsch von der Donau her begriffen, wurden diese Truppentheile jetzt unter dem General Fürsten Imeretinski gegen das in den Händen der Türken befindliche Lowtscha dirigirt, um die Verbindung zwischen der Armee des Centrums und der bei Plewna geschlagenen West-Armee zu sichern. Dieser letzteren wurden außerdem direkt das im Anmarsch begriffene Gros des 4. Korps und die Rumänen zugewiesen, während die vorübergehend der West-Armee zugetheilten Abtheilungen des 11. Korps wieder zur Vereinigung mit dem Gros ihres Korps nach der Ostfront gezogen wurden.

In dem Gefühl der absoluten Unzulänglichkeit der bisher aufgebotenen Streitkräfte wurde übrigens von dem bei der Armee anwesenden Kaiser Alexander II. am 31. Juli die Mobilmachung weiterer zahlreicher Truppentheile ausgesprochen, von welchen für den bulgarischen Kriegsschauplatz bestimmt waren: die 1., 2., 3. Garde-Infanterie-Division, die Garde-Schützen-Brigade, die 2. und 3. Grenadier-, die 24. und 26. Infanterie-Division, die 2. Garde-Kavallerie-Division und eine Anzahl von Kosaken-Regimentern. Auf das Eintreffen dieser jetzt erst mobilisirten Truppentheile bei der Operations-Armee durfte man aber vor Mitte Oktober nicht rechnen, während Anfang August drei türkische Armeen: die West-Armee unter Osman bei Plewna, die Süd-Armee unter Suleiman bei Kasanlik, die Ost-

Armee unter Mehmed Ali auf der Linie Rasgrad—Osmanbasar, zum konzentrischen Angriffe gegen die russische Armee bereit standen. Diese letztere, zwischen Osma, Lom und Balkan in dem Dreieck Nikopolis—Schipka-Paß—Rustschuk stehend, durch die Mißerfolge ihrer Waffen erschüttert, mit einer schmalen schwierigen Verbindung hinter sich und bis zum Eintreffen irgend nennenswerther Verstärkungen noch wochenlang auf ihre eigenen als zu schwach erkannten Kräfte angewiesen, befand sich in einer unzweifelhaft bedenklichen Lage.

9. **Das Scheitern der türkischen Offensive am Schipka-Paß, am Lom und bei Plewna.** Dank der Uneinigkeit, Unentschlossenheit und Schwerfälligkeit der türkischen Generale ging die gefährliche Krisis, in welcher sich die russische Armee nach dem Scheitern ihrer Offensive befand, glücklich vorüber.

Zwischen Mehmed Ali und Suleiman war es trotz langwieriger Verhandlungen zu keinem Einvernehmen über das einzuschlagende Verfahren gekommen; Beide handelten auf eigene Faust, weder der Zeit noch der Richtung nach sich gegenseitig unterstützend. Suleiman begann am 20. August mit großer Energie, aber geringer taktischer Umsicht seinen berühmten Ansturm auf die russische Stellung im Schipka-Paß; nach siebentägigen blutigen Kämpfen, welche die Reihen seiner Kerntruppen furchtbar lichteten, mußte Suleiman den Angriff aufgeben. Uebrigens mag darauf aufmerksam gemacht werden, daß am 23. August nachmittags die Schipka-Stellung trotz verzweifelter Anstrengungen der Vertheidiger für die Russen so gut wie verloren war, als Radetzki mit den in achtundvierzigstündigem Gewaltmarsch herangeführten Verstärkungen im letzten Augenblick der Krisis eintraf und das Glück des Tages wandte. Drei Wochen später, am 17. September, unternahm Suleiman einen abermaligen überraschenden Angriff auf den Schipka-Paß, der nach anfänglichem Erfolge aber schließlich ebenfalls abgewiesen wurde.

Inzwischen hatte auch Mehmed Ali gegen Ende August die Offensive ergriffen und sich in äußerst schwerfälliger Weise gegen den Lom in Bewegung gesetzt. Diesem Angriff beschloß der Thronfolger am linken Ufer dieses Flusses entgegenzutreten, aber nicht etwa mit versammelter Macht, sondern mit verschiedenen längs des Flußlaufes verzettelten Detachements, welche bei Popkioi, Gagowo und Ablawa sich in verhältnißmäßig günstig gelegenen Stellungen verschanzten. Durch diese dem Armeekommando zur Last fallende Verzettelung waren allerdings die Chancen eines erfolgreichen Widerstandes sehr vermindert, aber die Führer der einzelnen Detachements gaben sich in einer ganz unbegreiflichen Verblendung alle erdenkbare Mühe, die Chancen noch immer mehr zu verschlechtern. Alle drei Detachements nämlich ließen sich durch eine ganze unzeitgemäße Kampfbegier dazu hinreißen, mit einem Theil ihrer Kräfte das Gefecht in der Stellung ihrer Vorposten am rechten Ufer des Flusses anzunehmen. Dieses vollkommen sinnlose Verfahren führte zu den verlustreichen Gefechten von Ajaslar (23. August), Karahassankioi (30. August) und Kazeljewo (5. September), welche jedesmal mit dem Rückzuge der russischen Truppen endeten, und welche zur Vernichtung der betreffenden russischen Abtheilungen hätte führen können und müssen, wenn nicht die türkische Führung zu kläglich gewesen wäre. Unter der niederdrückenden Wirkung der drei unglücklich verlaufenen Gefechte gab das Armeekommando den Widerstand am linken Ufer des Lom gänzlich auf. Die stark verschanzten Stellungen, an denen man den Gegner hatte anlaufen lassen wollen, kamen gar nicht zur Geltung.

Die ganze Armeeabtheilung trat den Rückzug nach der Jantra an unter Verhältnissen, die so ungünstig waren, daß trotz der großen Ausdauer der russischen Truppen im Gefecht und auf dem Marsche eine Katastrophe hätte eintreten können, wenn nicht die türkische Führung (es gilt dies nicht nur von Mehmed Ali, sondern auch von seinen Unterführern) gänzlich versagt hätte; von einer Verfolgung war so gut wie gar nicht die Rede.

Als Mehmed Ali endlich nach Verlust einer kostbaren Zeit den Vormarsch gegen die Jantra wieder aufnahm, geschah dies so langsam und so zusammenhangslos in Bezug auf die Bewegungen der einzelnen Heerestheile, daß von vornherein ein günstiges Ergebniß fast ausgeschlossen war. Als Mehmed Ali mit dem linken Flügel seiner Armee bei Tschairkioi (in der Richtung von Rasgrad auf Tirnowa) auf ein zusammengewürfeltes russisches Detachement etwa in der Stärke einer Division stieß, entschloß er sich am 21. September zum Angriff — aber einer seiner Divisionsgenerale verweigerte ihm geradezu den Gehorsam; die ägyptischen Hülfstruppen erwiesen sich als nicht feuerfest, und trotz der großen Tapferkeit des wirklich zum Gefecht gekommenen Theils der türkischen Truppen wurde der Angriff mit bedeutendem Verlust abgewiesen, womit Mehmed Alis ganze Offensive zu Ende war; er führte seine Truppen wieder hinter den Lom zurück.

Es ist charakteristisch für die Unklarheit und Planlosigkeit der russischen Heerführung, daß das Treffen von Tschairkioi — welches die Entscheidung dieses ganzen Operationsabschnittes herbeiführte — ein vollständiges Impromptu war, das von einem Unterführer in Scene gesetzt wurde, während die Armee sich auf dem Rückmarsch in die vom Armeekommando für den Entscheidungskampf ausgesuchten Stellungen befand.

Daß dieser eigentlich nur so nebenbei geleistete Widerstand eines verhältnißmäßig kleinen Theils der russischen Ost-Armee genügte, um die ganze Offensive Mehmed Alis zum Scheitern zu bringen, ist für diese letztere das beste Armuthszeugniß.

Während der geschilderten erfolglosen Operationen der türkischen Süd- und Ost-Armee verhielt sich die bei Plewna stehende West-Armee trotz ihrer beiden im Juli erfochtenen Siege auffallenderweise fast ganz passiv. Am 31. August unternahm Osman zwar einen Angriff auf die russischen Stellungen bei Sgalewize und Pelischat, doch war dieser Angriff nur ungefähr mit der Hälfte der verfügbaren Kräfte unternommen und nicht als ein wirkliches Ringen um die Entscheidung aufzufassen.

10. **Niederlage der Russen in den Septemberkämpfen bei Plewna.** Während sich die Russen im Balkan und am Lom während der nächsten Monate im Wesentlichen auf die fernere Vertheidigung ihrer theils behaupteten, theils wieder eingenommenen ursprünglichen Stellungen beschränkten, nahm die West-Armee nach dem Eintreffen des rumänischen Korps und der Truppen des Generals Jmeretinski Anfang September die zeitweilig eingestellten Offensivoperationen gegen die türkische Plewna-Stellung wieder auf.

Am 3. September wurde Lowtscha von dem General Jmeretinski genommen und hierdurch die Verbindung Plewnas nach Süden abgeschnitten. General Jmeretinski mit einem Theil seiner Truppen vereinigte sich nunmehr vollständig mit der West-Armee, während der Rest seiner Truppen Lowtscha besetzt hielt.

Am 7. September begann die West-Armee gegen Plewna einen großartigen Artillerieangriff, der bis zum Vormittage des 11. September fortgesetzt wurde, ohne indessen die erhofften Resultate herbeizuführen; der am 11. September gegen die ganze Ostfront der türkischen Stellung unternommene allgemeine Sturm endete trotz vorübergehender Erfolge mit einer verlustreichen Niederlage der Russen;

doch zeigte sich die Armee Osmans nicht in der Lage, ihren in der Defensive erfochtenen Sieg offensiv auszunutzen.

11. Die Einschließung Plewnas. Der Versuch, der Armee von Plewna durch Aufstellung eines starken Kavalleriekorps am linken Wid-Ufer die nach Widdin und Sofia führenden Verbindungen abzuschneiden, hatte zunächst keinen Erfolg; von Sofia—Orchanie her durchbrachen mehrfach Verstärkungen mit bedeutenden Lebensmittel- und Munitionstransporten die mangelhafte Einschließungslinie auf dem linken Wid-Ufer und gelangten glücklich nach Plewna; Anfang Oktober schritten die Türken sogar dazu, durch Anlage einer Anzahl befestigter Etappenpunkte sich auf der Sofia-Straße dauernd festzusetzen.

Inzwischen trafen die Anfang August mobilisirten Garden und Grenadiere — 5 Infanterie-Divisionen und 6 Kavallerie-Regimenter — vor Plewna ein; gleichzeitig erhielt General Totleben — dem Namen nach als „Gehülfe" des nominell mit dem Oberbefehl der vereinigten russisch-rumänischen West-Armee betrauten Fürsten Karl von Rumänien — die Leitung der gegen Plewna gerichteten Operationen, während General Gurko mit einem Theil der Garden und einer zahlreichen Kavallerie zur Einschließung Plewnas auf dem linken Wid-Ufer bestimmt wurde.

Nach blutigen Kämpfen setzte sich Gurko Ende Oktober in den Besitz der Sofia-Straße, wodurch die Verbindungen Plewnas auch nach Westen hin vollkommen und endgültig abgeschnitten wurden.

Der Fall Plewnas war von jetzt an — wenn von außen her kein Entsatz erfolgte — nur eine Frage der Zeit, abhängig von der Menge der im türkischen Lager vorhandenen Vorräthe.

12. Vergebliche türkische Entsatzversuche. Inzwischen hatte die Türkei bei Orchanie eine neue sogenannte „Entsatz-Armee" aufgestellt, welche gemeinsam mit der Süd- und Ost-Armee eine letzte entscheidende Anstrengung zur Befreiung der bei Plewna eingeschlossenen Armee Osmans machen sollte.

Mehmed Ali, nach seinem Fiasko am Lom vom Kommando der Ost-Armee abberufen, hatte trotzdem gleich darauf das Kommando der neuformirten „Entsatz-Armee" erhalten; Suleiman war zum Befehlshaber der Ost-Armee und gleichzeitig zum Generalissimus ernannt worden. Für ihn hatte Reuf das Kommando der Süd-Armee erhalten.

Nach vielfachen Verhandlungen zwischen Suleiman und den maßgebenden Gewalten in Konstantinopel war endlich Mitte November für die zu unternehmenden Entsatzoperationen folgender Plan vereinbart worden:

Suleiman selbst wollte mit einem Theil der Ost-Armee auf Elena marschiren: Mehmed Ali sollte von Orchanie aus sich Lowtschas zu bemächtigen suchen; gleichzeitig sollte Reuf mit der Süd- oder Balkan-Armee über den Paß Mara Heiduk nach der Nordseite des Balkan vordringen, und alle drei Armeen sollten sich in der Richtung auf Tirnowa vereinigen, wodurch man die Russen zur Aufgabe der Einschließung von Plewna zu zwingen hoffte.

Aber auch dieser Plan konnte das Schicksal Plewnas nicht abwenden.

Die Offensive der Armee Mehmed Alis brach zusammen, bevor sie überhaupt zur Entwickelung gekommen. Gurko, Mitte November von Plewna aus mit einem starken Korps nach Westen vorgeschoben, warf die Armee Mehmed Alis in die Pässe des Etropol-Balkans zurück und faßte selbst auf den Paßhöhen dieses Gebirges festen Fuß.

Die Süd-Armee unter Reuf hatte überhaupt keinen Versuch gemacht, die ihr zugewiesene Offensivrolle durchzuführen.

Suleiman hatte Mitte November den rechten Flügel der türkischen Ost-Armee am unteren Lom gegen den linken Flügel der russischen Ost-Armee demonstriren lassen, um die Aufmerksamkeit des Gegners dorthin zu lenken; inzwischen sammelte er auf seinem linken im Gebirge stehenden Flügel etwa die Hälfte seiner Truppen und ergriff mit diesem Korps Anfang Dezember die Offensive in der Richtung auf Tirnowa. Am 4. Dezember gelang es ihm, ein schwaches russisches Detachement, welches in der Stellung von Maren und Elena gegen die erdrückende Uebermacht Widerstand zu leisten versuchte, fast zu vernichten; hiermit war aber Suleimans Energie erschöpft. Er machte zunächst Halt; bereits nach einigen Tagen aber war es der russischen Heeresleitung durch Ausnutzung der großen Marschleistungen der Truppen gelungen, zur Sicherung Tirnowas eine so bedeutende Truppenmasse zu versammeln, daß jede Fortsetzung der türkischen Offensive in dieser Richtung aussichtslos gewesen wäre.

Ein ernster Angriffsversuch, den nunmehr Suleimans rechter Flügel von Rustschuk aus gegen den russischen linken Flügel unternahm, führte am 12. Dezember zur Schlacht von Metschka, welche russischerseits als Defensivschlacht mit offensivem Flankenstoß gut durchgeführt wurde und mit dem — übrigens völlig geordneten — Rückzug der Türken endete.

13. Plewnas Fall. Das Schicksal Plewnas war besiegelt.

Der eiserne Ring der russischen Einschließung führte für die eingeschlossene tapfere Armee langsam, aber sicher die unabwendbare Katastrophe herbei. Noth und Entbehrungen aller Art rissen täglich größere Lücken in den türkischen Reihen.

Der Aussicht einer von außen her zu erwartenden Hülfe beraubt und durch die von Tag zu Tag sich steigernden Schwierigkeiten seiner Lage gedrängt, versuchte Osman am 10. Dezember, die russische Einschließungslinie nach Westen hin zu durchbrechen. Der mit verzweifelter Energie, aber von vornherein ohne Aussicht auf Erfolg unternommene Durchbruchsversuch endete nach mörderischem Kampf mit der Gefangennahme der Armee von Plewna.

Zweiter Abschnitt.
Die russischen Truppen.

14. Allgemeine Heeresverfassung. Die Grundlage der russischen Heeresverfassung bildet die am 1./13. Januar 1874 für das ganze Reich (mit nur wenigen ganz unbedeutenden territorialen Ausnahmen) eingeführte allgemeine Wehrpflicht. Die Gesammtdienstzeit betrug 15 Jahre, von denen 6 Jahre aktiv und 9 Jahre in der Reserve. Die Mannschaften der ersten sechs Jahrgänge bildeten das stehende Heer, wobei eine Beurlaubung im Sinne unserer Dispositionsurlauber zulässig war; die beurlaubten Mannschaften der neun Reservejahrgänge dienten zur Ergänzung der Armee auf den Kriegsfuß.

Nachweis eines bestimmten Bildungsgrades verkürzte in verschiedenen Abstufungen entweder die gesammte oder nur die aktive Dienstzeit.

15. Infanterie. Die Infanterie der Feld-Armee war in 3 Garde-, 4 Grenadier- und 41 Linien-Divisionen, jede zu 4 Regimentern, und in 1 Garde- und 6 Linien-Schützen-Brigaden, jede zu 4 Bataillonen, formirt. Von den Infanterie-Regimentern war die große Masse noch in 3 Bataillone zu 5 Kompagnien formirt, nur bei der Garde, bei

2 europäischen und bei allen 7 kaukasischen Divisionen war die neue Formation in 4 Bataillone zu 4 Kompagnien bereits durchgeführt.

Für ein Regiment zu 4 Bataillonen betrug der Friedensstand: 70 Offiziere, 64 Freiwillige, 160 Unteroffiziere, 73 Spielleute und 1600 Gemeine; der Kriegsstand aber: 86 Offiziere, 64 Freiwillige, 320 Unteroffiziere, 73 Spielleute und 3600 Gemeine.

Für ein Regiment zu 3 Bataillonen betrug der Friedensstand: 60 Offiziere, 60 Freiwillige, 150 Unteroffiziere, 68 Spielleute und 1560 Gemeine; der Kriegsstand aber: 76 Offiziere, 60 Freiwillige, 270 Unteroffiziere, 96 Spielleute und 2640 Gemeine.

Die 12 Garde-Regimenter führten keine Nummern, sondern nur Namen. Die 16 Grenadier-Regimenter numerirten von Nr. 1 bis Nr. 16, die 164 Linien-Regimenter von Nr. 1 bis Nr. 164; außerdem hat aber jedes dieser Regimenter einen Lokalnamen, der innerhalb der russischen Armee fast ausschließlich zur Anwendung kommt.

Zur 1. Grenadier-Division gehört das 1., 2., 3., 4. Grenadier-Regiment, zur 1. Linien-Division das 1., 2., 3., 4. Linien-Regiment u. s. w.

Bei den Regimentern zu 4 Bataillonen numeriren die 16 Kompagnien der Reihe nach durch; bei den Regimentern zu 3 Bataillonen waren 12 Linien- und 3 Schützen-Kompagnien vorhanden, und es gehörte zum I. Bataillon die 1., 2., 3., 4. Linien- und 1. Schützen-Kompagnie u. s. w.

Die Schützen-Bataillone, jedes zu 4 Kompagnien, hatten einen Friedensstand von 22 Offizieren, 40 Unteroffizieren, 21 Spielleuten, 416 Gemeinen und einen Kriegsstand von 26 Offizieren, 72 Unteroffizieren, 21 Spielleuten und 736 Gemeinen.

Die 4 Schützen-Bataillone der Garde haben Namen, die Linien-Bataillone fortlaufende Nummern durch die Brigaden, z. B. die 3. Brigade hat das 9., 10., 11. und 12. Bataillon.

Die Kompagnie gliedert sich in 2 Halbkompagnien und 4 Züge.

16. Kavallerie. Die reguläre Kavallerie der Feld-Armee bestand zunächst aus 2 Garde-Divisionen mit zusammen 10 Regimentern — 4 Kürassier-, 2 Dragoner- (von denen eins den Namen „Grenadiere" führte), 2 Husaren- und 2 Ulanen-Regimenter —, welche bestimmungsmäßig im Kriege unter Hinzutritt von 2 Garde-Kasaken-Regimentern in 3 Divisionen zu 4 Regimentern formirt werden sollten. Bei der Mobilmachung der Garden im Sommer 1877 blieb die Kürassier-Division in Rußland zurück. Die anderen 6 regulären

Garde-Kavallerie-Regimenter bildeten die 2. Garde-Kavallerie-Division mit 3 Brigaden. Die Garde-Kasaken wurden außerhalb dieses Verbandes als Stabswachen u. s. w. verwendet.

Die Linien-Kavallerie bestand aus 14 Divisionen mit je 3 regulären Regimentern (1 Dragoner-, 1 Ulanen- und 1 Husaren-Regiment mit der Nummer der Division), zu denen als viertes ein donisches Kasaken-Regiment (ebenfalls mit der Divisionsnummer) hinzutrat.

Außerdem bestand eine reguläre kaukasische Kavallerie-Division aus 4 Dragoner-Regimentern.

Auch die regulären Kavallerie-Regimenter führten wie die Infanterie Lokalnamen, nach denen sie fast ausschließlich benannt wurden.

Alle regulären Regimenter hatten 4 Feld-Eskadrons und einen gleichmäßigen Friedens- und Kriegsstand von 33 Offizieren, 64 Unteroffizieren, 16 Freiwilligen, 17 Trompetern, 512 Gemeinen und 593 Pferden.

Je 2 Eskadrons bildeten eine „Division"; die Eskadron gliederte sich in 2 Halbeskadrons und 4 Züge.

17. **Artillerie.** Die Feldartillerie bestand aus 48 Fuß-Brigaden zu je 6 Batterien. Jede Fußartillerie-Brigade war einer Infanterie-Division dauernd zugetheilt und führte die entsprechende Bezeichnung; so gehörte zur 1. Garde-Infanterie-Division die 1. Garde-Fußartillerie-Brigade, zur 3. Grenadier-Division die 3. Grenadier-Fußartillerie-Brigade, zur 32. Infanterie-Division die 32. Fußartillerie-Brigade. Die 6 Batterien einer Brigade numerirten innerhalb dieser von Nr. 1 bis Nr. 6.

An reitender Artillerie waren vorhanden 5 Garde-, 1 Garde-Kasaken- und 21 Linien-Batterien; letztere waren den Kavallerie-Divisionen in der Art zugetheilt, daß sich bei den Kavallerie-Divisionen Nr. 1 bis Nr. 7 je 2 reitende Linien-Batterien, bei den Divisionen Nr. 8 bis Nr. 14 je eine reitende Linien- und eine reitende donische Kasaken-Batterie befand.

Jede reitende Batterie (einschließlich der im Dienst befindlichen donischen Batterien Nr. 1 bis Nr. 7) hatte auf Friedens- und Kriegsfuß 6 Geschütze mit je 6 Pferden und 12 zweirädrige Munitionskarren mit je 3 Pferden bespannt.

Jede 9pfündige Fuß-Batterie hatte auf Friedensfuß 4 Geschütze mit je 6 Pferden und 2 Munitionskarren mit je 3 Pferden bespannt; auf Kriegsfuß 8 Geschütze mit je 6 Pferden und 24 Munitionskarren mit je 3 Pferden.

Jede 4pfündige Fuß-Batterie auf Friedensfuß 4 Geschütze mit je 4 Pferden und 2 Munitionskarren mit je 3 Pferden; auf Kriegsfuß 8 Geschütze mit je 6 Pferden und 16 Munitionskarren mit je 3 Pferden.

Der Pferdebestand betrug im Ganzen auf Friedens- bezw. Kriegsfuß bei einer reitenden Batterie 156 bezw. 241 Pferde, bei einer 9pfündigen Fuß-Batterie 48 bezw. 206 und bei einer 4pfündigen 40 bezw. 152 Pferde.

Im März 1876 wurde die Einführung vierrädriger Munitions= wagen an Stelle der zweirädrigen Karren beschlossen, und zwar sollte die reitende Batterie 6, die 4pfündige Fuß=Batterie 8 und die 9pfündige Fuß=Batterie 12 solcher Wagen erhalten; während des Krieges war aber die überwiegende Masse der Artillerie noch mit dem alten Material ausgerüstet.

Jede Batterie hatte auf Friedens- und Kriegsfuß ohne Unter= schied 6 Offiziere; der Mannschaftsstand betrug bei einer reitenden Batterie 14 bezw. 20 Unteroffiziere und 152 bezw. 192 Gemeine, bei einer 4pfündigen Fuß=Batterie 15 bezw. 25 Unteroffiziere und 128 bezw. 188 Gemeine, bei einer 9pfündigen Fuß-Batterie 15 bezw. 25 Unteroffiziere und 168 bezw. 248 Gemeine.

18. Ingenieurtruppen. Die Ingenieurtruppen waren bei Beginn des Krieges in einer noch nicht vollständig abgeschlossenen Reorganisation begriffen. Thatsächlich waren vorhanden 5 Sappeur-Brigaden mit 1 Garde-, 1 Grenadier= und 13 Linien=Sappeur-Bataillonen, ferner 6 Pontonier = Halbbataillone. Die Bataillone hatten eine Kriegs= stärke von rund 1000 Mann und waren in 4 Kompagnien ein= getheilt. — Den Ingenieurtruppen zugetheilt waren ferner 9 Tele= graphenparks und 5 Feld-Ingenieurparks.

19. Kasaken. Die Wehrverfassung der verschiedenen größeren oder kleineren Kasaken=Heere, von denen für den europäischen Kriegs= schauplatz mit geringen Ausnahmen nur das große donische Kasaken= -Heer in Betracht kam, beruht zwar auch auf der allgemeinen Wehr= pflicht, hatte aber mehrfache von der allgemeinen Wehrverfassung abweichende Besonderheiten.

Die Gesammtdienstzeit betrug 20 Jahre, davon 3 Jahre in der Vorbereitungskategorie, 12 Jahre in der Frontdienstkategorie und 5 Jahre in der Reservekategorie. Die Frontdienstkategorie zerfiel nach Altersstufen in drei Aufgebote, von denen das erste Aufgebot permanent im Dienst war, während die beiden anderen Aufgebote für gewöhnlich beurlaubt waren.

Das donische Heer stellte im Ganzen 60 Reiter-Regimenter. Das Regiment zerfiel in 6 Sotnien und hatte einen Kriegsstand (der im ersten Aufgebot mit dem Friedensstand gleich war) von 21 Offizieren, 86 Unteroffizieren, 19 Trompetern und 685 Kasaken.

Vom ersten Aufgebot waren die Regimenter Nr. 1 bis Nr. 14 den Kavallerie-Divisionen dauernd zugetheilt, die Regimenter Nr. 15, 16, 17, 18 bildeten die 1. donische Division, Nr. 19 und 20 waren ohne höheren Verband.

Im Kriege 1877/78 war ein Theil der Regimenter des zweiten Aufgebots (Nr. 21 bis Nr. 40) der Operations-Armee ohne höheren Verband zugetheilt. Nr. 24, 36, 38, 39 bildeten die 2., Nr. 22, 25, 32, 33 die 3. donische Division, Nr. 21 und 26 eine selbständige donische Brigade. Regimenter des dritten Aufgebots kamen auf dem Kriegsschauplatz selbst nicht zur Verwendung.

An reitender Artillerie stellte das donische Heer im Ganzen 21 Batterien, von denen 7 permanent im Dienst, 14 für gewöhnlich beurlaubt waren. Jede dieser letzteren hatte die Bespannung für 3 Geschütze und 3 Munitionskarren stets bereit zu halten.

Von den donischen Batterien befanden sich 7 bei den Kavallerie-Divisionen Nr. 8 bis Nr. 14; die übrigen waren theils den geschlossenen donischen Verbänden (Divisionen und Brigaden) zugetheilt, theils befanden sie sich ohne engeren Verband bei der Operations-Armee. An Gardetruppen stellte das donische Heer 2 Reiter-Regimenter (Leib-Garde-Kasaken und das Ataman-Regiment des Thronfolgers) sowie 1 reitende Batterie (die sogenannte 6. reitende Garde-Batterie).

Als Gardetruppentheile, welche außerdem sich bei der Operations-Armee befanden, sind zu nennen: 2 Garde-Kuban-Eskadrons, 1 Garde-Terek-Eskadron, 1 Garde-Ural-Eskadron.

Vom kaukasischen Kasaken-Heer war der Operations-Armee des europäischen Kriegsschauplatzes eine Brigade mit 2 Regimentern zu 6 Sotnien zugetheilt, welche im Besonderen in den Kämpfen um Plewna viel genannt wird.

20. **Bewaffnung.** Die Bewaffnung der russischen Infanterie war bei Eintritt der Mobilmachung im November 1876 in einer noch nicht durchgeführten Umwandlung begriffen und zeigte, abgesehen von veralteten Vorderladern in den Händen einiger Garnison- u. s. w. Truppentheile, drei Systeme von Hinterladern. Grundsätzlich hatte

man sich für die Einführung des Berdan-Gewehres M/71 entschieden. Bis zur völligen Bewaffnung der Armee mit dieser Waffe hatte man die Umwandlung des bis dahin geführten Vorderladers, des sogenannten „Sechslinien-Gewehrs", in einen Hinterlader beschlossen.

Zu dieser Umänderung benutzte man anfangs das System Karle, ging aber, nachdem ein Theil der Gewehre bereits nach diesem System umgeändert, hiervon ab und benutzte für die Umänderung nunmehr das System Krünka. Die russische Infanterie war daher bei Ausbruch des Krieges mit drei Gewehrsystemen ausgerüstet. Das Berdan-Gewehr führte bereits die ganze Garde, alle Schützen-Brigaden, die 2. und 3. Grenadier-Division und die 24. und 26. Infanterie-Division.

Einer möglichst einheitlichen Munitionsausrüstung wegen wurde, abgesehen von den bereits mit Berdan-Gewehren ausgerüsteten Truppentheilen, daran festgehalten, daß alle auf dem europäischen Kriegsschauplatz zur Verwendung kommenden Truppen das Krünka-, alle auf dem asiatischen Schauplatz zur Verwendung kommenden das Karle-Gewehr führen sollten.

Das Karle-Gewehr hatte eine auf dem Prinzip der Nadelführung beruhende Verschlußkonstruktion und verwendete eine Papierpatrone.

Das Krünka-Gewehr hatte einen Dosenverschluß und eine Messingpatrone.

Diesen beiden Gewehrsystemen entschieden überlegen, stand das Berdan-Gewehr dennoch nicht auf der Höhe der damaligen modernen Technik und war in Bezug auf seine ballistischen Leistungen einem Theil der in den Händen der Türken befindlichen Gewehre nicht ebenbürtig.

Für das Berdan- bezw. Krünka-Gewehr mögen hier vergleichsweise einige Daten folgen:

Gewicht mit Bajonett . . .	4,8 kg	5 kg
= ohne = . . .	4,35 kg	4,5 kg
Kaliber	10,66 mm	15,24 mm
Gewicht des Geschosses . . .	24 g	36,87 g
= der Ladung . . .	5,06 g	5,02 g
= der Patrone . . .	39,5 g	55,5 g
Anfangsgeschwindigkeit . . .	442 m	305 m

Bestrichener Raum gegen Infanterie:
auf 500 m . . . . 136 m   60 m
 ⸗ 1000 m . . . . 36 m   22 m
 ⸗ 1300 m . . . . 20 m   nicht vorhanden.

Das Berdan-Gewehr hatte ein Leitervisir mit Eintheilung bis auf 1200 m. — Das Krünka-Gewehr ein Quadrantenvisir mit Eintheilung bis 850 m.

Bei der Kavallerie war das erste Glied der Kürassiere, Husaren und Ulanen mit Lanze und Revolver bewaffnet, das zweite Glied der Husaren und Ulanen mit dem Berdan-Karabiner — außerdem beide Glieder mit dem Säbel (Kürassierpallasch). Die Dragoner führten den Dragonersäbel und das Krünka-Gewehr mit dem Bajonett in der Scheide. Die Kasaken führten sämmtlich Gewehre, zum Theil hatten sie bereits das Berdan-Kasaken-Gewehr; dieses sowohl wie der Berdan-Karabiner gestatteten die Verwendung der Infanterie-Munition.

Alle Kasaken führten außerdem den kaukasischen Säbel — Schaschka —, die donischen außerdem Lanzen, nicht aber die kaukasischen.

Die Artillerie führte seit 1866 4- und 9pfündige bronzene Hinterlader mit Keilverschluß und Broadwell-Liderung. Die ballistischen Leistungen beider Kaliber waren nur gering. Von allen damaligen modernen Geschützsystemen hatten sie die geringste Anfangs- und Endgeschwindigkeit bei größten Erhebungs- und Fallwinkeln. Die relativ bedeutende Schwere der Geschosse bei sehr geringer Pulverladung ergab außerdem verhältnißmäßig geringe größte Schußweiten. Auch in Bezug auf die Fahrbarkeit entsprach das russische Artilleriematerial nicht den modernen Anforderungen, indem es allein noch Vorder- und Hinterräder von verschiedener Höhe beibehalten hatte.

Ueber die 4 Pfünder und 9 Pfünder der russischen Artillerie im Kriege 1877/78 liegen folgende Daten vor:

Kaliber von Feld zu Feld . . .   8,69 bezw. 10,67 cm
Gewicht der geladenen Granate. . 5,53   ⸗   11,05 kg
   ⸗   der Sprengladung . . .   203   ⸗   410   g
   ⸗   des geladenen Schrapnels. 5,052 ⸗   10,250 kg
   ⸗   der Sprengladung . . .   64   ⸗   128   g
   ⸗   der Kartusche 4,98   ⸗   12,764 kg
   ⸗   der Gebrauchsladung . . 0,625 ⸗   1,240 kg

Granatzünder . . . . Perkussionszünder.
Schrapnelzünder . . . . . . Ringbrennzünder mit Konkussion.
Anfangsgeschwindigkeit der Granate 305 bezw. 320 m.
Endgeschwindigkeit der Granate:
   auf 500 m . . . . 283 bezw. 304 m
   • 1000 m . . . . 263 • 285 m
   • 2000 m . . . . 247 • 260 m
   = 3000 m . . . . 212 • 229 m
   • 4000 m . . . . Null • 182 m.
Größte Erhöhung, welche die Laffete gestattet: $15\frac{1}{2}°$ bezw. 20°.
Entsprechende größte Schußweite . . . 3500 bezw. 4500 m
Größte Wirkungssphäre des Schrapnel-
schusses . . . . 1300 • 1500 m
Größte Wirkung des Kartätschschusses . . 300 • 300 m.
Eiserne Laffeten. — Hölzerne Protzkasten. — Balancirsystem.
Einige der Operations-Armee zugetheilte Gebirgs-Batterien führten 3pfündige Hinterlader.

21. Munitionsausrüstung. Der mit Berdan bewaffnete Infanterist trug 60 Patronen in zwei Taschen, der mit Krünka bewaffnete trug 48 Patronen in zwei Taschen und 12 Patronen im Tornister oder unter Umständen in den Hosentaschen. Für jedes Gewehr befanden sich 60 Patronen auf dem Patronenwagen (1 pro Kompagnie).

Der Dragoner trug 40 Patronen in zwei Taschen; auf den Patronenwagen befanden sich pro Gewehr 50 Berdan- oder 32 Krünka-Patronen.

Husaren und Ulanen des zweiten Gliedes trugen 20 Patronen bei sich, 30 Patronen pro Karabiner befanden sich auf dem Munitionswagen.

Die Munitionsausrüstung einer Batterie, je nachdem sie zweirädrige Karren oder vierrädrige Wagen hatte, war folgende:

4 Pfünder-Batterie: 496 bezw. 576 Granaten
        496 • 576 Schrapnels
         48 • 48 Kartätschen.
9 Pfünder-Batterie: 456 • 484 Granaten
        456 = 464 Schrapnels
         48 = 56 Kartätschen.
Reitende Batterie: 356 Granaten
(6 4Pfünder und 6 Wagen.) 356 Schrapnels
          68 Kartätschen.

22. Abgekürzte Truppentheilbezeichnungen. Um die bei ihrem häufigen Vorkommen vielen Raum in Anspruch nehmenden Bezeichnungen von Truppentheilen möglichst abzukürzen, werden dabei folgende Bezeichnungen angewendet werden: z. B.

2./3. Grenadier-Brigade = 2. Brigade der 3. Grenadier-Division;
1./31. Infanterie-Brigade = 1. Brigade der 31. Infanterie-Division;
1./11. Kavallerie-Brigade = 1. Brigade der 11. Kavallerie-Division;
I. Kaluga = 1. Bataillon des Regiments Kaluga;
3. Wologda = 3. Kompagnie des Regiments Wologda;
2. Schützen Archangel = 2. Schützen-Kompagnie des Regiments Archangel;
3./10. Schützen-Kompagnie = 3. Kompagnie des 10. Schützen-Bataillons;
3./9. donische Sotnie = 3. Sotnie des 9. donischen Kasaken-Regiments;
drei/9. donische Sotnien = drei Sotnien des 9. donischen Kasaken-Regiments;
2./5. Batterie = 2. Batterie der 5. Fußartillerie-Brigade;
1./3. Garde-Batterie = 1. Batterie der 3. Garde-Artillerie-Brigade;
vier 2./5. Geschütze = vier Geschütze der 2. Batterie der 5. Fußartillerie-Brigade;
zwei/8. donische Geschütze = zwei Geschütze der 8. reitenden donischen Batterie;
vier/16. reitende Geschütze = vier Geschütze der 16. reitenden Linien-Batterie — u. s. w.

Dritter Abschnitt.
Die rumänischen Streitkräfte.

23. Allgemeine Heeresverfassung. Die Heeresverfassung beruht auf dem Grundsatz der allgemeinen Wehrpflicht vom 21. bis 47. Jahre.

Die Streitkräfte gliederten sich in vier Kategorien:

Permanente Armee, Territorial-Armee, Miliz und Nationalgarde. Wir haben uns hier nur mit den beiden ersten Kategorien bekannt zu machen.

Die jährlich ausgehobenen Rekruten traten je nach der Höhe ihrer Loosnummer theils zur permanenten, theils zur Territorial-Armee.

In der permanenten Armee dauerte der aktive Dienst 4 Jahre, die Reserveverpflichtung ebenfalls 4 Jahre; die ausgedienten Mannschaften traten zur Miliz über.

In der Territorial-Armee dauerte der aktive Dienst 6 Jahre (von welcher Zeit übrigens nur ein sehr kleiner Theil bei der Fahne zugebracht wurde). Die Reserveverpflichtung dauerte für die Infanterie 3 Jahre, für die Kavallerie 2 Jahre. Die ausgedienten Mannschaften traten ebenfalls zur Miliz über.

24. Die permanente Armee umfaßte:
4 Jäger-Bataillone;
8 Linien-Regimenter zu je 2 Bataillonen und 1 Reserve-Bataillon;
2 Roschiori- (Husaren-) Regimenter zu 5 Eskadrons;
4 Artillerie-Regimenter zu je 6 Batterien à 6 Geschütze;
1 Genie-Bataillon;
4 Sanitäts-Kompagnien;
1 Train-Eskadron;
2 Kompagnien Gendarmen zu Fuß;
2 Kompagnien Gendarmen zu Pferde.

Das Bataillon zu 4 Kompagnien hatte eine Stärke von etwa 800 Mann, die Eskadron von etwa 170 Mann; der Friedensfuß war bedeutend niedriger.

25. Die Territorial-Armee gliederte sich von Alters her nach den 33 Distrikten des Landes in 33 Bataillone Infanterie (Dorobanzen) und in 33 Eskadrons Kavallerie (Kalaraschen); nach der neuen Organisation formirten diese Abtheilungen 16 Regimenter Dorobanzen zu 2 Bataillonen (das 11. Regiment zu 3 Bataillonen) und 8 Kalaraschen-Regimenter zu 4 Eskadrons. Die Kriegsstärke der Bataillone und Eskadrons wie bei der permanenten Armee; die Friedensstärke war eine sehr geringe und wechselnde und richtete sich je nach den Bedürfnissen des polizeilichen und des Grenzdienstes.

26. **Bewaffnung.** Die reguläre Armee war bewaffnet mit dem Peabody-Gewehr; außerdem besaß Rumänien zur Zeit des Krieges 30 000 Dreyse'sche Zündnadelgewehre, 25 000 Krünka-Gewehre und 25 000 umgearbeitete französische Gewehre.

An Feldgeschützen waren vorhanden 172 Krupp'sche 8 cm- und 9 cm-Kanonen, 8 Bronzegeschütze älteren französischen Kalibers und einige Mitrailleusen.

Jedes der 4 Artillerie-Regimenter hatte 4 8 cm-Batterien und 2 9 cm-Batterien.

Die Kavallerie führte Säbel und gute Karabiner.

Bei Ausbruch des Krieges waren für jedes Gewehr der mobilisirten Infanterie 600 Patronen vorhanden; davon 100 Stück in den Patronentaschen und im Tornister, 100 Stück im Munitionswagen und 400 Stück im Depot.

Vierter Abschnitt.
Die türkischen Streitkräfte.

27. Allgemeine Heeresverfassung. Die Heeresverfassung, mit welcher die Türkei in den Krieg von 1877/78 eintrat, beruhte im Wesentlichen auf einem Organisationsentwurf, welcher im Jahre 1869 von dem damaligen Kriegsminister Hussein Awni Pascha dem Sultan vorgelegt und von diesem bestätigt wurde. Die Grundzüge dieser Heeresverfassung waren folgende:

Die Wehrpflicht war gesetzlich allgemein, beschränkte sich thatsächlich aber auf die mohammedanischen Unterthanen, während die christlichen Unterthanen (Rajahs) gezwungen waren, sich für eine bestimmte Summe pro Kopf loszukaufen.

Die Wehrpflicht eines jeden Mohammedaners dauerte vom 20. bis zum 40. Lebensjahr und vertheilte sich, wie folgt:

Bei der Infanterie: 4 Jahre im stehenden Heere (Nizam oder Moassaw), 2 Jahre in der Reserve (Jchtjat), 6 Jahre in der Landwehr (Redif), welche wiederum in zwei Aufgebote zu je 3 Jahren zerfiel (Mokaddem und Tali); endlich 8 Jahre im Landsturm (Mustahfis oder Hijade); bei der Kavallerie und den Spezialtruppen: 6 Jahre im stehenden Heere, 6 Jahre in der Landwehr, 8 Jahre im Landsturm.

Die gesammte Armee war — abgesehen von einigen Spezialtruppen — in 7 Armeekorps (Ordus) eingetheilt; jeder der 6 ersten Ordus entsprach einem der 6 Ergänzungsbezirke, in welche das ganze Reich getheilt war; der 7. Ordu hatte keinen besonderen Ergänzungsbezirk.

Die Ergänzungsbezirke waren:

Für das 1. (oder Garde-) Korps: Der nördliche Theil Kleinasiens;

für das 2. (oder Donau-) Korps: Der östliche Theil von Bulgarien und Rumelien und einige Bezirke im nördlichen Theile von Kleinasien;

für das 3. (oder rumelische) Korps: Albanien, Thessalien und der südwestliche Theil von Kleinasien;

für das 4. (oder armenische) Korps: Armenien, das mittlere Kurdistan und Karamanien;

für das 5. (oder syrische) Korps: Syrien und Palästina;

für das 6. (oder Irak-) Korps: Das südliche Kurdistan und Irak-Arabi.

Jeder Ergänzungsbezirk zerfiel in 6 Regimentsbezirke, der 6. Ergänzungsbezirk nur in 5 Regimentsbezirke; jeder Regimentsbezirk zerfiel in 4 Bataillonsbezirke, so daß im Ganzen 140 territoriale Bataillonsbezirke vorhanden waren.

Den Oberbefehl über das gesammte Heer führte (nominell) der Sultan.

Die oberste Verwaltungsbehörde war das Kriegsministerium oder Serasteriat, an dessen Spitze der Seraskier stand. Die höchste Kommandostelle war der Serdar Ekrem oder Feldmarschall.

An der Spitze eines Armeekorps (im Frieden) oder eines entsprechenden größeren Heerestheils (im Kriege) stand ein Muschir (oder kommandirender General).

Jedem Armeekorps waren eine Anzahl Feriks (Divisionsgenerale) und Liwas (Brigadegenerale) zugetheilt, eine dauernde Gliederung in Divisionen oder Brigaden war indessen nicht üblich. Alle Generale hatten den Titel „Pascha", alle Obersten und Oberstlieutenants den Titel „Bey", alle übrigen Stabsoffiziere den Titel „Effendi".

28. **Die Nizam-Truppen.** Grundsätzlich sollte jedes Armeekorps (Ordu) an Nizam-Truppen enthalten: 6 Regimenter Infanterie zu je 3 Bataillonen, 6 Jäger-Bataillone, 4 Kavallerie-Regimenter zu je 6 Eskadrons, 1 Feldartillerie-Regiment mit 14 Batterien zu je 6 Geschützen.

Thatsächlich hatte das 1. Armeekorps 7 Infanterie-Regimenter und 7 Jäger-Bataillone, das 6. und 7. Armeekorps je 5 Infanterie-Regimenter und 5 Jäger-Bataillone, die anderen Armeekorps je 6 Infanterie-Regimenter und 6 Jäger-Bataillone. Außerdem gehörte zum 3. Armeekorps noch eine bosnische Brigade mit 2 Infanterie-Regimentern und 2 Jäger-Bataillonen, sowie 10 Grenz-Bataillone.

Ein Regiment (Alaj) bestand aus 3 Bataillonen (Tabor). 1 Bataillon hatte 8 Kompagnien (Bölük). Die Friedensstärke eines Bataillons war sehr schwankend, die Sollkriegsstärke betrug 800 Mann. Die Nizam-Infanterie-Regimenter eines Armeekorps wurden unter sich durchlaufend numerirt; ebenso die Jäger-Bataillone.

Die Kavallerie zählte bei Beginn des Krieges thatsächlich 25 Regimenter mit zusammen 147 Eskadrons; die Sollkriegsstärke einer solchen betrug 150 Mann, die thatsächliche nur etwa 100 Mann. Die Kavallerie-Regimenter eines Armeekorps wurden unter sich ebenfalls durchlaufend numerirt.

Die Artillerie bestand aus zwei Feld-Regimentern beim 1. Armeekorps, je einem Feld-Regiment bei dem 2., 3., 4., 5., 6. Korps und aus einem unvollständigen Regiment zu 6 Batterien beim 7. Korps; im Ganzen aus 104 Batterien mit 624 Geschützen.

Die Genie-Truppen bestanden aus 15 Kompagnien. Zu erwähnen sind ferner die militärisch organisirten Gendarmen mit einer Gesammtstärke von 10 000 bis 15 000 Mann.

29. **Die Redif-Truppen.** Für die Redif-Bataillone ersten Aufgebots waren bereits im Frieden aus Offizieren und Unteroffizieren bestehende Kadres formirt; nach dem Stationsort dieses Kadres, in welchem auch die ganze Ausrüstung und Bewaffnung für beide Aufgebote niedergelegt war, wurde das Bataillon benannt.

Die Anzahl der ausgebildeten Mannschaften, welche in den Listen der Redif-Bataillone standen, scheint thatsächlich größer gewesen zu sein als der Etat der beiden zu formirenden Bataillone verlangte; außerdem gehörte zu den Redif-Bataillonen eine Menge unausgebildeter Leute, welche aus irgend einem Grunde nicht im stehenden Heere gedient hatten. Manche Redif-Bataillone führten daher mehrere Tausend Mann in ihren Stammlisten. Während der Kämpfe gegen die Aufständischen in Bosnien und der Herzegowina im Sommer 1875 war die Reserve (Jchtjat) bereits im Großen und Ganzen zur Ergänzung der Nizam-Bataillone verwendet worden. Im Spätsommer 1875 kam das erste Redif-Aufgebot zur Aufstellung; bei der Kriegserklärung Serbiens und Montenegros im Juli 1876 begann man mit der Aufstellung des zweiten Redif-Aufgebots; ein Theil dieser Bataillone ist aber erst 1877 wirklich zur Aufstellung gelangt.

Im November 1876, als in Rußland eine theilweise Mobilmachung ausgesprochen wurde, begann man mit der Bildung von Redif-Bataillonen dritten Aufgebots — eine Maßregel, die bereits gänzlich außerhalb des Rahmens der regelmäßigen Heeresverfassung lag.

Der charakteristische Unterschied der drei Redif-Aufgebote lag wohl weniger in dem Unterschiede der Jahrgänge, welchen die Mannschaften angehörten, als vielmehr in den Verhältnissen, unter denen die Bataillone zur Aufstellung kamen.

Für die Bataillone ersten Aufgebots waren bereits im Frieden die Kadres von Offizieren und Unteroffizieren vorhanden; diese Bataillone kamen im Allgemeinen ordnungsmäßig zur Aufstellung, hatten zum Theil die Kämpfe gegen Serbien und Montenegro mitgemacht und waren beim Ausbruch des Krieges gegen Rußland als eine sehr gute Truppe zu bezeichnen, welche den Nizam-Bataillonen in Nichts nachstand.

Für das zweite Aufgebot fehlten die festen Kadres, welche nur nothdürftig durch Abgabe weniger Offiziere und Unteroffiziere von den bereits bestehenden Bataillonen ersetzt wurden. Außerdem hatten diese Bataillone mit wenigen Ausnahmen an den Kämpfen gegen Serbien und Montenegro noch nicht theilgenommen und waren noch nicht feuerfest. Die taktische Brauchbarkeit dieser Bataillone wurde allerdings durch die blutige Erfahrung der Schlachtfelder allmählich größer, und an Tapferkeit und Ausdauer im Ertragen von Strapazen thaten sie es den Bataillonen des Nizam und des ersten Aufgebots wohl gleich, an allgemeiner Tüchtigkeit standen sie indessen doch bedeutend hinter jenen zurück.

Die Bataillone dritten Aufgebots waren theilweise aus noch vorhandenen ausgebildeten Mannschaften der älteren Jahrgänge formirt worden, theilweise aber auch wohl aus noch unausgebildeten Mannschaften jüngerer Jahrgänge. Die Kadres dieses dritten Aufgebots waren natürlich noch mangelhafter wie diejenigen des zweiten Aufgebots, und im Allgemeinen wurden diese Bataillone dritten Aufgebots als eine Truppe von nur geringer Brauchbarkeit geschildert.

30. **Die Muſtahfis-Truppen.** Die Mannschaften dieser Kategorie wurden in den Listen der Behörden geführt und kontrolirt, im Frieden aber niemals eingezogen. Auch wurde für diese Truppen weder Ausrüstung noch Bewaffnung reglementsmäßig vorräthig gehalten.

Wäre die 1869 eingeführte Organisation vollständig durchgeführt gewesen, so hätten sich die Mustahfis-Bataillone aus acht Jahrgängen (33. bis 40. Jahr) vollständig ausgebildeter Mannschaften zusammensetzen können. Thatsächlich war aber jene Organisation noch gar nicht so weit durchgeführt, und die als Mustahfis einberufenen Mannschaften hatten zum großen Theil eine militärische Ausbildung noch gar nicht erhalten. Daß von einer wirklich taktischen Brauchbarkeit solcher Bataillone überhaupt nicht die Rede sein konnte, ist selbstverständlich, und wenn bei mehr als einer Gelegenheit einzelne Mustahfis-Bataillone sich, wenn auch ungeschickt, so doch tapfer schlugen, so macht diese Erscheinung dem kriegerischen Instinkt des türkischen Stammes alle Ehre. Mit der Aufstellung der Mustahfis-Bataillone begann man stellenweise zur Zeit der russischen Kriegserklärung.

31. **Die Muawine-Truppen.** Eine ganz improvisirte Formation war die Aufstellung der „Muawine", d. h. Miliz, welche ohne Rücksicht auf Dienstpflicht, Alter und militärische Ausbildung alle irgendwie waffenfähigen Mannschaften umfassen sollte. Die sogenannten Muawine-Truppentheile waren nichts Anderes als zusammengeraffte Haufen von Irregulären, welche in früheren Kriegen unter dem Namen Baschibozuks bekannt geworden waren.

Zur Muawine gehörten auch gewissermaßen die vielgenannten Tscherkessen, d. h. ein buntes Gemisch von kaukasischen Stämmen, welche in den sechziger Jahren den Kaukasus verlassen hatten und in der europäischen und asiatischen Türkei angesiedelt worden waren. Gute Reiter und gut beritten, mit guten Waffen reichlich versehen und Meister in der Handhabung derselben, schienen diese Tscherkessen das Ideal einer leichten Reiterei zu sein, aber diesen Erwartungen haben sie nicht im Geringsten entsprochen. Von wahrhaft kriegerischem Sinn, wie er die Masse der türkischen Truppen erfüllte, war in diesen früher so überschwenglich gepriesenen Söhnen des Gebirges nichts zu spüren. Nur auf Mord, Raub und Plünderung bedacht, zeigten sie sich einem an Zahl auch nur annähernd gewachsenen Gegner gegenüber als feiges Gesindel, welches namentlich den Kampf mit der blanken Waffe aufs Aeußerste scheute. Den türkischen Generalen gegenüber zeigten sie sich mehrfach durchaus unbotmäßig.

32. **Bewaffnung.** Die Hauptmasse der türkischen Infanterie war mit dem Henry-Martini-Gewehr bewaffnet, der übrige Theil der Infanterie führte das Snider-Gewehr.

Das Henry-Martini-Gewehr, der Mehrzahl nach von der amerikanischen Fabrik Peabody geliefert und daher auch wohl Peabody-Gewehr genannt, hatte eine größte Feuergeschwindigkeit von 20 Schuß in der Minute, eine sehr bedeutende Rasanz und noch auf 1800 m eine vollständig genügende Durchschlagskraft.

Das Snider-Gewehr war ein zum Hinterlader umgearbeitetes Enfield-Gewehr, nach der amerikanischen Fabrik bei Springfield, in welcher große Massen dieses Gewehrs hergestellt wurden, auch wohl Springfield-Gewehr genannt. Es hatte eine Schußgeschwindigkeit von 8 bis 10 Schuß in der Minute.

Für das Peabody- bezw. Snider-Gewehr mögen hier vergleichsweise einige Daten folgen:

Gewicht mit Bajonett	4,6 kg	5,3 kg,
Gewicht ohne Bajonett	4,2 kg	4,5 kg,
Kaliber	11,43 mm	14,66 mm,
Gewicht des Geschosses	31,1 g	?
Gewicht der Ladung	5,5 g	?
Gewicht der Patrone	47,8 g	?
Anfangsgeschwindigkeit	416 m	358 m,
Bestrichener Raum gegen Infanterie		
auf 500 m	108 m	80 m,
» 1000 m	36 m	28 m,
» 1300 m	16 m	0 m.

Bei der Bewaffnung der Mustahfis und Muawine kamen theilweise Zündnadelgewehre zur Verwendung, theilweise noch Vorderlader verschiedener Konstruktion.

Die Kavallerie — reguläre wie irreguläre — war theils mit dem Remington-Karabiner, theils mit dem Winchester-Repetir-Gewehr bewaffnet. Letzteres, mit einem Kaliber von 10,8 mm, war in zwei Modellen vorhanden, zu 12 und zu 18 Schuß; es feuerte ein sehr kleines Geschoß mit schwacher Ladung.

Die Feldartillerie führte Krupp'sche 8 cm und 9 cm Stahl-Geschütze (unter den Namen: 4 Pfünder und 6 Pfünder) und eine geringe Anzahl bronzener Geschütze von demselben Kaliber. Die Gebirgsartillerie führte 5½ cm Withworth- und Krupp-Geschütze.

33. **Munitionsausrüstung.** Die Infanteriemunition, meist von englischen und amerikanischen Fabriken geliefert, war von vorzüglicher Beschaffenheit und Versager äußerst selten. Sowohl die Beschaffung der Vorräthe im Großen wie die Heranführung zu den

Truppen ließ nichts zu wünschen übrig, da zu keinem Zeitpunkt wirklicher Munitionsmangel eintrat, vielmehr die Ausrüstung nach europäischen Begriffen eine ungewöhnlich reiche war.

Reglementsmäßig trug der Mann 80 (nach anderen Angaben 100) Patronen in den Patrontaschen; thatsächlich trugen die Leute soviel Patronen bei sich, als sie irgend fortschaffen konnten, bisweilen bis zu 200 Stück. Außerdem hatte jedes Bataillon reglementsmäßig 30 Tragethiere für den Munitionstransport; jedes Thier trug 2 Kasten zu je 1000 Patronen. Außerdem wurden überall hinter den Truppen auf Ochsenkarren große Massen von Munition nachgeführt. Die Versorgung der Armee von Plewna mit Munition war von Anfang an sehr reichlich, und später wurden solche gewaltigen Vorräthe zugeführt, daß Osman Pascha, nachdem Ende September abermals 1700 Kisten Patronen angekommen waren, den Wunsch aussprach, man möge vorläufig keine Munition mehr schicken. Die reglementsmäßige Munitionsausrüstung der Artillerie war bedeutend schwächer: die 4 Pfünder führten im Protzkasten 30 Schuß mit, und jede Batterie hatte 3 Munitionswagen mit je 120 Schuß. Außerdem wurden aber auch für die Artillerie reichliche Vorräthe auf Ochsenkarren nachgeführt.

34. **Abgekürzte Truppentheilbezeichnungen** (s. Nr. 22): z. B.
2./4. I. Bataillon = 2. Bataillon des 4. Regiments des 1. Armeekorps (Nizam);
zwei/1. III. Bataillone = zwei Bataillone des 1. Regiments des 3. Armeekorps (Nizam);
3./V. Jäger-Bataillon = 3. Jäger-Bataillon des 5. Armeekorps (Nizam);
zwei/4. I. Eskadrons = zwei Eskadrons des 4. Regiments des 1. Armeekorps (Nizam);
Angora I = Redif-Bataillon Angora ersten Aufgebots;
Angora II = Redif-Bataillon Angora zweiten Aufgebots;
Angora III = Redif-Bataillon Angora dritten Aufgebots;
zwei Silistria I Kompagnien = zwei Kompagnien des Redif-Bataillons Silistria ersten Aufgebots.

Fünfter Abschnitt.

Plewna.

35. Geographisch-strategische Verhältnisse. Plewna, auf der mittleren Geländestufe Bulgariens, 124 m über dem Meeresspiegel im Thal des von rechts in den Wid-Fluß fallenden Tutscheniza-Baches, an der großen, von Rustschuk nach Sofia führenden Straße gelegen, bildet den Mittelpunkt eines großen ackerbautreibenden Bezirkes. Von hier aus führen wichtige Straßenverbindungen zunächst ostwärts über Bjela nach Rustschuk, ferner nordwärts nach Nikopolis, westwärts nach Widdin, südwestwärts über Orchanie nach Sofia, südwärts über Lowtscha nach Trojan, endlich südostwärts über Lowtscha und Selwi nach Tirnowa.

Midhat Pascha, welcher in den sechziger Jahren Generalgouverneur der Donau-Provinz war, erkannte die hohe Bedeutung der Lage Plewnas in Bezug auf Gewerbefleiß und Handel und beschloß, die Stadt durch einen Schienenweg mit der Donau zu verbinden. Anfangs sollte die beabsichtigte Bahn nach Nikopolis gehen; bei näherer Erwägung zeigte sich aber dieser Ort als Stapelplatz und zur Anlage eines Hafens ungeeignet, worauf Midhat die Gründung einer neuen Handelsstadt, welche den Namen „Port Sultanie" führen sollte, an der Mündung der Osma westlich von Nikopolis, beschloß. Von hier aus sollte die Bahn anfangs im Thal der Osma aufwärts führen und dann über Metschka und Griwiza nach Plewna. Zur Ausführung der nöthigen Erdarbeiten, welche meist im Aufschütten von Dämmen bestanden, brachte Midhat zahlreiche bulgarische Arbeiter zusammen; das nöthige Holz wurde den am Fuß des Balkan gelegenen Wäldern entnommen. Als Midhat bald nachher von seiner Stellung abberufen wurde, gab man die Durchführung des Unternehmens auf, und nur einzelne Spuren der Vorarbeiten blieben übrig.

Wir betrachten nun die verschiedenen von Plewna bezw. über Plewna laufenden Wegeverbindungen.

1. Die große Straße von Rustschuk über Plewna nach Sofia, unter dem Gouvernement von Midhat Pascha angelegt, zeichnete sich von den meisten türkischen Straßen vortheilhaft aus, indem sie 15 m breit, theilweise mit Seitengräben versehen und überhaupt kunstgerecht

angelegt war; in ihrer ganzen Länge war sie von einer Telegraphenlinie begleitet.

Von Plewna aus führt diese Straße in östlicher Richtung über (40 km) Bulgareni an der Osma, wo ein Weg nach Sistowa abzweigt, nach (55 km) Bjela, hier auf einer großen steinernen Brücke über die Jantra und weiter nach (50 km) Rustschuk.

Von Plewna in südwestlicher Richtung ziehend, überschreitet die Straße zunächst (5 km) den Wid-Fluß, zieht dann über (9 km) Doljni (Unter-) Dubnjak nach (18 km) Telisch; von hier in südlicher Richtung über Lukowiza und Jabloniza nach (50 km) Ossikowo, von hier in westlicher Richtung über Prawez nach (25 km) Orchanie, dann in südlicher Richtung zum (20 km) Balkan-Paß von Arabkonak (Babakonak) und nun in westlicher Richtung nach (50 km) Sofia.

Zwischen Doljni Dubnjak und Telisch zweigt von der großen Straße nach Süden zu ein Weg ab, welcher nach Tschirikowo am linken Wid-Ufer und an diesem aufwärts nach Tetewen läuft, von wo drei schwierige Gebirgspfade auf die Südseite des Balkan hinüberführen:

    a) über den Rabaniza-Paß nach Rachmanli;

    b) über den Paß der Markow-Pforte ebenfalls nach Rachmanli;

    c) über den Slatiza-Paß nach Slatiza.

2. Von Plewna nordwärts über Tschalissowat und Bresljanniza nach (40 km) Nikopolis.

3. Von Plewna westwärts nach Widdin führen zwei schlechte Wegeverbindungen: entweder von Plewna über (30 km) Mahaleta am Isker nach (35 km) Altimir am Skit; weiter über (40 km) Welitschedremo an der Tschibriza und (20 km) Kriwodol am westlichen Lom nach (20 km) Artscher Palanka an der Donau und von hier nach (17 km) Widdin, oder von Plewna nach (65 km) Rahowa an der Donau, von hier über Tschibra Palanka, Lom Palanka und Artscher Palanka nach Widdin. Rahowa, ein bulgarischer Handelsplatz an der Donau, liegt in einer engen durch Zurücktreten der Höhen gebildeten Thalebene und war von den Türken gewissermaßen als Etappe zwischen Widdin und Nikopolis durch einige auf den umliegenden Höhen angelegte Redouten befestigt.

4. Von Plewna südwärts führt eine Straße nach (35 km) Lowtscha, von hier am linken Ufer der Osma aufwärts ein Gebirgsweg nach (30 km) Trojan, einem Ort, der vor dem Kriege 600 Häuser

und 3500 ausschließlich bulgarische Einwohner hatte, wie überhaupt diese ganze Gegend fast ausschließlich von Bulgaren bewohnt war. Südlich von Trojan liegt das reiche bulgarische Kloster „Zur Himmelfahrt der heiligen Jungfrau", im Jahre 1867 der Mittelpunkt des bulgarischen Aufstandes.

Von Trojan aus führen drei schwierige Saumpfade nach dem Südfuße des Gebirges: a) von Trojan über (15 km) den Trojan-Paß nach (10 km) Konare; b) von Trojan über (8 km) das Himmelfahrts-Kloster und (15 km) den Paß Ostra Mogila nach (8 km) Karlowo; c) von Trojan über das Kloster nach (20 km) Novoselo, dann über (7 km) Ostrez und (8 km) den Rosalita- (Mara Heiduk-) Paß nach (10 km) Kalofer.

5. Von Plewna südostwärts führt eine Straße über (35 km) Lowtscha nach (35 km) Selwi am linken Jantra-Nebenfluß Ruschiza; von hier nach (45 km) Tirnowa an der Jantra. Von Selwi aus führt ein Weg nach Süden zu dem (50 km) Rosalita-Paß, der vom Schipka-Paß 30 km nach Westen zu entfernt ist.

36. **Topographische Verhältnisse.** Plewna war vor dem Kriege eine Stadt von etwa 3000 Häusern meist geringer Bauart, jedoch waren außer 18 Moscheen und 2 christlichen Kirchen auch einige bedeutende ganz aus Stein aufgeführte Gebäude vorhanden. Die Hauptstraßen waren breit genug für zwei Fuhrwerke. Die Anzahl der Einwohner betrug etwa 18 000, von denen 8000 Türken und 10 000 Bulgaren; der Krieg brachte von der Donau her zunächst noch einige Tausend mohammedanische Flüchtlinge in die Stadt. Im Laufe der monatelangen Kämpfe in der Umgebung von Plewna scheint ein großer Theil der Bevölkerung abgezogen zu sein; Anfang Dezember befanden sich nur noch 300 mohammedanische Familien in der Stadt; über die Zahl der zu dieser Zeit noch anwesenden Bulgaren ist nichts bekannt.

Das meist flach gewellte Hügelland der Umgebung ist fruchtbar und gut angebaut; die hauptsächlichsten Erzeugnisse sind Weizen, Mais und Wein; außerdem dienen ausgedehnte Wiesen der Viehzucht. Der Boden hat durchschnittlich eine mehrere Meter tiefe Ackerkrume von festem schwarzen Humus, ein Umstand, der für die Herstellung von Befestigungsanlagen von großem Vortheil war.

Der Wid-Fluß, welcher von Süden nach Norden in breitem steinigen Bette fließt, ist bei trockener Zeit an vielen Stellen furtbar, nach Regengüssen aber stark angeschwollen und nicht passirbar. Die

95 m lange Brücke, auf welcher die große Straße nach Sofia den Fluß überschreitet, ist solide gebaut, hat zwei Widerlager und neun steinerne Flußpfeiler und eine hoch über dem Fluß liegende beschotterte hölzerne Brückenbahn.

Der Tutscheniza-Bach fließt oberhalb Plewnas in einer engen, von steilen Felswänden eingeschlossenen Schlucht; unterhalb der Stadt erweitert sich das Thal und bildet eine 1 bis 1,5 km breite Niederung.

Der Griviza-Bach durchfließt von Osten her eine beiderseits sanft ansteigende Mulde und wird unterhalb Plewnas von der Tutscheniza aufgenommen; er treibt eine Anzahl kleiner Mühlen. Die über Bulgareni nach Plewna führende große Straße begleitet den Bach anfangs auf seinem nördlichen, später auf seinem südlichen Ufer.

Die gesammte Umgegend östlich des Wid-Flusses zerfällt in drei Hauptabschnitte:

Der nördliche Hauptabschnitt nördlich des Griviza-Baches; der mittlere Hauptabschnitt zwischen dem Griviza- und dem Tutscheniza-Bach; endlich der südliche Hauptabschnitt zwischen dem Tutscheniza-Bach und dem Wid-Fluß. Das Gelände westlich des Wid bildet dann einen vierten, den westlichen Hauptabschnitt.

Die Höhen des nördlichen Hauptabschnittes fallen am rechten Wid-Ufer bei Biwolar (Susurlu) und Opanes (Plisija) steil gegen den Flußrand ab, ebenso gegen die flache Thalsohle unterhalb der Stadt; östlich gegen das Dorf Griviza hin verlaufen sie etwas sanfter geneigt.

Die Schlucht von Bukowa trennt diese Höhen des nördlichen Hauptabschnitts in einen westlichen und östlichen Theil. Der westliche Theil zwischen Bukowa und Biwolar wird bezeichnet als Stellung von Opanes; er spielt in den Ereignissen keine irgendwie nennenswerthe Rolle.

Der östliche Theil zwischen der Bukowa-Schlucht und der Griviza-Schlucht wird zusammengefaßt unter dem Namen Janik Baïr und zerfällt in drei Abschnitte. Der höchste mittlere Theil dieses Kammes wird bezeichnet als Centralstellung des Janik Baïr; der zum Dorf Griviza abfallende östliche Theil des Kammes heißt die Griviza-Stellung; der mit der Centralstellung durch einen Sattel zusammenhängende westliche Theil des Kammes südlich des Dorfes Bukowa heißt die Bukowa-Stellung.

Der mittlere Hauptabschnitt wird durch zwei Mulden, welche westlich des sogenannten Großfürsten-Berges ihren Anfang nehmen und, von Osten nach Westen laufend, in die Tutscheniza-Schlucht einmünden, in drei wagerechte Unterabschnitte getheilt; diese beiden Mulden sind der Suluklija-Grund, der am Südausgange von Plewna, und der Radischowo-Grund, der 3 km weiter südlich in die Tutscheniza-Schlucht einmündet.

Der Abschnitt zwischen Griwiza-Thal und Suluklija-Grund enthielt in seinem westlichen Theil den Kernpunkt der türkischen Stellung mit der Höhe des Bara Baïr nordöstlich von Plewna: die sogenannte Stellung des Hauptquartiers. Der östliche Theil dieses Abschnittes, die Höhen südlich von Griwiza umfassend, führte bei den Russen die Bezeichnung: „Höhen des 9. Korps". Der Abschnitt zwischen Suluklija-Grund und Radischewo-Grund gehörte nur mit seiner nordwestlichen Ecke zur türkischen Stellung; sein südöstlicher Theil, die Höhen nördlich des Radischewo-Grundes, wurde von den Russen „Artillerie-Berg" genannt.

Der Abschnitt südlich des Radischewo-Grundes, der im Osten und Süden von der Tutscheniza-Schlucht begrenzt wird, hat niemals zur türkischen Stellung gehört; die ihn ausfüllenden „südlichen Radischewo-Höhen" wurden von den Russen auch „Berg des 4. Korps" genannt. Die von Radischewo nach Osten streichenden Höhen wurden von den Russen „Berg der Reserve" genannt. Eine von diesen Höhen nach Norden vorspringende Kuppe, etwa 2½ km südlich von Griwiza und von den „Höhen des 9. Korps" durch eine in das Griwiza-Thal einmündende Schlucht getrennt, hieß „Großfürsten-Berg".

Der südliche Hauptabschnitt zwischen der Tutscheniza-Schlucht und dem Wid-Fluß, eine aus einer Anzahl einzelner Kuppen bestehende Hochfläche, wird nach Süden zu in der Linie Trnina—Kartuschaven—Brestowez zunächst durch den unteren Theil der bei Trnina in das Wid-Thal mündenden Schlucht von Kartuschaven (Thal der Tschernalla) und dann durch die von Brestowez nach Westen ziehende und in die Schlucht von Kartuschaven mündende Schlucht des Mescheniza-Baches begrenzt. Das Innere dieser Hochfläche wird durch eine Anzahl in radialer Richtung laufender Schluchten durchschnitten, von denen folgende genannt sein mögen:

Nordwestlich von Krschin beginnt die Komudar-Schlucht, welche, nach Westen laufend, zwischen Trnina und Kartuschaven in die Kartuschaven-Schlucht mündet.

Ziemlich in der Mitte der Hochfläche nimmt die Schlucht von Kiremetschi oder Dschigit Dol ihren Ursprung, welche am Nordausgange von Plewna in die Tutscheniza-Schlucht mündet. Ziemlich parallel mit der Schlucht von Kiremetschi läuft die Schlucht des sogenannten „Baches der Grünen Berge", welche nördlich von Krschin beginnt und am Südausgange von Plewna in die Tutscheniza-Schlucht mündet.

Der zwischen der Schlucht von Kiremetschi und der Schlucht des Grünen Berg-Baches nach Plewna zu abfallende Höhenrücken führt den Namen „Höhen von Namasguiah"; die höchste Kuppe dieses Rückens, nördlich des Dorfes Krschin, heißt Baghlar (Baular) Baïr.

Südwestlich von Brestowez, zwischen diesem Dorfe, dem Dorfe Utschindol und der Tutscheniza-Schlucht, erhebt sich der Rothe Berg, nach Norden zu durch den Brestowez-Grund getrennt von den unter dem Namen der „Grünen Berge" zu einer blutigen Berühmtheit gelangten Höhen, welche den Raum bis zu dem nach ihnen benannten Bach ausfüllen und aus drei durch Sättel miteinander verbundenen Kämmen bestehen, die von Süden nach Norden als erster, zweiter und dritter Kamm bezeichnet werden. Die Grenze zwischen dem ersten und zweiten Kamm bildet der von Westen her einschneidende Kambulaschki-Grund; die Grenze zwischen dem zweiten und dritten Kamm der von Osten her einschneidende sogenannte „Chaussee-Grund".

Nördlich des dritten Kammes steigt jenseits des Grünen Berg-Baches die Höhe der Plewna-Redouten (Skobelew-Redouten) an, ein südöstlicher Vorsprung der oben genannten Höhen von Namasguiah.

Der westliche Hauptabschnitt, das linke Wid-Ufer, besteht zunächst aus einer 2000 bis 3000 m breiten ganz sanft ansteigenden völlig ebenen und freien Niederung. Weiterhin nach Westen und Südwesten zu erhebt sich das Gelände allmählich zu immerhin unbedeutenden Höhen. Dieses ganze Gelände wird von den steil ansteigenden Höhen des rechten Wid-Ufers vollkommen beherrscht. Auf 1000 m Entfernung vom Flusse beträgt die Ueberhöhung 160 m. Auf dem linken Wid-Ufer, 600 m von der Chausseebrücke entfernt, befindet sich eine an und für sich unbedeutende Bodenanschwellung, welche gleichwohl im Stande ist, die Versammlung starker Truppenmassen dem Auge des weiter nach Westen zu befindlichen Gegners zu verbergen. Dieser Umstand ist den Russen während der ganzen Dauer der Einschließung nicht bekannt geworden.

Die wellenförmigen Hänge, in denen sich, wie oben gesagt, das Gelände nach Westen und Südwesten zu erhebt, werden von den Schluchten zweier Bäche durchschnitten: des Netropol=Baches, der zwischen Biwolar und Opanes, und des Dubnjak=Baches, der bei Blasivas in den Wid mündet. Zur Zeit der Einschließung waren große Strecken des ebenen Geländes am linken Wid=Ufer mit mannshohem dichten Mais bestanden, welcher die Bewegungen von Mann und Pferd außerordentlich erschwerte.

Der westliche Hauptabschnitt wurde durchschnitten von der bereits erwähnten großen Sofia=Chaussee, welche von der Wid=Brücke in südwestlicher Richtung nach Doljni Dubnjak zieht, sowie ferner von dem Wege nach Rahowa (Widdin), der von der Wid=Brücke in nordwestlicher Richtung nach Gornji Netropol zieht.

37. Fortifikatorische Verhältnisse. Der nördliche Hauptabschnitt. Die Höhe von Opanes beherrschte die ganze Niederung jenseits des Wid=Flusses sowie das Vorgelände nord= und ostwärts. Am 20. Juli waren hier nur ganz unbedeutende Schützengräben angelegt. Bis zum 30. Juli waren zwei Redouten erbaut; eine auf der höchsten Kuppe (Nr. 10) und eine am Nordostausgange des Dorfes (Nr. 14); außerdem eine Geschützstellung südlich des Dorfes (Nr. 17) zur Bestreichung der Wid=Brücke.

Im weiteren Verlaufe der Einschließung wurden in der Opanes-Stellung zahlreiche Redouten errichtet. Man kann nordöstlich des Dorfes einen äußeren Halbkreis unterscheiden mit sechs Redouten (Nr. 7, 8, 9, 10; 11, 12) und einen inneren mit drei Redouten (Nr. 13, 14, 15); außerdem zwei Werke südlich des Dorfes (Nr. 16, 17). Ein wirklicher Angriff ist gegen diese Stellung niemals erfolgt; es fehlen daher hier auch fast ganz die vorwärts und seitwärts der Redouten liegenden Schützengräben, welche in den anderen Stellungen nach Bedarf angelegt und erweitert wurden.

Um die Werke der Opanes-Stellung einigermaßen zu charakterisiren, mag angeführt werden, daß die rechte Flügelredoute des inneren Halbkreises (Nr. 15) außergewöhnlich groß war; die Gesammtlänge der Feuerlinie des polygonalen Werkes betrug 400 m, der Flächeninhalt über 9000 qm. In den zahlreichen eingedeckten Räumen dieses Centralwerkes befanden sich Unterkünfte für die Besatzung und für Stäbe, Munitions= und andere Magazine, sogar Pferdeställe. Die anderen Werke dieses Abschnittes waren bedeutend kleiner, meist viereckig von 40 bis 50 m Seitenlänge.

Auf dem Janik Baïr scheinen am 20. Juli einige Schützengräben aufgeworfen gewesen zu sein sowie zwei Geschützstände, von denen der eine auf der Stelle der späteren Griviza-Redouten. — Bis zum 30. Juli wurden in der Bukowa-Stellung eine Batteriestellung, in der Centralstellung zwei Batteriestellungen hergestellt, in der Griviza-Stellung aber die beiden vielgenannten Redouten Kanly Tabia oder erste Griviza-Redoute (Nr. 1) und Basch Tabia (auch Sabuk Pascha Tabia) oder zweite Griviza-Redoute (Nr. 2). Beide etwa 400 m voneinander entfernte Redouten waren durch einen Laufgraben miteinander verbunden; ein anderer Laufgraben lief von der Redoute Nr. 1 nach Südwesten und nahm den Aufstieg vom Dorf Griviza her unter Feuer. Nördlich der Redoute Nr. 2 waren jenseits der hier befindlichen Schlucht einige Schützengräben und Schützenlöcher für die Vorposten angelegt.

Im Laufe des August wurde die ganze Stellung des Janik Baïr wesentlich verstärkt. Bei Beginn der September-Kämpfe befanden sich in der Griviza-Stellung die beiden bereits erwähnten Redouten (Nr. 1, 2), auf der höchsten Kuppe der Centralstellung ein sägeförmiges Werk (Nr. 3), russischerseits vielfach als Basch Tabia bezeichnet; weiter westlich auf dem Kamm der Centralstellung zwei Batterien (Nr. 4, 5) und endlich in der Bukowa-Stellung eine Batterie (Nr. 6), von den Russen mehrfach als Suleiman Tabia bezeichnet. Alle genannten Werke waren durch Laufgräben miteinander verbunden und durch zahlreiche Schützengräben verstärkt.

Im weiteren Verlauf der Einschließung wurden in diesem Theil der Stellung keine neuen Werke angelegt, aber die vorhandenen allmählich mehr und mehr ausgebaut und verstärkt.

Die Griviza-Redoute Nr. 1 war viereckig mit 45 m Seitenlänge. Das Profil der Brustwehr ergab eine Deckungshöhe von 2,8 m, von denen 0,4 m durch Ausgraben des Hofraums gewonnen waren. Die Stärke der Brustwehr betrug 4 m. Die innere Brustwehrböschung war steil verkleidet, der Auftritt durch Stufen hergestellt. Die äußere Brustwehrböschung und die Eskarpenböschung hatten ganze Anlage. Die Kontreskarpe war fast senkrecht; die Tiefe des Grabens scheint 3 m betragen zu haben. Im Innern der Redoute befand sich, wie in den meisten Plewna-Redouten, eine Kreuztraverse. Die Geschütze feuerten durch Scharten und waren durch Bonnets und Seitentraversen gedeckt. Die Redoute Nr. 2 war ursprünglich von ähnlicher Konstruktion. Während des rumänischen Sappenangriffs in dem späteren Theil der Einschließung wurde die Brustwehr zum Theil erhöht und verstärkt und der Hofraum bis auf 1,5 m vertieft. Unter dem Banket waren Unterkunftsräume hergestellt von 2,5 m Tiefe und 2 m Höhe; die aus Flechtwerk oder Brettern gebildete Decke hatte eine Erdschicht von mindestens 0,5 m. — Der die beiden Redouten verbindende nach innen gebrochene Graben war mit fast senkrechten Wänden 1,5 m tief eingeschnitten und hatte eine Deckungshöhe von im Ganzen 3 m; die Sohle war 3 m breit. — Die Griviza-Redoute Nr. 2 war mit der Redoute Nr. 3 durch einen tiefen nach Norden und Süden hin durch eine Brustwehr geschützten Laufgraben verbunden.

Von besonderem Interesse sind die vielfach als „verschanztes Lager" bezeichneten Infanterie-Vertheidigungslinien, welche die 30 bis 60 m breite Kammfläche des Janik Bair einschlossen und die Werke Nr. 3, 4 und 5 miteinander verbanden. Diese Linien bestanden aus vielfach traversirten Laufgräben mit Infanterie-Feuerlinie. Der Laufgraben war auf der Sohle 1 m, oben 2,5 m breit und gewährte 2 bis 3 m Deckung. Die Brustwehr hatte eine Stärke von 1,5 bis 2 m. Direkt vom Graben aus gelangte man in zum Theil versenkte Unterkunftsräume, welche unter der Brustwehr hergestellt waren. Kleine Schornsteine aus Rasenziegeln vermittelten den Rauchabzug der Feuerstellen. In diesen Räumen befanden sich vielfach Mühlsteine, auf denen an Ort und Stelle die Maiskörner gemahlen oder zerquetscht werden konnten. Mit wenigen Schritten aus diesen Wohnlöchern heraus befanden sich die Mannschaften in der Feuerlinie. — Vor diesen Linien und am Hange, etwas tiefer liegend, war noch ein Schützengraben mit 1 m Sohlenbreite und 1,5 m Deckungshöhe eingeschnitten in gebrochener, dem Gelände folgender Linie, so daß überall wenigstens zwei, mit Einrechnung der dahinter liegenden geschlossenen Werke oft drei oder vier übereinander liegende Feuerlinien entstanden. Hier und da waren vorwärts des äußeren Schützengrabens auch noch unzusammenhängende Schützenlöcher ausgehoben. — Die Verbindung der Werke Nr. 5 und 6 mit der Stadt war eine gänzlich gedeckte.

Im mittleren Hauptabschnitt befanden sich am 20. Juli noch gar keine fortifikatorischen Anlagen. Am 30. Juli befand sich auf dem Höhenkamm nördlich des Suluklija-Grundes die erst halbvollendete Redoute Ibrahim Bey Tabia (Nr. 42) und weiter westlich die Redoute Atuf Pascha Tabia (Nr. 40); ferner eine mit der Front nach Osten gerichtete Batteriestellung an dem Platze der späteren

Redoute Ichtyat (Nr. 45) — und endlich auf dem Bara Bair die das ganze Griviza-Thal bestreichende „Batterie des Hauptquartiers" (Nr. 46), so genannt, weil einige Hundert Schritt von derselben entfernt Osman Pascha sein Hauptquartier aufgeschlagen hatte, welches auch während der ganzen Einschließung an dieser Stelle verblieb.

In der russischen Darstellung der Kämpfe des 30. Juli wird eine türkische Verschanzung an der Stelle der späteren Arab Tabia (Nr. 39) erwähnt; in der türkischen offiziösen Darstellung aber wird das Vorhandensein einer Verschanzung an dieser Stelle schon an jenem Tage bestimmt in Abrede gestellt; man muß annehmen, daß an jener Stelle die Türken im Laufe des Gefechts eine flüchtige Batteriebedeckung erbaut hatten. Südlich des Suluklija-Grundes befand sich am 30. Juli, trotz mehrfacher derartiger Behauptungen in den ersten Darstellungen der Kämpfe jenes Tages, keine türkische Verschanzung.

Im Laufe des August wurde dieser Theil der türkischen Stellung wesentlich verstärkt. Ibrahim Bey Tabia (Nr. 42) wurde vollständig ausgebaut, Atuf Tabia umgebaut, westlich von diesem Werke die viereckige Redoute Arab Tabia (Nr. 39) neu errichtet. Nördlich von Ibrahim Bey Tabia wurde die sechseckige Redoute Tschorum (Nr. 43) neu erbaut; zwischen Atuf Tabia und der „Batterie des Hauptquartiers" wurde die Lunette Top Tabia (Nr. 44) neu erbaut, die bisherige Batteriestellung zu der viereckigen Redoute Ichtyat (Nr. 45) ausgebaut. Ob das zwischen Ibrahim Tabia und Atuf Tabia gelegene kleine Werk (Nr. 41) schon zu dieser Zeit oder erst später erbaut worden, ist nicht klar.

In den ersten Septembertagen, zum Theil bereits während des großen Artilleriekampfes, erbauten die Türken südlich des Suluklija-Grundes die viereckige Redoute Omer Bey Tabia (Nr. 38), auch Yosgabskische Verschanzung genannt, welche durch einen gedeckten Weg mit Atuf Tabia in Verbindung stand, während der Raum zwischen Omer Bey Tabia und der Tutscheniza-Schlucht durch mehrere hintereinander liegende zur Infanterievertheidigung eingerichtete Laufgräben abgeschlossen wurde.

Von den Werken dieses Abschnittes mögen folgende zwei näher beschrieben werden.

Ibrahim Bey Tabia war eine viereckige Redoute von 45 und 50 m Seitenlänge, mit vielen Traversen und mit gedeckten Unterkunftsräumen und Munitionsmagazinen versehen. In den stärksten

Feuerrichtungen nach Osten und Süden hatte die Brustwehr eine Dicke von 5 m und eine Deckungshöhe von 3,5 m, auf den anderen Fronten eine Dicke von 4 m und eine Deckungshöhe von 2,5 m. Der Graben war zur Wiederherstellung bezw. Verstärkung der Brustwehr schließlich bis auf 4 m Tiefe ausgehoben. Auf drei Seiten war das Werk an der Kontreskarpe mit einem zur Infanterievertheidigung eingerichteten gedeckten Wege umgeben.

Omer Bey Tabia war eine quadratische Redoute von 55 m Seitenlänge mit einer Kreuztraverse in der Mitte und mit fünf Traversen senkrecht zu den Facen. Die Brustwehrdicke betrug 5 m, die Deckungshöhe 2,5 m; der Hofraum war 0,5 m ausgehoben. Der Graben hatte eine Tiefe von 3 m. Der gedeckte Weg in der Kontreskarpe lag 1 m versenkt, war traversirt und zur Infanterie-Vertheidigung eingerichtet. Die Unterkunftsräume im Innern des Werkes waren gänzlich in den Boden versenkt.

Im südlichen Hauptabschnitt befanden sich am 20. Juli überhaupt noch keine Befestigungsanlagen; am 30. Juli war auf der Stelle der späteren Redoute Issa Aga (Nr. 47) ein Batteriestellung angelegt und auf der Stelle der späteren Redoute Kowanlük (Nr. 48) einige Schützengräben. — Bis Anfang September waren die genannten beiden Redouten erbaut, welche vielfach auch Stobelew-Redouten oder Plewna-Redouten genannt werden. Kuropatkin giebt den beiden Redouten die Bezeichnungen Abul Bey Tabia (Kowanlük) und Nedschi Bey Tabia (Issa Aga), was türkischerseits für einen Irrthum erklärt wird.

Die beiden auf dem Nordrande der Schlucht des Grüner-Berg-Baches gelegenen Redouten Kowanlük und Issa Agha waren viereckig mit nach Westen offener Kehle, im Innern mit einer Traverse. Am Abhange der Schlucht waren, etwa 120 m vor den Redouten, unzusammenhängende Schützenlöcher hergestellt. Beide Redouten waren durch einen etwa 500 m langen zur Infanterievertheidigung eingerichteten Laufgraben verbunden. Von der Redoute Kowanlük aus führte ein über 500 m langer Verbindungsgraben nach Norden zu in den Kolonnenweg, welcher von dem östlich von Plewna gelegenen Hauptlager nach der Redoute Baghlar Baschi und weiter zu den Redouten der Krschin-Gruppe führte.

Westlich der genannten beiden Redouten auf dem Höhenkamm von Ramasguiah und zwar auf der Baghlar (Baular) Baïr genannten Kuppe lag die Redoute Baghlar Baschi (Weinbergs-Höhe), von den Russen Baluk Syrty oder auch Garten-Redoute genannt. Da die Besatzung dieser Redoute längere Zeit hindurch aus dem Bataillon Nisch II bestand, so wird das Werk mehrfach nach diesem Bataillon benannt — während die offizielle Bezeichnung Nisch Tabia einem später errichteten Werk (Nr. 35) gegeben wurde. — Nördlich des Dorfes Krschin lag die Redoute Junus Bey Tabia (Nr. 32), vielfach auch Krschin-Redoute genannt. Nördlich dieser Redoute lagen dicht nebeneinander die viereckige Redoute Milas Tabia (Nr. 30) und die fünfeckige Redoute Talaat Bey Tabia (Nr. 29). Von der Höhe von Krschin aus zog sich somit ein Kranz von Redouten nach dem Südausgange von Plewna und umfaßte den nördlichen Theil der Grünen Berge. Dieser Redoutenkranz fiel von Süden nach Norden stufenförmig ab. Die Redoute Junus Bey hatte eine Höhe von etwa 300 m, die Redouten Talaat und Milas etwa 280 m, die Redoute Baghlar Baschi etwa 260 m, die Redouten Kowanlük und Issa Agha etwas mehr als 200 m.

Im Lauf des Oktober setzten sich die Türken auf dem zweiten Kamm der Grünen Berge fest und errichteten hier drei Redouten: westlich Nisch Tabia (Nr. 35), in der Mitte Ghasi Osman Tabia (Nr. 36), östlich Ali Bey Tabia oder auch Hadschi Baba genannt (Nr. 37). Alle drei Redouten von verschiedener Größe — 45 bis 60 m Seitenlänge —, im Uebrigen aber wesentlich in der bekannten Art konstruirt, waren unter sich durch Laufgräben und Infanterielinien mit Erdhütten verbunden. Zwei lange Laufgräben waren von hier aus, die Lowtscha-Chaussee schneidend, zum ersten Kamm der Grünen Berge vorgetrieben, dessen nördlicher Theil durch eine Anzahl zusammenhängender Schützengräben gesichert wurde, während Anfang November auf dem südlichen Theil des ersten Kammes sich die Russen festsetzten in ganz geringer Entfernung von den türkischen Werken.

Die Redoute Junus Bey wurde verstärkt; die südlich nach dem Dorfe Krschin zu vorgeschobenen Laufgräben wurden in eine Redoute mit drei Facen umgebaut (Nr. 33), deren Inneres von der Redoute Junus Bey aus unter Feuer genommen werden konnte. Dieses neue Werk wurde offiziell Krschin-Redoute genannt; mehrfach findet man es bezeichnet als „Kleine Krschin-Redoute" im Gegensatz zu der „Großen Krschin-Redoute" oder Junus Bey Tabia.

Ende Oktober und Anfang November schritten die Türken zur Befestigung des ganzen Höhenzuges, der sich von Krschin in der Richtung auf Blasimas zum Wid hinzieht. Westlich von Milas und

Talaat-Tabia lag hier zunächst die sechseckige Redoute Aibin Tabia (Nr. 28), weiterhin die viereckige Redoute Chilmi Effendi (Nr. 27), ferner die Redoute Tertew Bey (Nr. 25) mit zwei nach Süden zu gerichteten vorgeschobenen Infanteriestellungen; nach Norden hin war diese Redoute durch einen Laufgraben mit einer kleinen Redoute (Nr. 24) verbunden. Oestlich von Blasiwas lag die Redoute Tireboli (Nr. 23), außerdem befanden sich hier zwei kleinere Werke (Nr. 21, 22). Zurückgezogen hinter dieser Redoutenlinie lag die fünfeckige Redoute Vely Bey (Nr. 26).

Von Blasiwas abwärts auf den Höhen am rechten Wid=Ufer waren in der späteren Zeit der Einschließung zwei Batteriestellungen erbaut (Nr. 20, 19); auf den Uferhöhen über der Wid=Brücke lag die bereits im Juli erbaute sogenannte „Brückenschanze" (Nr. 18).

Westlich des Wid haben sich niemals türkische Befestigungen befunden.

Um das Bild der Stellung von Plewna zu vervollständigen, mag noch angegeben werden, daß von dem auf dem Bara Bair am Nordostausgang Plewnas befindlichen Hauptquartier Osman Paschas vier Telegraphenleitungen hergestellt waren: 1. über die Werke auf dem Kamm des Janik Bair bis zur zweiten Griwiza=Redoute; 2. nach Junus Bey Tabia; 3. nach der Brückenschanze; 4. nach der Stellung von Opanes.

Zweites Buch.
Das erste und zweite Plewna.

Sechster Abschnitt.
Vormarsch der türkischen West-Armee unter Osman Pascha von Widdin nach Plewna.

38. Osman Pascha erhält den Befehl zum Vormarsch. Die in Westbulgarien von der serbischen Grenze bis zum Isker stehende türkische Armee unter Osman Pascha zählte zur Zeit des russischen Donau-Ueberganges 44 Bataillone (10 Nizam-, 34 Redif-), 6 Escadrons reguläre Kavallerie, einige Hundert Tscherkessen und 10 Batterien (5 6pfündige, 4 4pfündige und 1 3pfündige Gebirgs-Batterie) zu 6 Geschützen. Von diesen Truppen standen 6 Bataillone in Rahowa, 1 Bataillon zwischen Rahowa und Nikopolis, 2 Bataillone in Lom Palanka, 1 Bataillon in Belgradschik, 1 Bataillon an der serbischen Grenze in Ablis und in den Grenzforts von Bregowa und Rahowitza; das Gros der Armee stand in und um Widdin.

Bereits Ende Juni, als die Russen die Donau überschritten, hatte Osman Pascha dem Generalissimus Abdul Kerim den Vorschlag gemacht, unter Zurücklassung einer angemessenen Besatzung in Widdin und in den verschiedenen kleinen festen Plätzen mit dem Gros seiner Armee nach Plewna zu marschiren, die Besatzung von Nikopolis, 12 Bataillone unter Hassan Hairi Pascha, unter Aufgabe dieses unhaltbaren Platzes an sich zu ziehen und dann nach Lowtscha zu marschiren, um je nach Umständen entweder sich an diesem strategisch sehr vortheilhaft gelegenen Punkte festzusetzen oder über Tirnowa seine Vereinigung mit der ostbulgarischen Armee zu bewirken.

Abdul Kerim lehnte diesen Vorschlag Osmans ab, indem er auf die von Rumänien und Serbien drohende Gefahr hinwies.

In der Nacht vom 7. zum 8. Juli wurde Osman nach dem Widdiner Telegraphenamt berufen, um direkte Befehle des Sultans entgegenzunehmen. Hierauf entwickelte sich zwischen dem Sultan und Osman folgende Unterhaltung:

Der Sultan verlangt Auskunft über Zweck und Richtung der russischen Angriffsbewegung und über die zur Abwehr bereit stehenden Kräfte.

Osman antwortet: Der Feind habe die Donau überschritten, sich in Bulgarien ausgebreitet und sei im Vormarsch gegen die Balkan-Pässe; die Besatzung von Nikopolis sei in gefährdeter Lage. In Betreff der diesseits zu unternehmenden Schritte habe Osman dem Generalissimus Abdul Kerim gegenüber mehrfach seine Meinung dahin ausgesprochen, man müsse von allen Seiten energisch über den Feind herfallen und ihn in die Donau werfen.

Der Sultan stimmt der Ansicht Osmans bei und fragt, wie viel Bataillone dieser bei Widdin zurücklassen, wie viel er zur Offensive verwenden wolle und auf welchen Erfolg er rechnen zu können glaube.

Osman antwortet: Zum Schutze Widdins seien 12 Bataillone vollkommen genügend; zur Offensive könnten dann 20 Bataillone verwendet werden. Es dürfe ferner zweckmäßig sein, die Besatzung von Nikopolis aus ihrer gefährdeten Stellung zurückzuziehen und mit seiner (Osmans) Armee zu vereinigen.

Der Sultan genehmigte den Plan Osmans und wies diesen an, über alle Vorgänge auf dem westlichen Schauplatz unmittelbar an den Sultan Meldungen zu schicken.

Gleichzeitig erging an den Generalissimus Abdul Kerim und an den Kriegsminister der Befehl, den von Osman vorgeschlagenen Plan einer allgemeinen Offensive zur Ausführung zu bringen. Beide Instanzen sandten nunmehr ihrerseits an Osman den Befehl, seinen Vormarsch sofort anzutreten.

39. Osmans Anordnungen für den Vormarsch. Als dieser Befehl am 10. Juli in Widdin eintraf, verfügte Osman über seine Truppen in folgender Art:

Die Operations-Armee wurde gebildet aus 19 Bataillonen (9 Nizam-, 10 Redif-) mit etwa 11000 Mann, 5 regulären Eskadrons mit 400 Pferden, 150 Tscherkessen und 9 Batterien mit 54 Geschützen.

In Widdin hatten zurückzubleiben 13 Bataillone (von diesen wurde das Redif-Bataillon Gumushané II als Bedeckung eines

Munitionstransportes bald darauf der Operations-Armee nachgesandt), 1 reguläre Eskadron und 1 4Pfünder-Batterie; ferner in Abilié 1 Bataillon, in Belgradschik 1 Bataillon, in Lom Palanka 2 Bataillone, in Rahowa 3 Bataillone. Alle zurückgelassenen Bataillone waren Redifs. Den Oberbefehl über die genannten Garnisonen erhielt der Divisionsgeneral Mehmed Izzet Pascha.

Von den zur Zeit in Rahowa stehenden 6 Bataillonen sollten 3 Bataillone während des Vormarsches der Operations-Armee zu dieser stoßen. Thatsächlich scheinen alle 6 Bataillone nach Plewna herangezogen und dafür andere Truppen nach Rahowa geschickt worden zu sein.

Das zwischen Rahowa und Nikopolis stehende Nizam-Bataillon 2./5. II. war inzwischen in die Kämpfe bei Nikopolis verwickelt und hierbei völlig zersprengt worden. Aus einer Anzahl nach Plewna entkommener Mannschaften wurde das Bataillon dann wieder formirt.

Bevor wir dem Vormarsch Osmans auf Plewna folgen, müssen wir einen Blick auf die Vorgänge werfen, welche sich dort inzwischen abgespielt.

40. Ereignisse bei Plewna vor Osmans Ankunft. In Plewna befand sich Anfang Juli nur eine Kompagnie des Redif-Bataillons Sliwno III mit einem kleinen Lazareth und einem kleinen Montirungsdepot. Als am 7. Juli sich russische Kavallerie vor Plewna zeigte (es war dies nur eine kleine Kasakenabtheilung des Gurkoschen Korps, die bis Plewna vorprellte und sofort über Bulgareni zurückging), zog sich die Kompagnie mit allen Kranken, den Kammerbeständen und einem Kassenwagen glücklich nach Rahowa zurück. Am 9. Juli lief hierüber in Widdin eine telegraphische Meldung des Kommandanten von Rahowa, Hamdi Bey, ein.

Auf die Nachricht von dem Erscheinen der Russen bei Plewna hatte der Kommandant von Nikopolis, Hassan Hairi Pascha, noch am 8. Juli den Brigadegeneral Atuf Pascha mit 3 Bataillonen nebst 2 6pfündigen und 2 Gebirgsgeschützen abgeschickt, um sich wieder in den Besitz von Plewna zu setzen.

Atuf marschirte um 8 Uhr abends aus Nikopolis ab, kam am 9. Juli bei Plewna an und nahm, eine Kompagnie in der Stadt selbst zurücklassend, mit dem Gros seiner Abtheilung Aufstellung in der Nähe von Griviza; kleine Abtheilungen besetzten die umliegenden Höhen und die Brücke über den Wid; eine Kompagnie wurde nach Netropol entsendet.

Eine gleichzeitig bei Plewna eintreffende (von wo, ist nicht zu ersehen) Eskadron türkischer Garde-Kasaken, eine Abtheilung Tscherkessen und eine aus Einwohnern von Plewna gebildete Abtheilung berittener Freiwilliger übernahmen den Aufklärungsdienst in der Umgegend, wobei sie mehrfach auf russische Patrouillen stießen. Ein derartiger größerer Zusammenstoß fand am 10. Juli in der Gegend von Griviza statt, wobei türkischerseits schließlich die Artillerie mitwirkte, um das Vorgehen des Gegners abzuweisen.*)

Die oben angegebene sehr verzettelte Aufstellung hatte Atuf Pascha in der Absicht genommen, seine Abtheilung dem Gegner stärker erscheinen zu lassen, als sie war. Diese Absicht wurde erreicht, Bibikow schätzte in seiner Meldung den bei Plewna stehenden Feind auf 4000 Mann.

Bevor wir nunmehr zu den Bewegungen der Armee Osmans zurückkehren, mag noch bemerkt werden, daß Osman über seinen demnächst anzutretenden Vormarsch dem Kommandanten von Nikopolis telegraphisch Mittheilung machte mit der Aufforderung, sich so gut als möglich einige Tage bis zur Ankunft Osmans zu halten.

41. **Osmans Marsch von Widdin nach Plewna.** Nachdem am 12. Juli ein von Osman aus Berkowaz herangezogener Zwiebacktransport eingetroffen und in der Nacht zur Ausgabe gelangt war, brach das Korps am 13. Juli um 5 Uhr morgens auf und erreichte, über Wibbol und Nasir marschirend, an diesem Tage (20 km) Artscher. Als das Korps die Gegend von Wibbol passirte, wurde es vom jenseitigen Donau-Ufer aus von rumänischer Artillerie beschossen, wegen zu geringer Tragweite der Geschütze aber ohne jeden Erfolg.

Am 14. Juli wurde der Gebirgsrücken überschritten, welcher als Wasserscheide zwischen Artscher-Fluß und Lom-Fluß bis zur Donau streicht; der Weg war zum Theil derartig beschwerlich, daß die Infanterie bei der Fortschaffung der Geschütze helfen mußte. Infolge dieser Schwierigkeiten wurde das Marschziel Kriwodol am Lom (etwa 8 km oberhalb der Mündung) erst gegen 7 Uhr abends erreicht; die zurückgelegte Entfernung betrug 28 km.

Hier in Kriwodol erhielt Osman zwei Telegramme, beide vom laufenden Tage datirt und von Said Effendi, dem Sekretär der persönlichen Kanzlei des Sultans, abgesandt:

---

*) Es war dies das Detachement des Oberstlieutenants Bibikow, der mit 2 Sotnien und 2 Geschützen der kaukasischen Brigade zum Erkunden gegen Plewna vorgegangen war.

1. „Seine Majestät befehlen, daß Sie Ihre Operationen so schnell wie möglich ausführen sollen. Der Feind hat Jeni Sagra und Kasanlik angegriffen.*) Theilen Sie sofort mit, wo sich Ihr Korps befindet, und wie stark es ist."
2. „Das Vaterland ist am Rande des Verderbens; jetzt gilt es Eifer und Vaterlandsliebe. Machen Sie alle Anstrengungen, Ihr Ziel so schnell als möglich zu erreichen."

Das erste Telegramm beantwortete Osman in entsprechender Weise; mit Rücksicht auf den Inhalt des zweiten ließ er sein Korps noch vor Einbruch der Nacht den Weitermarsch antreten und erreichte so nach einem nächtlichen Gewaltmarsch am 15. gegen Mittag (30 km) Belitschebreno an der Tschibra, wo Halt gemacht wurde.

Hier erhielt Osman ein Telegramm Abbul Kerims, worin dieser ihn von der gefährlichen Lage von Nikopolis benachrichtigte und ihm vorschrieb, sofort Plewna zu besetzen.

Bereits um Mitternacht schickte Osman den Oberst Emin Bey mit drei Nizam-Bataillonen vorauf, um sich so schnell als möglich bei Plewna mit Atuf Pascha zu vereinigen. Osman selbst mit dem Gros seines Korps blieb die Nacht über bei Belitschebreno und erreichte am 16. Juli Altimir am Skit (40 km).

Während der letzten Märsche, welche bei sengender Hitze durch eine wasserarme Gegend führten, verloren die Truppen viele Leute infolge der Anstrengungen und des Wassermangels, obwohl nach Möglichkeit Wasservorräthe mitgeführt und unterwegs bereitgestellt wurden.**)

Mit Rücksicht auf die Wasserverhältnisse und auf die große Erschöpfung der Truppen ließ Osman sein Korps bei Altimir am 17. Juli zunächst ruhen, trat den Weitermarsch erst gegen 4 Uhr nachmittags an und erreichte am späten Abend die Ismail-Quellen (25 km südöstlich von Rahowa, 20 km von Altimir). Hier stießen unter Hamdi Bey drei Bataillone der Besatzung von Rahowa zur

---

*) Diese Angabe entsprach nicht der Wirklichkeit; an diesem Tage war noch kein Russe südlich des Balkan. Am 15. Juli prellte eine schwache Kasakenabtheilung von Hainlioi aus gegen Jeni Sagra vor, ging aber, als sie den Ort stark besetzt fand, sofort wieder zurück. — Kasanlik wurde am 17. Juli von Gurko besetzt.

**) Nach den Angaben Baker Paschas, welche sich speziell auf den bulgarischen Kriegsschauplatz beziehen, hatte jede Kompagnie (70 bis 80 Mann) ein Packthier ausschließlich zum Wassertransport bei sich.

Operations-Armee, von denen zwei bereits in die Kämpfe bei Nikopolis verwickelt gewesen waren und dabei sehr gelitten hatten.

Gleichzeitig erhielt Osman hier auch die Nachricht von der Einnahme Lowtschas durch die Russen.*) Nach nur kurzem Halt an den Jsmail-Quellen brach Osman noch in der Nacht auf und erreichte noch vor Sonnenaufgang (18. Juli) bei Mahaleta den 15 km entfernten Jsker. Während dieses Marsches erhielt Osman durch entgegenkommende Flüchtlinge die Nachricht des Falles von Nikopolis.

Da keine Brücke über den Jsker führte, mußte mit großen Schwierigkeiten ein Uebergang vermittelst Wagen hergestellt werden. Nachdem dies geschehen, begann das Korps um 4 Uhr nachmittags den Uebergang und erreichte gegen Abend Doljni Netropol (am linken Wid-Ufer, Opanes gegenüber, 25 km von Mahaleta entfernt), wo für die Nacht Halt gemacht wurde.

42. Osmans Eintreffen bei Plewna am 19. Juli. Aus dem Biwak bei Netropol noch vor Tagesanbruch abmarschirend, erreichte das Korps am 19. Juli gegen 7 Uhr morgens die Wid-Brücke bei Plewna und machte hier am linken Ufer zunächst Halt, während Generalstabsoffiziere vorausgesandt wurden, um geeignete Stellungen auszusuchen.

Nach einiger Zeit wurden die Truppen wieder in Marsch gesetzt, überschritten den Wid und nahmen Aufstellung theils mit der Front nach Norden auf dem Janik Baïr, theils mit der Front nach Osten auf dem Höhenzuge südlich des Griviza-Thales zwischen diesem und dem Suluklija-Grund. Osman schlug sein Hauptquartier am nordöstlichen Ausgange von Plewna auf dem Bara Baïr auf. Zur Sicherung der linken Flanke wurden einige Truppen nach der Höhe von Opanes entsendet, ebenso auf der rechten Flanke zur Beobachtung der Tutscheniza-Schlucht ein Bataillon nach der Südwestecke von Plewna.

Gegen 11 Uhr mittags, während die Truppen Osmans noch im Marsch nach den ihnen angewiesenen Stellungen waren, zeigten sich von Nordosten her feindliche Kolonnen, welche bald eine starke Artillerie auf den zwischen Wrbiza und Bukowa sich hinziehenden Höhen ins Feuer brachten; dieses wurde durch mehrere auf dem Janik Baïr auffahrende Batterien erwidert.

*) Nach lebhaften Scharmützeln bei Selwi am 15. und 16. Juli gegen Irreguläre wurde Lowtscha am 17. Juli durch ein russisches Detachement von vier Sotnien und zwei Geschützen unter Oberst Schereblow besetzt.

Später ging eine feindliche Abtheilung von Norden her längs des Wid gegen Opanes vor und gerieth in ein Feuergefecht mit der hierher vorgeschobenen türkischen Abtheilung.

Auch von Südosten her zeigten sich feindliche Truppen, gegen welche türkischerseits Abtheilungen Infanterie und Kavallerie vorgeschoben wurden, ohne daß es zu einem ernsten Gefecht kam.

So verging der 19. Juli.

43. Stellung der Türken am Abend des 19. Juli. Osman, welcher den vor ihm erschienenen Feind seiner eigenen Armee der Zahl nach für sehr überlegen hielt, ließ im Hinblick auf den für den folgenden Tag zu erwartenden ernsten Kampf seine Truppen folgende Aufstellung nehmen:

Auf dem äußersten linken Flügel auf der Höhe von Opanes: 2 Bataillone, 1 Batterie;

auf der Höhe südlich von Bukowa: 1 Bataillon, 1 Batterie;

auf dem westlichen und mittleren Theil des Janik Baïr, Front nach Norden: 11 Bataillone, 1 Batterie;

auf dem östlichen Theil des Janik Baïr: 3 Bataillone, 1 Batterie;

südlich des Griwiza-Thales, zwischen diesem und dem Suluklija-Grunde (in der Linie der späteren Befestigungen Tschorum und Ibrahim Bey), Front nach Osten: 4 Bataillone;

auf dem Bara Baïr zur Bestreichung des Griwiza-Thales und der südöstlichen Abhänge des Janik Baïr: 1 Batterie;

auf dem westlichen Abhang des Bara Baïr, zwischen dieser Höhe und der Stadt, die Reserve: 3 Bataillone, 2 Batterien;

auf dem äußersten rechten Flügel am Südwestausgange von Plewna westlich der Tutscheniza-Schlucht: 1 Bataillon, 4 Geschütze.

Die schwache Kavallerie theils in der Reserve, theils in verschiedenen Richtungen zur Beobachtung vorgeschoben.

Im Ganzen verfügte Osman über 25 Bataillone mit etwa 15 000 Mann, 6 reguläre Eskadrons mit etwa 500 Mann, ungefähr ebensoviel irreguläre Reiter und 58 Geschütze (32 6 Pfünder, 18 4 Pfünder und 8 3 pfündige Gebirgs-Geschütze).

Während der Nacht wurden, so gut es die große Ermüdung der Truppen gestattete, in den eingenommenen Stellungen Schützengräben, Laufgräben und Geschützbedeckungen hergestellt.

Siebenter Abschnitt.

Vormarsch der Russen unter General Schilder-Schuldner gegen Plewna.

44. Die ersten Erkundungen gegen Plewna. Nachdem die russische Haupt-Armee ihren Uebergang über die Donau bei Simniza-Sistowa Ende Juni und Anfang Juli bewerkstelligt, war an der Spitze der unter General Krüdener nach Westen vorgeschobenen Heertheile die kaukasische Kasaken-Brigade unter Oberst Tutolmin am 5. Juli bis Bulgareni gekommen und hatte den dortigen Uebergang über die Osma besetzt. Am 6. Juli gingen von hier aus Patrouillen auf Nikopolis, Plewna und Lowtscha vor, wie es scheint, ohne nähere Nachrichten über die Verhältnisse in der Gegend von Plewna zu bringen. Dagegen wurde durch eine Patrouille des 30. donischen Regiments (vom Avantgardenkorps des Generals Gurko), welche am 7. Juli bis Plewna gestreift hatte und über Bulgareni zurückging, hier bekannt, daß in Plewna augenblicklich nur eine Kompagnie türkischer Infanterie stehe.

Am 8. und 9. Juli wurden von Bulgareni aus Patrouillen in verschiedenen Richtungen vorgeschickt. Am Nachmittage des 9. traf ein bulgarischer Kundschafter aus Plewna mit der Nachricht ein, reguläre türkische Infanterie sei im Anmarsch auf diesen Ort. Der sofort mit zwei Sotnien und zwei Geschützen gegen Plewna vorgeschickte Oberstlieutenant Bibikow übermittelte noch an demselben Tage eine ihm unterwegs zugegangene Kundschafternachricht an Tutolmin: Von Nikopolis her seien heute 6 Bataillone, 6 Geschütze und einige Hundert Reiter in Plewna eingerückt.

Am 10. Juli stieß Bibikow in der Richtung auf Griviza gegen Plewna vor, um die dort stehenden Türken zur Entwickelung ihrer Kräfte zu veranlassen; er schätzte die Stärke des bei Plewna stehenden Gegners auf 4000 Mann mit 6 Geschützen. Ueber das Ergebniß der Erkundung ging sofort Meldung an Krüdener.

Während sich dieser nunmehr mit dem Gros der ihm unterstellten Truppen gegen Nikopolis wandte, rückte zur Beobachtung gegen Plewna das Infanterie-Regiment Kostroma Nr. 19 mit einer Batterie nach Türkisch Trestjenik; zwei Sotnien der kaukasischen Brigade (welche selbst an den Operationen gegen Nikopolis theilnahm) unter dem Starschin*) Kirkanow wurden dem Regiment Kostroma zugetheilt.

45. Anordnungen Krüdeners nach der Einnahme von Nikopolis. Nach der Einnahme von Nikopolis (16. Juli) traf Krüdener für die ihm unterstellten Truppen zunächst folgende Anordnungen:

3 Infanterie-Regimenter (Pensa Nr. 121, Tambow Nr. 122, Koslow Nr. 123) und 4 Batterien der 31. Division sowie die als Stabswache dienende 1./34. donische Sotnie bleiben in und bei Nikopolis.

3 Infanterie-Regimenter (Archangel Nr. 17, Wologda Nr. 18, Galitsch Nr. 20) und 6 Batterien der 5. Division rücken nach den zwischen den Mündungen des Wid und der Osma gelegenen Ortschaften Müssülei, Grabeschti und Schamli.

1 Infanterie-Regiment (Kostroma Nr. 19) der 5. Division mit 1 Batterie der 31. Division und die beiden kaukasischen Sotnien unter Kirkanow bleiben bei Türkisch Trestjenik zur Beobachtung gegen Plewna.

1 Infanterie-Regiment (Woronesch Nr. 124) und 1 Batterie der 31. Division waren vom Armee-Oberkommando zum Schutz der Brücke bei Sistowa zurückbehalten.

Die bei dem 9. Korps befindliche Kavallerie-Brigade (Bug-Ulanen Nr. 9, Don-Kasaken Nr. 9 und 2. donische Batterie) unter General Loschkarew rückt nach Tschijakowize, sichert die Aufstellung längs des Wid und sendet Patrouillen nach Türkisch Trestjenik, Plewna und Rahowa.

Die kaukasische Brigade, nach Abkommandirung von 2 Sotnien zum Regiment Kostroma und von 1 Sotnie nach Selwi noch in einer Stärke von 9 Sotnien mit 1 reitenden Gebirgs-Batterie zu 6 Geschützen, rückt nach Karagatsch, beobachtet die von Plewna, Selwi und Lowtscha kommenden Wege und unterhält Verbindung einerseits mit der Kavallerie-Brigade des 9. Korps, andererseits mit dem in der Umgegend von Tirnowa stehenden 8. Korps.

46. Anordnungen Krüdeners zum Vormarsch gegen Plewna. Am 18. Juli erhielt Krüdener aus dem großen Hauptquartier den telegraphischen**) Befehl, einen Theil seiner Infanterie nebst der kaukasischen Brigade gegen Plewna in Bewegung zu setzen.

---
*) = Aeltester, Stabsoffizierscharge der Kasaken.
**) Die telegraphische Verbindung Krüdeners mit dem in Tirnowa befindlichen großen Hauptquartier war bis Anfang August nur auf Umwegen möglich:

Krüdener erließ demgemäß folgende Befehle:

1. Die kaukasische Brigade rückt nach Türkisch Trestjenik und klärt von dort aus das Gelände bis Plewna hin auf zwischen den beiden Straßen Plewna—Lowtscha und Plewna—Bresljenniza.

2. Das 9. donische Kasaken-Regiment rückt nach Kreta am Wid (halbwegs zwischen Plewna und der Wid-Mündung) und klärt das Gelände auf zwischen der Straße Plewna—Bresljenniza und dem Wid.

3. Die 1./5. Infanterie-Brigade (Regimenter Archangel Nr. 17 und Wologda Nr. 18 nebst vier Batterien) rückt nach Bresljenniza.

4. Am 19. Juli rücken alle oben genannten Truppen sowie auch das bei Trestjenik stehende Detachement — wenn sie kein Hinderniß finden — nach Plewna vor.

General Schilder-Schuldner, welcher sich während des Vormarsches bei der 1./5. Infanterie-Brigade befand, sandte dem Regiment Kostroma den Befehl, mit den ihm zugetheilten zwei Sotnien und der Batterie am 19. nach Sgalewize zu rücken; sein Befehl an die kaukasische Brigade, an diesem Tage bis Tutscheniza vorzugehen, gelangte nicht an den Oberst Tutolmin.

47. Vormarsch Schilder-Schuldners am 19. Juli. Schilder-Schuldner ging am 19. von Tschijakowize aus mit der 1./5. Infanterie-Brigade über Bresljenniza gegen Plewna vor, fand um Mittag die nordöstlich dieses Ortes gelegenen Höhen vom Feinde besetzt und eröffnete gegen diesen eine im Uebrigen wirkungslose Kanonade. Erst auf diesen Kanonendonner hin zog sich das am Wid bei Kreta und Riben stehende donische Regiment Nr. 9 an die 1./5. Infanterie-Brigade heran und stieß hierbei in der Gegend von Opanes auf feindliche Abtheilungen.

Spät am Abend des 19. traf bei Schilder-Schuldner eine Patrouille der kaukasischen Brigade ein mit folgenden Nachrichten:

1. Der Befehl Schilders zum Marsch nach Tutscheniza ist gar nicht bis an die Brigade gelangt, diese hat sich vielmehr bei Sgalewize mit dem Regiment Kostroma vereinigt und erst hier nachträglich von jenem Befehl Kenntniß erhalten.

---

vom 9. Korps aus zunächst durch Ordonnanz auf einem Kahn über die Donau nach Turnu Magurelli, von hier auf dem rumänischen Staatstelegraph nach Simniza, von hier durch Ordonnanz über die Donau-Brücke nach Sistowa und endlich von hier auf russischer Telegraphenlinie über Bjela nach Tirnowa — und umgekehrt.

2. Ein im Lauf des 19. von den beiden Sotnien unter Kirkanow von Sgalewize in der Richtung auf Griviza ausgeführte Erkundung ist dort auf starke feindliche Abtheilungen gestoßen; mehrere große Lager sind dort sichtbar; nach Aussage bulgarischer Flüchtlinge sind gestern bei Plewna zwei Paschas mit großen Verstärkungen eingetroffen.*)

Bei diesen Nachrichten wird man unwillkürlich an die Stelle in dem Befehl Krüdeners vom 18. erinnert: „Die genannten Truppen besetzen Plewna, wenn sie auf kein Hinderniß stoßen." General Schilder faßte die Bedeutung der erhaltenen Nachrichten oder auch den Sinn des erhaltenen Befehls anders auf und sandte im Lauf der Nacht an die bei Sgalewize stehenden Truppen folgenden Befehl:

„An den Kommandeur des Regiments Kostroma. Ich glaubte, Sie würden mich gestern unterstützen, jetzt ist es zu spät. Greifen Sie Plewna an von Griviza aus; die 1./5. Brigade wird von Bresljenniza aus vorgehen. Aufbruch 4 Uhr, Beginn der Kanonade 5 Uhr. Kaukasische Brigade auf Ihrem linken Flügel."

Dieser Befehl traf am 20. Juli um 2 Uhr morgens bei Sgalewize ein.

Die zum Angriff auf Plewna bestimmten russischen Truppen bildeten also am Abend des 19. Juli zwei völlig getrennte Gruppen, welche etwa 18 km voneinander entfernt waren: Nordöstlich von Plewna auf dem Wege von Bresljenniza her General Schilder-Schuldner mit 6 Bataillonen, 6 Sotnien und 4 Batterien; östlich von Plewna bei Sgalewize die kaukasische Brigade und das Regiment Kostroma, zusammen 3 Bataillone, 11 Sotnien, 1 Feld- und 1 reitende Gebirgs-Batterie. Die Gesammtstärke dieser Truppen belief sich auf etwa 7000 Mann Infanterie, 2000 Mann Kavallerie, 40 Feld- und 6 Gebirgs-Geschütze.

---

*) Hiermit scheinen die von Osman Pascha von Velitschedreno aus im Gewaltmarsch voraufgesandten drei Bataillone unter Emin Bey bezeichnet worden zu sein.

Achter Abschnitt.
Das Treffen bei Plewna am 20. Juli.

48. Das Gefecht des russischen rechten Flügels um die Höhen von Bukowa. General Schilder-Schuldner ließ um 4¾ Uhr morgens drei Batterien auf der Höhe nordöstlich von Bukowa auffahren und den Kampf mit den türkischen Batterien auf dem Janik Baїr aufnehmen; die Entfernung von der russischen Artilleriestellung bis zu der türkischen Batterie auf der Höhe südlich von Bukowa betrug 2500 m, bis zu der Batterie auf der Mitte des Janik Baїr 3000 m und bis zu der Batterie auf dem östlichen Ende desselben 4000 m; 24 russische Geschütze standen hier im Feuer gegen ebenso viele türkische.

Bald darauf entwickelte sich die Infanterie in folgender Ordnung: links (östlich) von den Batterien 1 Bataillon Archangel, rechts der Batterien 2 Bataillone Archangel und 2 Bataillone Wologda, alle 5 Bataillone in Kompagniekolonnen in je zwei Treffen, die Schützen-Kompagnien aufgelöst vor der Front. 1 Bataillon Wologda bildete mit 1 Batterie die Reserve, von welcher bald nachher die Batterie und 2 Kompagnien zur Unterstützung des 9. Kasaken-Regiments nach dem äußersten rechten Flügel entsendet wurden, wo die Kasaken gegen einen von Opanes ausgeführten Vorstoß einer türkischen Abtheilung in einem zu Fuß geführten Feuergefecht begriffen waren.

Vor der Front der russischen Artilleriestellung lag die in das Wid-Thal einmündende Bukowa-Schlucht, deren mit Buschwerk bewachsener jenseitiger Rand von feindlichen Schützen besetzt war; auf den hinter der Schlucht sich erhebenden Höhen standen mehrere türkische Batterien im Feuer.

Um 5½ Uhr gingen die fünf russischen Bataillone zum Angriff vor; der auf die Mitte der türkischen Aufstellung treffende linke Flügel des Regiments Archangel kam nicht recht vorwärts; der rechte Flügel dieses Regiments und das Regiment Wologda überschritten die Schlucht und erstiegen die westlichen Hänge des Janik Baїr — hier aber kam der Angriff zum Stehen.*)

Nach einiger Zeit gingen die Türken wieder zum Angriff über.

---

*) Die in mehreren Berichten über die Kämpfe des 20. Juli russischerseits sich findende Angabe, russische Abtheilungen seien bis zur Stadt Plewna vor- und in diese eingedrungen, ist positiv unrichtig; vielleicht haben Abtheilungen, welche in das Dorf Bukowa eindrangen, geglaubt, bereits in Plewna zu sein.

Die russischen Verluste wuchsen in bedenklicher Art; der Brigade-Kommandeur General Knorring war verwundet, der Kommandeur des Regiments Wologda getödtet.

General Schilder hat bis gegen 9½ Uhr über die Vorgänge bei dem Regiment Kostroma gar keine Nachricht; zu dem angegebenen Zeitpunkt erhielt er die Meldung, der Kommandeur des Regiments Kostroma, Oberst Kleinhaus, sei gefallen, und der Angriff des Regiments mache keine Fortschritte.

Da dem General von mehreren Seiten Nachrichten über die völlige Erschöpfung und die großen Verluste der Truppen zugingen und er über keine Reserven verfügen konnte, so gab er um 11½ Uhr der bereits überall ordnungslos zurückfluthenden Infanterie auch formell den Befehl zum Rückzuge, dem 9. Kasaken-Regiment aber den Befehl, den Rückzug der Infanterie zu decken.

Bei dem Rückzuge der Regimenter Archangel und Wologda fielen den Türken 17 Patronenkarren*) in die Hände, welche, theils weil sie selbst zertrümmert, theils weil ihre Bespannung erschossen, nicht fortgeführt werden konnten.

Die unter Deckung der Kasaken zurückgehende, übrigens gar nicht wirklich verfolgte Brigade wurde von dem von Müssülei heranrückenden Regiment Galitsch Nr. 20 aufgenommen und bezog mit ihm zusammen am Abend ein Biwak bei Bresljenniza.

Die 1./5. Infanterie-Brigade hatte im Ganzen 1 General, 51 Stabs- und Oberoffiziere und 1878 Mann an Todten und Verwundeten verloren, d. h. etwa 40 pCt. der Gefechtsstärke.

49. Das Gefecht des russischen linken Flügels um die Höhen von Griviza. Wir betrachten nunmehr die gleichzeitigen Vorgänge bei dem Ost-Detachement, welche, bis auf die eine oben erwähnte Meldung, dem unter Schilders direktem Befehl fechtenden Nord-Detachement vollkommen unbekannt blieben.

Um 4 Uhr früh brach das Regiment Kostroma mit der 5./31. Batterie von Sgalewize auf, wo zwei Kompagnien zum Schutze des Trosses zurückblieben; die kaukasische Brigade folgte zunächst als Staffel hinter dem linken Flügel. Kirkanow, der mit seinen beiden Sotnien dem Regiment Kostroma direkt zugetheilt blieb, hatte den Auftrag, die rechte Flanke des Regiments zu decken und Verbindung mit der

---

*) Jede Kompagnie hatte einen dreispännigen Patronenkarren; bei den hier im Gefecht befindlichen zwei Regimentern befanden sich also 30 Karren.

1./5. Infanterie-Brigade zu halten; eine Offizierpatrouille wurde nach Bresljenniza gesandt, um sich dem General Schilder behufs Ueberbringung von Befehlen zur Verfügung zu stellen.

Kirkanow marschirte zunächst an der Spitze der Infanterie; sobald dieselbe sich in Kompagniekolonnen auseinanderzog, setzte er sich auf den rechten Flügel; seine Patrouillen hatten anfangs nach rechts Verbindung mit den Patrouillen des 9. donischen Kasaken-Regiments, verloren dieselbe aber im Laufe des Gefechts, da die Donzen sich ganz rechts fortzogen.

Regiment Kostroma war noch nicht auf Schußweite an den Feind herangekommen, als von Bresljenniza her Geschützfeuer herüberschallte; um 6 Uhr eröffnete türkische Artillerie das Feuer von der Höhe hinter Griviza.

Nach nur kurzer Vorbereitung durch das Feuer der eigenen Batterie entwickelte sich das Regiment Kostroma rechts des von Sgalewize nach Griviza führenden Weges zum Gefecht: Das 2. und 3. Bataillon in Kompagniekolonnen in je zwei Treffen, die Schützen-Kompagnie aufgelöst vor der Front; das 1. Bataillon wurde anfangs zur Reserve bestimmt, aber sehr bald ebenfalls in die Gefechtslinie gezogen.

Zu beiden Seiten des Weges Sgalewize—Griviza vorgehend, erreichte das Regiment gegen 7 Uhr die Griviza-Schlucht, in welcher der Regimentskommandeur das Gepäck abzulegen befahl.

Die Truppen erstiegen nunmehr den steilen mit Gebüsch bedeckten jenseitigen Rand der Schlucht und bemächtigten sich mehrerer Schützengräben, schließlich auch einer Verschanzung auf der Höhe der späteren ersten Griviza-Redoute; hier fiel ein durch das russische Geschützfeuer unbrauchbar gewordenes Geschütz in die Hände der Stürmenden.

In dem von beiden Seiten mit großer Hartnäckigkeit durchgeführten Gefecht wuchsen die Verluste des Regiments Kostroma von Minute zu Minute; der Regimentskommandeur, Oberst Kleinhaus, war gefallen, dabei ging der Infanterie und der Artillerie, welch letztere der stürmenden Infanterie bis ins Gewehrfeuer gefolgt war, die Munition aus.

Als unter diesen Umständen die Türken zum Gegenstoß vorgingen, trat das Regiment gegen 9 Uhr früh in völliger Auflösung den Rückzug an; unter dem Schutz und mit Hülfe der beiden Sotnien Kirkanows und des demnächst von Radischewo her eintreffenden Gros der kaukasischen Brigade gelang es, einen Theil der Verwundeten nach Sgalewize zurückzuschaffen. Das bei Beginn des Angriffs abgelegte Gepäck konnte bei dem eiligen Rückzuge nicht wieder aufgenommen werden und fiel den Türken in die Hände.

Da 2 Kompagnien des Regiments Kostroma zur Deckung des Trosses zurückgeblieben waren, so hatten 13 Kompagnien mit rund 2000 Mann am Gefecht theilgenommen; ihr Verlust belief sich auf 7 Offiziere, 359 Mann todt, 15 Offiziere, 534 Mann verwundet, zusammen 22 Offiziere und 893 Mann, also stark 45 pCt. der Gefechtsstärke. Fast alle Patronen waren verfeuert.

Die 5./31. Batterie hatte aus ihrer ersten Aufstellung die türkischen Geschütze auf der Griviza-Höhe zum Schweigen gebracht, war dann der stürmenden Infanterie gefolgt und hatte sie mit lebhaftem Feuer unterstützt. Der Verlust der Batterie war hierbei sehr groß; das erste Geschütz verlor seine ganze Mannschaft bis auf einen Mann. Beim Zurückgehen wurde dem einen Geschütz ein Rad zerschossen; dicht vor den verfolgenden Türken gelang es, ein Vorrathsrad anzusetzen und das Geschütz glücklich fortzuschaffen.

50. **Die kaukasische Kasaken-Brigade bei Radischewo.** Die kaukasische Brigade war ursprünglich dem Regiment Kostroma als Staffel hinter dem linken Flügel gefolgt. Nachdem bereits das Infanteriegefecht begonnen, erhielt Oberst Tutolmin durch einen Kasaken einen Zettel folgenden Inhalts: „Der kaukasischen Brigade ist befohlen, dem Feinde in den Rücken zu fallen. — Oberst Kleinhaus, Kommandeur des Regiments Kostroma." — Nach der Fassung mußte Tutolmin annehmen, der Befehl sei von Schilder gekommen; er hielt die Bewegung zwar für unzeitgemäß, setzte sich aber, dem Befehle folgend, nach Radischewo in Bewegung, um zunächst die rechte feindliche Flanke zu umgehen.

Radischewo, in einer von bewaldeten Höhen eingeschlossenen Senkung gelegen, war von türkischer Infanterie besetzt, welche den äußersten rechten Flügel der türkischen Aufstellung zu bilden schienen; bei Plewna selbst waren Truppenmassen sichtbar. Tutolmin führte seine Brigade noch weiter links und nahm Aufstellung zwischen den Schluchten von Radischewo und Tutscheniza; von hier aus war der Rücken der türkischen Aufstellung vollkommen sichtbar. Vor Plewna standen dichte Kolonnen türkischer Infanterie. Man sah von Tutolmins Standpunkt aus deutlich, wie das Regiment Kostroma vordrang und eine hochgelegene Batterie nahm. In der Richtung auf Bresljenniza zu waren keine Truppen zu sehen, nur schwacher Kanonendonner war aus jener Richtung hörbar. Inzwischen war das Vordringen des Regiments Kostroma ins Stocken gerathen, und nach einiger Zeit begann eine rückgängige Bewegung; dichte türkische Schwärme folgten, gemischt mit Kavallerie.

Angesichts dieser Wendung führte Tutolmin jetzt seine Brigade in der Richtung gegen die Chaussee östlich von Griviza zurück und deckte hier den Abzug der Trümmer des vollständig zersprengten Regiments Kostroma. Der Rückzug ging zunächst nach Sgalewize; von hier führte Oberst Tutolmin das ganze Detachement — Regiment Kostroma und kaukasische Brigade — nach Türkisch Trestjenik, welcher Punkt um 10 Uhr abends erreicht wurde.

Als Tutolmin sich während der geschilderten Ereignisse in der Gegend östlich von Griviza befand, traf bei ihm um 2 Uhr nachmittags die gestern Abend an Schilder nach Bresljenniza gesandte Patrouille wieder ein und brachte folgenden Zettel mit:

„Position vor Plewna, 20. Juli, 7 Uhr 25 Minuten. — An Oberst Tutolmin. — Sofort gegen Rücken der Türken vorgehen, welche auf der großen Straße von Plewna nach Bresljenniza vordringen; wir werden so gut als möglich Stand halten. — Loschkarew.*)

Ob überhaupt und welcher Zusammenhang zwischen diesem Befehl und dem oben erwähnten Befehl bestand, welchen Tutolmin um 7 Uhr morgens durch Oberst Kleinhaus erhielt, ist nicht festzustellen, da Kleinhaus gleich nachher seinen Tod fand. Die den Befehl jetzt erst überbringende Patrouille entschuldigte ihr spätes Eintreffen damit, daß sie der vordringenden Türken wegen einen großen Umweg habe machen müssen.

51. Die Verhältnisse auf türkischer Seite. Es erübrigt noch, einen Blick auf die Verhältnisse auf türkischer Seite zu werfen, obwohl wir ein klares Bild der taktischen Vorgänge im Einzelnen leider nicht erhalten.

Die Türken waren durchaus nicht mit Siegeszuversicht in das Gefecht eingetreten, sondern die Stimmung war eine sehr gedrückte, was nicht zu verwundern ist, wenn man die Verhältnisse bedenkt, unter denen Osman bei Plewna eingetroffen war.

---

*) General Loschkarew, Kommandeur der 9. Kavallerie-Division, von der zu dieser Zeit der Operationen nur eine Brigade zu den Truppen der West-Armee unter Krüdener gehörte, befand sich in diesen Tagen im Stabe des Generals Schilder und fungirte als Chef der ganzen diesem General unterstellten Kavallerie.

Der mit glänzender Tapferkeit ausgeführte Angriff der russischen Infanterie machte einen gewaltigen Eindruck; auch die Attacken der bei der Infanterie befindlichen allerdings nur schwachen Kasakenabtheilung (Kirkanow) und die mörderische Wirkung der mit dem Regiment Kostroma vorgehenden Batterie werden in der türkischen Darstellung mit lebhaften Farben geschildert. Man glaubte sich von weit überlegenen Truppen angegriffen; die türkischen Truppen wichen auf fast allen Punkten in Unordnung zurück; die das Schlachtfeld beherrschenden Höhen von Bukowa und Griviza waren zum Theil bereits in den Händen der Russen.

Umsonst setzte Osman einen Theil seiner Reserven ein; das Gefecht nahm eine sehr bedenkliche Wendung, die Hoffnung auf einen glücklichen Ausgang war sehr gesunken.

Als letztes verzweifeltes Mittel· gab Osman seiner auf dem Bara Baïr aufgefahrenen Artillerie Anweisung, zur Noth auf die eigenen Truppen zu feuern, wenn diese nicht zum Stehen kämen, und ließ diesen Befehl unter den weichenden Truppen verbreiten; gleichzeitig setzte er seine letzten Reserven ein. So kam das Gefecht zum Stehen, und dieser Stillstand konnte bei der völligen Erschöpfung der numerisch weit schwächeren Kräfte des Angreifers nur mit dem schließlichen Rückzuge der Russen enden.

Türkischerseits war man glücklich, den Angriff abgeschlagen zu haben, Niemand dachte an Verfolgung, geschweige denn an das Ergreifen der Offensive; über die ursprünglich innegehabten Stellungen ging man nicht hinaus, Alles dies ein Beweis für die Schwere des durchgefochtenen Kampfes und für den tiefen Eindruck, den derselbe auf die Türken gemacht.

52. **Verluste.** Die Türken geben ihren Verlust in runden Zahlen an auf 2000 Mann, davon die Hälfte todt, die Hälfte verwundet; es sind dies $13^{1}/_{3}$ pCt. der Gefechtsstärke.

Die russische Infanterie verlor an Todten und Verwundeten (Gefangene wurden nicht gemacht) 1 General, 73 Offiziere und 2771 Mann, d. h. 40 pCt. der Gefechtsstärke. Der Verlust der Artillerie, mit Ausnahme der bei dem Regiment Kostroma befindlichen 5./31. Batterie, sowie der Kasaken war ganz unbedeutend; nähere Angaben liegen darüber nicht vor.

Neunter Abschnitt.

Vormarsch der Generale Krüdener und Schachowski gegen Plewna.

53. Anordnungen Krüdeners zur Sicherung gegen Plewna. Die ganz unerwartete Nachricht von dem unglücklichen Ausgange des gegen Plewna unternommenen Vorstoßes und die nun nicht mehr zu bezweifelnde Thatsache, daß bei Plewna ein türkisches Korps von bedeutender Stärke eingetroffen sei, veranlaßte die verschiedenen Kommandobehörden zu einer Reihe von Maßregeln, welche in erster Linie einen defensiven Charakter trugen, in zweiter Linie aber einen erneuten mit verstärkten Kräften gegen Plewna zu unternehmenden Angriff vorbereiten sollten.

Aus Besorgniß, die Türken möchten in unmittelbarer Verfolgung ihres am 20. Juli erfochtenen Sieges gegen die Osma vorbringen, sandte General Schilder noch am Abend dieses Tages dem von Sgalewize auf Türkisch Trestjenik abgezogenen Ost-Detachement unter Oberst Tutolmin — kaukasische Brigade und Regiment Kostroma — den Befehl, so schnell als möglich Bulgareni und die dortige Osma-Brücke zu besetzen.

Die beiden anderen am 20. Juli hart mitgenommenen Regimenter Archangel und Wologda hatten unter dem Schutz des sofort von Müssülei vorgezogenen Regiments Galitsch bei Bresljenniza Halt gemacht.

Aus dem Biwak „Bei den vier Brunnen" dicht bei Bresljenniza erließ am 21. Juli der hier eingetroffene General Krüdener folgende Befehle:

„1. Die 1./34. donische Sotnie (Stabswache des Generals Krüdener) beobachtet den Wid von der Mündung aufwärts bis Giljän.

2. Zwei/9. donische Sotnien rücken nach Tschijakowize und beobachten von hier aus den Wid abwärts bis Giljän und aufwärts bis Kreta.

3. Vier/9. donische Sotnien beobachten den Raum zwischen dem Wid von Kreta aufwärts und der Straße Bresljenniza — Plewna.

4. Das Regiment Bug-Ulanen Nr. 9 beobachtet den Raum links der genannten Straße bis Türkisch Trestjenik hin und hält Verbindung mit der kaukasischen Kasaken-Brigade, welche zu beiden

Seiten der Straße Bulgareni—Plewna beobachtet; hinter ihr bleibt das Regiment Kostroma vorläufig bei Bulgareni".

Infolge eines am 22. Juli gegebenen Befehls des Generals Krüdener unternahm Oberst Tutolmin mit einem Theil seiner kaukasischen Brigade am 23. eine Erkundung gegen die Ost- und Südseite von Plewna, welche ergab, daß der bei Plewna stehende Feind fortgesetzt Verstärkungen erhalte und seine Stellung verschanze.

54. Anordnungen des Armee-Oberkommandos zur Verstärkung der West-Armee. Inzwischen hatte das Armee-Oberkommando eine schleunige Verstärkung der gegen Plewna stehenden Truppen ins Auge gefaßt. General Krüdener erhielt am 23. Juli vom Chef des Feldstabes die telegraphische Benachrichtigung, daß 1 Infanterie-Brigade des 4. Korps von Pawlo aus, ferner 1 Infanterie- und 1 Kavallerie-Brigade des 11. Korps von Draganowo aus Marschbefehl nach Bulgareni erhalten hätten.

Bevor wir die weiteren Vorgänge bei den direkt den Türken bei Plewna gegenüberstehenden Heertheilen weiter verfolgen, mag der Anmarsch der zu ihrer Verstärkung in Marsch gesetzten Truppentheile des 11. und 4. Korps und die Verfügung über die anderen Theile dieser beiden Korps kurz erwähnt werden.

Das 11. Korps unter dem General Fürsten Schachowski hatte Ende Juni am linken Donau-Ufer in der Linie Kalarasch—Oltenizza—Dschurdschewo gestanden. Zuerst von den Truppen dieses Korps war die 11. Infanterie-Division über die Donau gegangen; dieselbe rückte auf Tirnowa vor und wurde Mitte Juli gegen Osmanbasar zur Verlängerung des rechten Flügels der Armeeabtheilung des Thronfolgers vorgeschoben.

Die 2./32. Infanterie- und die 2./11. Kavallerie-Brigade blieben dauernd auf dem linken Donau-Ufer bei Oltenizza—Dschurdschewo zurück. Die 1./32. Infanterie- und die 1./11. Kavallerie-Brigade scheinen die Donau Mitte Juli überschritten zu haben; sie hatten ursprünglich die Bestimmung, zur 11. Infanterie-Division zu stoßen, und hatten auf dem Vormarsch in dieser Richtung bereits die Gegend von Draganowo (18 km nördlich von Tirnowa) erreicht, als sie am 22. den Befehl zum Marsch nach Plewna erhielten.

Die 1./11. Kavallerie-Brigade (welcher außer der organisationsmäßig zur Brigade gehörenden 18. reitenden Batterie zur Zeit die ohne besonderen Verband bei der Armee befindliche 8. donische Batterie zugetheilt war) erreichte am 23. Owtscha Mogila und am 24. (über

Bulgareni) Bulgarisch Karagatsch; die 1./32. Infanterie-Brigade mit vier/32. Batterien erreichte am 24. abends Tschausch Mahale an der Osma, gegenüber von Bulgareni (80 km in 48 Stunden ohne inzwischen abzukochen) und vereinigte sich hier mit den Trümmern des Regiments Kostroma. Nach einem zweitägigen Halt an der Osma erreichte die 1./32. Infanterie-Brigade in zwei kleinen Tagemärschen am 28. Juli Porabim.

Vom 4. Korps befand sich die 4. Kavallerie-Division jedenfalls, die 16. Infanterie-Division wahrscheinlich Ende Juli noch auf dem linken Donau-Ufer. Die 1./30. Infanterie-Brigade überschritt die Donau bei Sistowa am 21. Juli, erreichte, wie es scheint, am 22. Pawlo, erhielt hier veränderten Befehl zum Marsch nach Plewna, rückte am 23. nach Orwtscha Mlogila und erreichte am 28. Juli Porabim. Von der 2./30. Infanterie-Brigade ist diesseits nur bekannt, daß sie bis Frateschti mit der Bahn befördert wurde, dann von hier aus mehrere Gewaltmärsche machte und am 28. Juli bei Bulgarisch Karagatsch eintraf.

Abgesehen von den soeben aufgeführten Anordnungen zur Verstärkung der West-Armee erließ das Armee-Oberkommando aus Tirnowa am 22. Juli folgenden Befehl:

„Zur Herstellung der Verbindung zwischen dem 9. Korps und der Haupt-Armee, zur Rekognoszirung der bei Plewna stehenden feindlichen Kräfte und zur Beobachtung der von dort auf Tirnowa, Selwi und Lowtscha führenden Wege wird die kaukasische Kasaken-Brigade sowie das kombinirte Detachement des Obersten Baklanow (zwei/23. und zwei/30. donische Sotnien, 1 Wladikaukas-Sotnie*) und zwei/6. donische Geschütze) dem einheitlichen Befehl des Generals Skobelew II. unterstellt, welcher Letztere die weiteren Befehle geben wird."

Als charakteristisch für die zur Zeit herrschende Verwirrung in den Kommandoverhältnissen mag angeführt werden, daß in diesen Tagen die kaukasische Brigade von drei voneinander unabhängigen Kommandobehörden verschiedene Befehle erhielt: vom 9. Korps (Krüdener), vom 11. Korps (Schachowski) und von der neugeschaffenen Instanz des Generals Skobelew (von der weder Krüdener noch Schachowski etwas wußten).

---

*) Diese befand sich bereits seit längerer Zeit von der kaukasischen Kasaken-Brigade abkommandirt in der Gegend von Selwi.

55. Kriegsrath bei Bresljenniza am 26. Juli. General Krüdener hatte für den 26. Juli die höheren Führer und die Generalstabsoffiziere zu einem Kriegsrath nach den „Vier Brunnen" bei Bresljenniza berufen.

Die Angaben des Oberst Tutolmin, der auf Grund von Kundschafternachrichten und mehrfacher Erkundungen die Stärke des bei Plewna stehenden Feindes auf mindestens 60 000 Mann mit 65 Geschützen veranschlagte, wurden durch anderweitige Nachrichten bestätigt, die bei dem Stabe Krüdeners eingelaufen waren. Kundschafternachrichten, die bei Schachowski eingegangen, schätzten indessen die Stärke der bei Plewna versammelten Türken auf nur 40 000 Mann. Die Stärke der verfügbaren russischen Truppen, 36 Bataillone, berechnete man auf 27 000 Bajonette, dazu 5000 Mann Kavallerie und Artillerie mit 184 Geschützen.

Allgemein zweifelte man an dem glücklichen Erfolge eines Angriffs; der Kriegsrath sprach sich einstimmig g e g e n einen solchen aus, und in diesem Sinne wurde eine Meldung an das Armee-Oberkommando aufgesetzt; in einem Nachtrag wurde dieser Meldung aber hinzugefügt: wenn der Angriff durchaus stattfinden solle und müsse, so sei die südöstliche Front der feindlichen Stellung hierfür günstiger als die nördliche.

Die Entscheidung des Armee-Oberkommandos auf diese Meldung wird weiterhin näher erörtert werden.

56. Ereignisse bei der russischen West-Armee vom 26. bis 29. Juli. Lowtscha, der wichtige Straßenknoten im Süden von Plewna, war am 17. Juli von Tirnowa aus durch einige Sotnien Kasaken besetzt worden, und im Laufe der nächsten Tage wurde dies Detachement, unter Oberst Baklanow, bis auf 5 Sotnien mit 2 reitenden Geschützen verstärkt. Am 26. Juli, während die russischen Führer bei Krüdener zum Kriegsrath versammelt waren, ging von Plewna ein starkes türkisches Detachement gegen Lowtscha vor und besetzte diesen Ort nach leichtem Gefecht; das Detachement Baklanow wich auf Selwi zurück.

Als diese Vorgänge im Hauptquartier Krüdeners bekannt wurden, erhielt die kaukasische Brigade den Befehl, die Sachlage bei Lowtscha aufzuklären.

Während infolgedessen die kaukasische Brigade am 27. Juli nach Trenowa vorging und gegen Lowtscha Patrouillen vorschob, erkundete die 1./11. Kavallerie-Brigade von Porabim aus südlich, die kombinirte Kavallerie-Brigade der 9. Kavallerie-Division von Bresljenniza aus nördlich der Straße Bulgareni — Plewna gegen letzteren Ort.

Die erhaltenen Nachrichten ließen Lowtscha von einer starken türkischen Abtheilung besetzt sein; längs der Straße Plewna—Lowtscha schwärmten Baschibozuks und Tscherkessen.

Am 28. Juli ging die kaukasische Brigade von Drenowa gegen Lowtscha vor, um den dortigen Gegner zur Entwickelung seiner Kräfte zu veranlassen. Als dieser Zweck erreicht war und die Türken etwa 5000 Mann Infanterie mit etwas Kavallerie und Artillerie gezeigt hatten, ging die Brigade über Slatina und Pelischat zurück. An demselben Tage (28.) war die 1./11. Kavallerie-Brigade von Poradim bis in die Linie Sgalewize—Pelischat vorgegangen und hatte von hier aus gegen Plewna erkundet sowohl in der Richtung auf Radischewo wie in der Richtung auf Griviza.

Von der Infanterie Schachowskis erreichten heute die 1./30. und die 1./32. Brigade Poradim; die 2./30. Brigade war hinter den beiden anderen noch weiter zurück.

Die Kavallerie Krüdeners stand mit dem Gros bei Bresljenniza, vorgeschobene Abtheilungen in dem Raum zwischen dem Wid und der Straße Plewna — Bulgareni. Die Infanterie Krüdeners, je drei Regimenter der 5. und 31. Division, versammelte sich in der Gegend Kojulowzü—Trestjenik; das Regiment Kostroma (der 5. Division) war mit Rücksicht auf seine am 20. erlittenen großen Verluste zur Reorganisation nach Nikopolis zurückgeschickt; das Regiment Woronesch (der 31. Division), anfangs zur Sicherung der Donau-Brücken bei Sistowa zurückgehalten, war von dort im Anmarsch zur Vereinigung mit seiner Division.

Am 29. Juli unternahm General Skobelew mit der kaukasischen Brigade eine Erkundung gegen Plewna von Süden her. Ueber Bogot und Brestowez marschirend, stieß Skobelew unter leichten Scharmützeln mit türkischen Schwärmen bis in die Gegend von Krschin vor. Die von ihm gemachten Wahrnehmungen beschränkten sich darauf, daß westlich der Straße Plewna—Lowtscha keine Verschanzungen zu sehen seien; westlich und nordöstlich der Stadt waren große Lager und Truppenmassen zu sehen; von den ziemlich zahlreichen Verschanzungen in dem Raum zwischen der Tutscheniza-Schlucht und dem Janik Bair scheint Skobelew nichts bemerkt zu haben. Nach Ausführung der Erkundung ging die Brigade wieder nach Bogot zurück.

57. Stellung der russischen West-Armee am Abend des 29. Juli.
Die gesammte zum Angriff gegen Plewna bestimmte russische Streitmacht zählte in 36 Bataillonen, 30 Eskadrons und Sotnien, 20 Fuß- und 4 reitenden Batterien im Ganzen 27000 Mann Infanterie, 3000 Pferde mit 184 Geschützen und hatte am Abend des 29. Juli folgende Aufstellung:

Bug-Ulanen Nr. 9 Don-Kasaken Nr. 9 2. donische Batterie	10 Eskadrons bezw. Sotnien, 6 Geschütze, bei Bresljenniza.
31. Infanterie-Division (ohne Regiment Woronesch, welches erst von Sistowa her im Anmarsch, und ohne 5./31. Batterie, welche nach Nikopolis zurückgeschickt)	9 Bataillone, 40 Geschütze, bei Kojulowzü.
5. Infanterie-Division (ohne Regiment Kostroma, welches nach Nikopolis zurückgeschickt, und ohne 3./5. Batterie, welche bei Sistowa zurückgeblieben)	9 Bataillone, 40 Geschütze, bei Türkisch Trestjenit.
2./30. Infanterie-Brigade mit 2., 4., 6./30. Batterie	6 Bataillone, 24 Geschütze, bei Bulgarisch Karagatsch.
1./30. Infanterie-Brigade mit 1., 3., 5./30. Batterie 1./32. Infanterie-Brigade mit 1., 3., 4., 6./32. Batterie 1./11. Kavallerie-Brigade mit 18. reitender Batterie	12 Bataillone, 8 Eskadrons, 62 Geschütze, bei Poradim.
Kaukasische Kasaken-Brigade (ohne 1 bei Selwi befindliche Sotnie) mit der 8. donischen Batterie und der reitenden Gebirgs-Batterie	11 Sotnien, 12 Geschütze, bei Bogot.

Das Hauptquartier des Generals Krüdener, bei diesem als Stabswache die 1./34. donische Sotnie, befand sich bei den „Vier Brunnen", dicht bei Bresljenniza; das Hauptquartier Schachowskis befand sich in Poradim. Die Linie Bresljenniza—Poradim—Bogot bildet einen nach Westen zu geöffneten Halbkreis von etwa 40 km Länge, der von Plewna überall ziemlich 20 km entfernt ist.

Der linke Flügel bei Bogot war von dem in türkischen Händen befindlichen Lowtscha 20 km entfernt, ebensoweit der rechte Flügel bei Bresljenniza von Nikopolis. Von dem Mittelpunkt der Aufstellung bei Poradim bis zu dem rückwärtigen Osma-Uebergang bei Bulgareni betrug die Entfernung ebenfalls 20 km.

58. Kriegsrath in Poradim am 29. Juli. Im Laufe des 29. Juli begab sich General Krüdener nach Poradim zu dem ihm unterstellten General Schachowski, der ziemlich selbständig den linken Flügel der russischen Aufstellung befehligte. Ueber die Einzelheiten der hier abgehaltenen Besprechung sowie über die aus derselben hervorgegangene endgültige Disposition für den am folgenden Tage zu unternehmenden allgemeinen Angriff wird weiterhin im Zusammenhange gesprochen werden.

Als Krüdener am Abend in sein Hauptquartier zurückgekehrt war, versammelte er die Kommandeure des unter seinem speziellen Befehl stehenden 9. Korps um sich und theilte ihnen die für den auf morgen festgesetzten Angriff entworfene Disposition mit. Hierbei gab Krüdener zu verstehen, vielleicht werde der Angriff gar nicht stattfinden. Man wußte, daß Krüdener auf einen endgültigen Bescheid aus dem großen Hauptquartier noch wartete.

Krüdener entließ die Kommandeure mit der Bemerkung, daß sie im Laufe der Nacht die endgültigen Befehle erhalten würden.

Gegen Morgen wurde den Kommandeuren die bereits vorgelesene Disposition nunmehr schriftlich zugestellt mit dem kurzen Zusatze: „Plewna angreifen und nehmen!"

Wie bereits erwähnt, hatte der bei Bresljenniza am 26. versammelte Kriegsrath sich gegen einen Angriff ausgesprochen, und dieser Beschluß war dem Armee-Oberkommando gemeldet worden. Ueber die Einwirkung dieses letzteren auf die weiteren Entschlüsse des Generals Krüdener herrscht, soweit die mir bekannt gewordenen Nachrichten reichen, keine volle Klarheit. Nach einer zuverlässig erscheinenden Angabe*) soll am 27. Juli ein Adjutant des Großfürsten-Generalissimus, Derfelden, bei Krüdener eingetroffen sein mit dem ganz bestimmten mündlichen Befehl: Plewna nur mit unbedingter Gewißheit des Erfolges anzugreifen.

Ob dieser Befehl mit der am 26. Juli aus Bresljenniza an das Armee-Oberkommando abgesandten Meldung des Kriegsrathes überhaupt in irgend welcher Verbindung steht, mag dahingestellt bleiben; es mag hierbei darauf aufmerksam gemacht werden, daß die Entfernung Tirnowa—Bresljenniza in der Luftlinie 90 km beträgt,

---

*) Oberst Tutolmin in seinem Tagebuche der kaukasischen Brigade.

und daß die telegraphische Verbindung Krüdeners mit Tirnowa zur Zeit nur auf schwierigen und zeitraubenden Umwegen möglich war.*)

Ob Krüdener in der Zwischenzeit zwischen dem Kriegsrath in Bresljenniza (am 26.) und dem in Poradim (am 29.) eine direkte Antwort des Generalissimus auf die am 26. abgesandte Meldung erhalten, und ob er darauf hin etwa dem Generalissimus sein Bedenken nochmals vorgelegt, ist unklar. Gewiß ist nur, daß Krüdener nach Beendigung des Kriegsrathes in Poradim am 29. noch eine endgültige Entscheidung erwartete und daß er hoffte, dieselbe werde ihn von der sofortigen Ausführung des Angriffs entbinden. Ob diese erwartete Entscheidung in dem Eintreffen eines den Angriff anordnenden oder in dem Ausbleiben eines denselben aufschiebenden Befehls bestand, ist wieder unklar. Jedenfalls fiel diese Entscheidung am späten Abend des 29. Juli, und darauf hin befahl Krüdener endgültig die Ausführung der bereits festgestellten Angriffsdisposition.

Die Genesis dieser Disposition ist an sich äußerst interessant und für das Verständniß des ganzen Verlaufes der Schlacht von Wichtigkeit.

Bei dem in Poradim am 29. abgehaltenen Kriegsrath wurde von Seiten Schachowskis zuerst vorgeschlagen, den im Kriegsrath des 26. zum Ausdruck gebrachten Erwägungen entsprechend die gesammte Truppenmasse vereint gegen die Südost- (Radischewo-) Front der feindlichen Stellung vorzuführen; hierauf ging Krüdener nicht ein, da er seinen rechten Flügel nicht entblößen wollte und da er für seine Verbindung mit Nikopolis besorgt war.

Schließlich kam man überein, der rechte Flügel solle gegen die Griviza-Front, der linke (unter Schachowski) gegen die Radischewo-Front vorgehen, durch welche Anordnung zwischen den beiden Flügeln ein leerer Zwischenraum von 5 km Länge geschaffen wurde. In der weiteren Besprechung äußerte sich Krüdener dahin, Schachowski müsse zum Beginn seines Angriffs Krüdeners Befehl abwarten; hiergegen wendete Schachowskis Stabschef, Oberst Biskupski, ein, ein derartiger Befehl könne vielleicht nicht rechtzeitig an Schachowski gelangen, und deshalb sei es besser, den linken Flügel nicht an einen ausdrücklichen Befehl zu binden, mit dem leicht der günstige Augenblick zum Angriff verpaßt werden könnte.

---

*) Siehe die Anmerkung zu Nr. 46.

Darauf genehmigte Krüdener, daß in der Disposition gesagt werden solle: Der linke Flügel habe seine Maßnahmen dem Gange des Gefechts auf dem rechten Flügel anzupassen. Dieser Kompromiß, welcher die Lösung des Widerstreites der beiderseitigen Meinungen auf rein formellem Wege vermittelst einer zweideutigen Phrase erstrebte, war natürlich nicht im Stande, eine wirkliche Einheitlichkeit der Anschauungen herbeizuführen. Während Schachowski sich nunmehr für berechtigt hielt, den Zeitpunkt seines Angriffs nach eigenem Ermessen mit Rücksicht auf die allgemeine Sachlage zu wählen, blieb Krüdener, wie aus verschiedenen späteren Aeußerungen dieses Generals hervorgeht, auch jetzt noch der Ansicht, Schachowski hätte zum Beginn des Angriffs Krüdeners Befehl abwarten müssen, und die Rolle des linken Flügels hätte sich so lange auf Demonstrationen beschränken müssen, bis die Griviza-Redoute von den Truppen des rechten Flügels genommen gewesen wäre.

59. **Russische Angriffsdisposition für den 30. Juli.** Die russische Angriffsdisposition hatte folgenden Wortlaut:

A. Der rechte Flügel unter General Weljaminow:

1. Regiment Pensa Nr. 121
 Regiment Tambow Nr. 122 } General Bjelokopitow.
 Regiment Koslow Nr. 123
 1., 2., 3., 4., 6./31. Batterie

Das Detachement bricht um 5 Uhr von Kojulowzü nach Griviza auf und zwar auf dem Wege nördlich der Chaussee Plewna—Rustschuk. Dem Dorfe Griviza gegenüber entwickelt sich das Detachement und stellt soviel Batterien auf, als die Oertlichkeit gestattet. Die Batterien eröffnen ihr Feuer auf gute Kanonenschußweite. Für das weitere Vorgehen hat das Detachement besondere Befehle abzuwarten.

2. Regiment Archangel Nr. 17
 Regiment Wologda Nr. 18 } General Schilder-Schuldner.
 Regiment Galitsch Nr. 20
 1., 2., 4., 5., 6./5. Batterie

Das Detachement bricht um 5½ Uhr von Türkisch Trestjenik auf und zwar auf dem geraden Wege nach Plewna und stellt sich hinter dem Detachement des Generals Bjelokopitow in Reserve auf.

3. 2 Eskadrons Riga-Dragoner Nr. 11,
 1./34. donische Sotnie

decken die rechte Flanke und senden Patrouillen vor gegen den Wid und gegen Plewna.

 4. Bug-Ulanen Nr. 9
  Don-Kasaken Nr. 9   } General Loschkarew.
  2. donische Batterie

Die Brigade bricht um 6 Uhr von Bresljenniza auf gegen Plewna und schiebt die Kette vor bis zum Zusammenstoß mit dem Feinde. Erhält die Brigade den Befehl, auf das linke Ufer des Wid überzugehen, so rückt sie über Riben nach der Sofia-Straße und handelt selbständig gegen den Rücken des Gegners.

 B. Der linke Flügel unter General Schachowski:

 5. Regiment Kursk Nr. 125
  Regiment Riljsk Nr. 126
  1., 3., 4., 6./32. Batterie
  Regiment Jaroslaw Nr. 117   } General
  Regiment Schuja Nr. 118   Gorschkow.
  1., 3., 5./30. Batterie
  2 Eskadrons Tschujugew-Ulanen Nr. 11
  1 Kompagnie 5. Sappeur-Bataillons

Die Truppen brechen um 5 Uhr auf von Porabim über Sgalewize und Pelischat und greifen den nördlich von Radischewo stehenden Feind an.

Nach Einnahme dieser Stellung geht das Detachement weiter gegen Plewna vor und versucht auf den Höhen des linken (südlichen) Ufers des Griwiza-Baches Stellungen einzunehmen, von wo aus man Flanke und Rücken des bei Griwiza und nördlich von Plewna stehenden Feindes beschießen kann. Die weiteren Maßnahmen sind dem Gange des Gefechts auf dem rechten Flügel anzupassen, mit welchem enge Verbindung zu halten ist vermittelst der beiden Ulanen-Eskadrons.

 6. 11 Sotnien kaukasische Kasaken
  8. donische Batterie   } General Skobelew II.
  reitende Gebirgs-Batterie

Das Detachement bricht um 5 Uhr von Bogot auf, bildet den linken Flügel der ganzen Schlachtlinie, versucht die Verbindung zwischen Plewna und Lowtscha zu unterbrechen und beobachtet fortgesetzt nach beiden Seiten.

Zieht der Feind von Plewna ab, so geht das Detachement nach Westen bis zur Sofia-Straße und schneidet dem Gegner den Rückzug in dieser Richtung ab.

Nachträglich wurde noch der Befehl ertheilt, General Gorschkow solle dem Detachement unter Skobelew 1 Bataillon und 1 halbe Fuß-Batterie zuweisen.

Dem General Skobelew war ferner mitgetheilt worden, daß von Seiten des Armee-Oberkommandos von Selwi aus das Kasaken-detachement unter Ballanow und außerdem das Infanterie-Regiment Briansk Nr. 35 des 8. Korps zur Beobachtung gegen Lowtscha vorgeschoben wären.

C. Allgemeine Reserve unter unmittelbarem Befehl des Generals Krüdener:

7. Regiment Kolomna Nr. 119
   Regiment Serpuchow Nr. 120 } General Bosherjanow.
   2., 4., 6./30. Batterie

brechen um 4 Uhr früh von Bulgarisch Karagatsch auf und nehmen Stellung am Schnittpunkt der Straße Plewna—Rustschuk mit dem Wege Trestjenik—Porabim und erwarten weitere Befehle.

8. 2 Eskadrons Riga-Dragoner Nr. 11,
   2 Eskadrons Tschujugew-Ulanen Nr. 11,
   18. reitende Batterie,

nehmen Aufstellung bei Pelischat und erwarten weitere Befehle.

Dem Namen nach hatte Krüdener bekanntlich den Oberbefehl über die gesammte russische Streitmacht, thatsächlich beschränkte er sich aber auf die Führung des aus seinem eigenen (9.) Korps bestehenden rechten Flügels und überließ den linken Flügel der fast ganz selbständigen Leitung Schachowskis. Da die Thätigkeit der rechten Seitenabtheilung unter Loschkarew gleich Null ist, so zerfallen die Ereignisse der Schlacht in drei ganz getrennte Gruppen, zwischen denen ein taktischer Zusammenhang eigentlich gar nicht bemerkbar ist; zwischen den beiden Hauptmassen des rechten und linken Flügels befand sich ein unbesetzter Zwischenraum von 5 km Länge, während die linke Seitenabtheilung unter Skobelew von Schachowski durch die tiefe, schwer passirbare Tutscheniza-Schlucht getrennt war.

Zehnter Abschnitt.

Osman Paschas Armee in der Zeit zwischen der ersten und zweiten Plewna-Schlacht.

60. Die Einnahme von Lowtscha durch die Türken. Lowtscha, im Thal der oberen Osma gelegen, ist von Plewna 35 km, von Selwi 35 km (von hier noch weiter 50 km bis Tirnowa), von Trojan 30 km und von dem Passe gleichen Namens 45 km entfernt. Der Ort ist ein wichtiger Straßenknoten und war bei Beginn des Krieges eine der reichsten bulgarischen Städte mit 12000 Einwohnern, von denen etwa drei Fünftel Mohammedaner, zwei Fünftel Christen waren.

Wie bereits früher erwähnt, hatte Osman bei seinem Vormarsch von Widdin nach Osten zu die Absicht gehabt, sich im Hinblick auf die strategische Wichtigkeit des Ortes bei Lowtscha festzusetzen; die Verhältnisse hatten diesen Plan zunächst vereitelt, und am 17. Juli war Lowtscha von Tirnowa aus durch einige Sotnien Kasaken besetzt worden.

Als in den ersten Tagen nach dem Treffen vom 20. Juli von Orchanie her 6 Bataillone mit 1 Batterie und einer Abtheilung Tscherkessen bei Plewna eintrafen, beauftragte Osman den Brigadegeneral Rifaat Pascha, mit diesem Detachement die Wiedereinnahme von Lowtscha zu versuchen.

Rifaat Pascha brach am 25. Juli um 10 Uhr abends von Plewna auf, traf am Morgen des 26. vor Lowtscha ein und schritt sofort zum Angriff. Nach lebhaftem Gefecht, an welchem sich auch die bulgarische Bevölkerung des Ortes betheiligte, sah sich das schwache russische Detachement (5 Sotnien, 2 Geschütze) des Obersten Baklanow zum Rückzug auf Selwi genöthigt. Rifaat Pascha besetzte Lowtscha und richtete sich dort zur Vertheidigung ein.

61. Die türkischen Streitkräfte bei Plewna. Außer dem genannten aus Orchanie gekommenen Detachement, welches zur Besetzung von Lowtscha verwendet wurde, trafen in der Zeit zwischen der ersten und zweiten Plewna-Schlacht bei Osman im Ganzen noch 8 Bataillone ein und 1 Eskadron Garde-Kasaken. Von den genannten Truppen trafen die 3 Redif-Bataillone Naplus I, Trapezunt I und Aintab II unter Sabyk Pascha von Rahowa her am 21. Juli abends bei Plewna ein; über Herkunftsort und Ankunftszeit der übrigen 5 Bataillone und der Eskadron liegen keine Angaben vor.

Die Gesammtstärke von Osmans Armee bestand, abgesehen von dem Detachement in Lowtscha, am Abend des 29. Juli aus 33 Bataillonen mit etwa 20 000 Mann und 7 Eskadrons regulärer Reiterei (fünf/3. II. Eskadrons und 2 Eskadrons Garde-Kasaken) und etwa 400 Tscherkessen. Die Artillerie hatte sich gegen den 20. Juli nicht verändert; sie zählte 5 Batterien und 1 Sektion (30 + 2) 6 Pfünder, 3 Batterien (18) 4 Pfünder und 1 Batterie und 1 Sektion (6 + 2) 3 pfündige Gebirgsgeschütze.

Die Gesammtstärke der Armee belief sich auf etwa 23 000 Mann mit 58 Geschützen.

62. Stellung der Türken am Morgen des 30. Juli. Gleich nach dem Treffen des 20. Juli waren die Türken daran gegangen, ihre Stellung bei Plewna durch Befestigungsanlagen zu verstärken. Welche Werke im Einzelnen bis zum Morgen des 30. Juli fertiggestellt waren, ist bereits (Nr. 37) eingehend angegeben; alle dort genannten Werke waren vorwärts und seitwärts von zahlreichen Schützengräben umgeben, welche zum Theil, wo das Gelände es irgend gestattete, überhöhend in mehreren Reihen hintereinander lagen.

Die Aufstellung der Türken am Morgen des 30. Juli war, vom linken Flügel anfangend, folgende:

A. **Im nördlichen Hauptabschnitt unter dem Divisionsgeneral Adil Pascha:**

3 Bataillone 8 Geschütze	unter Oberst Suleiman Bey in den Werken auf der Opanes-Höhe;
2 Bataillone 5 Geschütze	in den Werken auf der Bukowa-Höhe;
2 Bataillone 6 Geschütze	in den Werken des westlichen Janik Baïr;
2 Bataillone 2 Geschütze	in den Werken des mittleren Janik Baïr;
3 Bataillone 4 Geschütze	in den beiden Griviza-Redouten auf dem östlichen Janik Baïr;

12 Bataillone,
25 Geschütze.

B. Im mittleren Hauptabschnitt unter dem unmittelbaren Befehl des Generalissimus Osman:

2 Bataillone \
2 Geschütze / unter Oberst Ibrahim Bey in der Redoute dieses Namens;

3 Bataillone \
6 Geschütze / unter Tahir Pascha auf dem offenen Höhenrücken zwischen den Redouten Ibrahim und Atuf;

3 Bataillone \
4 Geschütze / unter Atuf Pascha in dem Werke dieses Namens;

1 Bataillon \
2 Geschütze / in der Ichtyat-Batterie;

6 Geschütze in der „Batterie des Hauptquartiers" auf dem Bara Baïr;

3 Bataillone \
3 Geschütze / unter Hassan Sabri Pascha auf der Höhe der späteren Redoute Omer Bey. — Dieses Detachement scheint schon vor dem Beginn des Gefechts bis in die Tutscheniza-Schlucht und an die Südumfassung Plewnas zurückgegangen zu sein.

3 Bataillone \
6 Geschütze / Reserve zwischen dem Bara Baïr und der Stadt;

1 Bataillon in der Stadt Plewna.

16 Bataillone,
29 Geschütze.

C. Im südlichen Hauptabschnitt:

4 Bataillone \
2 Geschütze / am Südausgange von Plewna auf den Höhen nördlich des Grünberg-Baches;

1 Bataillon \
2 Geschütze / in der Brückenschanze an der Wid-Brücke;

5 Bataillone,
4 Geschütze.

Von der Kavallerie standen 2 Eskadrons hinter den Werken des Janik Baïr zur Verfügung Adil Paschas; 1 Eskadron war zur Beobachtung bis Griviza vorgeschoben; 4 Eskadrons und die Irregulären standen in Reserve hinter Plewna.

Elfter Abschnitt.
Die Schlacht bei Plewna am 30. Juli.

63. Anmarsch des russischen rechten Flügels und Artilleriekampf gegen die Griviza-Front. Am Morgen des Schlachttages herrschte ein so dichter Nebel, daß man auf 100 Schritt nichts unterscheiden konnte; erst um 9 Uhr fiel derselbe, so daß ein Erkennen der gegenseitigen Stellungen möglich war.

Auf dem russischen rechten Flügel vollzog die 31. Infanterie-Division unter General Bjelokopitow ihren Aufmarsch vor der feindlichen Stellung nördlich der Chaussee gegen 7 Uhr; in erster Linie die Regimenter Pensa und Tambow mit 3 9Pfünder-Batterien, in zweiter Linie als besondere Reserve das Regiment Koslow mit 2 4Pfünder-Batterien; um 10 Uhr stellte sich hinter diesen Truppen in dritter Linie die 5. Infanterie-Division auf mit den Regimentern Archangel, Wologda und Galitsch mit 2 9Pfünder- und 3 4Pfünder-Batterien.

Um $8^{1}/_{4}$ Uhr fiel von türkischer Seite der erste Kanonenschuß. Die russische Artillerie sollte bestimmungsmäßig ihr Feuer „auf gute Schußweite" eröffnen; thatsächlich that sie dies aber auf so große Entfernung, daß die 4Pfünder-Batterien wegen zu geringer Schußweite zunächst gar nicht mitwirken konnten, dagegen wurden auch die beiden 9Pfünder-Batterien der 5. Division vorgezogen, so daß 40 9Pfünder das Feuer eröffneten, welches sie anfangs nur nach den aufblitzenden Schüssen des Gegners richten konnten, da der Nebel so dicht war, daß man die feindliche Stellung selbst nicht sehen konnte.

Erst um 9 Uhr war der Nebel soweit gefallen, daß die sogenannte Griviza-Redoute sichtbar wurde, worauf die russischen Geschütze ihr Feuer dorthin richteten.

Nachdem die Kanonade ohne sichtbaren Erfolg bereits über drei Stunden gedauert, schickte Krüdener, welcher bis dahin gar keine Nachricht von Schachowski erhalten, an Letzteren um $12^{1}/_{2}$ Uhr mittags einen vom Chef des Stabes unterschriebenen Zettel folgenden Inhalts:

„Der Korpskommandeur bittet Ew. Durchlaucht dringend, ihm genau den Stand des Gefechtes bei Ihnen mitzutheilen; besonders ob die hinter Radischewo stehenden (feindlichen) Batterien zum Schweigen gebracht sind, und ob Sie in Ihrer Stellung genügenden

Raum gefunden haben, um Ihre Artillerie zu entwickeln? Halten Sie Ihren Angriff durch Artilleriefeuer für genügend vorbereitet? Was macht die kaukasische Brigade? Haben Sie genügenden Munitionsvorrath?"

Die erfolglose Kanonade wurde inzwischen von der Artillerie des rechten Flügels ununterbrochen fortgesetzt.

Als immer noch keine Nachricht von Schachowski eingetroffen war, sandte Krübener an ihn um $2^{1}/_{2}$ Uhr einen zweiten Zettel folgenden Inhalts:

„Der Kommandeur des 9. Korps wünscht dringend den Stand der Dinge bei Ihnen zu wissen, da die Unkenntniß hierüber ihm die Möglichkeit benimmt, Etwas zu unternehmen. Nach dem Pulverdampf Ihrer Batterien zu urtheilen, geht das Gefecht bei Ihnen nicht vorwärts. General Krübener läßt fragen, ob Sie sich in der Lage befinden, angreifen zu können. Im Bejahungsfalle bittet er um schleunige Mittheilung hierüber, um Ihren Angriff unterstützen zu können."

Dieser Zettel wurde einem bei dem Stabe Krübeners befindlichen Ordonnanzoffizier der kaukasischen Brigade zur Beförderung übergeben.

Gleichzeitig sprach Krübener, welcher das Resultat des Artilleriefeuers trotz fast sechsstündiger Dauer für sehr unbedeutend halten zu müssen glaubte, seiner Umgebung gegenüber die Absicht aus, das Feuer einzustellen und seine Truppen zurückzuführen. Einen endgültigen Entschluß hierüber verschob Krübener aber bis zum Eintreffen einer Antwort von Schachowski.

Kurze Zeit nach Absendung jenes zweiten Zettels sprengte eine Ordonnanz Schachowskis heran und überbrachte folgenden „2 Uhr nachmittags" datirten Zettel (der also geschrieben war eine halbe Stunde bevor Krübener seinen zweiten Zettel abgesandt hatte):

„Radischewo ohne Schuß besetzt. Die Batterien stehen auf den ersten Höhen nördlich und nordwestlich von Radischewo; die feindliche Artillerie auf den gegenüberliegenden beherrschenden*) Höhen. Der Feind hat Radischewo gegenüber nur sechs Geschütze;**) das feindliche Feuer schweigt. Meine Aufstellung bietet Raum genug zur

---

*) Dies stimmt nicht mit der Wirklichkeit, die russische Artilleriestellung war etwas höher als die türkische.

**) Hiermit sind wohl die 6 Geschütze in den Redouten Ibrahim Bey und Atuf Pascha gemeint, nachdem die zwischen beiden Redouten ungedeckt stehenden 6 Geschütze Tahir Paschas bereits früher zurückgenommen waren.

Entwickelung. Ich muß zum Angriff der vorliegenden Höhen schreiten, auf denen die feindlichen Geschütze stehen. Von der kaukasischen Brigade ist nur die eine Meldung eingetroffen, daß der Feind sich auf dem Wege von Lowtscha zeigt. Munition habe ich noch genügend. Meine Reserve steht 1½ Werst südlich von Radischewo. Soeben meldet General Skobelew: »Von Lowtscha her kommt nichts; auf meiner linken Flanke stehen Kavallerie und Artillerie auf der Sofia-Straße; zahlreiche Infanterie ist sichtbar zwischen Plewna und der Griviza-Höhe.« Schachowski.«

Aus dieser Meldung glaubte Krüdener schließen zu müssen, daß die Truppen des linken Flügels ihre Angriffsbewegung begonnen hätten, was auch die überbringende Ordonnanz bestätigte.

64. Infanterieangriff auf der Griviza-Front. Seine Truppen in den Zwischenraum zwischen Radischewo und Griviza zu einer direkten Unterstützung Schachowskis vorzuführen, hielt Krüdener nicht für thunlich, da sein rechter Flügel dabei großer Gefahr ausgesetzt gewesen wäre; er beschloß daher, die Truppen des 9. Korps zum Angriff gegen die Griviza-Höhe vorgehen zu lassen, um nach Einnahme dieser und der sie krönenden Redoute mit seinem linken Flügel und der allgemeinen Reserve den Angriff Schachowskis unterstützen zu können.

Bald nach 3 Uhr gab Krüdener an Weljaminow den Befehl zum Angriff, welcher gegen die Griviza-Redoute*) in zwei Kolonnen

---

*) Die russischen Berichte über diesen Tag, welche namentlich über den Kampf um die Griviza-Höhe sehr dürftig und unklar sind, sprechen immer nur von einer Griviza-Redoute, während türkischerseits bestimmt angegeben wird, daß das später von den Russen zweite Griviza-Redoute genannte Werk bereits am 30. Juli vorhanden gewesen sei, und zwar lag dasselbe 500 m nördlich der ersten Redoute; da an der Richtigkeit der türkischen Angabe nicht zu zweifeln ist, so können die von Norden angreifenden Bataillone Bjelokopitows gar nicht bis zur ersten (südlichen) Redoute vorgedrungen sein, sondern was vom Gefecht dieser Bataillone um „die Redoute" gesagt wird, bezieht sich auf die zweite (nördliche) Redoute, während der von Osten geführte, gar nicht bis zu „der Redoute" gelangte Angriff der Bataillone Weljaminows gegen die erste Redoute gerichtet war. Ein derartiger Irrthum seitens der Russen am 30. Juli ist um so eher erklärlich, als derselbe Irrthum sich sogar am 11. September wiederholt. Von einer gewissen Entfernung aus war eben von Osten her nur die sogenannte erste, von Norden her nur die sogenannte zweite Redoute zu sehen, und bei der geringen Entfernung beider von einander glaubte man russischerseits längere Zeit nur an das Vorhandensein einer Redoute an jener Stelle.

unternommen wurde: rechts, von Norden her, General Bjelokopitow mit dem Regiment Pensa und dem 2. und 3. Bataillon Koslow; links, von Osten her, General Weljaminow selbst mit dem Regiment Tambow und dem 1. Bataillon Koslow.

Als Reserve folgten der rechten Kolonne die Regimenter Archangel und Wologda, der linken das Regiment Galitsch.

Das an der Spitze der rechten Kolonne befindliche 1. Bataillon Pensa nahm eine noch diesseits der am Nordfuß der Griwiza-Höhen sich hinziehenden Schlucht liegende erste Reihe von Schützengräben, wurde aber durch das mörderische Feuer einer ebenfalls noch diesseits der Schlucht gelegenen zweiten Reihe zum Stehen gebracht. Das nun links vom 1. vorgehende 2. Bataillon Pensa nahm die zweite Reihe der Schützengräben, überschritt zugleich mit den weichenden Türken die zwischen den bereits genommenen Schützengräben und der Redoute liegende Schlucht und drang bis zur Redoute selbst vor. Der hier vor der Redoute liegende dritte Schützengraben wurde ebenfalls genommen; die Stürmenden setzten sich zunächst in ihm fest, und ein Theil versuchte von hier aus die Redoute selbst zu nehmen. Nachdem der an der Spitze befindliche Kommandeur des 2. Bataillons auf der Brustwehr unter Yataganhieben gefallen, wurde der Angriff abgewiesen; auch die Anstrengungen des 1. wie auch des ebenfalls vorgezogenen 3. Bataillons, die Redoute zu nehmen, blieben fruchtlos. Unter dem mörderischen Gewehrfeuer aus der Redoute selbst und aus flankirenden Schützengräben vermochte das Regiment Pensa sich nicht länger zu halten; es ging in völliger Auflösung zurück; sein Verlust betrug 29 Offiziere und etwa 1000 Mann.

Nun gingen die zu dieser Kolonne gehörigen beiden Bataillone des Regiments Koslow zum Angriff vor, drangen bis an die Redoute heran und gelangten zum Theil bis in den Graben; hier fiel der Kommandeur des Regiments von drei Kugeln getroffen. Zwar gelang es den Stürmenden nicht, die Brustwehr zu nehmen, aber sie behaupteten sich theilweise im Graben unter beiderseitigem auf ganz kurze Entfernung fortgesetzten mörderischen Gewehrfeuer.

Nun führte General Schilder-Schuldner die letzte Reserve dieser Kolonne, die Regimenter Archangel und Wologda, von rechts heran; er überschritt die Schlucht und nahm die hinter derselben seitwärts der Redoute liegenden Schützengräben, von wo aus bisher der Angriff in der Flanke beschossen worden war; gegen die Redoute selbst blieb auch der Angriff dieser beiden Regimenter vergeblich.

Die aus dem Regiment Tambow und dem 1. Bataillon Koslow bestehende linke Kolonne unter General Weljaminow, welche mehr nach der Chaussee zu von Osten her gegen die Redoute vorging, gerieth in ein so heftiges Gewehrfeuer, daß der Angriff, ohne bis an die Redoute zu gelangen, zum Stehen kam, worauf die Mannschaften ein ziemlich wirkungsloses Schnellfeuer eröffneten. Das die Reserve dieser Kolonne bildende Regiment Galitsch wurde ebenfalls herangezogen und von Krüdener persönlich durch das Dorf Griviza dirigirt, um von Süden her gegen die Redoute vorzugehen, aber auch dieser Angriff wurde abgewiesen.

Um 6 Uhr abends, ungefähr 3 Stunden nach dem Beginn des Infanterieangriffs, waren alle achtzehn Bataillone des rechten Flügels so gut wie verbraucht; ihre arg zusammengeschossenen Trümmer behaupteten sich in ziemlich buntem Durcheinander südlich, östlich und nordöstlich der Redoute. Mit Ausnahme des Regiments Galitsch, welches noch einigermaßen geschlossen war, konnte von einer taktischen Leitung der wirren Massen nicht mehr die Rede sein.

Gleichzeitig mit dem Beginn des Infanterieangriffs hatte sich auch ein Theil der Artillerie in Bewegung gesetzt. Mehrere der bis dahin in Reserve gehaltenen 4 Pfünder-Batterien waren vorgezogen worden, und, wie es scheint, nahmen im Ganzen sechs in halbkreisförmiger Linie aufgestellte Batterien die Griviza-Redoute unter konzentrisches Feuer, aber auch jetzt ohne jede sich fühlbar machende Wirkung.

Aus der allgemeinen Reserve war bereits gegen 5 Uhr das Regiment Kolomna nebst einer Batterie zur Unterstützung des linken Flügels abgesandt worden mit dem Befehl, „auf dem kürzesten Wege" zu Schachowski zu stoßen. Das Regiment gerieth auf diesem Marsch ganz unerwartet in feindliches Feuer, wurde mit einer von Plewna vorgehenden türkischen Abtheilung in ein Gefecht verwickelt und theilte sich, d. h. es kam wohl wider Willen auseinander.

Der größere Theil gelangte bis zu Schachowskis rechtem Flügel und griff hier in das Gefecht ein, ohne daß übrigens Schachowski etwas davon erfuhr; der kleinere Theil des Regiments aber wandte sich rechts und vereinigte sich mit dem linken Flügel der um die Griviza-Redoute stehenden Truppen des 9. Korps.

Um 6 Uhr wurde 1 Bataillon Serpuchow der allgemeinen Reserve mit 1 Eskadron und 2 reitenden Geschützen nach dem äußersten rechten Flügel geschickt, um die hier bereits beginnende rückgängige Bewegung zum Stehen zu bringen.

Gegen Sonnenuntergang wurden auf Krüdeners speziellen Befehl und unter Heranziehung von erst zwei und dann drei Kompagnien des Regiments Serpuchow nochmals mehrere vereinzelte und ziemlich ordnungslose Angriffsversuche gemacht, welche, wie vorauszusehen, erfolglos blieben.*) Bei einem dieser Angriffe wurde der Kommandeur der 2./30. Infanterie-Brigade, General Boscherjanow, hundert Schritt vor der Redoute verwundet.

---

*) Eine scharfe Charakteristik dieser Periode gänzlicher Kopflosigkeit und Zerfahrenheit giebt folgende kurze Episode, welche den Aufzeichnungen eines Offiziers des Regiments Serpuchow entnommen ist:

Um 2 Uhr mittags wird das Regiment Serpuchow aus seiner rückwärtigen Reservestellung vorgezogen und nimmt Aufstellung hinter einem Wäldchen südlich von Griviza. Um 4 Uhr tritt das Regiment den weiteren Vormarsch an, durchschreitet das Wäldchen, tritt hinter demselben ins Freie, durchschreitet dann das in einer Schlucht liegende Dorf Griviza, ersteigt rechts einen Abhang, durchschreitet abermals eine Senkung, ersteigt eine zweite Höhe und bekommt um etwa 5 Uhr die Griviza-Redoute zum ersten Mal zu Gesicht. Die russische Frontlinie schließt die Redoute halbkreisförmig ein; im Hintergrund ist ein Stückchen Fluß und ein paar Minarets zu sehen — Plewna!

Gegen 6 Uhr kommt General Boscherjanow, vom General Krüdener gesandt, zum Regiment: „Zwei Kompagnien zum Sturm der Redoute vor; dies wird genügen, die Türken hinauszuwerfen; das Feuer läßt nach!"

Der Regimentskommandeur bestimmt die 5. und 8. Kompagnie unter Führung des ältesten der beiden Kompagniekommandeure. In Halbkompagniekolonnen in Doppelreihen treten beide Kompagnien in der Richtung auf die Redoute an. Als sie eine kurze Strecke vorgegangen, bringt ein Adjutant ihnen den Befehl, zur Deckung einer in der Nähe befindlichen Batterie stehen zu bleiben, worauf sie sich rechts vorwärts der Batterie in einer kleinen Senkung niederlegen.

Nach einer Viertelstunde kommt ein anderer Adjutant mit dem Befehl, sofort zum Sturm zu schreiten. Die Kompagnien brechen auf, überschreiten im Lauf die vorliegende Höhe und steigen eben in eine neue Senkung hinunter, als Major K., Kommandeur des 3. Bataillons (beide Kompagnien gehören zum 2. Bataillon) sie einholt mit dem Rufe: „Halt! Halt!" und mit der Erklärung, er sei vom Brigadekommandeur beauftragt, die beiden Kompagnien zum Sturm zu führen.

Den Vormarsch fortsetzend, erreichen beide Kompagnien unter starken Verlusten eine dicht vor der Redoute befindliche Schlucht, in welcher sie eine Anzahl verwundeter und unverwundeter Mannschaften der Regimenter Tambow und Galitsch antreffen. Nachdem die Leute hier eine Zeit lang liegend sich ausgeruht, brechen sie etwa um 8 Uhr zum Sturm vor, der mit großem Verlust abgewiesen wird. Der Erzähler, welcher verwundet zurückgeht, trifft unterwegs zwei Kompagnien Galitsch, welche ihrerseits zum Sturm der Redoute vorgehen.

65. Rückzug des russischen rechten Flügels. Inzwischen war es völlig dunkel geworden, aber in der Umgebung der Redoute tobte noch fortgesetzt ein wüstes Gefecht unter fortwährendem Feuern und Hurrahrufen.

Unter diesen Umständen gab Krüdener jede Hoffnung auf eine günstige Wendung des Kampfes auf und befahl den Rückzug der rings um die Redoute fechtenden Trümmer; Kasaken-Patrouillen wurden abgeschickt, um die Truppen zurückzurufen.

Zur Deckung des Rückzuges wurden die wenigen noch verwendbaren Infanterieabtheilungen — das letzte Bataillon Serpuchow der Reserve, das noch leidlich geschlossene Regiment Galitsch der linken Kolonne und das soeben von Sistowa her auf dem Schlachtfelde eintreffende Regiment Woronesch — in das Gefecht geworfen, aber nicht planmäßig und vereinigt, sondern in verschiedenen Richtungen und ohne gegenseitigen Zusammenhang.

Natürlich waren auch diese letzten Abtheilungen sehr bald gänzlich aus der Hand der Führung, das Gefecht war ein allmählich in tiefe Dunkelheit sich einhüllendes vollständiges Chaos.

Während ein Theil der gänzlich auseinander und durcheinander gekommenen Infanterie sich um die zurückgehenden Batterien sammelte, setzten andere zusammengewürfelte Haufen den Kampf in der Umgebung der Redoute die ganze Nacht über fort; erst bei Tagesanbruch traten die letzten Abtheilungen den Rückzug an, und erst am 31. Juli um 11 Uhr vormittags waren die Truppen des russischen rechten Flügels bei Türkisch Trestjenik und Bulgarisch Karagatsch eingetroffen, von wo der Rückzug nach Bulgareni weiter fortgesetzt wurde.

66. Anmarsch des russischen linken Flügels und Artilleriekampf auf der Radischewo-Front. Wir wenden uns nunmehr zu den Ereignissen auf dem russischen linken Flügel unter dem Fürsten Schachowski.

Die bei Poradim biwakirenden Truppen dieses Generals brachen am frühen Morgen bei starkem Nebel in der Richtung auf Radischewo auf; zuerst die 1./32. Infanterie-Brigade (Regimenter Kursk und Rilsk) mit 4 Batterien; dann die 1./30. Infanterie-Brigade (Regimenter Jaroslaw und Schuja) mit 3 Batterien. An der Spitze der ganzen Kolonne befand sich das zur Verstärkung des Generals Skobelew bestimmte 3. Bataillon Kursk mit der halben 6./32. Batterie, welche Abtheilungen bei Pelischat abbogen, um über Bogot nach Brestowez zu marschiren.

Die Spitze der unter General Gorschkow stehenden 1./32. Brigade, welche von Pelischat aus anfangs eine nordwestliche Richtung auf Radischewo zu eingehalten hatte, bog allmählich, wie es scheint, irrthümlicherweise infolge des starken Nebels, immer mehr nach links ab, so daß die Brigade, die Bataillone in Marschkolonne in Sektionen hintereinander, die Batterien zwischen den einzelnen Bataillonen, schließlich sich längs der südlichen Radischewo-Höhen (Berg des 4. Korps) in westlicher Richtung in Marsch nach der Tutscheniza-Schlucht zu befand, die rechte Flanke der ziemlich lang gewordenen Marschkolonne der (zur Zeit allerdings unsichtbaren) türkischen Stellung zugewendet.

Es war etwa 9 Uhr, die Mitte der Marschkolonne befand sich ungefähr in der Höhe des rechts der Marschrichtung liegenden Dorfes Radischewo, als der Nebel anfing durchsichtiger zu werden und gleichzeitig gegen die rechte Flanke der Marschkolonne das feindliche Geschützfeuer eröffnet wurde. Sofort schwenkten die Bataillone der Brigade Gorschkow mit Sektionen rechts ein, wodurch die ganze Brigade in einer langen Linie mit der Front nach Norden entwickelt wurde; die 1./32. Batterie fuhr etwa 100 m seitwärts der bisherigen Marschrichtung auf und eröffnete das Feuer auf die aufblitzenden Schüsse der im Uebrigen unsichtbaren feindlichen Geschütze.

Auf Gorschkows Befehl trat nun die Brigade — links Kursk, rechts Riljsk — den Vormarsch in nördlicher Richtung an, durchschritt den Radischewo-Grund, erstieg den Hang der nördlichen Radischewo-Höhen und machte hier, etwa um 10 Uhr, Halt hinter dem deckenden Kamm: Regiment Riljsk östlich von Radischewo in zwei Kompagniekolonnenlinien hinter dem Kamm des Reserve-Berges, das 2. Bataillon Kursk im Dorfe Radischewo selbst, das 1. Bataillon Kursk von hier aus westlich hinter dem Kamme des Artillerie-Berges bis zur Tutscheniza-Schlucht in Kompagniekolonnen auseinandergezogen; die Frontausdehnung der entwickelten Brigade betrug 4 km. Von der linken Flügelkompagnie war 1 Unteroffizier mit 20 Mann als Seitenpatrouille bis in die Tutscheniza-Schlucht vorgeschoben worden.

Die Schützen-Kompagnien sämmtlicher Bataillone in aufgelöster Ordnung zur Deckung der Front vorgeschoben.

Unter dem Schutze dieser vorgeschobenen Schützenlinien fuhr rechts von Radischewo außer der bereits im Feuer stehenden 1./32. Batterie noch die 3./32. Batterie auf, links von Radischewo die 4./32. und halbe 6./32. Batterie. Die 1./32. Batterie feuerte gegen Jbrahim, die 3./32. gegen Atuf, die beiden 4 Pfünder-Batterien gegen die Stellung von Arab Tabia. Im Allgemeinen zeigte sich das türkische Artilleriefeuer dem russischen, namentlich dem der 4 Pfünder, überlegen; besonders die 4./32. Batterie, welche ganz ungedeckt auf steinigem Boden stand, erlitt sehr große Verluste und verlor fünf demontirte Geschütze, so daß sie zurückgezogen und (um 12 Uhr) durch die beiden 9 Pfünder-Batterien (1./30. und 3./30.) der 1./30. Brigade ersetzt werden mußte. Die halbe 6./32. Batterie ging, um wirksamere Schußweite zu erlangen, sehr dreist bis zu der Höhe der späteren Omar Bey Tabia vor und feuerte von hier längere Zeit gegen die Arab Tabia-Stellung; gegen 4 Uhr sah sie sich gezwungen, aus ihrer sehr exponirten Stellung zurückzugehen, wahrscheinlich, weil sie durch das Feuer der um diese Zeit auf der Westseite der Tutscheniza-Schlucht auffahrenden türkischen Geschütze vollständig in der Flanke gefaßt wurde.

Während so bei Radischewo der Geschützkampf heftig weitergeht, wird auch das von Krüdener herüberschallende Geschützfeuer stärker, während links der Tutscheniza-Schlucht zunächst noch Alles still bleibt; bei den Truppen Schachowskis ist bis jetzt noch kein Flintenschuß gefallen.

67. **Infanterieangriff auf der Radischewo-Front. Einnahme der Redonte Ibrahim Bey.** Obwohl nach fast vierstündigem Geschützkampf eine Schwächung des türkischen Artilleriefeuers nicht zu bemerken war, beschloß General Schachowski um 2 Uhr, den Infanterieangriff zu beginnen, und gab dem General Gorschkow den entsprechenden Befehl, worauf dieser General, bei der 3./32. Batterie östlich von Radischewo haltend, ohne weitere Weisungen über Zweck und Ziel des Angriffs das Signal „Das Ganze avanciren!" geben ließ.

Als Oberst Rakus, Kommandeur des Regiments Kursk, zu dem General heransprengte, um nähere Befehle zu erbitten, erhielt er die Antwort: „Immer geradeaus und Alles über den Haufen geworfen, was im Wege ist!" Gleichzeitig wurden nun einige Offiziere des Stabes längs der Frontlinie abgeschickt mit dem Befehl, die Infanterie solle avanciren, die Artillerie das Feuer so lange wie möglich fortsetzen.

Alle fünf Bataillone Gorschkows traten gleichzeitig die Bewegung an; auf der Höhe von Radischewo in der Artilleriestellung blieben nur die Fahnen mit den Fahnenrotten zurück und eine seit 10 Uhr unthätig bei Radischewo stehende Kompagnie des 5. Sappeur-

Bataillons. Die der 1./32. Brigade zur Reserve dienende 1./30. Brigade befand sich noch weit zurück im Anmarsch auf Radischewo.

Dem Namen nach traten die Bataillone jedes für sich in zwei Kompagniekolonnenlinien an; sehr bald aber befanden sich bei den großen Zwischenräumen alle Kompagnien in gleicher Höhe; die Schützen-Kompagnien waren ausgeschwärmt vor der Front ihrer Bataillone.

Da den einzelnen Abtheilungen bestimmte Ziele anfangs nicht gegeben waren, so schoben sich die avancirenden Kompagnien unschlüssig und, widersprechenden Direktiven verschiedener Vorgesetzten folgend, vielfach hin und her; schließlich aber nahm links das 1. Bataillon Kursk die Richtung auf Arab Tabia,*) in der Mitte das 2. Bataillon Kursk und das 1. Bataillon Riljsk auf Atuf Tabia, rechts das 2. und 3. Bataillon Riljsk auf Ibrahim Bey Tabia.

Sobald die Russen die Bewegung antraten, richtete die türkische Artillerie ihr Feuer nicht mehr auf die feindliche Artillerie, sondern auf die avancirende Infanterie; gleichzeitig begann aus den Schützengräben der türkischen Stellung ein furchtbares Gewehrfeuer; die avancirenden Truppen erlitten sehr große Verluste.

Wir betrachten nunmehr nacheinander die Vorgänge bei jeder der drei Gruppen, welche die stürmende Infanterie bildete.

Auf dem linken Flügel machte das 1. Bataillon Kursk auf der Sohle des Suluklija-Grundes einen kurzen Halt, um Athem zu schöpfen, die Leute löschen hierbei ihren Durst aus dem kleinen den Grund durchfließenden Bach. Demnächst wird der Hang der von der türkischen Stellung gekrönten Höhe erstiegen; mehrere Reihen von Schützengräben werden bei dem Herankommen der Russen von den Türken verlassen, wobei es nur an wenigen Stellen zu kurzem Handgemenge kommt. Als die Russen etwa bis auf 200 Schritt an die Hauptstellung herangekommen, macht sich in dieser große Unruhe bemerkbar, und die Geschütze werden aus derselben abgefahren, während das heftige Gewehrfeuer fortdauert. Gleichzeitig fährt eine türkische Batterie (wahrscheinlich zu dem Detachement unter Sabri Pascha gehörig) in der linken Flanke der Russen auf und nimmt sie unter heftiges Feuer. Der Angriff stockt; das 1. Bataillon Kursk weicht auf die genommenen Schützengräben zurück und setzt sich in diesen fest;

---

*) Diese Bezeichnung wird der Kürze wegen angewendet werden, um die Stelle zu bezeichnen, wo das Werk Arab Tabia erst später errichtet wurde.

der Kampf geht in ein auf etwa 300 Schritt geführtes Feuergefecht über. Es ist jetzt etwa 4 Uhr; das 1. Bataillon Kurst hat bereits fast die Hälfte seines Bestandes verloren.

In der Mitte ist inzwischen das 2. Bataillon Kurst und das 1. Bataillon Riljst gegen Atuf Tabia vorgegangen. Diese Bataillone machen infolge des außerordentlich heftigen Feuers, dem sie ausgesetzt sind, im Sulullija-Grunde nicht Halt, sondern ersteigen sofort den jenseitigen Hang und erreichen die Höhe völlig außer Athem. Zwar wird im ersten Anlauf Atuf Tabia genommen, nachdem die Türken vorher die in dem Werke stehenden Geschütze abgefahren, nun aber nimmt die türkische Artillerie der zweiten Linie, d. h. die Geschütze auf dem Platz der späteren Ichtyat-Redoute und die sogenannte „Batterie des Hauptquartiers" auf dem Bara Baïr das verlorene Werk unter heftiges Feuer, und ein Gegenstoß der türkischen Infanterie setzt sich wieder in Besitz desselben, während die arg zusammengeschossenen Trümmer der Angreifer auf die genommenen Schützengräben zurückweichen. Gegen 4 Uhr geht auch hier der Kampf in ein auf ziemlich nahe Entfernung geführtes Feuergefecht über.

Auf dem rechten Flügel erleiden die beiden (2. und 3.) Bataillone Riljst beim Herabsteigen in den Sulullija-Grund schwere Verluste, machen auf der Sohle des Grundes einen kurzen Halt, ersteigen dann den jenseitigen Abhang, bemächtigen sich mehrerer Reihen Schützengräben und schließlich auch des Hauptwerkes der Ibrahim Tabia, in welchem ein Geschütz in die Hände der Stürmenden fällt. Die Russen setzen sich nun in dem genommenen Werke fest (4 Uhr) und beginnen ein Feuergefecht gegen die in einiger Entfernung in verschiedenen Geländefalten eingenisteten Türken; die türkische Artillerie auf dem Jauik Baïr nimmt das von den Russen besetzte Werk unter lebhaftes Feuer und verursacht diesen bedeutende Verluste.

Um 4 Uhr ist die Offensivkraft der Brigade Gorschkow gebrochen; die Trümmer — denn nur solche sind noch vorhanden — der fünf Bataillone behaupten sich in einer etwa 2 km langen Linie, theils in der eroberten Ibrahim Tabia, theils auf dem südlichen Abhang vor den nicht eroberten Werken Atuf und Arab, gegen die nach dem Eintreffen von Verstärkungen aus der Reserve allmählich zur Offensive übergehenden Türken.

Die einzige Reserve Schachowskis, die 1./30. Infanterie-Brigade unter General Poltorazki, war gegen 3 Uhr bei Radischewo eingetroffen und unter die Befehle Gorschkows gestellt worden. Von hier aus wurden zunächst 2 Bataillone Schuja zur Unterstützung der Mitte der russischen Gefechtslinie vorgeschoben, bald darauf 1 Bataillon Schuja zur Unterstützung des linken und 1 Bataillon Jaroslaw zur Unterstützung des rechten Flügels. Alle diese Abtheilungen erleiden bei dem Herniedersteigen von den Radischewo-Höhen außerordentlich große Verluste und treffen in fast aufgelöstem Zustande in der Gefechtslinie ein.

Nun werden auch die beiden letzten Bataillone Jaroslaw — eins nach dem linken, eins nach dem rechten Flügel — vorgeschickt, so daß bald nach 4 Uhr die ganze Brigade in das Gefecht gezogen und keine Reserve mehr vorhanden ist.

Unter dem Eindruck dieser Lage schickt Schachowski um 4 Uhr an Krüdener die Bitte um Verstärkung, infolge welcher Bitte das Regiment Kolomna der Hauptreserve zur Verstärkung Schachowskis in Marsch gesetzt wird; das Eingreifen dieses Regiments wird weiter unten erwähnt werden.

68. **Gegenangriff der Türken abgewiesen.** Wir wenden uns nunmehr wieder zu den Vorgängen in der Gefechtslinie, wo von 4 Uhr an die Gegenstöße der Türken beginnen.

Der erste Offensivstoß richtet sich von Arab Tabia aus gegen das den linken Flügel der russischen Linie bildende 1. Bataillon Kursk, dessen linke Flanke von der Tutscheniza-Schlucht aus durch Infanterie und Artillerie umfaßt wird. Nach heftigem Gefecht gelingt es dem Bataillon, den Angriff abzuweisen, wobei die gleichzeitige energische Offensive Skobelews auf der westlichen Seite der Tutscheniza-Schlucht sich vortheilhaft geltend macht.

Bald nach 4 Uhr erfolgt von Atuf Tabia aus ein heftiger Vorstoß gegen die Mitte der russischen Linie, wo sich das 2. Bataillon Kursk und 1. Bataillon Riljsk nur mit Mühe behaupten. Als inzwischen zwei Bataillone Schuja zur Verstärkung eintreffen, gelingt es den Russen, die Türken auf Atuf Tabia zurückzuwerfen. Beinahe wäre dieses Werk zum zweiten Male von den lebhaft nachdrängenden Russen genommen, als der plötzliche Angriff einiger Eskadrons türkischer Reiterei gegen die linke Flanke der verfolgenden Russen diese zum Stutzen bringt; die weichende türkische Infanterie benutzt diesen Moment, um wieder Haltung zu gewinnen, worauf die Russen auf die früher genommenen Schützengräben zurückweichen.

Nachdem inzwischen Osman Pascha von den mit der Front nach Nordosten gegen Krüdener stehenden Truppen alle dort überflüssig erscheinenden Abtheilungen zur Verstärkung seiner Mitte herangezogen, erfolgt gegen 5½ Uhr ein heftiger türkischer Vorstoß gegen den die eroberte Stellung von Ibrahim Tabia besetzt haltenden russischen rechten Flügel — 2 Bataillone Riljsk und 2 Bataillone Jaroslaw.

Gegen den mit großer Entschlossenheit ausgeführten türkischen Angriff, welcher die rechte Flanke der russischen Stellung zu umfassen sucht, halten die obengenannten russischen Bataillone, unterstützt durch das Feuer einiger über den Suluklija-Grund in die eroberte Stellung vorgezogenen Geschütze der 1./32. Batterie nur mit Mühe Stand, als plötzlich, für beide Theile gänzlich überraschend, ein Theil des von General Krüdener dem General Schachowski zur Verstärkung gesandten Regiments Kolomna in der linken Flanke des türkischen Angriffs erscheint. Die Russen gehen nunmehr aus der bisherigen Vertheidigung zum Angriff über und werfen die türkische Infanterie zurück, werden aber ihrerseits durch heftiges feindliches Geschützfeuer (aus den Batterien der zweiten Linie und vom Janik Baïr her) sowie durch einen dreisten Angriff türkischer Kavallerie zum Stehen gebracht; der türkische Angriff auf Ibrahim Tabia war indessen — es war gegen 6 Uhr — endgültig abgewiesen.

Die, wie erwähnt, über den Suluklija-Grund vorgezogenen russischen Geschütze wurden, die Ursache ist nicht erkennbar, wieder nach der großen Artilleriestellung auf den nördlichen Radischewo-Höhen zurückgenommen.

69. Erfolgloser Angriff der Russen auf die Stellung von Arab Tabia. Auf dem linken Flügel der russischen Stellung hatte der dort befehligende Oberst Rakus, Kommandeur des Regiments Kursk, die Trümmer der allmählich dort ins Gefecht geworfenen drei Bataillone — je eins der Regimenter Kursk, Schuja und Jaroslaw — so gut wie möglich wieder formirt; einige von ihren im Centrum fechtenden Abtheilungen abgekommene Mannschaften des Regiments Riljsk hatten sich mit der Abtheilung des Obersten Rakus vereinigt, und schließlich fanden sich sogar einige Kompagnien des Regiments Kolomna hier ein, die während des einigermaßen in Dunkel gehüllten Flankenmarsches ihres Regiments von Krüdener zu Schachowski sich gewissermaßen verirrt hatten.

Da Oberst Rakus auf der Westseite der Tutscheniza-Schlucht die siegreich vorgedrungenen Truppen Skobelews am Südausgange von Plewna in erbittertem Kampf sah und da er gleichzeitig in der vor ihm befindlichen Stellung von Arab Tabia Anzeichen von Unruhe und Schwanken zu erkennen glaubte, so beschloß er — es war etwas nach 6 Uhr — einen erneuten Versuch zur Eroberung dieser Stellung zu machen.

Mit großer Entschlossenheit dringen die neuformirten russischen Abtheilungen, Oberst Rakus zu Pferde vor der Front, gegen die feindliche Stellung vor, wobei die in den Intervallen und auf den Flügeln der geschlossenen Abtheilungen befindlichen Schützenschwärme ein lebhaftes Feuer unterhalten. Schon sind die Russen, ungeachtet des auf sie gerichteten mörderischen Feuers, bis auf 100 Schritt an die feindliche Stellung herangekommen, als Oberst Rakus mit dem tödlich getroffenen Pferde stürzt. Als die Mannschaften den energischen Führer fallen sehen, ist es mit ihrer Entschlossenheit vorbei, sie machen Kehrt und eilen den deckenden Schützengräben zu, über die sie etwa 200 Schritt hinausgekommen waren. Der mit einigen Quetschungen davongekommene Oberst Rakus, der von einigen Leuten unter dem getödteten Pferde hervorgezogen wird, deckt mit einer kleinen Schaar von ihm gesammelter Mannschaften den vom Feinde übrigens nur mit Feuer verfolgten Rückzug seiner Truppen, welche in den Schützen=gräben, aus denen sie zum Angriff vorgebrochen, wieder Aufstellung nehmen. Es war inzwischen 7 Uhr geworden.

70. **Rückzug des russischen linken Flügels.** Die nördlich des Suluklija=Grundes fechtende russische Infanterie — die elf Bataillone Schachowskis und der mit ihnen vereinigte Theil des Regiments Ko=lomna — hatten nicht nur außerordentlich große Verluste erlitten, sondern waren im Verlauf der verschiedenen Gefechtsmomente völlig in Unordnung und durcheinander gekommen; dazu begann Mangel an Patronen sich fühlbar zu machen. Die Kampfkraft der Truppen war zu Ende.

Auf der Höhe nördlich von Radischewo hielt General Gorschkow, welchem der auf der Höhe östlich von Radischewo haltende General Schachowski die Leitung des ganzen Angriffs völlig überlassen hatte, und ließ fortgesetzt das Signal „Avanciren" blasen, aber schon begann eine rückläufige Bewegung der bis dahin so standhaft in schwerer Lage ausharrenden Truppen sich bemerkbar zu machen.

Unter die Verwundeten, welche sich zu dem bei Radischewo eröffneten Verbandplatze zurückschleppten, mischten sich bereits mehr und mehr Unverwundete, und bald war, ohne daß der Befehl dazu gegeben, die Hauptmasse der Infanterie in völlig regellosem Rück=

zuge begriffen, der, so gut die einzelnen Haufen in der hereinbrechenden Dunkelheit sich zu orientiren vermochten, auf Porabim gerichtet war.

Auch die auf der Radischewo-Höhe stehenden Batterien fuhren in der Richtung auf Porabim ab.

In diesem Moment traf ein Ordonnanzoffizier Krüdeners bei Schachowski ein, um sich nach dem Stande der Dinge hier zu erkundigen. Schachowski wies mit der Hand auf die überall zurückgehenden Truppen und sagte zu der Ordonnanz: „Wie es bei uns steht? Da, sehen Sie selbst; wir gehen zurück. Melden Sie dies dem General."

Hierauf begab sich Schachowski mit seinem Stabe zu der als Stabswache östlich von Radischewo haltenden Eskadron Tschujugew-Ulanen und ritt mit derselben in der Richtung auf Tutscheniza zurück. Die andere der beiden dem General Schachowski zugetheilten Ulanen-Eskadrons bildete eine Kette von Radischewo nach der Tutscheniza-Schlucht hin zum Schutze der abziehenden Verwundeten und Versprengten.

Während so der allgemeine Rückzug in vollem Gange war, befanden sich immer noch größere und kleinere bunt zusammengewürfelte Abtheilungen in der Gefechtslinie, welche, um einzelne energische Offiziere gruppirt, die so blutig erkauften Stellungen nicht aufgeben wollten. So waren auf dem linken Flügel vor Arab Tabia einige Hundert Mann unter Oberst Rakus versammelt, während auf dem rechten Flügel einige Hundert Mann unter einigen jüngeren Offizieren die eroberte Redoute Ibrahim Bey besetzt hielten; zwischen diesen beiden Gruppen befanden sich hier und da kleinere Abtheilungen.

Türkischerseits wurden Geschütz- und Gewehrfeuer zunächst, wenn auch nur schwach, noch fortgesetzt, erstarben aber mehr und mehr, die Offensivstöße hatten längst aufgehört, so daß die oben erwähnten schwachen russischen Abtheilungen in ihrer Stellung dicht vor der türkischen Front ziemlich unbehelligt blieben. Inzwischen war es völlig dunkel geworden. Von rechts her — von Krüdener — schallte noch immer Gewehrfeuer herüber, dann und wann Hurrahgeschrei; westlich der Tutscheniza-Schlucht war aus dem anhaltenden Feuer zu schließen, daß Skobelew noch vor dem Südausgange von Plewna im Gefecht stand.

Allmählich drang die Nachricht, daß hinten bereits Alles in Abzug sei, bis zu den vorderen Abtheilungen, und als gegen 10 Uhr auch der Rückzug Skobelews bemerkbar wurde, beschloß Oberst Rakus, die Zwecklosigkeit ferneren Ausharrens erkennend, den Rückzug anzutreten; er führte die um ihn versammelten Mannschaften auf Radischewo zurück und sandte nach den anderen Punkten der Front den Befehl, ihm zu folgen.

71. General Gorschkow bei Radischewo in der Nacht und am Morgen des 31. Juli. Gegen 11 Uhr traf Ratus bei Radischewo ein, wo General Gorschkow, der bis jetzt ganz allein hier gehalten, sich bei der Abtheilung einfand; auch andere Versprengte sammelten sich hier. Die Mannschaften wurden nach Regimentern geordnet und legten sich dann unter dem Schutz einiger ausgestellter Posten zum Schlaf nieder.

Die Besatzung der Redoute Ibrahim Bey hatte dem ersten Befehl zum Rückzuge keine Folge geleistet; sie traf erst auf erneuten Befehl um 2 Uhr morgens bei Radischewo ein. Das eroberte Geschütz mußte in dem Werk zurückgelassen werden.

Einzelne Mannschaften, die bis zuletzt in der vorderen Stellung geblieben, und einige Patrouillen, welche Ratus bei seinem Abzuge zur Beobachtung des Gegners abgeschickt, brachten jetzt die überraschende Nachricht, daß die Türken die so heiß umstrittenen Stellungen von Arab Tabia und Atuf Tabia geräumt haben; einzelne Russen sind in beiden völlig verlassenen Werken gewesen und haben dort vorgefundene Lebensmittel mitgebracht.

Der gänzlich erschöpfte Zustand und die geringe Zahl der bei Radischewo gesammelten Abtheilungen — es hatten sich bis zum Morgen hier etwa 1500 Mann zusammengefunden — ferner die völlige Unkenntniß über die Vorgänge auf den anderen Theilen des Schlachtfeldes und über die Absichten der höheren Führer ließen ein erneutes Vorgehen behufs Besetzung der vom Feinde geräumten Stellungen unausführbar erscheinen.

Gorschkow beschloß jedoch, bis zum Eingang weiterer Befehle Schachowskis bei Radischewo stehen zu bleiben, und schickte einen Offizier nach Poradim zu mit dem Auftrag ab, die erste von ihm aufzufindende Batterie nach Radischewo zu holen, um hierdurch die Gefechtskraft der zur Zeit nur aus Infanterie bestehenden kleinen Abtheilung einigermaßen zu erhöhen.

Als es am Morgen des 31. Juli tagte, sah man von Radischewo aus die Verschanzungen Arab, Atuf und Ibrahim und die sie umgebenden Schützengräben thatsächlich völlig verlassen, dagegen erblickte man dichte feindliche Massen weiter rückwärts bei den Werken und

Batterien der zweiten Linie. Bald aber ging feindliche Kavallerie bis zu den verlassenen Werken und über dieselben hinaus vor, und um 5 Uhr rückten Infanteriemassen in die vorderen Stellungen ein. Gleichzeitig wurde aus der Gegend von Griviza her wieder lebhaftes Gewehrfeuer hörbar.

Gorschkow erwartete unter diesen Umständen jeden Augenblick, den Feind zum Angriff gegen seine schwache Abtheilung vorgehen zu sehen, indessen blieben die Türken nördlich des Suluklija-Grundes stehen, nur Irreguläre durchschwärmten plündernd und mordend die mit Todten und Verwundeten bedeckte Gegend zwischen beiden Stellungen.

Um 9 Uhr erhielt Gorschkow endlich den mündlich überbrachten Befehl Schachowskis zum Rückzuge nach Poradim; gleichzeitig traf von Poradim her die 1./32. Batterie unter Bedeckung von zwei Sotnien donischer Kasaken (vom Detachement des Obersten Baklanow) bei Radischewo ein; die Batterie fährt in ihrer gestrigen Stellung auf und beginnt sich mit der feindlichen Artillerie herumzuschießen; die Kasaken schwärmen zu beiden Seiten der Batterie aus. Um 10 Uhr tritt Gorschkow den Abmarsch an; mit Hülfe einer Anzahl in Radischewo zusammengebrachter bulgarischer Fuhrwerke und improvisirter Tragbahren, sowie auf den Laffeten der Batterie wurden die ziemlich zahlreichen bei Radischewo befindlichen Verwundeten mitgeführt. Ein Theil des Detachements bildete die unmittelbare Bedeckung dieses Transports, der Rest unter Oberst Rakus bildete die gefechtsbereite Arrieregarde; der Abmarsch ging übrigens durchaus ungestört vor sich.

Um Mittag traf das Detachement Gorschkow bei Poradim ein und vereinigte sich hier mit dem Detachement Skobelew; man schritt sofort dazu, die Aufstellung zu verschanzen. Die Gefechtsstärke der hier versammelten Infanterie — Mannschaften von fünf Regimentern: Kursk, Riljsk, Jaroslaw, Schuja und Kolomna, darunter nur ein geschlossenes Bataillon, nämlich das 3. Bataillon Kursk des Detachements Skobelew — betrug 2000 Mann.

72. **Vorgänge bei Poradim in der Nacht und am Morgen des 31. Juli.** Wir müssen nun zunächst die Vorgänge nachholen, welche im Laufe der Nacht und am frühen Morgen des 31. Juli bei Poradim sich abgespielt hatten.

Als am späten Abend des 30. Juli der gänzlich ordnungslose Rückzug der Truppen Schachowskis begann, hatte die große Masse der einzeln oder in kleineren oder größeren Trupps zurückgehenden Mannschaften die Richtung nach Porabim eingeschlagen, wo der ganze Troß der Truppen Schachowskis unter Bedeckung einiger Kompagnien zurückgeblieben war. Hier sammelten sich allmählich die Flüchtlinge, auch die von Radischewo schon früher zurückgeschickten Fahnen trafen glücklich hier ein, ebenso die ganze Artillerie. Nothbürftig geordnet, brachten diese Truppen die Nacht auf ihren früheren Biwakplätzen zu. Um 5 Uhr morgens traf der Befehl des Generals Schachowski, der die Nacht in Tutscheniza zugebracht hatte, ein: die bei Porabim versammelten Truppen sollten sofort hinter die Osma nach Bulgareni zurückgehen.

Als der Abmarsch dorthin bereits im Gange war, traf um 7 Uhr Schachowski bei Porabim ein und erfuhr hier durch den ziemlich gleichzeitig ankommenden Offizier, den Gorschkow zum Aufsuchen einer Batterie abgeschickt hatte, die Lage der Dinge bei Radischewo, worauf er sofort der 1./32. Batterie den Befehl ertheilte, unter Bedeckung von zwei Sotnien nach Radischewo zu eilen, wo wir sie bereits haben eintreffen sehen.

Um 9 Uhr morgens waren alle Abtheilungen, welche die Nacht bei Porabim zugebracht hatten, auf Bulgareni abgezogen, so daß Gorschkow, als er mit seinem Detachement um Mittag bei Porabim ankam, hier nur das inzwischen von Brestowez über Tutscheniza bei Porabim eingetroffene Detachement Skobelews vorfand.

73. Gefecht auf der Krschin-Front westlich der Schlucht Tutscheniza. Es erübrigt noch, die Ereignisse bei diesem Detachement im Laufe des 30. Juli zu betrachten.

Skobelew, der mit der kaukasischen Brigade die Nacht über bei Bogot gestanden, erhielt hier am 30. Juli um 6 Uhr morgens die allgemeine Disposition, nach welcher er allerdings schon um 5 Uhr hätte aufbrechen sollen.

Die Avantgarde — 2 Kuban-Sotnien des Starschin Kirkanow nebst 4 donischen Geschützen — setzte sich unter der persönlichen Führung Skobelews in Bewegung, das Gros der Brigade folgte auf 2 km Entfernung.

Des dichten Nebels wegen konnte der Marsch nur langsam vor sich gehen. Um 8 Uhr machte das Gros der Brigade auf dem ersten Kamm der Grünen Berge Halt; von Porabim kommend, traf hier auch das 3. Bataillon Kursk mit der halben 6./32. Batterie ein.

Zur Aufrechthaltung der Verbindung mit Schachowski bestimmte Skobelew eine Kuban-Sotnie; dieselbe meldete den ganzen Tag über an Skobelew über alle Vorgänge bei den Truppen Schachowskis.

Nach links zur Aufklärung gegen den Wid zu wurden die beiden Ossetinen-Sotnien entsendet.*)

Mit den beiden Sotnien Kirkanows und 4 Geschützen der 8. donischen Batterie geht jetzt Skobelew bis zum dritten Kamm vor; als der Nebel fiel, sah er sich hier, durch die Thalmulde eines Baches (des später sogenannten Grünberg-Baches) von ihr getrennt, etwa 600 m von der türkischen Stellung entfernt, dicht vor der Vorstadt von Plewna. Dichte Infanteriemassen (von Skobelew in gewaltiger Uebertreibung auf 20 000 Mann geschätzt) waren auf der Ostseite von Plewna sichtbar, Kavallerie hinter der Stadt zwischen dieser und dem Flusse.

Um möglichst viel Gegner auf sich zu ziehen, eröffnete Skobelew das Feuer aus seinen vier Geschützen, denen sofort einige türkische Geschütze antworteten.

Nachdem der Geschützkampf etwa eine Stunde gedauert, drangen türkische Schützenschwärme, berittene Tscherkessen auf den Flanken gegen Skobelews Stellung auf dem dritten Kamme vor.

Ein Theil der beiden Sotnien Kirkanows saß zum Fußgefecht ab; nördlich von Krschin scharmützelten die beiden Ossetinen-Sotnien mit Tscherkessentrupps.

Als die Türken entschlossen im Vorgehen blieben, ging Skobelew mit seiner Avantgarde bis auf den ersten Kamm zurück und ließ sie hier westlich der Chaussee Aufstellung nehmen, während östlich der Chaussee sich die übrigen Sotnien der Brigade mit den anderen 2 reitenden und den 6 Gebirgsgeschützen entwickelten.

Das Kuban-Regiment saß ab und schwärmte aus zur Deckung der Geschütze, das Wladikaukas-Regiment blieb zu Pferde in zweiter Linie; das 3. Bataillon Kursk mit den 4 Fußgeschützen bildete in dritter Linie die Reserve.

Nachdem die Türken über den dritten bis zum zweiten Kamm gefolgt waren, stellten sie ihr weiteres Vorgehen ein und beschränkten sich auf ein Schützengefecht mit den abgesessenen Kasaken.

---

*) Diese beiden aus geworbenen Freiwilligen des mohammedanischen Gebirgsstamms der Ossetinen bestehenden Sotnien befanden sich im Regimentsverbande des Wladikaukas-Regiments.

Um Mittag ergriff Skobelew seinerseits die Offensive und führte 1½ Kompagnien des 3. Bataillons Kursk mit den 4 Fußgeschützen, links begleitet vom Wladikaukas-Regiment, zum Angriff vor.

Oberst Tutolmin mit den Kuban-Sotnien, der reitenden und der Gebirgs-Batterie blieb auf dem ersten Kamm, Front gegen Lowtscha, stehen; auch die übrigen 3½ Kompagnien des 3. Bataillons Kursk blieben vorläufig als Reserve auf dem ersten Kamm zurück.

Unter leichtem Gefecht räumten die Türken den zweiten und dritten Kamm und gingen bis auf die Höhen hinter dem Grünberg-Bach zurück; Skobelew nahm auf dem dritten Kamm Stellung, seine vier Geschütze eröffneten von hier ein lebhaftes Feuer gegen die Umfassung von Plewna.

Türkische Infanterie ging von Plewna aus gegen Skobelews Front, irreguläre Kavallerie vom Wid her gegen seine linke Flanke vor. Die Infanterie gab den mattgeführten Angriff bald auf; die Irregulären versuchten verschiedentlich durch Zurückweichen die ihnen entgegengehenden Kasaken in das Feuer der Infanterie zu locken, doch ohne Erfolg.

In dem weiter fortgesetzten Geschützkampf erlitt die russische Artillerie so starke Verluste, daß nur zwei Geschütze gefechtsfähig blieben, die beiden anderen wurden zur Reserve zurückgeschickt.

Inzwischen war von Lowtscha her eine Tscherkessenabtheilung erschienen, vor einer vom Oberst Tutolmin entgegengesandten Sotnie aber ohne Gefecht zurückgewichen.

Um 4 Uhr sah man von der Stellung Skobelews aus das Vordringen der Infanterie Schachowskis, während aus der Richtung des 9. Korps (Krüdener) heftiges Feuern hörbar war; gleichzeitig erhielt Skobelew von Tutolmin die Meldung, von Lowtscha her sei kein Feind mehr sichtbar.

Unter diesen Umständen beschloß Skobelew, nun ebenfalls energisch anzugreifen, und schickte nach dem ersten Kamm den Befehl zurück, daß von der dort zurückgelassenen Infanterie drei Kompagnien nach dem dritten Kamm vorrücken, nur eine halbe Kompagnie mit der Fahne auf dem ersten Kamm in Reserve verbleiben solle.

Inzwischen haben aber auch die Türken — gleichzeitig mit dem ersten Gegenstoß gegen Schachowski — sich zum Angriff gegen den dritten Kamm entschlossen. Ihre Infanterie ging entschlossen vor und war den beiden bis zuletzt feuernden russischen Geschützen bereits sehr nahe gekommen, als die aus der Reserve vorgezogenen drei Komragnien bei Skobelew eintrafen, während gleichzeitig einige Sotnien der Wladikaukas-Kasaken gegen die rechte Flanke der Türken attackirten, worauf diese über den Grünberg-Bach auf ihre dicht vor Plewna liegenden Verschanzungen zurückwichen, während die Russen sich auf dem schon fast verlorenen dritten Kamm wieder festsetzten.

Als die Dunkelheit einbrach, sah und hörte man das Feuer von dem Gefecht Schachowskis mehr und mehr zurückgehen, so daß es zur Gewißheit wurde, daß der Angriff dort nicht gelungen.

Skobelew gab nun auch seinen Truppen den Befehl, von dem dritten nach dem ersten Kamm zurückzugehen; da aber zu derselben Zeit die Türken von Plewna aus einen neuen Vorstoß gegen den dritten Kamm versuchten, so warf sich ihnen Skobelew mit seiner Infanterie, links unterstützt vom Wladikaukas-Regiment, nochmals entgegen und zwang sie zum Rückzug.

Um seinen nun nicht länger aufzuschiebenden Rückmarsch möglichst lange zu verbergen, läßt Skobelew einen Theil der Wladikaukas-Kasaken in die Schützenlinien der Infanterie eindoubliren und das Feuer fortsetzen, während die Infanterie zurückgeht.

Während zwei Sotnien das Feuergefecht unterhalten, erhält eine Sotnie den Auftrag, das Gefechtsfeld abzusuchen und die Verwundeten zurückzuschaffen; eine vierte Sotnie hält geschlossen als Reserve in der Nähe.

Während die angeordneten Maßregeln in der Ausführung begriffen sind, trifft bei Skobelew gegen 10 Uhr abends der Befehl Schachowskis ein, auf Porabim zurückzugehen. Wir haben hier das Detachement am Morgen des 31. Juli mit dem Detachement des Generals Gorschkow sich vereinigen sehen.

74. Die Vorgänge auf türkischer Seite. Zum Schluß werfen wir einen Blick auf die Vorgänge während der Schlacht auf türkischer Seite, über welche leider nur sehr dürftige und verworrene Angaben vorliegen.

Die Vertheilung der türkischen Truppen bei Beginn der Schlacht war, wie weiter oben angegeben, derartig, daß auf der Nordostfront gegen Krüdener 12 Bataillone unter Abil Pascha, auf der Südostfront gegen Schachowski (einschließlich der Reserven hinter dem Bara Baïr und des Plewna besetzt haltenden Bataillons) im Ganzen 16 Bataillone unter Osman Pascha selbst, endlich auf der Südfront gegen Skobelew 4 Bataillone standen — und außerdem 1 Bataillon an der Wid-Brücke.

Die Truppen der Nordostfront wurden durch den Angriff Krüdeners nicht voll in Anspruch genommen, so daß Osman Pascha im Lauf des Kampfes von dort „einige Bataillone" zur Verstärkung seiner Mitte heranziehen konnte; man darf also annehmen, daß in dem Raum zwischen Griviza-Schlucht und Suluklija-Grund gegen die 14 Bataillone (einschließlich des Regiments Kolomna) Schachowskis mindestens 20 türkische Bataillone gefochten haben, während nördlich der Griviza-Schlucht den 24 Bataillonen (einschließlich der Regimenter Serpuchow und Woronesch) Krüdeners höchstens 8 bis 9 türkische Bataillone gegenüberstanden.

Die ursprünglichen Reserven hinter dem Bara Baïr scheinen zur Unterstützung der um Arab Tabia und Atuf Tabia fechtenden Abtheilungen verwendet worden zu sein, die von der Nordostfront später herangezogenen Bataillone zu dem Offensivstoß gegen den rechten Flügel Schachowskis bei Jbrahim Tabia.

Gegen Skobelew haben jedenfalls nicht mehr als 4 oder höchstens (wenn das an der Wid-Brücke stehende Bataillon herangezogen wurde) 5 Bataillone gefochten.

Ueber die taktische Thätigkeit der einzelnen türkischen Abtheilungen liegen zwar verschiedene Angaben türkischerseits vor, dieselben sind aber sehr unklar und entbehren namentlich jeder bestimmten Angabe von Zeit und Ort, so daß sich daraus ein anschauliches Bild nicht ergiebt.

Am Abend des 30. Juli hatte sich der linke türkische Flügel — die Nordostfront — allerdings gegen die russischen Angriffe behauptet; im Centrum aber war Jbrahim Tabia verloren gegangen und der Versuch zur Wiedereroberung war mit großem Verlust gescheitert; Atuf Tabia und Arab Tabia waren unter Einsetzung der letzten verfügbaren Kräfte nur mit knapper Noth behauptet, und auf dem rechten Flügel jenseits der Tutscheniza-Schlucht hatte Skobelews so energisch bis an die Umfassung Plewnas durchgeführter Angriff großen Eindruck gemacht und auch hier hatten die Türken große Verluste gehabt, z. B. hatte das Redif-Bataillon Milas II. allein 135 Mann verloren.

Türkischerseits hatte man also nicht nur keine Ahnung von dem erfochtenen vollständigen Siege, sondern man verbrachte die Nacht in sorgenvoller Stimmung, indem man für den folgenden Tag die Fortsetzung des feindlichen Angriffs erwartete. Die Besorgniß ging so weit, daß im Centrum fast alle Truppen in die zweite Linie zurückgezogen wurden, weil die erste Linie nach dem Verlust von Ibrahim Tabia zu gefährdet erschien. Nur 2½ Bataillone blieben während der Nacht, wohl mehr zur Beobachtung als zur Vertheidigung, in der ersten Linie; die Stellungen von Atuf Tabia und Arab Tabia scheinen vorübergehend vollständig geräumt gewesen zu sein.

Trotz der großen Erschöpfung der Truppen wurde die ganze Nacht angestrengt an der Instandsetzung und Vervollständigung der Verschanzungen gearbeitet. Osman Pascha beritt noch in tiefer Dunkelheit die Linien und belobte die Truppen wegen ihrer tapferen Haltung.

Bei Tagesanbruch entdeckten die Türken zu ihrem großen Erstaunen, daß die Redoute Ibrahim Tabia und ihre ganze Umgebung gänzlich vom Feinde verlassen war.

Unter dem Schutz einer Schützenkette wurde jetzt ein Artilleriegespann nach der Redoute geschickt, um das gestern in derselben stehengebliebene Geschütz zurückzuschaffen.

Demnächst gingen Tscherkessen und berittene Einwohner von Plewna zum Erkunden der Umgegend vor und entdeckten auf den Höhen vor Radischewo eine Truppenabtheilung aller Waffen, worauf sich, wie bereits weiter oben angeführt, zwischen den dort befindlichen russischen Geschützen und den türkischen Batterien eine kurze ergebnißlose Kanonade entspann.

75. Verluste. Zum Schluß wenden wir uns zu den Verlusten des 30. Juli.

Der russische Gesammtverlust wird offiziell auf 169 Offiziere und 7136 Mann angegeben. Da hiervon nur ein verschwindend kleiner Bruchtheil auf die Kavallerie und Artillerie entfallen dürfte (für diese beiden Waffen liegen besondere Verlustangaben nicht vor), so beträgt der Verlust der Infanterie ungefähr 7000 auf 27 000 oder, wenn man das am späten Abend eingetroffene Regiment Woronesch mitrechnet, auf 29 000 Mann, also rund 25 pCt.

Nach den besonderen offiziellen Verlustlisten verloren an Todten:

    Jaroslaw Nr. 117 . . . . . 238 Mann
    Schuja Nr. 118 . . . . . . 114 =
    Kolomna Nr. 119 . . . . . 85 =
    Serpuchow Nr. 120 . . . . 213 =
    Kurst Nr. 125 . . . . . . 336 =
    Riljsk Nr. 126 . . . . . . 725 =

Die Verluste für die Regimenter der 5. und 31. Infanterie-Division sind nicht im Einzelnen zu ermitteln, da die Verluste für Nikopolis (15. Juli) und die beiden Schlachten vor Plewna (20. und 30. Juli) in den Listen nicht getrennt sind.

Der Offizierverlust — 169 Offiziere — wird genauer auf 35 todte, 115 verwundete und 19 kontusionirte Offiziere angegeben.

Im Einzelnen verloren nach zuverlässigen Angaben:

Archangel Nr. 17	— todte,	7	verwundete Offiziere
Wologda Nr. 18	2 =	7	=
Galitsch Nr. 20	— =	1	=
Jaroslaw Nr. 117 . . .	1 =	10	=
Schuja Nr. 118	10 =	15	=
Pensa Nr. 121	7 =	21	=
Tambow Nr. 122	1 =	3	=
Koslow Nr. 123	1 =	8	=
Kursk Nr. 125	2 =	10	=
Riljsk Nr. 126	4 =	10	=
5. Artillerie-Brigade . . .	— =	2	=
30. Artillerie-Brigade . .	— =	1	=
	28 todte,	95	verwundete Offiziere:

außerdem verwundet: General Boscherjanow, Kommandeur der 2./30. Infanterie-Brigade.

Die hiernach noch fehlenden 7 todten und 19 verwundeten Offiziere müssen auf die in obigem Verzeichniß nicht enthaltenen Truppentheile entfallen, nämlich die Regimenter Kolomna Nr. 119, Serpuchow Nr. 120, Woronesch Nr. 124, die 31. Artillerie-Brigade und die Kavallerie.

Welchen Regimentern die Kontusionirten angehörten, ist nicht angegeben.

Der Charge nach befanden sich unter den 28 todten Offizieren 3 Stabsoffiziere, 2 Hauptleute, 23 Lieutenants; unter den 95 verwundeten Offizieren 12 Stabsoffiziere, 22 Hauptleute, 61 Lieutenants.

Die von den Türken am 30. Juli erlittenen Verluste werden von Osman Pascha in einer nach Konstantinopel gerichteten Meldung auf 1200 Mann an Todten und Verwundeten angegeben.

Drittes Buch.
Einschließung Plewnas auf der Ostseite.

Zwölfter Abschnitt.
Die russische West-Armee vor Plewna im August.

76. Zusammensetzung und Kommandoverhältnisse. Der am 30. Juli bei Plewna geschlagene Heerestheil des Generals Krüdener war zunächst in mehr oder weniger Unordnung zum Theil bis hinter die Osma zurückgegangen, nur einzelne Abtheilungen waren westlich derselben stehen geblieben.

Als die erste Verwirrung sich gelegt und als sich herausstellte, daß von irgendwelcher Offensive seitens der Türken nicht die Rede sei, nahm die Heeresabtheilung wieder ungefähr dieselbe Stellung ein, welche sie unmittelbar vor der unglücklichen Schlacht innegehabt: die Linie Bulgarisch Karagatsch—Porabim, wo sie von den Türken völlig unbelästigt stehen blieb.

Zusammensetzung und Kommandoverhältnisse dieser Heeresabtheilung änderten sich nunmehr: diejenigen Theile des 11. Armeekorps, welche Ende Juli unter Schachowski vor Plewna eingetroffen waren und an der Schlacht am 30. Juli theilgenommen, schieden aus dem Verbande der vor Plewna stehenden Heeresabtheilung aus, um auf der Ostfront des Kriegsschauplatzes, wohin sie ursprünglich bestimmt gewesen, Verwendung zu finden; dafür wurde nunmehr das ganze 4. Armeekorps, von welchem sich die 30. Infanterie-Division bereits vor Plewna befand, der nunmehrigen West-Armee zugewiesen, über welche General Sotow, kommandirender General des 4. Armeekorps, als rangältester General den Oberbefehl übernahm, während General Krüdener wieder an die Spitze seines 9. Armeekorps, und

General Krylow, Kommandeur der 4. Kavallerie-Division, stellvertretend an die Spitze des 4. Armeekorps trat.

Das Hauptquartier des Oberkommandos der West-Armee befand sich in Porabim, ebenda das Hauptquartier des 4. Korps; dasjenige des 9. Korps in Bulgarisch Karagatsch.

Skobelew mit einem gemischten Detachement beobachtete Lowtscha sowie die von hier nach Plewna führende Straße und hielt die Verbindung mit dem in Selwi stehenden rechten Flügel-Detachement der russischen Centrums- (Schipka-) Armee.

Die Infanterie der West-Armee — 4. und 9. Korps mit Ausnahme je eines Regiments — hatte zur Zeit eine Stärke von etwa 30 000 Bajonetten.

Die für die West-Armee ursprünglich bestimmten Verstärkungen — die 2. Infanterie-Division und 3. Schützen-Brigade — wurden zunächst der Schipka-Armee zugewiesen, dafür sollte die rumänische Operations-Armee, welche — in drei Divisionen etwa 35 000 Mann mit 108 Geschützen stark — mit ihrem Gros Ende August und Anfang September bei Korabia die Donau überschritt, in den Verband der West-Armee treten.*)

77. Vorbereitungen zur Wiederaufnahme der Offensive. Die — abgesehen von dem gleich zu erwähnenden Treffen von Pelischat — durch kein nennenswerthes Ereigniß unterbrochene Zeit von Anfang August bis Anfang September wurde von den Russen zu mannigfachen Vorbereitungen benutzt für den nach Ankunft der Verstärkungen beabsichtigten großen Angriff. An der Spitze dieser Maßregeln stand eine genaue Erkundung des Geländes. Diese war schwierig, sowohl wegen der Gestaltung und Unübersichtlichkeit des Geländes selbst, als auch dadurch, daß die Türken auf jeden sich zeigenden Russen ein heftiges Feuer eröffneten. Trotzdem wurde eine genaue Aufnahme im Maßstabe von 250 Saschen auf den Zoll (etwa 1 : 21 000) ausgeführt und danach angefertigte, durch Steindruck vervielfältigte Pläne an die Truppen verausgabt.

Außerdem wurden Faschinen, Schanzkörbe und Sturmleitern angefertigt und die Truppen in der Leiterersteigung geübt. Wege wurden hergestellt, sowohl Anmarschwege gegen die feindliche Stellung als auch Querverbindungen; hierbei waren sehr viele größere und kleinere Brücken theils auszubessern, theils neu zu bauen. Die vor-

---

*) Hierüber das Nähere im 13. Abschnitt.

handenen Brunnen wurden ausgeräumt und gereinigt, auch eine Anzahl von Brunnen neu hergestellt, namentlich an solchen Punkten, die für später einzurichtende Verbandsplätze ins Auge gefaßt wurden.

Endlich wurde eine Anzahl Belagerungsgeschütze (20 24 Pfünder) herangeschafft, theils um wirklich schweres Kaliber gegen die türkische Stellung verwenden zu können, theils um den Truppen einen moralischen Halt zu geben, welche das Vertrauen zu ihrer Feldartillerie im Kampf gegen die türkischen Werke verloren hatten.

78. Aufstellung am 22. August. Am 22. August hatten die Truppen der West-Armee folgende Aufstellung:

Die verschiedenen Hauptquartiere an den oben angegebenen Punkten.

16. Infanterie-Division:

Die Regimenter Susdal Nr. 62, Uglitsch Nr. 63, Kasan Nr. 64 und alle 6 Batterien der 16. Artillerie-Brigade im Biwak längs der Straße Pelischat—Bogot.

Das zu dieser Division gehörende Regiment Wladimir Nr. 61 befand sich noch von rückwärts her im Anmarsch.

30. Infanterie-Division:

Regiment Jaroslaw Nr. 117, sowie 2. und 3. Bataillon Schuja Nr. 118, ferner 1., 5./30. Batterie bei Porabim;

1. Bataillon Schuja nach Iglaw (in der Nähe der Straße Plewna—Lowtscha) vorgeschoben;

Regimenter Kolomna Nr. 119, Serpuchow Nr. 120, 3., 4., 6./30. Batterie: Pelischat;

2./30. Batterie: Sgalewiza.

5. Infanterie-Division:

Regimenter Archangel Nr. 17, Wologda Nr. 18 und 1., 2., 3., 4., 6./5. Batterie: Bulgarisch Karagatsch;

Regiment Galitsch Nr. 20 und 5./5. Batterie: Sgalewize.

Das zu dieser Division gehörende Regiment Kostroma Nr. 19 befand sich in Nikopolis.

31. Infanterie-Division:

Regiment Pensa Nr. 121 und 1., 2., 4./31. Batterie: Bulgarisch Karagatsch;

Regiment Tambow Nr. 122: halbwegs zwischen Bulgarisch-Karagatsch und Porabim an der Brücke über den Porabim-Bach (Porabim Derese), etwas südlich der großen Straße;

Regimenter Koslow Nr. 123, Woronesch Nr. 124 und 3., 6./31. Batterie: Türkisch Trestjenik.

Die zu dieser Division gehörende 5./31. Batterie befand sich in Nikopolis.

Die Entfernung vom linken Flügel des 4. Korps bis zum rechten Flügel des 9. Korps betrug 18 km, die Tiefe der ganzen Infanterieaufstellung 6 km.

Die Front dieser ganzen Aufstellung wurde gedeckt durch vier Kavallerie-Regimenter:

Don-Kasaken Nr. 9 bei Bogot,
Charkow-Ulanen Nr. 4 bei Pelischat,
Mariopol-Husaren Nr. 4 bei Sgalewize,
Don-Kasaken Nr. 34 westlich von Türkisch Trestjenik.

Die von diesen vier Regimentern gegebene Vorpostenlinie, welche von den vordersten Infanterieabtheilungen 3 bis 5 km entfernt war, hatte eine Länge von 28 km; von jedem Regiment befanden sich stets zwei Eskadrons auf Vorposten.

Die rechte Flanke der West-Armee wurde gedeckt durch zwei Kavallerie-Regimenter — Jekaterinoslaw-Dragoner Nr. 4*) und Bug-Ulanen Nr. 9 —, welche in der Linie Wrbiza—Riben—Smeret Trestjenik standen und deren Vorpostenlinie links mit den Don-Kasaken Nr. 34, rechts mit der Kavallerie der rumänischen 4. Division Fühlung hatte. Von Smeret Trestjenik aus gingen Patrouillen bis zur großen Straße Plewna—Sofia vor.

Zur Deckung der linken Flanke der West-Armee stand die kaukasische Kasaken-Brigade mit der Front gegen Lowtscha in der Linie Jglaw—Katrina, rechts in Verbindung mit dem Don-Regiment Nr. 9, links mit dem zur Schipka-Armee gehörenden Selwi-Detachement.

Die ganze vor der Front der West-Armee von 8 Kavallerie-Regimentern — 16 Eskadrons und 24 Sotnien — besetzte Vorpostenlinie hatte von Smeret Trestjenik bis Katrina eine Länge von 70 km.

---

*) Nach einer anderweitigen Angabe stand dies Regiment Ende August bei Karahassan an der Lōmia.

Das zur 4. Kavallerie-Division gehörende Don-Kasaken-Regiment Nr. 4 war zur Zeit vollständig in eine Anzahl größerer oder kleinerer Kommandos und zum Ordonnanzdienst aufgelöst; von der 9. Kavallerie-Division hatten sich die Regimenter Kasan-Dragoner Nr. 9 und Kiew-Husaren Nr. 9 bei dem Avantgardenkorps des Generals Gurko befunden und hatten dann eine Zeit lang in der Gegend von Tirnowa in Erholungsquartieren gelegen; sie trafen — zusammen mit einigen anderen Kavallerietruppentheilen des früheren Avantgardenkorps — am 3. September bei der West-Armee ein.

79. Nachrichten über den Gegner. Die Nachrichten über die Stärke der Armee Osman Paschas waren nach wie vor sehr ungenau und meist in hohem Grade übertrieben.

Die Stärke der feindlichen Armee am Schlachttage des 30. Juli hatte man — über das Doppelte der wirklichen Stärke hinaus — auf 60 000 Mann geschätzt; nach den Angaben des russischen diplomatischen Agenten in Belgrad sollte die Armee von Plewna jetzt 70 000 Mann stark sein, General Sotow selbst schätzte sie auf 80 000 Mann mit 120 bis 150 Geschützen, obwohl das Armee-Oberkommando, im Gegensatz zu früheren Anschauungen, jetzt auf Grund der Angaben des Chefs des Kundschafterwesens, Oberst Artamonow, in einer an General Sotow am 23. August gerichteten Mittheilung die Stärke der bei Plewna stehenden Türken ziemlich richtig auf 30 000 Mann angab.

Am 29. August erhielt Sotow eine Kundschafternachricht, wonach Osman Pascha entschlossen sein sollte, die Offensive gleichzeitig in zwei Richtungen zu ergreifen: nordwärts über Lowtscha auf Tirnowa und südwärts auf Nikopolis. Sotow machte hiervon den Rumänen sowie dem gegen Lowtscha stehenden Skobelew Mittheilung und ertheilte dem General Krüdener den Befehl, eine Infanterie-Brigade des 9. Korps rechts nach Kojulowzü zu schieben.

Diese Anschauungen und Maßnahmen waren natürlich sehr geeignet, den in Wirklichkeit gegen das Centrum der West-Armee geplanten Angriff Osmans zu begünstigen.

Bevor unsere Darstellung zu dem Offensivstoß Osmans und dem hierdurch herbeigeführten Treffen von Pelischat und Sgalewize übergeht, ist es nothwendig, die Ereignisse bei der rumänischen Armee bis zu diesem Zeitpunkt nachzuholen.

Dreizehnter Abschnitt.
Die rumänische Armee vom Ausbruch des Krieges bis zum Eintritt in die Operationen gegen Plewna.

80. Mobilmachung und erster Aufmarsch der rumänischen Armee. Die Mobilmachung der rumänischen Armee — am 18. April befohlen — war am 7. Mai vollendet. Fürst Karl übernahm persönlich den Oberbefehl; Chef des Generalstabes war Oberst Slaniceanu.

Die etwa 50 000 Streitbare zählende Armee war in 4 Divisionen eingetheilt, deren jede aus 1 Jäger-Bataillon, 2 Linien-Regimentern, 4 Dorobanzen-Regimentern, 2 oder 3 Kavallerie-Regimentern und 6 Batterien bestand; die 1. und 2. Division bildete das 1. Armeekorps unter General Lupu, die 3. und 4. Division das 2. Armeekorps unter General Radovici.

Den mit Rußland (in der Konvention vom 16. April) getroffenen Abmachungen zufolge wurde das 1. Armeekorps in dem westlichen Theil der Kleinen Walachei zusammengezogen mit der Front gegen Widdin; das 2. Armeekorps erhielt vorläufig die Aufgabe, die von Dschurdschewo (Giurgevo) und Oltenizza nach Bukarest führenden Wege zu beobachten und die Hauptstadt zu decken. In Bukarest selbst waren vorläufig einige Truppentheile des 2. Armeekorps zurückgeblieben, welche eventuell durch die in der Formation begriffenen Nationalgarden und Milizen mit den Batterien der Territorial-Armee verstärkt werden konnten.

Am 12. Mai wurde für Rumänien der Kriegszustand gegen die Türkei ausgesprochen; am 22. Mai erfolgte die Unabhängigkeitserklärung.

81. Gespanntes Verhältniß zwischen Rußland und Rumänien. Ein eigentliches Bündniß zwischen Rußland und Rumänien war zur Zeit noch nicht abgeschlossen; man war übereingekommen, die rumänische Armee, welche zunächst zur Vertheidigung des eigenen Gebietes die Donau-Linie besetzt hielt, sollte je nach dem allmählichen Eintreffen der Russen an der Donau etappenweise hinter die Aluta nach der Kleinen Walachei abrücken, welche von der russischen Aktion nicht berührt werden durfte.

Demgemäß marschirte das 2. Armeekorps Ende Mai westwärts ab; die 3. Division ging über den Schill und nahm um Bajeleschti

Aufstellung, gewissermaßen als Reserve des in der Umgegend von Kalafat zusammengezogenen 1. Armeekorps; die 4. Division besetzte den Raum zwischen Aluta und Schill und sicherte die Donau auf der Strecke von Islasch bis Piketu.

Nach dem Donau-Uebergange der Russen wurde die Strecke längs der Donau unterhalb der Aluta bis Simnitza hin, im Besonderen die Stellungen von Turnu Magurelli und Flamunda, gegenüber von Nikopolis, von den russischen Truppen verlassen, welche bisher mit dem linken Flügel der 4. rumänischen Division an der Aluta Fühlung gehabt hatten, worauf am 2. Juli General Manu ein Detachement der 4. Division auf das linke Aluta-Ufer nach Turnu Magurelli und Flamunda vorschob.

Mit dem Beginn der Offensive von Seiten des russischen Heeres war für Rumänien die Frage brennend geworden, ob und in welcher Weise Rumänien sich am Kriege gegen die Türkei auch seinerseits offensiv betheiligen solle und könne, um sich hierdurch die nationale Unabhängigkeit von der türkischen Herrschaft zu erkämpfen.

Dem von der rumänischen Regierung ausgesprochenen Wunsch gegenüber, sich am Kriege im Anschluß an die russische Aktion zu betheiligen, verhielt die russische Heeresleitung sich durchaus ablehnend: Rußland habe, um mit der Türkei fertig zu werden, die rumänische Hülfe nicht nöthig; Rumänien möge, wenn es wolle, die Türkei auf seine eigene Gefahr hin bekriegen, Rußland aber werde ihm dabei keine Unterstützung gewähren; wenn die rumänische Armee die Donau überschreite, müsse sie sich nicht nur der russischen Heeresleitung unterstellen, sondern die rumänischen taktischen Einheiten müßten dann unter die russischen Korps vertheilt werden. Hierdurch wäre die Selbständigkeit der rumänischen Armee gänzlich verloren gegangen und die rumänische Aktion von der russischen völlig verschlungen worden. Eine so abhängige, den Wünschen des Landes durchaus nicht entsprechende Stellung mußte die rumänische Regierung ablehnen; die Armee erhielt Befehl, in ihrer abgesonderten Aufstellung zu verbleiben, und am 9. Juli begab sich Fürst Karl nach Pojana, wo das Hauptquartier der Armee aufgeschlagen wurde.

Rumänischerseits war man entschlossen, behufs demnächstiger Erkämpfung der Unabhängigkeit die Offensive zu ergreifen, die Donau zu überschreiten und unabhängig von der russischen Aktion vorzugehen. Die Einnahme von Widdin war das erste Ziel der rumänischen Armee, welche zwischen Isker und Timok operiren und nach dem Wid zu mit dem rechten Flügel der zwischen Wid und Schwarzem Meer operirenden russischen Armee Fühlung nehmen sollte.

Da für die Ergreifung der Offensive seitens der Rumänen noch verschiedene Vorbereitungen nothwendig waren, so stand der Beginn derselben nicht vor dem 1. September in Aussicht.

Die nach dem russischen Donau-Uebergange um Turnu Magurelli versammelte 4. Division (General Manu) hatte von hier aus am linken Donau-Ufer ein Detachement gegen Nikopolis vorgeschoben, welches das am rechten Ufer erfolgende Vorgehen der Russen gegen diesen Platz unterstützte.

Nach der Einnahme von Nikopolis ersuchte General Krüdener den General Manu, die Besetzung des Ortes und die Bewachung und Eskortirung der Gefangenen zu übernehmen, welches Verlangen mit dem Bemerken abgewiesen wurde, daß ein derartiges Vorgehen nur auf Befehl des Fürsten Karl angängig sei.

Zwischen den leitenden russischen und rumänischen Kreisen war inzwischen die von Anfang an bestehende Spannung immer größer geworden; die verletzende Art, in welcher russischerseits die Theilnahme der Rumänen an den Operationen jenseits der Donau abgelehnt worden, wurde bereits erwähnt.

Als jetzt, nachdem Manu das Verlangen Krüdeners abgelehnt, der Großfürst-Generalissimus dem Fürsten Karl den Nikopolis betreffenden Wunsch aussprechen ließ, antwortete der Fürst: daß die rumänische Armee nur zur Erreichung ihrer eigenen Zwecke über die Donau gehen werde, daß diese Zwecke durchaus andere als die der russischen Armee seien, daß die rumänische Armee in die Thätigkeit der russischen Armee nicht eingreifen werde, und daß sie der letzteren hinfort keine Unterstützung mehr gewähren würde, da man auch ihr selbst eine solche nicht habe gewähren wollen.

Auch eine nunmehr von Seiten des Kaisers Alexander an den Fürsten Karl gerichtete Bitte desselben Inhalts hatte keinen Erfolg, sondern vermehrte nur die beiderseitige Spannung.

82. Abschluß eines Bündnißvertrages zwischen Rußland und Rumänien. Als am 20. Juli die Russen vor Plewna die erste Niederlage erlitten hatten, gab Fürst Karl, auf die erneute Bitte des Generals Krüdener um Besetzung von Nikopolis durch die Rumänen, dem General Manu den Befehl, mit einem Detachement seiner Division Nikopolis zu besetzen und die Umgegend zu beobachten.

Wegen mangelnder Hülfsmittel zum Uebersetzen konnte der Uebergang des aus 2 Infanterie- und 2 Kavallerie-Regimentern bestehenden rumänischen Detachements erst am 29. Juli erfolgen; er wurde mit Hülfe eines Dampfschiffs sowie einiger Lastschiffe und Boote bewirkt.

Das Detachement besetzte Nikopolis, wo russischerseits das Regiment Kostroma nebst einer Batterie verblieb, und die nächste Umgebung; die Kavallerie übernahm in Verbindung mit einer Kasakenabtheilung den Erkundungsdienst auf den Wegen nach Plewna und Rahowa.

Am Tage nach dem Donau-Uebergange des rumänischen Detachements erlitten die Russen die zweite Niederlage vor Plewna.

Unter dem Druck der scheinbar verzweifelten Lage wandte sich Krüdener an Manu mit dem Verlangen, dieser möge mit seiner Division, in erster Linie mit dem am rechten Donau-Ufer nur einen Tagemarsch vom Schlachtfeld befindlichen Detachement, ihm schleunigst zu Hülfe eilen, um den Rückzug der erschütterten, momentan fast aufgelösten Truppen gegen die befürchtete Offensive der Türken zu decken.

General Manu antwortete im Sinne der ihm ertheilten Instruktion, daß er ohne Genehmigung des Fürsten Karl seine begrenzte Aufgabe der Besetzung und Vertheidigung von Nikopolis nicht überschreiten dürfe.

Der durch die zweite vor Plewna erlittene Niederlage herbeigeführte völlige Umschwung der strategischen Lage, welche sich für die Russen in hohem Grade kritisch gestaltete, brach den von der russischen Heeresleitung den Rumänen gegenüber bisher an den Tag gelegten Hochmuth; der Großfürst-Generalissimus erbat vom Fürsten Karl in dringenden Worten die schleunigste Unterstützung, wobei von den früher gestellten verletzenden Bedingungen nicht mehr die Rede war.

Fürst Karl war unter den jetzigen Umständen bereit, dem Ansuchen der russischen Heeresleitung zu entsprechen; zuvor aber mußten die Einzelheiten einer gemeinsamen Operation, besonders die Frage nach Leitung und Oberbefehl festgestellt werden, zu welchem Zwecke rumänische Bevollmächtigte sich in das Hauptquartier des Kaisers Alexander begaben.

Die Russen erkannten nunmehr den Rumänen volle Gleichberechtigung und die Stellung einer verbündeten Armee zu, welche ihre besondere Organisation und Leitung behielt; nur die Aktion beider Heere sollte in Uebereinstimmung gebracht werden.

83. **Uebergang des rumänischen Operationskorps auf das rechte Donau-Ufer.** Für die Offensivoperationen am rechten Donau-Ufer

wurde bestimmt das 2. Armeekorps (3. und 4. Division), verstärkt durch eine aus Abgaben des 1. Armeekorps gebildete starke Reserve-Division, während der Rest des 1. Armeekorps, in zwei schwache Divisionen formirt, als Observationskorps auf dem linken Donau-Ufer in der Kleinen Walachei belassen wurde.

Die 4. Division erhielt am 1. August den Befehl, auch den noch bei Turnu stehenden Rest ihrer Truppen an das rechte Donau-Ufer nach Nikopolis zu ziehen. Am 5. August stand die ganze Division (deren Kommando inzwischen vom General Manu an den Oberst Angelescu übergegangen) am rechten Ufer; die Kavallerie war bis in die Linie Riben—Bresljenniza vorgeschoben, hielt Verbindung mit den Truppen Krüdeners und trieb in verschiedenen Richtungen Erkundungen vor.

Gleichzeitig mit dem erwähnten Befehl an die 4. Division erhielt auch das Gros der Operations-Armee Marschbefehl nach Korabia, wo der Uebergang über die Donau stattfinden sollte.

Die 3. Division, welche am 2 August aus der Gegend von Bajeleschti aufbrach, erreichte Korabia am 6. August; die aus der Gegend von Kalafat kommende Reserve-Division traf bei Korabia am 14. August ein.

Nachdem das auf dem Schill bei Krajowa gesammelte Brücken-material unter großen Schwierigkeiten theils zu Wasser, theils auf Fuhrwerken über Land nach der Uebergangsstelle Korabia—Silischtioara herangeschafft, begann hier am 26. August der Brückenbau.

Die Breite der Donau zwischen Silischtioara am linken und Magura am rechten Ufer beträgt 1240 m, der Fluß ist aber durch eine Insel auf der rumänischen und eine Sandbank auf der bulgarischen Seite in drei Arme getheilt, deren durchschnittliche Tiefe damals 15 m betrug. Vom rumänischen Ufer bis zur Insel (über den schmaleren Arm) wurde eine Pfahlbrücke gebaut, von der Insel bis zur Sandbank (über den breiteren Arm) eine Pontonbrücke; über die Sandbank selbst wurde ein mit Faschinen befestigter Weg hergestellt, und von der Sandbank über den dritten Arm bis zum bulgarischen Ufer eine zweite Pontonbrücke gebaut. Die Gesammtzahl der Pontons war 120, welche eine Strecke von 800 m überbrückten; die ganze Ausdehnung der Brücken und der neu erbauten Wege betrug über 3000 m.

Auf der Insel waren zwei Batterien für zwölf Geschütze erbaut; eine Torpedosperre oberhalb Korabias sicherte die Brücke gegen die eventuell von Rahowa her zu erwartenden türkischen Monitors und Kriegsfahrzeuge.

Fürst Karl, welcher sein Hauptquartier von Pojana zunächst nach Krajowa und dann in die Gegend von Korabia verlegt hatte, begab sich von hier aus am 27. August nach Gornji Studen in das Hauptquartier des Kaisers Alexander, welcher den getroffenen Vereinbarungen gemäß dem Fürsten den Oberbefehl auch über die vor Plewna stehenden russischen Truppen übertrug, mit denen die Rumänen gemeinsam operiren sollten; General Sotow, der bisherige Kommandirende der russischen West-Armee, wurde dem Fürsten Karl in seiner Eigenschaft als Kommandirender der verbündeten Armee als Generalstabschef beigegeben.

Scheinbar war so die einheitliche Führung der gegen Plewna operirenden russisch-rumänischen Armee allerdings hergestellt, thatsächlich aber hatte Fürst Karl nur die Verfügung über die rumänischen Truppen, während die Verfügung über die russischen Truppen ausschließlich in den Händen Sotows lag.

Am 29. August kehrte Fürst Karl nach Korabia zurück.

Hier hatte inzwischen die Avantgarde der 3. Division, ohne die Vollendung des Brückenbaus abzuwarten, am 24. August auf Flößen und Fahrzeugen die Donau überschritten; am 26. war das Gros der Division in derselben Art gefolgt und hatte bei Gigen Stellung genommen; die Kavallerie dieser Division hatte mit der 4. Division die Fühlung aufgenommen.

Am 29. August lief bei dem Kommando der 4. Division die Nachricht ein, daß Osman mit 20 000 Mann aus Plewna ausfallen wolle, um sich wieder in den Besitz von Nikopolis zu setzen.

Die russische West-Armee schob mit Rücksicht hierauf eine Infanterie-Brigade nach Kojulowzü; die 4. rumänische Division konzentrirte sich um Bresljenniza, die Kavallerie der 3. Division deckte bei Riben den rechten Flügel der 4. Division und sicherte die Verbindung zwischen dieser und der 3. Division.

Der am 31. August thatsächlich von Osman Pascha unternommene Ausfall richtete sich gegen die Mitte der russischen West-Armee bei Sgalewize und Pelischat und endete mit dem Rückzuge der Türken hinter die Verschanzungen von Plewna.

84. Vereinigung des rumänischen Korps mit der russischen West-Armee. Bei den über die Kooperation der Rumänen mit den Russen getroffenen Vereinbarungen war ursprünglich beabsichtigt gewesen, die rumänische Armee auf der Westseite des Wid im Isker-Thal gegen die rückwärtigen Verbindungen Plewnas vorgehen zu lassen.

Mit diesem Plan erklärte sich indessen General Sotow nicht einverstanden, sondern er schlug vor, die Rumänen auf die Ostseite des Wid zur direkten Vereinigung mit der russischen West-Armee heranzuziehen; nur die rumänische Kavallerie solle westlich des Wid gegen die Verbindungen der Türken operiren.

Nach mehrfachen Verhandlungen setzte Sotow seine Ansicht bei der oberen Heeresleitung durch und den während der Anwesenheit des Fürsten Karl im Hauptquartier des Kaisers Alexander getroffenen weiteren Abmachungen wurde der von Sotow vorgeschlagene Plan zu Grunde gelegt.

Am 29. August nach seinem Hauptquartier bei Korabia zurückgekehrt, gab Fürst Karl der 3. Division den Befehl, sofort aus ihrer Aufstellung bei Gigen im Isker-Thal den Linksabmarsch nach dem rechten Ufer des Wid anzutreten; die Reserve-Division sollte auf der in der Nacht vom 31. August zum 1. September fertig gewordenen Brücke bei Korabia—Silischtioara auf das rechte Donau-Ufer übergehen und der 3. Division folgen.

Der Fürst Karl traf am 2. September in seinem neuen Hauptquartier Porabim ein, um den Oberbefehl über die vereinigte russisch-rumänische West-Armee zu übernehmen.

Nach Ausführung des befohlenen Linksabmarsches befanden sich am 5. September alle drei rumänischen Divisionen auf dem rechten Wid-Ufer: die 4. Division war bis Wrbiza vorgeschoben, die 3. Division stand rechts rückwärts der 4. in der Linie Tschalissowat—Riben; die Reserve-Division in der Gegend von Bresljenniza. Die Kavallerie der 3. und 4. Division deckte die rechte Flanke der Aufstellung längs des rechten Wid-Ufers von Riben bis Opanez; die Kavallerie der Reserve-Division beobachtete das linke Wid-Ufer.

Die rumänische Operations-Armee stand somit zur unmittelbaren Theilnahme an den Operationen gegen Plewna bereit, und zwar in folgender Stärke:

3. Infanterie-Division: 12 Bataillone, 6 Batterien,
4. Infanterie-Division: 12   "   5   "
Reserve-Division: 17   "   6   "
Roschioren-Brigade: 8 Eskadrons, 1 reitende Batterie,

1. Kalaraschen-Brigade: ⎫
2. Kalaraschen-Brigade: ⎬ 20 Eskadrons,
Gensdarmen: 2   "
Genie-Truppen: 1 Bataillon,

Zusammen 35 000 Mann mit 108 Geschützen.

Vierzehnter Abschnitt.

Die Ausfallschlacht von Sgalewize—Pelischat am 31. August.

85. Die türkische Plewna-Armee im August. Im Laufe des Monats August fand von Seiten der türkischen Plewna-Armee keine irgend nennenswerthe Bewegung statt; nur am 7. August, als das Detachement des Generals Skobelew rekognoszirend gegen Lowtscha vorging, ließ Osman Pascha auf den Kanonendonner hin — die Telegraphenleitung zwischen Plewna und Lowtscha war von den Kasaken zerstört — zur Unterstützung des in Lowtscha stehenden Detachements unter Rifat Pascha den General Emin Pascha mit 5 Bataillonen, 500 irregulären Reitern und 3 Geschützen dorthin abrücken.

Bevor Emin Pascha bei Lowtscha eintraf, hatte Skobelew bereits den Rückmarsch angetreten, weshalb auch Emin sein Detachement wieder nach Plewna zurückführte; ein von ihm mitgeführter Munitionsvorrath wurde in Lowtscha gelassen.

Die einzigen Verstärkungen, welche die Armee von Plewna im Laufe des August an sich zog, waren 2 Bataillone Infanterie und das irreguläre Kavallerie-Regiment von Saloniki. Die Gesammtstärke der Armee betrug etwa 24 000 Mann — darunter 500 reguläre und 1000 irreguläre Reiter — mit 58 Geschützen; alle Verwundeten und Kranken waren in der Richtung auf Sofia zurückgeschafft.

In Lowtscha stand außerdem Rifat Pascha mit 8 Bataillonen, einem Detachement Kavallerie und 6 Geschützen; ferner scheinen hier einige tausend Irreguläre zu Fuß und zu Pferde versammelt gewesen zu sein.

86. Osmans Vorbereitungen zu einer Offensivunternehmung. Nachdem inzwischen Osman sich mit Mehmed Ali und Suleiman über eine allgemein zu ergreifende Offensive verständigt, beschloß er zunächst eine große Rekognoszirung gegen die russischen Stellungen zu unternehmen, und zwar sollte dieselbe in der Richtung auf Porabim ausgeführt werden.

Zu dieser Unternehmung, deren obere Leitung Osman Pascha sich vorbehielt, wurden unter Hassan Sabri Pascha bestimmt 16 Bataillone, fast die gesammte Kavallerie und 3 Batterien; die Infanterie — im Ganzen 8 Bataillone Nizam und 8 Bataillone Redif — war eingetheilt in 2 Brigaden unter Emin Pascha und Tahir Pascha, deren jede aus 2 kombinirten Regimentern zu 4 Bataillonen bestand; jedes Bataillon hatte 10 Tragethiere mit Munition mitzunehmen.

Unter Adil Pascha blieben in Plewna zurück: 19 Bataillone, 40 Geschütze und einige Hundert Tscherkessen.

Die Vorbereitungen des Unternehmens wurden so heimlich als möglich getroffen; die Truppen Hassan Sabris versammelten sich am späten Abend des 30. August hinter den Redouten Ibrahim und Atuf.

87. Aufstellung des russischen 4. Korps am Morgen des 31. August. Bevor wir die Ausführung der türkischen Offensive betrachten, werfen wir einen Blick auf die Aufstellung des russischen 4. Korps am Morgen des 31. August.

Die Vorposten auf der Linie Bogot—Tutscheniza—Radischewo—Griwiza waren links von 2 Eskadrons Ulanen Nr. 4, rechts von 2 Eskadrons Husaren Nr. 4 gegeben.

Gros: Auf dem linken Flügel bei Pelischat die Regimenter Susdal Nr. 62, Uglitsch Nr. 63, 2 Eskadrons Ulanen Nr. 4, vier/16. Batterien. Etwa 1 km vor der Stellung befand sich eine Lünette, welche mit 2 Kompagnien Susdal und 2 Geschützen besetzt war; weiter links, auf der Höhe zwischen Pelischat und der Tutscheniza-Schlucht lag eine andere Verschanzung, welche ebenfalls mit einigen Kompagnien und 2 Geschützen besetzt gewesen zu sein scheint.

Auf dem rechten Flügel bei Sgalewize in befestigter Stellung:
    a) vom 4. Korps: 2 Bataillone Schuja Nr. 118, 2 Eskadrons Husaren Nr. 4, 1., 2./30. Batterie, 8. reitende Batterie;
    b) vom 9. Korps: Regiment Galitsch Nr. 20 und 5./5. Batterie.

Außerdem eine Sappeur-Kompagnie.

Reserve bei Porabim: die Regimenter Jaroslaw Nr. 117, Kolomna Nr. 119, Serpuchow Nr. 120 und zwei/30. Batterien.

Von den hier nicht aufgeführten Truppen des 4. Korps befanden sich das Regiment Kasan Nr. 64 und 1 Bataillon Schuja Nr. 118 mit der 2./16. Batterie unter Skobelew bei dem gegen Lowtscha operirenden Korps des Generals Jmeretinski; Regiment Wladimir Nr. 61 war von rückwärts her im Anmarsch; von drei Batterien (eine/16. und zwei/30.) läßt sich der derzeitige Verbleib nicht nachweisen; über das Dragoner-Regiment Nr. 4 und das Kasaken-Regiment Nr. 4 ist unter Nr. 78 die nöthige Erläuterung gegeben.

88. **Angriff auf die russischen Stellungen bei Sgalewize und Pelischat.** Um 6½ Uhr morgens meldeten die russischen Vorposten das Vorgehen starker türkischer Truppenmassen in der Richtung auf Pelischat und Sgalewize.

Der Kommandirende der West-Armee, General Sotow, hielt es zunächst für möglich, daß die gemeldete Bewegung nur ein Scheinangriff sei, um einen beabsichtigten ernsten Angriff gegen das 9. Korps oder gegen die bei Korabia im Uebergang über die Donau begriffene rumänische Armee zu verdecken; vorläufig wurden daher keine Aenderungen in der allgemeinen Truppenaufstellung getroffen.

Zur Unterstützung der bedrängten Vorposten gingen von Pelischat die dort stehenden zwei Eskadrons Ulanen, von Sgalewize die dort stehenden zwei Eskadrons Husaren nebst der 8. reitenden Batterie vor, demnächst aber wichen die Ulanen auf Pelischat, die Husaren auf Sgalewize zurück.

Nachdem so die russische Kavallerie zurückgetrieben, ging die türkische Kavallerie um die Flügel ihrer eigenen Infanterie zurück und machte deren Front frei. Die Artillerie eröffnete das Feuer; von der Brigade Emin entwickelten sich 4 Bataillone (3./I. Jäger, 1., 2., 3./2. III.) unter Omer Bey, dichte Schützenketten vor sich, im ersten Treffen in Linie, dahinter im zweiten Treffen unter Mehmed Nazif Bey 4 Bataillone (5./III. Jäger, Trapezunt I, Silistria I, Kianguéri I) in Kolonne.

Von dem ersten Treffen wendet sich auf dem äußersten rechten Flügel das 3./I. Jäger-Bataillon gegen die westlich von Pelischat gelegene Verschanzung; zwei 2./III. Nizam-Bataillone gingen gegen die Lünette in der Front vor, ein 2./III. Nizam-Bataillon suchte, die Lünette nördlich umgehend, gegen die Kehle derselben vorzudringen; eine vorgezogene Batterie überschüttete die Lünette mit heftigem Feuer. Aber auch das russische Feuer war so heftig, daß der Angriff keine Fortschritte machte, bis auf Osmans Befehl zwei Bataillone des zweiten Treffens zur Unterstützung vorgingen; nunmehr wurde die Lünette und in derselben zwei Geschütze genommen; auch das 3./I. Jäger-Bataillon bemächtigte sich jetzt der von ihm angegriffenen Verschanzung und in derselben eines Geschützes.

Russischerseits war durchaus nicht beabsichtigt gewesen, einen ernsten Kampf in diesen vorgeschobenen Stellungen anzunehmen, deren Besetzung nur den Feind zur Entwickelung veranlassen sollte; der entscheidende Kampf sollte in der Stellung bei Porabim aufgenommen werden, wohin die Truppen aus den vorderen Stellungen zurückzugehen hatten.

Im Widerspruch mit dieser Absicht ließ der bei Pelischat befehligende General Pomeranzew, Kommandeur der 16. Infanterie-Division, das Regiment Susdal, unterstützt durch das Feuer der bei Pelischat befindlichen Batterien, zum Gegenangriff gegen die Lünette vorgehen, welche den Türken auch wieder entrissen wurde; da inzwischen aber General Pomeranzew vom General Sotow den direkten Befehl erhielt, seine Truppen nach Sgalewize zurückzuführen, so fiel die aufgegebene Lünette wieder in die Hände der Türken.

Da bis 10 Uhr von den Vorposten des 9. Korps und der rumänischen Division Meldungen über wahrnehmbare feindliche Truppenbewegungen nicht eingelaufen waren, so gewann General Sotow die Ueberzeugung, daß das Vorgehen der Türken gegen die Front des 4. Korps keine Demonstration, sondern ein ernster Angriff sei; er gab dementsprechend folgende Befehle:

a) Die 1./5. Infanterie-Brigade des 9. Korps geht von Bulgarisch-Karagatsch sofort auf der Chaussee nach Griviza vor, schwenkt links und greift die linke Flanke des Feindes an.

b) Von der 31. Infanterie-Division des 9. Korps bleibt ein Regiment in den Stellungen des Korps nördlich der Chaussee. Die anderen drei Regimenter dieser Division rücken nach Porabim und stehen dort zur Verfügung des Oberbefehlshabers.

c) Das Regiment Wladimir Nr. 61 der 16. Division, auf dem Marsche von Simnitza zur Vereinigung mit dem 4. Korps bis Karagatsch gekommen, läßt hier Troß und Gepäck zurück und marschirt so schnell als möglich nach Porabim, wo es sich der allgemeinen Reserve anschließt.

d) Die 4. rumänische Division versammelt sich bei Tschalissowat.

Die Angaben über den Verlauf des weiteren Kampfes sind sehr unklar; nicht nur zwischen der türkischen und russischen Darstellung, sondern auch zwischen verschiedenen russischen Darstellungen finden sich ganz erhebliche Widersprüche. Wir übergehen daher verschiedene Einzelheiten und schildern den Verlauf nur in großen Zügen.

Osman hatte, bevor er sich zur Fortsetzung des Angriffs auf Sgalewize entschloß, unter dem Eindruck des heftigen Gefechtes um die Lünette von Pelischat an Abil Pascha den Befehl geschickt, von Plewna aus noch drei Bataillone und einen Munitionstransport dem Operationskorps nachzusenden.

Von Pelischat aus ging die türkische Infanterie — verstärkt durch Theile der Brigade Tahir Pascha — mit großer Entschlossenheit gegen Sgalewize vor, drang in die russischen Verschanzungen ein und scheint auch Geschütze genommen zu haben; schließlich wurden die Türken indessen durch die aus der Reserve von Poradim her verstärkten Russen geworfen, und General Pomeranzew mit den Regimentern Susdal und Uglitsch nahm auch die Lünette von Pelischat wieder, während die russische Kavallerie und reitende Artillerie gegen die rechte Flanke der Türken vorging.

89. **Rückzug der Türken.** Osman Pascha ordnete jetzt — „nachdem der Zweck der Rekognoszirung erreicht war", wie die türkische Darstellung sagt — den Rückzug an. Da der Befehl hierzu zum linken Flügel später gelangte als zum rechten, so gerieth der linke Flügel zeitweise in Unordnung.

Die Russen versuchten, über ihre Verschanzungen hinaus vorgehend, die abziehenden Türken zu verfolgen, aber der Widerstand von vier Bataillonen der Brigade Mehmed Nazif, unter dem Kommando des Oberstlieutenants Raïf Bey, sowie das ununterbrochene Feuer der unter Osmans persönlicher Leitung staffelweise zurückgehenden Batterien brachte die russische Verfolgung sehr bald zum Stehen.

Gegen 4 Uhr nachmittags hatte das Operationskorps wieder die Verschanzungen von Plewna erreicht; ein erobertes Geschütz war dorthin mitgeführt worden.

Die auf der Chaussee in der Richtung auf Griviza gegen die linke Flanke der Türken vorgeschickte 1./5. Infanterie-Brigade, obwohl zu einem möglichst beschleunigten Vorgehen in der angegebenen Richtung aufgefordert, hatte sich nicht veranlaßt gesehen, die Tornister zurückzulassen, sondern war mit Gepäck aufgebrochen. Hierdurch wurde bei der großen Hitze die Bewegung so verlangsamt (ein längerer

Halt zeigte sich unterwegs nothwendig), daß die Brigade nicht mehr zur Einwirkung gegen den feindlichen linken Flügel herankam.

Außerdem hatte Abil Pascha dieser Umgehungskolonne von der Griviza-Stellung aus einige Bataillone entgegengeschickt, was ebenfalls dazu beigetragen haben dürfte, die Wirksamkeit dieser Umgehungsbewegung zu verhindern.

90. Verluste. Der russische Verlust betrug im Ganzen:

```
  3 Offiziere, 171 Mann todt,
  —     =      66   =   vermißt,
 27     =     708   =   verwundet,
```
zusammen 30 Offiziere, 945 Mann.

Hiervon entfielen auf diejenigen Truppen, welche unter General Pomeranzew die Kämpfe um die Lünette von Pelischat durchgefochten hatten:

Regiment Susdal:
```
  2 Offiziere, 120 Mann todt,
  9     =     310   =   verwundet.
```
Regiment Uglitsch:
```
  1 Offizier,  39 Mann todt,
  9 Offiziere, 201   =   verwundet.
```
16. Artillerie-Brigade:
```
  — Offiziere,  1 Mann todt,
  2     =      16   =   verwundet.
```

Der Verlust der Türken belief sich auf 300 Todte und 1050 Verwundete.

Fünfzehnter Abschnitt.
Die Erstürmung von Lowtscha durch die Russen am 3. September.

91. Lowtscha von den Türken besetzt. Lowtscha war russischerseits von Tirnowa her am 17. Juli bekanntlich durch ein schwaches Kasaken-Detachement besetzt.

Nach dem unglücklichen ersten Treffen von Plewna hatte dies Detachement aber vor weit überlegenen türkischen Streitkräften den Ort wieder räumen müssen und war auf Selwi zurückgewichen.

Das von Plewna nach Lowtscha vorgeschobene türkische Detachement unter Rifat Pascha bestand aus 6 Bataillonen mit 6 Geschützen und einer kleinen Kavallerieabtheilung, wurde aber durch ziemlich zahlreiche Irreguläre verstärkt. Nach der zweiten Schlacht von Plewna trafen von Sofia her noch 2 Bataillone als Verstärkung in Lowtscha ein.

92. **Russisches Beobachtungsdetachement gegen Lowtscha.** Russischerseits hatte das in Selwi und Umgegend stehende Gros der 9. Infanterie-Division die Verbindung der West-Armee unter Sotow mit der Süd-Armee unter Radetzki gebildet und die von Plewna über Lowtscha und Selwi nach Tirnowa führende Straße gesichert.

Als die Regimenter der 9. Division zur Verstärkung der Besatzung des Schipka-Passes gegen die am 21. August beginnenden Angriffe der Armee Suleimans abberufen wurden, mußte aus den Truppen der West-Armee ein besonderes Detachement gebildet werden, um die Beobachtung von Lowtscha und die Sicherung in dieser Richtung zu übernehmen.

Am 22. August wurden zu diesem Zweck bei Doiran (an der Osma, 12 km nordöstlich von Lowtscha, 14 km südlich von Porabim) unter dem Befehl des Generals Skobelew folgende Truppen zusammengezogen:

Infanterie-Regiment Kasan Nr. 64, 1 Bataillon Schuja Nr. 118, ein Detachement des 3. Sappeur-Bataillons, die kaukasische Kasaken-Brigade (die schon bisher in dieser Gegend gegen Lowtscha beobachtet hatte), die 2./16. Fuß-Batterie und die 8. donische reitende Batterie — im Ganzen 4 Bataillone mit 3300 Mann, 12 Sotnien mit 1100 Mann und 14 Geschütze.

Von Doiran aus marschirte Skobelew am 23. August über Tipawa nach der von Selwi nach Lowtscha führenden Chaussee und nahm hier am 24. Aufstellung halbwegs zwischen beiden genannten Orten bei Katrina; hier traten noch zwei Sotnien des 30. donischen Regiments unter Skobelews Befehl, welche zur Sicherung seiner linken Flanke verwendet wurden; nach rechts hielt die kaukasische Brigade Verbindung mit der Kavallerie der West-Armee vor Plewna.

Da inzwischen am 23. August die 2. Infanterie-Division bei Selwi eingetroffen war, so sollte Skobelew eigentlich wieder zum 4. Korps abrücken; aus dem großen Hauptquartier aber traf der Befehl ein, die 2. Infanterie-Division solle zur Verstärkung der

Schipka-Stellung nach Gabrowo marschiren und Skobelew in seiner Stellung zwischen Selwi und Lowtscha bei Kakrina verbleiben.

93. Zusammenziehung eines Korps unter General Fürst Imeretinski zur Einnahme von Lowtscha. Als Ende August die Gefahr für den Schipka-Paß vorüber war, erhielt General Imeretinski aus dem großen Hauptquartier den Befehl, mit der 2. Infanterie-Division wieder nach Selwi zu rücken, hier die 2. Brigade der 3. Infanterie-Division und die 3. Schützen-Brigade an sich zu ziehen, mit diesen Truppen und dem Detachement Skobelew zum Angriff auf Lowtscha zu schreiten und nach dessen Einnahme auf Plewna zu marschiren.

Außer den bereits genannten Truppen, von denen ein Bataillon der 2./3. Infanterie-Brigade in Selwi zurückzubleiben hatte, wurden dem General Imeretinski für den Angriff auf Lowtscha noch überwiesen: 1 Kasaken-Eskadron des kaiserlichen Convois, die bisher in Selwi gewesene 3./9. Batterie und die aus vier in Nikopolis erbeuteten Kruppschen 6 Pfündern bestehende sogenannte „weittragende" Batterie.

94. Vorgehen der Russen gegen Lowtscha am 1. und 2. September. Am 1. September wurde Skobelew von Kakrina nach Fontana (3 km östlich Lowtscha) vorgeschoben mit dem Auftrage, die dortigen, den Zugang zur Stellung von Lowtscha beherrschenden Höhen zu besetzen, die Oertlichkeit in Bezug auf Aufstellung der Artillerie zu erkunden und womöglich bereits Schützengräben und Batterien zu erbauen.

Die kaukasische Kasaken-Brigade soll bei Iglaw (10 km unterhalb Lowtscha) über die Osma gehen und die Straße Lowtscha—Plewna aufklären; zwei Sotnien des donischen Kasaken-Regiments Nr. 30 endlich sollen die von Trajan nach Selwi führenden Wege beobachten.

Skobelew traf am 1. September im Laufe des Nachmittags bei den Brunnen von Fontana (Pawlitjan) ein, setzte sich nach leichtem Gefecht gegen schwache feindliche Abtheilungen in Besitz der Höhen rechts und links der Straße und ordnete sofort die Anlage von Schützengräben und Geschützstellungen auf denselben an.

Am Abend des 1. September hatten die Truppen Imeretinskis folgende Aufstellung:

Das Detachement Skobelew, wie oben angegeben.

Die 2./2. Infanterie-Brigade mit drei/2. Batterien war von Selwi aus bis Kakrina gelangt.

Die von Gabrowo kommende 1./2. Infanterie-Brigade mit drei/2. Batterien hatte am Nachmittag Selwi erreicht, wo außerdem die 2./3. Infanterie-Brigade mit drei/3. Batterien und die 3./9. Batterie stand.

Die 3. Schützen-Brigade mit der Nikopolis-Batterie war von rückwärts her im Anmarsch auf Selwi.

Die kaukasische Kasaken-Brigade des Obersten Tutolmin — mit Ausnahme von zwei bei dem Detachement Skobelew verbliebenen Sotnien — stand am linken Osma-Ufer zwischen Iglaw und Omarkioi.

Am Morgen des 2. September wurde die 2./2. Brigade von Kakrina bis zur Stellung Skobelews vorgeschoben; aus Selwi hatte die 2./3. Brigade mit ihrer Artillerie den Vormarsch nach Kakrina bereits um 11 Uhr nachts angetreten; ihr folgte die 1./2. Brigade um 2 Uhr morgens, die 3. Schützen-Brigade um 4 Uhr morgens.

Für den Vormarsch des ganzen Korps von Selwi auf Lowtscha zu stand nur eine einzige noch dazu sehr mangelhafte Straße zur Verfügung.

Am Abend des 2. September war das ganze zum Angriff auf Lowtscha bestimmte Korps, mit Ausnahme der kaukasischen Brigade, in der Linie Kakrina—Fontana (Pawlitjan) versammelt, die vorderste Staffel etwa 6 km von der feindlichen Stellung entfernt.

Ueber die Stärke des in Lowtscha stehenden Feindes hatte man durch Kundschafternachrichten ganz genaue Kenntniß; man wußte, daß dort 8 Bataillone standen mit 6 Geschützen und 1 Eskadron, außerdem einige Tausend Irreguläre, im Ganzen etwa 8000 Mann.

95. **Die Stellung der Türken bei Lowtscha.** Lowtscha liegt am linken Ufer der Osma in den nördlichen Ausläufern des Balkan, welche in dieser Gegend bedeutende Höhen und sehr steile, oft felsige Abhänge zeigen.

Außer dem durch die Osma gebildeten Hauptthal haben in der Gegend von Lowtscha mehrere in die Osma fallende Wasserläufe tiefe Schluchten gerissen.

Von Lowtscha nach Norden zu erstreckt sich am rechten Osma-Ufer eine etwa 6 km lange und 2 km breite Höhenkette, welche zum Flußthal ziemlich steil abfällt und von den östlich gelegenen Höhen von Presjeka durch das Thal eines mit der Osma parallel laufenden Baches getrennt wird.

Diese Höhenkette am rechten Osma-Ufer zeigt vier hervorragende Kuppen, deren südlichste und höchste Kirmezi Tepe, Rüschaja Gora, d. h. „Rother Berg", genannt wird und unbewachsen ist. Unmittelbar am Nordfuß des Rothen Berges führt die Straße von Selwi nach Lowtscha. Die nördlich dieser Straße gelegenen drei Kuppen sind mit Weinbergen bedeckt.

Die Höhen des linken Osma-Ufers umsäumen die fast ganz im Thalgrunde gelegene Stadt mit verhältnißmäßig sanft abfallenden Hängen.

Nördlich der Stadt münden die beiden zwischen hohen und steilen Ufern fließenden Bäche von Gosniza und von Porabimez in die Osma und schließen mit dieser eine etwa 3 km lange und 1,5 km breite Höhe ein, welche nur von Westen her gut zugänglich ist und gewissermaßen eine natürliche Festung bildet.

Auf der höchsten Kuppe dieser Höhe, dem taktischen Schlüssel der ganzen Lowtscha-Stellung, war eine große Redoute von sehr bedeutendem Profil erbaut.

Nördlich von Porabimez lag eine kleine Lünette.

Südlich von Lowtscha, zwischen der Stadt und dem Dorfe Leven, waren zwei hervorragende Kuppen am linken Osma-Ufer ebenfalls befestigt.

Die Vertheidigung des rechten Osma-Ufers lag auf der oben erwähnten Höhenkette. Am stärksten war hier der Rothe Berg befestigt mit der Front nach Südosten; die Befestigungsanlagen auf den Kuppen Nr. 2 und Nr. 3 hatten die Front nach Osten zu gegen Prisjeka, die auf der Kuppe Nr. 4 nach Norden zu gegen Plewna.

Diese ganze Stellung wurde von den in den Händen der Russen befindlichen Höhen von Prisjeka und Fontana auf gute Kanonenschußweite überhöht.

Am Tage des Angriffs hatte Rifat Pascha seine Truppen — 8 Redif-Bataillone mit 6 Geschützen — folgendermaßen aufgestellt:

Auf dem rechten Ufer:

Bataillon Angora III auf dem Rothen Berge (von diesem Bataillon waren am 1. September 2 Kompagnien nach der Höhe Baghlar Baschi vorgeschoben, von den Russen aber zurückgetrieben worden).

Bataillon Sinope I auf Kuppe Nr. 2.

Bataillon Eregli I mit 4 Kompagnien auf Kuppe Nr. 3, 4 Kompagnien als Besatzung in der Stadt.
Bataillon Samsun I auf Kuppe Nr. 4.

Auf dem linken Ufer:

Bataillon Bey Bazar I mit 2 Kompagnien und 1 Geschütz in der südlichsten Verschanzung auf Kuppe Nr. 5, mit 4 Kompagnien auf Kuppe Nr. 6, mit 2 Kompagnien auf Kuppe Nr. 7.

Bataillon Assi-Josgat III
Bataillon Bey Bazar III
Bataillon Ischtib II
5 Geschütze
} in der großen Central-Redoute, wo Rifat Pascha sein Hauptquartier aufgeschlagen.

Ueber die Verwendung der Irregulären liegen nähere Angaben nicht vor; es scheint aber, daß sie hauptsächlich am linken Ufer in Thätigkeit getreten sind.

96. **Russische Angriffsdisposition für den 3. September.** Wir wenden uns nunmehr zu den Anordnungen auf russischer Seite.

Für den am 3. September beabsichtigten Angriff hatte General Imeretinski folgende Disposition ausgegeben:

Linker Flügel unter General Skobelew:

Regiment Kasan Nr. 64.
1. Bataillon Schuja Nr. 118.
Regiment Kaluga Nr. 5.
Regiment Libau Nr. 6.
Eskadron des kaiserlichen Convois.
2 Sotnien der kaukasischen Brigade.
1., 2., 3./2. Batterie
3./3. Batterie
3./9. Batterie
2./16. Batterie
} 48 9 Pfünder.
4./2. Batterie: 8 4 Pfünder.

Vormarsch zu beiden Seiten der von Selwi nach Lowtscha führenden Straße.

Rechter Flügel unter General Dobrowolski.

3. Schützen-Brigade (9., 10., 11., 12. Bataillon).
5., 6./2. Batterie: 16 4 Pfünder.
Nikopolis-Batterie: 4 Kruppsche 6 Pfünder.

Vormarsch über die Höhen von Prisjeka gegen den linken Flügel der feindlichen Stellung; der Angriff soll erst erfolgen, wenn der Rothe Berg von den Truppen Skobelews genommen.

Reserve unter General Engman:

Regiment Reval Nr. 7.
Regiment Estland Nr. 8.
Regiment Pskow Nr. 11.
Regiment Welikolujk Nr. 12 (2. Bataillon in Selwi zurückgeblieben).
5., 6./3. Batterie: 16 4Pfünder.

Aufstellung auf der Straße Selwi—Lowtscha hinter den Truppen Skobelews.

Zwei Sotnien des bonischen Regiments Nr. 30 unter Jessaul Antonow

gehen gegen die von Lowtscha nach Trajan führende Straße vor und beobachten die Straße von Lowtscha nach Mikre.

Kaukasische Brigade unter Oberst Tutolmin,

10 Sotnien,
6 reitende Geschütze,

geht gegen die Straße Lowtscha—Plewna vor und verlegt dieselbe dem Gegner, beobachtet die Straße von Lowtscha nach Mikre, sucht in dieser Richtung die Verbindung auf mit den Donzen Antonows, und unterhält andererseits die Verbindung mit dem linken Flügel der vor Plewna stehenden Truppen.

97. Einleitender Artilleriekampf. Am 3. September frühmorgens hatte Skobelew unter dem Schutz des Regiments Kasan (südlich der Straße) und des 1. Bataillons Schuja (nördlich der Straße) seine Artillerie auf den Höhen von Fontana zu beiden Seiten der Straße in Stellung gebracht, und zwar 40 Geschütze auf den Kuppen A und C südlich und 16 Geschütze auf der Kuppe B nördlich der Straße.

Die übrigen Truppen Skobelews standen hinter den genannten Höhen an der Straße; weiter rückwärts die Reserve unter General Engman.

Um 5 Uhr früh eröffnete die russische Artillerie das Feuer.

Von der Artilleriestellung südlich der Straße richteten drei Batterien, in zwei Stockwerken hintereinander aufgestellt, ihr Feuer gegen den Rothen Berg; die Entfernung bis zu den vordersten Laufgräben der dortigen türkischen Stellung betrug etwa 2000 m, bis zu den weitesten etwa 2500 m.

Eine Batterie feuerte gegen die Kuppe Nr. 2 auf 2200 m Entfernung.

Eine Batterie endlich gegen die türkische Artillerie am linken Ufer nach Kuppe Nr. 8 auf etwa 4000 m Entfernung.

Die beiden nördlich der Straße auf Höhe B aufgestellten Batterien feuerten sowohl gegen den Rothen Berg (3000 m) wie gegen Kuppe Nr. 2 (2600 m).

Die vordersten russischen Schützengräben waren von den vordersten türkischen Schützengräben auf dem Rothen Berg etwa 1500 m entfernt.

Die türkische Stellung auf dem Rothen Berge und auf Kuppe Nr. 2 befand sich also im Bereich des wirksamen Granatfeuers der russischen Batterien, während die am linken Osma-Ufer aufgestellten türkischen Geschütze in der Central-Redoute (Entfernung bis zu 5600 m) und auf Kuppe Nr. 8 (Entfernung 4000 m) wegen mangelnder Tragweite der russischen Geschütze nicht mehr wirksam beschossen werden konnten, selbst aber die Russen unter lebhaftem und wirksamem Feuer hielten.

Die außerordentliche Standhaftigkeit und große Wirksamkeit der schwachen türkischen Artillerie wird in den russischen Berichten besonders hervorgehoben.

Russischerseits wird behauptet, anfangs habe ein türkisches Geschütz von dem Rothen Berge aus gefeuert und sei später durch das russische Feuer zum Zurückgehen auf das linke Osma-Ufer gezwungen worden; nach türkischen Angaben haben von Anfang an alle sechs Geschütze auf dem linken Osma-Ufer gestanden; dagegen wurde im Lauf des Gefechts noch ein Geschütz aus der großen Redoute nach der Kuppe Nr. 5 geschickt, so daß hier 2 Geschütze, in der Redoute 4 Geschütze standen.

Auf dem rechten Flügel hatte General Dobrowolski gegen 6 Uhr die Höhen von Presjeka erreicht; die 5./2. Batterie und die Nikopolis-Batterie fuhren auf und eröffneten das Feuer gegen die türkische Stellung auf den Kuppen Nr. 3 und Nr. 4; zur Deckung der Geschütze entwickelten sich zu beiden Seiten derselben das 11. und

12. Schützen-Bataillon, während das 9. und 10. Bataillon mit der 6./2. Batterie in Reserve blieben.

Die Tragweite der 4 Pfünder erwies sich für die Entfernung von 2000 bis 2200 m zu gering und auch die Nikopolis-Batterie scheint keine Wirkung gehabt zu haben; für das russische Gewehrfeuer war die Entfernung viel zu groß.

Sehr wirksam war dagegen das türkische Geschützfeuer (von der großen Redoute aus) und das Gewehrfeuer von den Kuppen Nr. 3 und Nr. 4; das links von der Geschützaufstellung ziemlich ungedeckt vorgeschobene 11. Schützen-Bataillon verlor während dieser Gefechtsperiode, ohne selbst einen Schuß zu thun, 8 Offiziere und 150 Mann.

98. Einnahme der türkischen Stellungen auf dem rechten Osma-Ufer. Gegen 8 Uhr gingen die Türken von den Kuppen Nr. 3 und Nr. 4 aus zum Angriff vor und bedrohten namentlich den rechten Flügel Dobrowolskis, welcher im Hinblick hierauf von Imeretinski Unterstützung erbat. Bevor das aus der Reserve nach dem rechten Flügel in Marsch gesetzte Regiment Reval Nr. 7 bei Prisjeka eintraf, war der türkische Angriff durch die Schützen-Bataillone Nr. 11 und Nr. 12 bereits abgewiesen.

Der Disposition gemäß sollte Dobrowolski erst dann zum Angriff vorgehen, wenn der Angriff Skobelews auf den Rothen Berg geglückt war; mit Rücksicht auf die großen Verluste, welche seine Truppen bereits erlitten und welche bei längerem unthätigen Abwarten vermuthlich sich noch steigern würden, ging Dobrowolski nun zum Angriff gegen die Kuppen Nr. 3 und Nr. 4 vor, welche durch zwei Reihen von Schützengräben — auf halbem Abhange und auf dem Kamm der Höhe — vertheidigt wurden.

Nach blutigem Gefecht wurde die Stellung von der 3. Schützen-Brigade (bei welcher sich auch eine kombinirte halbe Garde-Kompagnie des kaiserlichen Convois befand) genommen; die Türken gingen in Unordnung über die Osma zurück. Der Angriff war durch die vorgegangene Artillerie kräftig unterstützt worden.

Nach Fortnahme der Stellung traf das Regiment Reval ein, welches nun, unter Zutheilung der 6./2. Batterie in die erste Linie genommen wurde.

Wir wenden uns nunmehr nach dem russischen linken Flügel unter Skobelew.

Hier beschränkte sich der Kampf vorläufig auf ein stundenlanges sehr heftiges Geschützfeuer, in welchem die beiden türkischen Geschütze auf Kuppe Nr. 8 am linken Osma-Ufer der an Zahl weit überlegenen russischen Artillerie einen außerordentlich zähen und erfolgreichen Widerstand leisteten.

Von Skobelews Artilleriestellung auf den Höhen von Fontana aus konnte man das Gefecht Dobrowolskis deutlich sehen; um 9 Uhr traf von dort her bei Jmeretinski die Bitte um Unterstützung ein, worauf dieser das Regiment Reval der Reserve nach dem rechten Flügel abrücken ließ.

Um 11½ Uhr, nachdem das Geschützfeuer bereits fast sechs Stunden gedauert, gab Jmeretinski an Skobelew den Befehl, seinerseits den Angriff zu beginnen, und stellte ihm hierzu noch zwei Bataillone Pskow Nr. 11 aus der Reserve zur Verfügung.

Um 12 Uhr traten Skobelews Bataillone unter klingendem Spiel mit entfalteten Fahnen zum Angriff an: links Regiment Kasan Nr. 64, gefolgt von zwei Bataillonen Pskow Nr. 11 gegen den Rothen Berg, rechts die Regimenter Kaluga Nr. 5 und Libau Nr. 6 gegen die Kuppe Nr. 2. Das 1. Bataillon Schuja Nr. 118 blieb zur Deckung der Artilleriestellung zurück.

In der Reserve verfügte Jmeretinski zur Zeit noch über 6 Bataillone: Regiment Esthland Nr. 8, 1 Bataillon Pskow Nr. 11 und 2 Bataillone Welikoluzk Nr. 12.

Dem Angriff Skobelews gegenüber war der Widerstand der Türken, welche durch Dobrowolskis Vordringen bereits in der linken Flanke bedroht waren, nur gering; die unteren Schützengräben des Rothen Berges waren bereits infolge des Artilleriefeuers verlassen, die oberen wurden jetzt geräumt, als die Angreifer auf 300 Schritt herangekommen waren.

Die leichte Einnahme des Rothen Berges veranlaßte Skobelew, den Angriff sofort gegen die Stellungen am linken Osma-Ufer fortzusetzen. Die 1./2. und 5./3. Batterie wurden auf den Rothen Berg vorgezogen, wo das 1. Bataillon Kasan zu ihrer Deckung zurückblieb; 2 Bataillone Kasan, 2 Bataillone Pskow und die 6./3. Batterie wurden von Skobelew persönlich gegen die Stadt vorgeführt.

Während dieser Vorgänge an und auf dem Rothen Berge hatten die Regimenter Kaluga und Libau die hier die russische von der türkischen Stellung trennende sumpfige Niederung überschritten, die Türken von der Kuppe Nr. 2 vertrieben und über die Osma gedrängt und stiegen ihrerseits nun zum Fluß hinunter.

Gleichzeitig wurde rechts von ihnen von den von der 3. Schützen-Brigade eroberten Höhen das hier zur Verstärkung eingetroffene Regiment Reval gegen den Fluß vorgeschoben.

99. **Entwickelung der russischen Truppen zum Angriff gegen die türkische Hauptstellung am linken Osma-Ufer.** Das ganze rechte Ufer der Osma war somit in den Händen der Russen und diese auf der ganzen Linie im Begriff, den Fluß zu überschreiten.

Unter dem Schutze des 1. und 2. Bataillons Kasan, welche die Osma-Brücke zuerst überschritten und — unter heftigem Feuer von den türkischen Höhenstellungen des linken Ufers — die Umfassung der vom Gegner geräumten Stadt besetzt hatten, zog Skobelew zuerst zwei Bataillone Pskow, dann die von Jmeretinski ihm ferner zur Verfügung gestellten Verstärkungen: das letzte Bataillon Pskow und das ganze Regiment Esthland sowie die Eskadron des kaiserlichen Convois über die Brücke; auf dem rechten Ufer verblieben hier die als Bedeckung der Artillerie zurückgelassenen Bataillone I. Kasan und I. Schuja, sowie zwei Bataillone Welikoluzk der Reserve; die dem linken Flügel zugetheilten beiden kaukasischen Sotnien scheinen oberhalb der Stadt über die Osma gegangen zu sein und dort die Beobachtung und Sicherung der linken Flanke übernommen zu haben.

Gleichzeitig mit der Versammlung der obengenannten Truppen in Lowtscha — etwa gegen 3 Uhr — stiegen von der Kuppe Nr. 2 die Regimenter Kaluga (im ersten Treffen) und Libau (im zweiten Treffen) und von der Kuppe Nr. 3 das Regiment Reval in das Flußthal hinunter; die 3. Schützen-Brigade nahm wegen äußerster Erschöpfung und Patronenmangel am ferneren Vorgehen keinen Antheil, sondern verblieb auf den Höhen des rechten Ufers.

Die kaukasische Brigade, welche merkwürdigerweise von Skobelew, nicht von Jmeretinski, direkte Befehle erhielt, war inzwischen von Norden her westlich der Straße Plewna—Lowtscha gegen die türkische Stellung vorgegangen, und ihre reitende Batterie hatte bereits seit längerer Zeit das Feuer gegen die große Redoute und die anliegenden Schützengräben eröffnet.

Türkischerseits waren die beiden Geschütze, welche auf der Kuppe Nr. 5 gestanden hatten, in der Richtung auf Mikre abgezogen; ihnen scheint auch das Bataillon Bey Basar I, welches die Kuppen Nr. 5, 6, 7 besetzt gehabt, gefolgt zu sein, sowie auch die vier Kompagnien Eregli, welche die Besatzung der Stadt gebildet hatten. Alle übrigen türkischen regulären Abtheilungen hatten sich auf die große Redoute zurückgezogen, in welcher zur Zeit ein vollkommen frisches Bataillon stand, während zwei frische Bataillone westlich der Redoute bei dem Dorfe Porabimez standen, wahrscheinlich mit der Front nach Norden gegen die kaukasische Kasaken-Brigade. Die in der Redoute anfangs stehenden vier Geschütze scheinen ebenfalls schon jetzt in der Richtung nach Mitre zurückgeschickt zu sein, da es nur so erklärlich sein würde, wie diese Geschütze glücklich entkommen konnten. Die russische Angabe (Kuropatkin), daß diese Geschütze sich noch in der Redoute befunden hätten, als der russische Angriff gegen diese begann, scheint auf einem Irrthum zu beruhen.

Die türkische Stellung auf der Kuppe Nr. 8, deren Kern die große Redoute bildete, bot vermittelst der zahlreichen stockwerkartig angelegten Schützengräben eine dreifache Feuerlinie und hatte nach allen Seiten ein ausgezeichnetes freies Schußfeld; die Entfernung bis zur Nordwestumfassung der Stadt, von wo aus der Angriff der Regimenter Kasan, Pskow und Esthland erfolgte, betrug 700 m, diejenige bis zum Fuß der Anhöhen des rechten Ufers, von wo die Regimenter Kaluga, Libau und Reval ganz ungedeckt vorgehen mußten, 1500 bis 1600 m; dabei mußten alle von Süden, Osten oder Norden gegen die türkische Stellung vorgehenden russischen Abtheilungen im wirksamsten Feuerbereich des Vertheidigers tief eingeschnittene Wasserläufe überschreiten.

100. Ueberwältigung der türkischen Hauptstellung. Gegen 3 Uhr standen, wie oben näher erläutert, zum Angriff gegen die türkische Stellung bereit: auf dem linken Flußufer von Süden her 8 Bataillone, auf dem rechten Flußufer von Osten her 9 Bataillone, auf dem linken Flußufer von Norden her die kaukasische Kasaken-Brigade; auf dem rechten Ufer waren außerdem noch verfügbar, aber nicht zum Angriff herangezogen, 8 Bataillone.

Die artilleristische Vorbereitung des Angriffs erfolgte vom Rothen Berge aus durch die 1./2. und 5./3. Batterie, von der Kuppe Nr. 3 aus durch die 6./2. Batterie und von Norden her durch die 8. reitende Don-Batterie der kaukasischen Brigade, im Ganzen durch 8 9Pfünder und 22 4Pfünder. Wie bereits erwähnt, scheinen um diese Zeit türkische Geschütze am Kampfe nicht mehr betheiligt gewesen zu sein.

Regiment Kaluga und hinter ihm Regiment Libau stiegen — es war etwa 3 Uhr nachmittags — durch dichte Weinberge gedeckt den steilen Abhang zur Osma hinab, durchfurteten diese unter heftigem feindlichen Feuer, wobei jede taktische Ordnung verloren ging, durchliefen in größeren oder kleineren Gruppen unter sehr großen Verlusten die nur wenig Deckung bietende Thalebene und erstürmten, unterstützt durch einige von der Stadt her sich ihnen anschließende Abtheilungen des Regiments Kasan, die südlich der großen Redoute in mehreren Reihen hintereinander liegenden Schützengräben.

Etwas später als die Regimenter Kaluga und Libau begann rechts von ihnen das Regiment Reval den Abstieg zum Osma-Thal; ihm schlossen sich ohne höheren Befehl eine Anzahl Mannschaften der 3. Schützen-Brigade unter Führung von zwei Offizieren an. Regiment Reval durchfurtete die Osma weiter unterhalb und bemächtigte sich der Schützengräben auf der Ost- und Nordostseite der Redoute, während bereits die Mannschaften der Regimenter Kaluga und Libau links zum Angriff der Redoute selbst schritten.

Inzwischen hatte Skobelew persönlich von der Westseite der Stadt her die hier versammelte Infanterie — 2 Bataillone Pskow, 1 Bataillon Kasan und 3 Bataillone Estland — unter Trommelschlag mit fliegenden Fahnen gegen den rechten Flügel der türkischen Stellung vorgeführt und so die Redoute von Westen her umfaßt.

In der Redoute und den nächstgelegenen Schützengräben leisteten die Reste von 4½ türkischen Bataillonen einen heldenmüthigen Widerstand; einem Theil dieser braven Truppen gelang es schließlich, sich in der Richtung nach Mitre durchzuschlagen; einige Hundert Mann, welche bis zuletzt in der Redoute Stand hielten, fielen hier in furchtbarem Gemetzel unter den russischen Bajonetten; nur wenige Gefangene fielen in die Hände der Sieger.

Während der letzte Entscheidungskampf um die Redoute tobte, waren die beiden bis dahin bei Poradimez stehenden türkischen Bataillone, im Begriff der Redoute zu Hülfe zu eilen, für beide Theile ganz unerwartet auf die von Norden her vorgehende kaukasische Kasaken-Brigade gestoßen. Das im ersten Treffen dieser Brigade sich befindende Wladikaukasus-Regiment warf sich sofort in vollem Rosseslauf auf die überraschte Infanterie, während zufälligerweise gleichzeitig von Süden her die auf Skobelews Befehl von Lowtscha her vorgehende Convoi-Eskadron sich von rückwärts her auf die Türken stürzte. Nach kurzem erbitterten Handgemenge, in welchem auch die Kasaken nicht unbedeutende Verluste erlitten zu haben scheinen, wurden die beiden Bataillone vollständig zusammengehauen.

101. Die Verfolgung. Der Tag von Lowtscha hatte mit einem theuer erkauften, aber vollständigen Siege der russischen Waffen geendet; nur Trümmer des türkischen Detachements, welches sich bei Lowtscha so heldenmüthig geschlagen, waren der völligen Vernichtung entgangen.

Während die aufs Aeußerste erschöpfte und gänzlich durcheinandergekommene russische Infanterie sich in der eroberten Stellung sammelte, erhielt die kaukasische Kasaken-Brigade den Befehl, die in der Richtung nach Mikre zu fliehenden feindlichen Schaaren zu verfolgen, welche nicht nur aus den Resten der regulären Truppen, sondern auch aus zahlreichen Irregulären und flüchtenden Einwohnern von Lowtscha und Umgegend bestanden.

Das Gelände, welches einige Kilometer westlich von Lowtscha gebirgig wird, erschwerte die Verfolgung; der zwischen waldbedeckten Höhen mit mehr oder weniger steilen Steigungen führende Weg war vielfach durch zurückgelassenes Fuhrwerk gesperrt; auf den mit Buschwerk bedeckten Abhängen seitwärts des Weges leisteten größere oder kleinere Trupps der Flüchtlinge Widerstand und mußten aus ihren Schlupfwinkeln mühsam vertrieben werden. Die reitende Batterie der kaukasischen Brigade fand mehrfach Gelegenheit, auf größere Ansammlungen Flüchtender zu feuern.

Nachdem die Kasaken auf ihrer mühevollen und nicht ganz verlustlosen Verfolgung eine große Anzahl fliehender Türken niedergemacht, kehrten sie spät in der Nacht nach Lowtscha zurück. Die türkischen Geschütze waren glücklich nach Mikre entkommen bis auf eins, welches mit zerbrochenen Rädern in einer Schlucht liegen geblieben war, aber erst an einem der nächsten Tage in die Hände der Russen fiel.

Rifat Pascha schlug mit den entkommenen Resten seiner Brigade und den geretteten Geschützen von Mikre aus eine nördliche Richtung durch die Berge nach dem Wid-Thal ein und erreichte nach einem zweitägigen Marsch Plewna, wo sich auch noch zahlreiche einzelne versprengte Mannschaften der Brigade einfanden.

102. Verluste. Der Verlust der regulären türkischen Truppen bei Lowtscha (deren Gefechtsstärke 5100 Mann betragen hatte) belief sich auf 2000 Mann, die der großen Mehrzahl nach todt waren; außerdem hatten die Irregulären und bewaffneten Einwohner zahlreiche Todte verloren — zuverlässige Angaben hierüber liegen natürlich nicht vor.

Der russische Verlust betrug im Ganzen:

    todt . . . . 6 Offiziere, 365 Mann,
    verwundet . . 33 = 1112 =
       zusammen 39 Offiziere, 1477 Mann.

Von diesem Verlust entfielen auf die 3. Schützen-Brigade:

    todt . . . . 1 Offizier, 132 Mann,
    verwundet . . 12 = 400 =

Die Convoi-Eskadron verlor 8 Mann, 10 Pferde.

Für die übrigen Truppentheile liegen zuverlässige Sonderangaben nicht vor.

103. Erfolgloser Versuch der türkischen Haupt-Armee zum Entsatz von Lowtscha. Unsere Betrachtung wendet sich jetzt nach Plewna zu dem Verhalten der türkischen Haupt-Armee während der kritischen Tage bei Lowtscha.

Plewna war mit Lowtscha durch eine Telegraphenleitung verbunden; als man aber in Plewna am Morgen des 1. September aus der Richtung von Lowtscha her schwachen Kanonendonner hörte, zeigte sich die Leitung bereits unterbrochen.

Eine durch einen Reiter überbrachte Meldung Rifat Paschas machte Angaben über Stärke und Bewegungen des vor Lowtscha erschienenen Feindes; Osman Pascha war der Ansicht, das Detachement Rifat Paschas werde im Stande sein, die sehr starke Stellung von Lowtscha gegen jeden Angriff zu halten, und schickte an Rifat eine entsprechende Antwort; in demselben Sinne beantwortete er auch eine zweite noch im Laufe des 1. September eintreffende Meldung Rifats.

Als aber am Morgen des 2. September eine dritte Meldung Rifats eintraf, in welcher derselbe im Hinblick auf die große Ueberlegenheit des Feindes dringend um Hülfe bat, beschloß Osman, mit einem Theil seiner Armee zur Unterstützung Rifats aufzubrechen.

Zu der Expedition wurden bestimmt: 20 Bataillone Infanterie, 3 Batterien, 2 Eskadrons regulärer Kavallerie, das irreguläre Reiter-Regiment von Saloniki und einige Hundert Tscherkessen, über welche Truppen, unter Osmans Oberleitung, Sabri Pascha den besonderen Befehl hatte, während die anderen im verschanzten Lager zurückbleibenden Truppen dem Befehl Adil Paschas unterstellt wurden.

Das Expeditionskorps trat am 3. September mittags seinen Vormarsch auf der Chaussee nach Lowtscha an und sicherte sich durch vorgeschobene Kavalleriepatrouillen. Gegen 3 Uhr nachmittags, als das Korps die Gegend von Krschin passirt hatte, erschien in der linken Flanke der Marschrichtung von Bogot her feindliche Kavallerie und Artillerie, welche letztere ein wirkungsloses Feuer eröffnete, das von einigen türkischen Geschützen ebenso wirkungslos erwidert wurde; gleichzeitig hörte man Geschützfeuer aus der Gegend von Griviza und Radischewo her, wodurch sich Osman indessen nicht veranlaßt sah, sein Unternehmen aufzugeben.

Zwei Bataillone mit einigen Geschützen zur Sicherung seiner linken Flanke an der Chaussee belassend, bog Osman mit dem Gros seines Korps von der Chaussee rechts ab, um seinen Marsch über Raljewo, Perbilewo und Biras fortzusetzen.

Unkenntniß des Weges verzögerte indessen den Marsch, und da Osman einen Nachtmarsch in solcher Nähe des Feindes für bedenklich hielt, so machte das Korps bei Einbruch der Nacht Halt und bezog ein Biwak.

Am 4. September bei Tagesanbruch wurde der Marsch wieder aufgenommen. Der während des gestrigen Tages von Lowtscha herüberschallende Kanonendonner war verstummt, welcher Umstand Besorgnisse über den Ausgang des Kampfes hervorrief.

Als die Spitze der Kolonne den Rand der Höhen erreicht hatte, und in das Thal von Lowtscha hinabzusteigen sich anschickte, erhielt man über den Ausgang des gestrigen Kampfes traurige Gewißheit; man sah Massen feindlicher Truppen um Lowtscha stehen und erhielt von Flüchtlingen Nachrichten über den unglücklichen Ausgang des gestrigen Kampfes.

Nachdem Osman Pascha unter Bedeckung seiner Kavallerie eine Erkundung der Gegend um Lowtscha und der zur Zeit dort herrschenden Verhältnisse vorgenommen, berief er seine höheren Offiziere zu einem Kriegsrath über die Zweckmäßigkeit offensiven Vorgehens gegen Lowtscha. Die Meinungen waren getheilt; die Gegner eines Angriffs begründeten ihre Meinung namentlich durch den Hinweis auf die gefährliche Rückwirkung, welche ein hier erlittenes Mißgeschick auf die ganze Lage der Dinge bei Plewna haben müsse.

Osman war der Ansicht, wenn man einen Angriff auf Lowtscha unternehmen wolle, so müsse man von Plewna aus Verstärkungen, sowie Munitions- und Zwiebacksvorräthe heranziehen; entsprechende Befehle wurden sofort ertheilt, gelangten aber, wie es scheint, nicht zur Ausführung. Schließlich gab aber Osman den Gedanken an einen Angriff ganz auf, und die westlich der Chaussee bis zu dem den Kessel von Lowtscha begrenzenden Höhenrand vorgeschobenen Abtheilungen — Infanterie und einige Geschütze — beschränkten sich auf ein ergebnißloses Herumschießen mit der von Lowtscha aus als Vorhut vorgeschobenen kaukasischen Kasaken-Brigade.

Nachdem das türkische Korps die Nacht vom 4./5. September, wie es scheint, auf dem Biwaksplatz der vorigen Nacht zugebracht, wurde am 5. September bei Tagesanbruch der Rückmarsch in der Richtung auf Trnina angetreten und dieser Punkt am Abend erreicht; am 6. September, um 6 Uhr morgens, traf das Korps bei Plewna ein, wo es bereits mit Besorgniß erwartet wurde.

Russischerseits war durch die bei Slatina und Bogot stehende Kavallerie der West-Armee der Vormarsch der Türken von Plewna nach Lowtscha, sowie ihr Ausbiegen auf Raljewo rechtzeitig bemerkt und dem Kommandeur der kaukasischen Brigade, Oberst Tutolmin, und durch ihn dem General Skobelew mitgetheilt worden.

Ein ernster Versuch, den Türken den Hinmarsch oder den Rückmarsch zu verlegen, oder durch einen Offensivstoß die bei Lowtscha engagirten Truppen zu unterstützen, wurde von Seiten der russischen West-Armee nicht gemacht.

Uebrigens wurde die Stärke des türkischen Expeditionskorps von den Russen viel zu gering, auf etwa 6 Bataillone mit 1 Batterie, veranschlagt, also kaum auf ein Drittel der wirklichen Stärke.

Am 6. September trafen bei Plewna auch die von Lowtscha entkommenen Trümmer der Brigade Rifat Pascha ein.

104. Das Korps unter Imeretinski vereinigt sich mit der West-Armee vor Plewna. General Imeretinski ließ in Lowtscha als Besatzung zurück: die 2./3. Infanterie-Brigade mit den Regimentern Pskow Nr. 11 und Welikoluzk Nr. 12 (von letzterem Regiment ein Bataillon in Selwi), ferner die 4./3. und 3./9. Batterie, zwei/30. donische Sotnien und eine kaukasische Sotnie. Mit den übrigen Truppen marschirte er am 5. September nach Bogot und blieb hier den 6. und 7. über stehen; die bei seinem Detachement befindlichen Truppentheile des 4. Korps traten zu diesem zurück, dagegen trat die donische Kasaken-Brigade Tschernosubow zum Detachement und sicherte die Front desselben auf der Westseite der Tutscheniza-Schlucht.

Viertes Buch.
Das dritte Plewna.

Sechszehnter Abschnitt.
Die russische West-Armee Anfang September.

105. Die bisherige russische Plewna-Armee. Anfang September war die Zusammensetzung und Aufstellung der West-Armee dieselbe, wie für die Zeit des Treffens von Pelischat angegeben (s. Nr. 85 und 87).

Das 4. Korps, bei Pelischat—Poradim, hatte 20 Bataillone, 12 Eskadrons, 11 Fuß- und 2 reitende Batterien; an seinem etatsmäßigen Bestande fehlte Regiment Kasan Nr. 64, das 1. Bataillon Schuja Nr. 118 und die 2./16. Batterie, welche Abtheilungen sich zur Zeit bei Lowtscha im Verbande des dem General Imeretinski unterstellten Korps befanden; ferner fehlte das 4. donische Kasaken-Regiment, welches, wie bereits erwähnt, in zahlreiche Kommandos aufgelöst an den verschiedensten Orten des Kriegsschauplatzes verzettelt war.

Das 9. Korps, bei Bulgarisch Karagatsch und Türkisch Trestjenik, hatte 21 Bataillone, 4 Eskadrons, 12 Sotnien, 11 Fuß-Batterien und 1 reitende Batterie; am etatsmäßigen Bestande des Korps fehlte Regiment Kostroma Nr. 19 und die 5./31. Batterie, welche (behufs Reorganisation nach ihren großen Verlusten am 20. Juli) als Besatzung in Nikopolis standen, sowie ferner die Regimenter Kasan-Dragoner Nr. 9, Kiew-Husaren Nr. 9 und die 16. reitende Batterie, welche zu dem Expeditionskorps Gurkos gehört hatten und noch nicht wieder zu ihrem Armeekorps zurückgetreten waren.

Außerdem gehörte zur West-Armee ein Sappeur-Bataillon.

Die Regimenter des 9. Korps, welche am 15., 20. und 30. Juli sehr erhebliche Verluste erlitten, hatten inzwischen 8000 Mann Ersatz erhalten; im Durchschnitt konnte man jetzt in der West-Armee die Gefechtsstärke eines Bataillons auf 800 Mann, die einer Eskadron auf 120 Pferde veranschlagen; die West-Armee zählte also in 41 Bataillonen etwa 32 800 Mann Infanterie, in 28 Eskadrons und Sotnien etwa 3400 Mann Kavallerie mit 194 Geschützen; außerdem 1 Sappeur-Bataillon.

Die vorbereitenden Maßregeln, welche General Sotow im Hinblick auf die bevorstehende Wiederaufnahme der Offensive im Laufe des August hatte ausführen lassen, sind im vorigen Abschnitt bereits erwähnt worden.

Anfang September trafen nunmehr bei der West-Armee sehr beträchtliche Verstärkungen ein.

106. **Das rumänische Korps.** Die Verhandlungen, welche die Vereinigung der rumänischen Armee mit der russischen West-Armee zur Folge hatten, sowie die infolgedessen von der rumänischen Armee ausgeführten Bewegungen sind bereits (siehe Nr. 80 bis 84) näher dargelegt worden.

Die rumänische 4. Division stand bereits seit dem 5. August vollständig am rechten Donau-Ufer in und bei Nikopolis; nachdem dann auch die 3. Division und die Reserve-Division (Ende August und Anfang September) bei Korabia die Donau überschritten und einen Linksabmarsch aus dem Isker-Thal in das Wid-Thal ausgeführt hatten, befand sich die rumänische Operations-Armee — 3., 4. und Reserve-Division mit 41 Bataillonen, 30 Eskadrons, 18 Batterien und 1 Genie-Bataillon in einer Gesammtstärke von 35 000 Mann und 108 Geschützen — am 5. September in direkter Vereinigung mit der russischen West-Armee und bildete, in dem Dreieck Riben—Wrbiza—Bresljenniza stehend, den an den Wid gelehnten rechten Flügel derselben.

107. **Das Korps unter Imeretinski.** Das Korps des Generals Imeretinski war (siehe Nr. 104) am 5. September abends bei Bogot eingetroffen, worauf am 6. September die zum 4. Korps gehörigen Truppentheile — Regiment Kasan Nr. 64, 1. Bataillon Schuja Nr. 118 und 2./16. Batterie — in den Verband genannten Korps zurücktraten.

Das nunmehr den linken Flügel der West-Armee bildende Korps des Generals Imeretinski bestand aus der 2. Infanterie-Division mit ihrer Artillerie, aus der 3. Schützen-Brigade mit der 3., 5., 6./3. Batterie nebst der Nikopolis-Batterie, sowie aus der kaukasischen

Kasaken-Brigade mit der 8. donischen Batterie; im Ganzen 16 Bataillone, 11 Sotnien und 82 Geschütze.

108. Die Kavallerie des ehemaligen Avantgardenkorps. Von der an der transbalkanischen Expedition Gurkos im Juli betheiligt gewesenen Kavallerie hatten die regulären Regimenter Astrachan-Dragoner Nr. 8., Kasan-Dragoner Nr. 9, Kiew-Husaren Nr. 9 und die 16. reitende Batterie bei Novo-Nikup (an der Ruschiza) vom 6. August bis 1. September in Erholungsquartieren gelegen; sie trafen am 3. September bei der West-Armee ein.

Die donische Brigade des Obersten Tschernosubow (Don-Regimenter Nr. 21 und Nr. 26 und 15. Don-Batterie), welche auch an der Expedition Gurkos betheiligt gewesen, traf ebenfalls am 3. September bei der West-Armee ein, aber nur mit einem Bestande von 7 Sotnien und 6 Geschützen, während 5 Sotnien in den Balkan-Pässen von Schipka und Hainkioi zurückgeblieben waren.

109. Die 3. Infanterie-Division. Am 5. September trat in den Verband der West-Armee ferner ein das Regiment Alt-Ingermanland Nr. 9 der 3. Infanterie-Division mit der 1./3. Batterie. — Das Erscheinen dieses einzelnen Regiments macht eine kurze Erläuterung wünschenswerth.

Die 3. Infanterie-Division unter General Karzow hatte Ende August bei Simnitza die Donau überschritten, worauf die 2. Brigade mit der 3., 5., 6./3. Batterie sofort weiter nach dem Süden marschirte und im Verbande des unter General Imeretinski zusammengezogenen Korps bei der Einnahme von Lowtscha mitwirkte. Die Brigade selbst blieb hierauf in Lowtscha (ein Bataillon in Selwi) mit zwei/30. donischen Sotnien, einer kaukasischen Sotnie und der 3./9. Batterie, während die eigentlich zur Brigade gehörenden Batterien (3., 5., 6 /3.) mit der 3. Schützen-Brigade nach Plewna abrückten. — Die 1. Brigade mit der 1., 2., 4./3. Batterie war am 30. August bei Gornji Studen eingetroffen und von hier als Bedeckung des kaiserlichen Hauptquartiers nach Tschauschmahala-Bulgareni marschirt; der Divisionskommandeur General Karzow mit dem Regiment Alt-Ingermanland Nr. 9 und der 1./3. Batterie rückte von hier aus mit dem Hauptquartier nach Poradim und trat hier in den Verband der West-Armee ein, während das Regiment Neu-Ingermanland Nr. 10 mit der 2., 4./3. Batterie von Tschauschmahala in Gewaltmärschen nach Bjela geschickt wurde als Verstärkung für die Ost-Armee, welche nach einer Reihe unglücklicher und verlustreicher Gefechte die Lom-Linie hatte aufgeben müssen und sich unter kritischen Umständen im Rückzuge nach der Jantra-Linie befand.

110. Die Belagerungsartillerie. Die bisherigen Leistungen der russischen Artillerie in den Kämpfen vor Plewna waren trotz der überaus großen zahlenmäßigen Ueberlegenheit der russischen Artillerie über die türkische derartig mangelhaft und unbefriedigend gewesen, daß das Vertrauen der Truppen zur Artillerie bedenklich erschüttert war; außerdem hatte man bei einem neuen Angriff mit weit zahlreicheren und in weit stärkeren Abmessungen hergestellten Erdwerken zu thun, als dies in den früheren Kämpfen der Fall gewesen.

Aus diesen Gründen war beschlossen worden, dem Angriff eine Anzahl schwerer Belagerungsgeschütze sowohl als moralische wie als materielle Verstärkung beizugeben; zu diesem Zweck wurden aus dem bei Dschurdschewo versammelten Belagerungspark 16 kupferne 24 Pfünder und 4 „weittragende", d. h. Kruppsche stählerne 6 Pfünder, zur West-Armee herangezogen unter dem Oberbefehl des Obersten Elsten.

Jedes Geschütz war mit 12 bis 14 Ochsen bespannt; die für jedes Geschütz bestimmte Bettung wurde auf 6 oder 7 mit je 2 Ochsen bespannten Karren befördert; für jedes Geschütz wurden 150 Granaten mitgeführt, von denen je 12 einen mit 2 Ochsen bespannten Karren erforderten. Der ganze Transport bestand aus 600 Fuhrwerken mit 1800 Ochsen und hatte eine Länge von 6 km. Am 21. August überschritt der Transport glücklich die Donau-Brücke bei Sistowa, obwohl die Konstruktion der Brücke der großen Schwere der Geschütze nicht recht entsprach; der Transport rückte nach Poradim.

111. Gesammtstärke der West-Armee Anfang September. Nach dem Eintreffen aller Verstärkungen waren vor Plewna an russischen Truppen versammelt:

64 Bataillone mit 52 000 Gewehren;
58 Eskadrons bezw. Sotnien mit 7000 Säbeln;
33 Fuß-Batterien mit 264 ⎫
6 reitende Batterien mit 36 ⎪
Nikopolis-Batterie mit 4 ⎬ 324 Geschützen;
Belagerungsartillerie mit 20 ⎭
1 Sappeur-Bataillon.

Hierzu traten an rumänischen Truppen:
- 41 Bataillone mit 30 000 Gewehren;
- 30 Eskadrons mit 4000 Säbeln;
- 17 Fuß-Batterien
  1 reitende Batterie } mit 108 Geschützen;
- 1 Genie-Bataillon.

Gesammtstärke der vereinigten russisch-rumänischen West-Armee:
- 105 Bataillone Infanterie mit 82 000 Gewehren.
- 88 Eskadrons und Sotnien mit 11 000 Säbeln;
- 2 Bataillone Sappeurs;
- 432 Geschütze.

112. Kommandoverhältnisse. Die Kommandoverhältnisse dieser vereinigten Armee waren ganz eigenthümlich gestaltet.

Kaiser Alexander war bei der Armee anwesend, aber ohne formelle Einwirkung auf die Kommandoführung.

Der Großfürst-Generalissimus hatte sich Anfang August zur West-Armee begeben; seine Anschauungen und Weisungen waren natürlich in hohem Grade maßgebend, obschon auch er formell das direkte Kommando über die West-Armee nicht übernommen hatte; dem „Kommando der West-Armee" war „die vollste Selbständigkeit gewahrt".

Dieses „Kommando der West-Armee" war aber ein zweiköpfiges Unthier. Infolge der Bestimmungen der die Mitwirkung der rumänischen Armee regelnden Konvention hatte Fürst Karl von Rumänien das Oberkommando über die russisch-rumänische Armee.

Es ist interessant, über dieses Verhältniß die Aeußerungen eines in die damaligen Verhältnisse gut eingeweihten und im Allgemeinen ziemlich unparteiisch urtheilenden Russen, des Generals Kuropatkin, zu hören:

„Der junge Fürst, bei allen seinen nicht zu bezweifelnden Talenten, konnte keinen Anspruch auf das Kommando einer 70 000 Mann starken russischen Armee machen mit Uebergehung alter erfahrener russischer Generale; noch weniger konnte der Stab des Fürsten Karl auf die unbedingt nothwendige Autorität bei der Leitung wichtiger Operationen rechnen. Deßhalb war die Ernennung des Fürsten Karl zum gemeinschaftlichen Kommandeur der russisch-rumänischen Truppen in der That nur eine nominelle; der rangälteste General Sotow verfügte vollständig über die russischen Truppen, während

Fürst Karl nur die Operationen der Rumänen leitete. Die Disposition für die russischen Truppen für den Sturm auf Plewna war allein von dem General Sotow unterschrieben. Die falsche Lage, in welche der Fürst Karl und General Sotow — der formell zum Stabschef des Fürsten ernannt worden — hierdurch zueinander gerathen waren, kam zuerst in ihren persönlichen Beziehungen und dann auch in dem Verhältniß der russischen Kommandeure zu den rumänischen Truppen zum Ausdruck."

Siebzehnter Abschnitt.

Die türkische Plewna-Armee Anfang September.

113. Die Streitkräfte. Die türkische Plewna-Armee hatte Ende Juli bestanden aus 33 Bataillonen, 7 regulären Eskadrons und einigen Hundert Tscherkessen und sonstigen Irregulären mit 58 Geschützen. Bis Ende August waren an Verstärkungen eingetroffen 2 Bataillone und das irreguläre Reiter-Regiment von Saloniki; für den Beginn der Septemberkämpfe wird türkischerseits die Stärke angegeben auf 45 Bataillone, 7 Eskadrons reguläre Kavallerie mit 400 Mann, etwa 1200 Mann irreguläre Kavallerie (Regiment Saloniki und Tscherkessen) und 70 Geschütze, hiernach müßten also in den ersten Tagen des September noch 10 Bataillone und 12 Geschütze bei Plewna eingetroffen sein, einschließlich der von Lowtscha entkommenen Trümmer des Detachements unter Rifat Pascha. Die Gesammtstärke der Armee wird für Anfang September auf nicht viel über 30 000 Mann veranschlagt, während sie russischerseits im Allgemeinen auf mehr als das Doppelte geschätzt wurde.

114. Die Befestigungen. Die fortifikatorischen Arbeiten zur Befestigung der Plewna-Stellung waren im Laufe des August und Anfang September mit großem Eifer fortgesetzt worden.

In dem nördlichen Hauptabschnitt waren neue Werke nicht errichtet, die am 30. Juli bereits vorhandenen aber ausgebaut und verstärkt worden.

Im mittleren Hauptabschnitt war die am 30. Juli unfertige Redoute Ibrahim Bey vollständig ausgebaut, die Redoute Atuf Pascha umgebaut und verstärkt, die Redoute Arab auf dem Platze früher vorhandener unbedeutender Werke neu errichtet.

Nördlich der Redoute Ibrahim Bey war die sechseckige Redoute Tschorum neu errichtet; nördlich der Redoute Atuf Pascha zwischen dieser und der sogenannten „Batterie des Hauptquartiers" war eine Lünette neu angelegt und eine früher schon vorhandene Batteriestellung zur Redoute Ichthat ausgebaut; die „Batterie des Hauptquartiers" selbst war vergrößert und verstärkt. Alle genannten Werke waren durch vorwärts und seitwärts liegende, meist etagenförmig angelegte Schützengräben verstärkt und mit den Nachbarwerken verbunden.

Während alle oben genannten Werke nördlich des Suluklija-Grundes liegen, war südlich desselben auf der zwischen diesem Grunde und der Tutscheniza-Schlucht gelegenen Höhe die große Redoute Omer Bey erbaut worden; durch Schützengräben und Laufgräben war sie einerseits mit der Redoute Atuf, andererseits mit dem Rande der Tutscheniza-Schlucht verbunden.

Im südlichen Hauptabschnitt endlich, wo Ende Juli noch keine Verschanzungen vorhanden, waren neu erbaut:

Auf der Höhe nördlich von Krschin die Redoute Junus Bey (von den Russen Krschin-Redoute genannt);

etwas weiter nördlich auf derselben Höhe dicht beieinander die fünfeckige Redoute Talat Bey und die viereckige Redoute Miljäs;

weiter nordöstlich auf der Mitte des Höhenzuges Ramasguiah die Redoute Baghlar Baschi (auch Balyk Syrty sowie Garten-Redoute oder Redoute Nisch genannt);

endlich am südwestlichen Ausgange von Plewna auf einem Ausläufer des eben genannten Höhenzuges die beiden nach Westen hin offenen Redouten Kowanlük und Issa Agha, durch Laufgräben unter sich und mit der Stadt verbunden.

Südlich dieser Redouten und in gleicher Höhe mit der Redoute Junus Bey waren auf dem zweiten Kamm der Grünen Hügel einige Schützengräben für die Vorposten angelegt.

115. Truppenvertheilung am 6. September. Die Vertheilung der türkischen Truppen in der Stellung war am Morgen des 6. September folgende:

1. **Nordwestfront oder Opanez-Abschnitt unter Oberst Suleiman Bey:**

2 Bataillone
6 Geschütze } in den Opanez-Werken.

2. **Nordfront oder Bukowa-Abschnitt unter Edhem Pascha:**

9 Bataillone
11 Geschütze } Werke auf dem westlichen und mittleren Kamme des Janik Baïr.

3. **Nordostfront oder Griviza-Abschnitt unter Oberst Hafis Abdul Hezel Bey:**

2 Bataillone (1./2. II. und 3./2. II.)
4 Geschütze } Basch Tabia (zweite Griviza-Redoute).

1 Bataillon (2./2. II.)
2 Geschütze } Kanly Tabia (erste Griviza-Redoute).

4. **Südostfront oder Plewna-Abschnitt unter Atuf Pascha:**

2 Bataillone (Silistria I, Jamboli I)
4 Geschütze } Redoute Atuf Pascha.

3 Bataillone (3./I. Jäger, 5./V. Jäger, Aintab II)
4 Geschütze } Redoute Arab unter Oberst Tewfik Bey.

3 Bataillone (3./2. III., Josgad I, Drama II)
2 Geschütze } Redoute Omer Bey unter dem Oberst dieses Namens.

2 Bataillone (1./5. II. und 2./5. II.)
4 Geschütze } Redoute Ibrahim Bey unter dem Oberst dieses Namens.

2 Bataillone (Tschorum I, Angora I)
4 Geschütze } Redoute Tschorum.

5. **Ostfront oder Central-Abschnitt unter Rifaat Pascha:**

3 Bataillone (1./V. Jäger, ?, ?)
6 Geschütze } Redoute Jchtyat.

1 Bataillon: Lünette nördlich von Jchtyat.
6 Geschütze: Batterie des Hauptquartiers auf dem Bara Baïr.
4 Bataillone
2 Geschütze } Reserven zwischen dem Bara Baïr und der Stadt.

6. **Südfront oder Tutscheniza-Abschnitt unter Tahir Pascha:**

3 Bataillone (Jschtib II, Saramboli I, ?)
4 Gebirgs-Geschütze
} Linie zwischen Reboute Omer Bey und Tutscheniza-Schlucht.

2 Bataillone (Monastir II, ?)
2 Geschütze
} Redouten Kowanlük und Jssa Agha unter Oberstlieutenant Riza Bey.

7. **Südwestfront oder Krschin-Abschnitt unter Oberst Junus Bey:**

2 Bataillone (Sliwno III, ?)
3 Geschütze
} Reboute Junus Bey.

1 Bataillon (2./4. II.)
2 Geschütze
} Reboute Talat Bey.

1 Bataillon (Milas): Reboute Milas.
1 Bataillon (Nisch II): Reboute Baghlar Baschi.

8. **Westfront:**

1 Bataillon
4 Geschütze
} an der Wid-Brücke.

Im Ganzen also:

1. Nordwestfront	2 Bataillone,	6	Geschütze,
2. Nordfront	9 =	11	=
3. Nordostfront	3 =	6	=
4. Südostfront	12 =	18	=
5. Ostfront	8 =	14	=
6. Südfront	5 =	6	=
7. Südwestfront	5 =	5	.
8. Westfront	1 =	4	=

45 Bataillone, 70 Geschütze.

Das Kommando im nördlichen Hauptabschnitt (Nordwest-, Nord- und Nordostfront) hatte ausgesprochenermaßen der Divisionsgeneral Abil Pascha; der andere bei der Armee von Plewna vorhandene Divisionsgeneral Hassan Sabri Pascha scheint das Kommando im südlichen Hauptabschnitt (Süd-, Südwest-, Westfront) gehabt zu haben;

im mittleren Hauptabschnitt (Südost-, Ostfront) lag die Leitung unmittelbar in den Händen des Generalissimus Osman Pascha.

Das auf dem Bara Baïr befindliche Hauptquartier hatte mit der Redoute Basch der Nordfront sowie mit der Redoute Junus Bey der Südwestfront telegraphische Verbindung.

Achtzehnter Abschnitt.
Die Vorbereitungskämpfe vom 7. bis 10. September.

116. Grundgedanke der Angriffsoperationen. Den Septemberoperationen gegen Plewna lag folgender Gedanke zu Grunde:

Die Artillerie — deren ungenügende Leistungen in den vorhergehenden Kämpfen man als Thatsache nicht leugnen konnte, ohne jedoch die wahren Ursachen dieser Erscheinung erkannt zu haben — sollte den Angriff diesmal nicht durch ein mehrstündiges, sondern durch ein mehrtägiges, unausgesetztes Beschießen der feindlichen Stellung vorbereiten. Zu diesem Zweck will man am 6. September abends bis auf gute Kanonenschußweite an die feindlichen Linien herangehen, sich im Laufe der Nacht in den eingenommenen Stellungen befestigen und eine starke Artillerie in Stellung bringen. Demnächst soll eine andauernde heftige Beschießung der feindlichen Werke eröffnet und das Feuer, unter allmählichem Vorschieben der Batterien, mehr und mehr verstärkt werden.

Die Infanterie soll während dieser mehrtägigen Beschießung die Deckung der Artillerie durch vorgeschobene schwache Abtheilungen bewirken, ihre Hauptkräfte aber gedeckt gegen Auge und Feuer des Gegners, in Bereitschaftsstellungen zusammenhalten. Gleichzeitig mit der allmählichen Annäherung der Artillerie an die feindlichen Stellungen soll auch die Infanterie unbemerkt unter dem Schutze des Geländes sich den Werken nähern, um dieselben dann mit offener Gewalt anzugreifen.

Die Kavallerie soll die Sicherung der Flanken übernehmen und eine energische Thätigkeit gegen den Rücken des Feindes ausüben.

Die Vertheilung der russisch-rumänischen Truppen war in großen Zügen folgende:

Die rumänische Armee bildet — dem nördlichen Hauptabschnitt der türkischen Stellung gegenüber — den rechten Flügel, nördlich der Griviza-Schlucht bis zum Wid;

die Hauptmasse der Russen, 9. und 4. Korps, bildet — dem mittleren Hauptabschnitt der türkischen Stellung gegenüber — das Centrum zwischen der Griviza-Schlucht und der Tutscheniza-Schlucht;

das unter Imeretinskis Kommando von Lowtscha her eingetroffene Korps bildet — dem südlichen Hauptabschnitt der türkischen Stellung gegenüber — den linken Flügel westlich der Tutscheniza-Schlucht bis zum Wid;

ein kombinirtes russisch-rumänisches Kavalleriekorps unter Loschkarew sollte am linken Ufer des Wid auf der eventuellen Rückzugslinie des Gegners stehen.

Die unter dem Namen „das dritte Plewna" zusammengefaßten sechstägigen Kämpfe zerfallen zeitlich in zwei Abschnitte: Die Vorbereitung vom 7. bis 10. September und den Entscheidungskampf am 11. und 12. September.

Diese zeitlichen Abschnitte zerfallen wieder in räumlich getrennte Gruppen: die Vorbereitung besteht östlich der Tutscheniza-Schlucht in einem großen Artillerieangriff, bei welchem die anderen Waffen gar keine Rolle spielen, westlich der Tutscheniza-Schlucht wird während dieses Abschnitts um den Besitz der „Grünen Hügel", des Vorgeländes der türkischen Stellung, gefochten, wobei auf beiden Seiten alle drei Waffen zur Geltung kommen. Der Entscheidungskampf endlich zerfällt in drei räumlich getrennte Gruppen nach den drei Hauptabschnitten der türkischen Stellung.

117. Disposition für den Abend des 6. September. Für den auf den 6. September abends festgesetzten Beginn der Operationen war von dem Oberkommando der West-Armee folgende Disposition ausgegeben:

1. Das 9. Korps unter General Krüdener nimmt Aufstellung zwischen der Chaussee Bulgareni—Plewna und dem Wege Pelischat —Plewna:

3 Regimenter Infanterie und 6 9Pfünder-Batterien in erster Linie; sofort nach dem Einrücken in die Stellungen haben diese Truppen Deckungen für die Infanterie und Artillerie herzustellen;

3 Regimenter Infanterie und 4 4Pfünder-Batterien als Korpsreserve in zweiter Linie;

1 Regiment Infanterie und 1 4Pfünder-Batterie tritt zur Hauptreserve.

4 Kavallerie-Regimenter (Astrachan-Dragoner Nr. 8, Kasan-Dragoner Nr. 9, Bug-Ulanen Nr. 9, Don-Kasaken Nr. 9) und 2 reitende Batterien (16. reitende und 2. donische) unter General Loschkarew stehen an der Chaussee Bulgareni—Plewna, sichern die rechte Flanke des 9. Korps und halten Verbindung mit den rumänischen Truppen.

2. Das 4. Korps unter General Krylow nimmt Aufstellung auf den Höhen von Radischewo:

3 Regimenter Infanterie mit 6 9Pfünder-Batterien in erster Linie; sofort nach dem Einrücken in die Stellung haben diese Truppen Deckungen für die Infanterie und Artillerie herzustellen;

3 Regimenter Infanterie und 4 4Pfünder-Batterien als Korpsreserve in zweiter Linie;

2 Regimenter Infanterie und 2 4Pfünder-Batterien treten zur Hauptreserve;

2 Kavallerie-Regimenter (Jekaterinoslaw-Dragoner Nr. 4, Charkow-Ulanen Nr. 4) und die 7. reitende Batterie unter General Leontjew nehmen Stellung auf den Höhen zwischen Tutscheniza und Radischewo und sichern die linke Flanke des 4. Korps.

3. Die 20 Belagerungsgeschütze werden dem 9. Korps zugewiesen, welches für Erbauung, Armirung und Deckung der Batterien zu sorgen hat.

4. Von den rumänischen Truppen geht die bei Wrbiza stehende 4. Division gleichzeitig mit den russischen Truppen gegen Plewna vor, nimmt Aufstellung nördlich der Chaussee Bulgareni—Plewna auf den Höhen gegenüber der Griwiza-Redoute und bringt 3 Batterien in Stellung.

Die 3. Division rückt im Laufe der Nacht von Kojulowzü nach Türkisch Trestjenik, nimmt im Laufe des Tages Aufstellung rechts neben der 4. Division.

Die Reserve-Division rückt nach Bresljenniza und nimmt Aufstellung hinter der 3. und 4. Division.

5. Zur Deckung der rechten Flanke der ganzen Aufstellung beobachten 3 Kalaraschen-Regimenter den Raum von Wrbiza bis zum Wid.

6. Zur Deckung der linken Flanke der ganzen Aufstellung stehen die kaukasische Kasaken-Brigade Tutolmin — 11 Sotnien und die

8. donische Batterie — und die donische Kasaken-Brigade Tschernojubow — 7 Sotnien und 15. donische Batterie — an der Chaussee Lowtscha—Plewna und entsenden Patrouillen nach Westen (nach dem Wid) so weit als möglich.

7. Die Hauptreserve — 3 Regimenter Infanterie mit 3 4Pfünder-Batterien, Mariopol-Husaren Nr. 4, Kiew-Husaren Nr. 9 und 8. reitende Batterie — sammelt sich westlich von Pelischat an dem Kreuzungspunkt der Wege Griwiza—Tutscheniza und Pelischat—Plewna. Bei der Hauptreserve befindet sich der Stabschef der West-Armee, General Sotow.

8. Das von Lowtscha eingetroffene Korps unter General Jmeretinski steht bei Tutscheniza.

9. Vom donischen Kasaken-Regiment Nr. 34 bilden 3 Sotnien den Convoi des Kommandirenden der West-Armee; 3 Sotnien sind zu verschiedenen inneren Zwecken kommandirt.

10. Zur Sicherung des Rückens der Armee und der Osma-Brücke bei Bulgareni steht hier das gleichzeitig mit der Deckung des großen Hauptquartiers beauftragte Infanterie-Regiment Alt-Jngermanland Nr. 9 mit der 1./3. Batterie.

11. Das 3. Sappeur-Bataillon und das im Ingenieurpark vorhandene Schanzzeug wird folgendermaßen vertheilt:

Das 4. und 9. Korps erhalten je 1 Sappeur-Kompagnie (3. und 4.), ferner je 450 Spaten, 20 Hacken, 30 Breithacken, 30 Kreuzhacken;

für die Erbauung der Batterien für die 20 Belagerungsgeschütze werden bestimmt: die 1. und 2. Sappeur-Kompagnie, 500 Spaten, 30 Hacken, 30 Breithacken, 60 Kreuzhacken; ferner 4 Bataillone Infanterie als Arbeiter und die Hälfte aller für den Sturm angefertigten Schanzkörbe und Faschinen;

an die 4. rumänische Division wurden abgegeben 40 Sappeure, 190 Spaten, 50 Kreuzhacken.

Das Ingenieurdepot befindet sich in Sgalewize.

12. Die Tornister bleiben auf den Lagerplätzen zurück; jeder Mann hat zwei Pfund gebratenes Fleisch und vier Pfund Zwieback bei sich; aus schwachen Mannschaften der Regimenter werden Kommandos zur Bewachung der Tornister und des Trosses gebildet.

Den Truppen folgen unmittelbar die Munitions- und Patronenwagen, die Krankenwagen und die beweglichen Divisionslazarethe;

der übrige Troß parkirt in zwei Wagenburgen, vom 9. Korps hinter Bulgarisch Karagatsch, vom 4. Korps hinter Poradim.

13. Von den Munitionsparks stehen der fliegende Park des 9. Korps bei Sgalewize, der fliegende Park des 4. Korps zwischen Tutscheniza und Bogot, der bewegliche Park des 9. Korps bei den Brücken von Bulgareni, der bewegliche Park des 4. Korps bei den Brücken von Leschan.

14. Der Verbandsplatz für das 9. Korps befindet sich bei den drei Brunnen am Wege Sgalewize—Pelischat, für das 4. Korps am Tutscheniza-Bach; an beiden Punkten sind möglichst viele Fuhrwerke aus der Umgegend zu sammeln.

118. **Einnahme der Artilleriestellungen.** Der Disposition gemäß rückten die Truppen am späten Abend des 6. September von ihren Lagerplätzen in die angewiesenen Stellungen; Artillerieoffiziere waren den Batterien vorausgesandt, um die Linien der anzulegenden Batteriedeckungen zu traciren.

Die tiefe Dunkelheit führte vielfache Störungen herbei; verschiedene Abtheilungen schlugen falsche Wege ein und erreichten erst nach stundenlangem Umherirren auf großen Umwegen ihre Aufstellungsplätze.

Besondere Schwierigkeiten machte der Transport und die Aufstellung der Belagerungsgeschütze, denen eine ganze Infanterie-Brigade zur Deckung des Marsches und zur Hülfeleistung beigegeben war. Um 6 Uhr nachmittags trat der Transport den Abmarsch aus dem Park an, von wo aus bis zu den ausgesuchten Stellungen 8 km zurückzulegen waren. Ein Theil der Fahrzeuge sowie ein Theil der Bedeckung verirrte sich; erst gegen Morgen war Alles an Ort und Stelle. Auch die zum Bau der Batterien bestimmten zwei Sappeur-Kompagnien trafen erst mit drei Stunden Verspätung ein.

Als um 8 Uhr abends die Feuerlinien der Belagerungs-Batterien mit Steinen tracirt worden waren, hatte man die Richtung nach dem Stande des Großen Bären orientirt; als die Arbeit gegen Morgen begann, hatte das Gestirn seine Stellung verändert, die Tracirsteine waren nicht zu finden und die Trace mußte von Neuem aufs Gerathewohl festgelegt werden, was insofern glücklich ausfiel, als die Batterien keine falsche Front bekamen.

Aehnliche Verhältnisse und Irrthümer führten bei verschiedenen anderen Batterien zu fehlerhafter Anlage der Deckungen; außerdem wurde die Arbeit infolge des späteren Beginnens meist nicht so sorgfältig und vollständig ausgeführt, wie eigentlich beabsichtigt war.

Im Allgemeinen ging indessen der Batteriebau glücklich von Statten, von Seiten der Türken in keiner Weise gestört.

Zur Deckung der Arbeiten waren Schützenketten mit kleinen Verstärkungen dahinter auf 100 bis 250 m über die Batteriestellungen hinaus vorgeschoben; die Infanterie der ersten Linie nahm in den Falten des Geländes hinter den Artillerielinien Stellung; die Korpsreserve und die Hauptreserve blieben entsprechend weiter zurück, so daß sie sich vollkommen außerhalb des feindlichen Feuerbereichs befanden.

Die von den russisch-rumänischen Truppen eingenommene Linie, von der Höhe der späteren Alexander-Redoute über Griviza und Radischewo bis zur Tutscheniza-Schlucht ziehend, hatte eine Länge von 9 km.

119. Aufstellung der Artillerie am Morgen des 7. September.
Am 7. September bei Tagesanbruch standen folgende Geschütze kampfbereit in Position:

18 rumänische Geschütze der 4. Division östlich der Höhe „Alexander-Redoute" feuern gegen die Griviza-Redoute auf 2000 bis 2600 m. Entfernung von den vordersten türkischen Schützengräben: 1400 m.

Nachdem die während des nächtlichen Vormarsches in eine falsche Richtung gerathene 3. rumänische Division endlich die ihr bestimmte Stellung rechts von der 4. Division erreicht hatte, fuhr eine Batterie dieser Division nordwestlich der Höhe Alexander-Redoute auf und feuerte auf die Griviza-Redoute auf 3000 m.

24 9Pfünder der 31. Artillerie-Brigade südlich der Chaussee Bulgareni—Plewna zwischen dieser und dem Wege Sgalewize—Griviza auf dem nordwestlichen Abhange des Zar-Walles; Feuer gegen die Griviza-Redoute auf 3600 m.

24 9Pfünder der 5. Artillerie-Brigade zwischen den Wegen Sgalewize—Griviza und Pelischat—Plewna, in der linken Verlängerung der 31. Brigade. Diese Batterien waren in der Nacht so weit rückwärts aufgestellt worden, daß sie sich am Feuer zunächst nicht betheiligen konnten, sondern weiter vorgeschoben werden mußten; sie feuerten dann auf die Redouten Ibrahim Bey und Tschorum.

Hinter der Artillerielinie des 9. Korps waren die 20 Belagerungsgeschütze in zwei Batterien aufgestellt:

Belagerungs-Batterie Nr. 1 auf dem Großfürsten-Berge:

4 „weittragende" stählerne 6 Pfünder feuern auf die Werke von Bukowa auf 6000 m und auf die für die Batterie nicht sichtbare Stadt Plewna auf 7000 m.

8 24 Pfünder feuern auf die Redoute Jbrahim Bey auf 4000 m. — Das Feuer dieser Batterie war gänzlich wirkungslos und wurde von den Türken gar nicht beachtet.

Belagerungs-Batterie Nr. 2 auf dem Zar-Hügel:

8 24 Pfünder feuern auf die Griviza-Redoute auf 3800 m sowie auf ein Zeltlager hinter der Mitte der Linie des Janik Baïr auf 5000 m; letzteres fängt an zu brennen und wird abgebrochen.

Von der Artillerie des 4. Korps standen:

24 9 Pfünder der 30. Brigade auf dem östlichen Theil des Artillerie-Berges; Feuer auf die Redoute Jbrahim Bey auf 2700 m und auf die Redoute Tschorum auf 3000 m. Diese Batterien standen fast ganz ungedeckt und verloren im Laufe des 7. September: 4 Offiziere, 18 Mann todt und verwundet.

16 9 Pfünder der 16. Artillerie-Brigade (1., 2./16. Batterie) standen links von den Batterien der 30. Brigade auf dem mittleren Kamm des Artillerie-Berges und feuerten auf 2500 m auf die Redoute Atuf Pascha, welche stark beschädigt wurde und deren Schanzkorbbekleidung in Brand gerieth, sowie auf 3000 m auf die Redoute Arab.

8 9 Pfünder (3./16. Batterie) standen hinter dem linken Flügel der allgemeinen Artilleriestellung des 4. Korps auf der Hochfläche „Zar-Redoute" und feuerten auf 4000 m ebenfalls gegen die Redoute Atuf.

Auf die zur Zeit noch im Bau begriffene Redoute Omer Bey feuerte am 7. September eine ganz vorübergehend vorgezogene, im Uebrigen nicht am Kampfe betheiligte 4 Pfünder-Batterie 18 Schuß.

120. Artilleriekampf östlich der Tutscheniza-Schlucht am 7. September. Nachdem die Belagerungs-Batterie Nr. 1 um 6 Uhr morgens durch eine Salve das Zeichen zum Beginn des Feuers gegeben, wurde dies von 96 9 Pfündern, 20 Belagerungsgeschützen und 18 rumänischen 8 cm und 9 cm Geschützen — im Ganzen von 134 Geschützen — mit großer Lebhaftigkeit eröffnet; die Türken antworteten ruhig und sicher, doch ließ ihr Feuer am Nachmittage nach. Die russisch-rumänischen Batterien stellten ihr Feuer im Allgemeinen um 7 Uhr abends ein, doch wurde von einzelnen Geschützen abwechselnd die ganze Nacht über ein langsames Feuer unterhalten, um die Türken am Ausbessern ihrer Werke zu hindern.

Auf dem Großfürsten-Berge, einem die ganze Umgegend beherrschenden Punkt, war zu Beobachtungszwecken ein 22 m hohes Leitergerüst erbaut, das zur Benutzung auf demselben befindliche Fernrohr erwies sich aber als durchaus mangelhaft.

Im Laufe des Tages hatten der Kaiser Alexander, der Großfürst-Generalissimus und der Fürst Karl von Rumänien — nachdem sie einzelne Strecken der Aufstellung beritten — am Beobachtungsposten auf dem Großfürsten-Berge Aufstellung genommen; am Abend kehrten der Kaiser und der Großfürst-Generalissimus nach Radeniza (bei Bulgareni), der Fürst Karl nach Poradim zurück.

Für den folgenden Tag waren am Abend des 7. folgende Befehle erlassen worden:

1. Die Artillerie nähert sich im Laufe der Nacht den feindlichen Werken so viel als möglich und bringt nun auch einige 4 Pfünder-Batterien in Stellung, die bisher der großen Entfernung wegen am Geschützkampfe nicht theilgenommen.
2. General Imeretinski rückt während der Nacht von Tutscheniza nach der Chaussee Lowtscha—Plewna und sucht sich zu einem ihm geeignet erscheinenden Zeitpunkt in den Besitz des waldigen Höhenkamms südlich von Plewna — der sogenannten Grünen Hügel — zu setzen.
3. General Loschkarew mit seinen 4 russischen Kavallerie-Regimentern, verstärkt durch 4 rumänische Regimenter, geht bei Riben auf das linke Wid-Ufer über und rückt nach Unter-Dubnjak auf der Straße Plewna—Sofia; er hat die Aufgabe, die feindlichen Verbindungen möglichst zu beunruhigen, womöglich zu unterbrechen, und im Fall eines Rückzuges des Feindes aus der Stellung von Plewna ihn zu verfolgen.

Wir werden zunächst im Zusammenhange die Fortsetzung des Artilleriekampfes östlich der Tutscheniza-Schlucht am 8., 9. und 10. September, dann die in denselben Zeitraum fallenden Einleitungsgefechte westlich der Tutscheniza-Schlucht betrachten; die für die bei Plewna fallende Entscheidung bedeutungslose Thätigkeit der Kavallerie Loschkarews am linken Wid-Ufer wird später im Zusammenhange mit anderen Vorgängen erörtert werden.

121. Artilleriekampf am 8. September. Am 8. September begann das Geschützfeuer östlich der Tutscheniza-Schlucht um 5 Uhr morgens.

Nachdem im Laufe der Nacht noch 5 rumänische Batterien in Stellung gebracht, feuern am Morgen 9 rumänische Batterien mit 54 Geschützen gegen die Griviza-Redoute und die vor derselben liegenden Schützengräben. Die bis auf 1400 m an die Redoute heran vorgeschobenen Batterien der 4. Division litten sehr unter dem Gewehrfeuer aus einem 700 m vor der Redoute liegenden Schützengraben. Nach heftiger Beschießung durch die Artillerie wurde dieser Schützengraben um 4 Uhr nachmittags vom 1. Bataillon 5. Linien-Regiments und dem 13. Dorobanzen-Regiment genommen mit einem Verlust von 16 Todten und 113 Verwundeten; zur Unterstützung dieses Angriffs waren zwei Geschütze ungedeckt bis auf 800 m an die Redoute herangegangen. Die Rumänen setzten sich in dem genommenen Schützengraben, 700 m vor der feindlichen Stellung, fest und wiesen in der Nacht einen türkischen Angriff ab.

Die 9 Pfünder-Batterien der 31. Brigade gingen zum Theil bis auf 1600 m an den Gegner heran und setzten das Feuer auf die Griviza-Redoute fort; das Dorf Griviza wurde von einer Abtheilung des Regiments Koslow besetzt.

Die 9 Pfünder der 5. Brigade feuerten auf 2400 bis 2800 m auf die Redouten Ibrahim Bey und Tschorum; eine dieser Batterien ging in eine 500 m weiter vorwärts erbaute Deckung vor, gerieth hier aber in das Kreuzfeuer verschiedener Redouten und erhielt namentlich von der erst in dieser Nacht fertig gebauten und armirten Redoute Omer Bey auf 2500 m Schrägfeuer. Die Batterie erlitt bedeutende Verluste (darunter 2 Offiziere todt, 1 verwundet, 1 kontusionirt), so daß Infanteriemannschaften zur Bedienung herangezogen werden mußten. Die Batterie stellte zeitweise das Feuer ein und ging in der folgenden Nacht wieder in die Linie der anderen Batterien zurück.

Die 9 Pfünder der 30. Brigade gingen nicht vor, da das zum Gegner abfallende Gelände weiter vorwärts keine günstigen Stellungen bot; das Feuer war auch heute auf die Redouten Ibrahim und Tschorum gerichtet.

Die 4 pfündige 4./30. Batterie wurde am Morgen auf den linken Flügel der 9 Pfünder vorgezogen, um die Redoute Omer Bey zu beschießen; sie wurde aber selbst von den Plewna-Redouten so lebhaft unter flankirendes Feuer genommen, daß sie bald wieder zurückging.

Die 9 Pfünder der 16. Brigade blieben in ihren gestrigen Stellungen; 1./16. feuerte auf die Redouten Atuf und Arab, 2./16. auf Atuf, Arab und Omer Bey, 3./16. auf Atuf.

Um 12 Uhr fuhren die 4 Pfünder-Batterien der 16. Brigade links von den 9 Pfündern derselben auf und beschossen die Redoute Omer Bey auf 1300 m, auch suchten sie das Vorgehen Skobelews auf der anderen Seite der Tutscheniza-Schlucht zu unterstützen. Gleichzeitig von den fünf Redouten Omer Bey (1300 m), Arab (2400 m), Atuf (2000 m), Issa Baba (3200 m) und Kowanlük (3800 m) unter Feuer genommen, hatten diese Batterien einen harten Stand; besonders die 5./16. Batterie hatte fühlbare Verluste an Menschen (von 6 Offizieren waren 3 verwundet, 2 kontusionirt) und Pferden. Als der Batterie die Munition ausging, protzte sie auf und fuhr ab, gefolgt von den beiden anderen Batterien — gerade in einem Moment, wo jenseits der Tutscheniza-Schlucht das Regiment Kaluga in sehr bedrängter Lage war. Der Brigadekommandeur ließ übrigens nach Ergänzung der Munition alle drei Batterien sofort wieder in die verlassene Stellung vorgehen, ebendahin wurde auch die 3./16. Batterie vorgezogen, welche bis dahin auf der Höhe „Bar-Redoute" gestanden. Jetzt gelang es diesen Batterien, sich zu behaupten; bei Einbruch der Dunkelheit wurden sie wieder zurückgenommen.

Zur Sicherung des linken Flügels dieser Artilleriestellung waren Infanterieabtheilungen in den dicht bewachsenen Kukuruzfeldern über die Linie der Batterien hinaus vorgeschoben worden; im Uebrigen blieb die Infanterie am 8. September überall in ihren Stellungen.

Ursprünglich hatte in den Kreisen der russischen Heeresleitung die Absicht geherrscht, nach nur zweitägiger Beschießung bereits am 9. September zum Sturm zu schreiten. Welche besonderen Gründe zu einer Aenderung dieser Absicht führten, ist nicht klar zu erkennen, jedenfalls entschloß man sich in der Nacht vom 8. zum 9. September, den Sturm vorläufig aufzuschieben und die Beschießung unter möglichst weitem Vorschieben der Batterien noch einige Tage fortzusetzen.

122. **Artilleriekampf am 9. September.** Wie bereits am Morgen des 8., zeigte sich auch am Morgen des 9. September, daß die Türken in der Nacht alle Beschädigungen ausgebessert hatten, welche durch das Feuer des vorigen Tages ihren Werken zugefügt worden waren.

Das befohlene Vorrücken der Batterien fand im Allgemeinen nur bei den Rumänen statt, welche zum Theil bis auf 1200 m an die Griviza-Redoute herangingen und dieselbe den ganzen Tag über — von 5 Uhr früh bis 7 Uhr abends — unter heftigem Feuer hielten; während dieser Zeit gab in mehreren Batterien jedes Geschütz 100 Schuß ab; während der Nacht erfolgte von jeder Batterie alle Viertelstunde ein Schuß.

Am 10. September eröffneten die Rumänen das Feuer um 6 Uhr morgens und unterhielten dasselbe bis 7 Uhr abends, aber bedeutend schwächer als am vorigen Tage; durchschnittlich gab jedes Geschütz 20 Schuß ab. In der Nacht vom 10. zum 11. September wurde das Feuer in derselben Art unterhalten wie in der vorigen Nacht.

Die 9 Pfünder der 31. und 5. Brigade wirkten am 9. und 10. September von denselben Stellen und gegen dieselben Ziele wie bisher.

In der Aufstellung der Belagerungsgeschütze wurde dagegen eine Aenderung vorgenommen. Die Belagerungs-Batterie Nr. 2, aus 8 24 Pfündern bestehend und bisher auf dem Zar-Hügel östlich von Griviza aufgestellt, wurde im Laufe des 8. September und der folgenden Nacht nach der etwa 1 km östlich von Rabischewo liegenden Höhe verlegt. Als die Batterie am Morgen des 9. das Feuer eröffnete, boten sich ihr zwei Ziele: die Redouten Omer Bey auf 1400 m und Ibrahim Bey auf 1000 m. Da der Kommandeur der Batterie keine Kenntniß davon hatte, daß der für den folgenden Tag beabsichtigte Sturm gegen die Redoute Omer Bey unternommen werden sollte, so richtete er das Feuer der Batterie gegen das nähere der beiden sich bietenden Ziele, die Redoute Ibrahim Bey. Als später der Kommandeur der Artillerie en chef, General Massalski, zur Batterie kam, ließ er das Feuer auf 5000 m Entfernung gegen die Stadt Plewna richten.

Von der Belagerungs-Batterie Nr. 1 blieben 8 Geschütze auf dem Großfürsten-Berg in Thätigkeit; 4 Geschütze (wahrscheinlich die stählernen „weittragenden" 6 Pfünder) wurden nach der Höhe „Zar-Redoute" übergeführt; auch diese Geschütze richteten ihr Feuer gegen die Stadt Plewna.

Die 9 Pfünder der 30. Brigade veränderten am 9. und 10. September weder ihre Stellung (östlicher Kamm des Artillerie-Berges) noch ihre Ziele (Ibrahim und Tschorum).

Die 9 Pfünder der 16. Brigade setzten am 9. aus ihrer Stellung auf dem westlichen Kamm des Artillerie-Berges ihr Feuer gegen Atuf und Arab fort; vorübergehend fuhr eine dieser Batterien am Ostrande der Tutscheniza-Schlucht auf, um in das Gefecht am jenseitigen Rande dieser Schlucht einzugreifen.

123. Artilleriekampf am 10. September. Am 10. September betheiligten sich auch die 4 Pfünder der 16. Brigade am Feuer, indem sie in die Stellung der 9 Pfünder einrückten: 1./16. und 2./16. feuerten heute gegen Atuf, links von ihnen 4./16. und 6./16. gegen Omer Bey, noch weiter links 3./16. gegen die Laufgräben zwischen Omer Bey und der Tutscheniza-Schlucht sowie gegen die Plewna-Redouten; 5./16. stand zurückgezogen hinter dem linken Flügel dieser Artilleriestellung und bestrich das Vorgelände vor dem linken Flügel derselben.

Am Morgen des 10. trafen auf Befehl Skobelews die 3./2. Batterie und zwei Geschütze der Nikopolis-Batterie auf der Ostseite der Tutscheniza-Schlucht ein und nahmen auf dem Artillerie-Berge links von den Batterien der 16. Brigade Aufstellung, um von hier aus die Plewna-Redouten unter Feuer zu nehmen.

124. Die Infanterie des 4. und 9. Korps während des Artilleriekampfes. Die Infanterie des 4. und 9. Korps blieb am 9. und 10. September im Allgemeinen in ihren Stellungen; die 1./16. Brigade (Regimenter Wladimir und Susdal) wurde mit der 4./30. Batterie am 9. dem General Skobelew als Verstärkung zur Verfügung gestellt, überschritt am Morgen des 10. die Tutscheniza-Schlucht in der Höhe von Brestowez und nahm an den ferneren Kämpfen in jenem Abschnitt theil.

Das Regiment Schuja Nr. 118 der 30. Infanterie-Division, welches für den Bedarfsfall ebenfalls zur Verstärkung des linken Flügels bestimmt war, ging am 10. über die Tutscheniza-Schlucht und nahm in der Senkung zwischen dem ersten Kamm der Grünen Hügel und dem Rothen Berge Aufstellung, wurde aber am Morgen des 11. September wieder auf die Ostseite der Schlucht in den Verband des Centrums zurückgenommen.

Bevor wir einen zusammenfassenden Rückblick auf die Ergebnisse des viertägigen Artillerieangriffs werfen, müssen wir die Ereignisse nachholen, welche sich inzwischen auf der Westseite der Tutscheniza-Schlucht abgespielt hatten.

125. Aufgabe des Korps des Generals Jmeretinski westlich der Tutscheniza-Schlucht. General Jmeretinski stand mit seinen von Lowtscha herangeführten Truppen — 2. Infanterie-Division, 3. Schützen-Brigade, sechs/2. und drei/3. Batterien, Nikopolis-Batterie, kaukasische Brigade und 8. donische Batterie, im Ganzen 16 Bataillone, 11 Sotnien, 82 Geschütze — bei Bogot; hier trat auch die donische Brigade Tschernosubow — 7 Sotnien und 15. donische Batterie — zu seinem Detachement und sicherte die Front desselben gegen Plewna.

Nachdem am 7. September östlich der Tutscheniza-Schlucht der große Artillerieangriff gegen die türkischen Stellungen begonnen, erhielt Imeretinski am Abend dieses Tages den Befehl, an die Chaussee Lowtscha—Plewna heranzurücken und sich in den Besitz des zweiten Kammes der Grünen Hügel zu setzen. Hierdurch kam er mit dem östlich der Tutscheniza-Schlucht stehenden linken Flügel des 4. Korps auf gleiche Höhe, was im Hinblick auf den für den 9. September geplanten allgemeinen Angriff erforderlich erschien.

Imeretinski gliederte seine Truppen folgendermaßen:

Erstes Echelon unter General Skobelew, welchem die Leitung des eigentlichen Angriffs übertragen war: die Regimenter Kaluga und Estland, das 9. und 10. Schützen-Bataillon, alle 9 Pfünder des Detachements, d. h. 1., 2., 3./2. und 3./3. Batterie, ferner die Nikopolis-Batterie und 2 donische Sotnien, im Ganzen 8 Bataillone, 2 Sotnien, 36 Geschütze.

Zweites Echelon unter General Dobrowolski: Regimenter Libau und Reval, 11. und 12. Schützen-Bataillon, alle 4 Pfünder des Detachements, d. h. 4., 5., 6./2. und 5., 6./3. Batterie und 1 donische Sotnie, im Ganzen 8 Bataillone, 1 Sotnie, 40 Geschütze.

Das Gros der Kavallerie, 4 donische und 11 kaukasische Sotnien und die 8. und 15. donische Batterie, war dem Oberst Tschernosubow unterstellt; da aber am Morgen des 8. September das Kuban-Regiment den Auftrag erhielt, den Rücken des Detachements nach Lowtscha zu sichern und mit der Besatzung dieses Orts Verbindung zu halten, während das ganze Regiment Wladikaukas dem General Skobelew zugewiesen wurde, so verblieben unter Tschernosubows direktem Befehl nur 4 Sotnien und 12 reitende Geschütze.

126. Der 8. September. Skobelew bemächtigt sich des ersten und zweiten Kammes der Grünen Berge. Am 8. September bei Tagesanbruch schob Skobelew seine Kasaken unter Zurückdrängung einer tscherkessischen Postenlinie bis zum ersten Kamme vor; Brestowez wurde von sechs Kompagnien Estland besetzt und zur Vertheidigung eingerichtet; auf dem Rothen Berge wurden Geschützdeckungen auf-

geworfen und in denselben 16 9 Pfünder der 1./2. und 2./2. Batterie sowie die Nikopolis-Batterie, im Ganzen 20 Geschütze aufgestellt. Die Entfernung von hier bis zum zweiten Kamme beträgt 3000 m, bis zur Redoute Junus Bey 4400 m, letztere Entfernung war für die Tragweite der russischen 9 Pfünder zu groß und konnte nur durch Anwendung einer übermäßigen Elevation erreicht werden. Uebrigens war das russische Feuer gegen die Redoute Junus Bey nicht ohne Wirkung; um Mittag flog in derselben ein Munitionswagen auf und verursachte der Besatzung einen Verlust von 50 Mann an Todten und Verwundeten.

Links von der Artillerie hatten das 9. und 10. Schützen-Bataillon Aufstellung genommen, das Regiment Wladikaukas hielt links von Brestowez in einer Schlucht; Skobelews übrige Truppen: Regiment Kaluga, 9 Kompagnien Estland, die 3./2. und 3./3. Batterie standen verdeckt hinter dem Rothen Berg, 700 m rückwärts der Artilleriestellung.

Das zweite Echelon unter Dobrowolski stand noch weiter zurück in der Schlucht von Bogot; Tschernosubow sicherte die linke Flanke nach dem Wid zu.

Um 3 Uhr gab Skobelew dem Regiment Kaluga den Befehl, sich des zweiten Kammes zu bemächtigen. Das Regiment trat an, in erster Linie das 2. und 3. Bataillon, jedes in zwei Kompagniekolonnenlinien; dahinter in zweiter Linie das 1. Bataillon; auf den Flügeln Kasaken, rechts 1½ Sotnien Donzen, links 1 Sotnie Kaukasier. Unterstützt wurde das Vorgehen des Regiments Kaluga durch die drei 4 Pfünder-Batterien der 16. Artillerie-Brigade, welche auf dem äußersten linken Flügel der großen Artillerieaufstellung des 4. Korps am Ostrande der Tutscheniza-Schlucht auffuhren, von wo sie den zweiten und dritten Kamm der Grünen Hügel unter Feuer nehmen konnten.

Die etwa 1000 m lange ungedeckte Strecke über den freien Kamm des Rothen Berges wurde unter heftigem feindlichen Geschützfeuer, aber mit nur 10 Mann Verlust zurückgelegt; bei dieser Bewegung gingen aber alle Abstände und die Tiefengliederung verloren und alle Kompagnien geriethen in ziemlich gelockertem Zustande in dieselbe Höhe. Bevor das Regiment aus dem Brestowez-Grunde den ersten Kamm erstieg, stellte Skobelew durch persönliches Eingreifen die taktische Ordnung wieder her und gab dem 1. Bataillon den strengen Befehl, von den vorderen Bataillonen 500 m Abstand zu halten.

Nach Ueberschreitung des ersten Kammes setzte Regiment Kaluga seine Bewegung auf den zweiten Kamm zu fort; Skobelew blieb auf dem ersten Kamm halten und zog seine Reserven näher heran: ein Bataillon Estland bis auf den ersten Kamm und die beiden Schützen-Bataillone bis in den Grund von Brestowez zwischen dem ersten Kamm und dem Rothen Berge.

Türkischerseits waren, wie es scheint, von der Redoute Baghlar (Baular) Baschi aus drei Kompagnien des Bataillons Nisch II nach dem zweiten Kamm vorgeschoben, welche dort mit den vorgehenden Bataillonen Kaluga ins Gefecht geriethen und von ihnen rasch zurückgeworfen wurden.

Inzwischen war, von Osman Pascha zur Verstärkung des Krschin-Abschnittes entsendet, Emin Pascha mit drei Bataillonen — Angora II, Josgad III, Karahissar I — bei der Redoute Baghlar Baschi eingetroffen und ging von hier aus zum Gegenstoß gegen den zweiten Kamm vor, wobei die avancirende türkische Infanterie ein äußerst heftiges Feuer unterhielt, während gleichzeitig von allen Redouten aus ein lebhaftes Geschützfeuer gegen den zweiten Kamm gerichtet wurde.

Für die beiden Bataillone Kaluga, bei denen sich die Verluste schnell mehrten, wurde unter diesen Umständen das Ausharren auf dem zweiten Kamm schwierig; es erschien leichter und vortheilhafter, vorwärts zu gehen. Ohne daß ein allgemeiner Befehl gegeben wurde, stürzten beide Bataillone der feindlichen Infanterie entgegen und warfen sie über den Haufen.

Vom Erfolg fortgerissen, stürmten die jetzt gänzlich in Unordnung gerathenen Bataillone weiter und erstiegen den dritten Kamm; einzelne Abtheilungen stürmten sogar den jenseitigen Abhang zum Grünberg-Bach hinunter und begannen die Hänge zu erklettern, welche gewissermaßen das Glacis der Plewna-Redouten bildeten.

Jetzt erfolgte der unter diesen Umständen unausbleibliche Rückschlag; sowohl in der Front, als auch von der Redoute Junus Bey her gegen die linke Flanke der Russen gingen frische türkische Abtheilungen vor und von Plewna her eingetroffene Kavallerie warf sich auf die ordnungslosen Schaaren der beiden Bataillone Kaluga, welche völlig über den Haufen geworfen wurden.

In diesem kritischen Augenblick fuhren die drei 4 Pfünder-Batterien der 16. Artillerie-Brigade, welche vom Ostrande der Tutscheniza-Schlucht aus bisher das Vorgehen des Regiments Kaluga unterstützt hatten, aus ihrer Stellung ab. (Nr. 121.)

In Voraussicht der bevorstehenden Wendung hatte Skobelew das in Reserve zurückgehaltene 1. Bataillon Kaluga nach dem zweiten Kamm vorgeführt, wo es dem Flankenangriff entgegentrat, während drei Kompagnien Estland mit einem Geschütz (woher dieses vereinzelte Geschütz kam, ist nicht zu ersehen; es feuerte mit großer Wirkung auf 200 Schritt mit Kartätschen) längs der Chaussee zur Aufnahme der fliehenden Haufen vorgingen.

Nach scharfem, mehrfach hin und her schwankendem Gefecht gelang es dem 1. Bataillon Kaluga und den Kompagnien Estland, unterstützt durch die Kasaken und einige rasch gesammelte Abtheilungen der zersprengten Bataillone, die Verfolgung der Türken abzuweisen, welch Letztere nun unter Räumung auch des dritten Kammes auf ihre Redouten zurückgingen.

Die Verluste der Russen in diesem Gefecht beliefen sich in runder Summe auf 900 Mann, von denen 2 Stabsoffiziere, 9 Oberoffiziere, 678 Mann auf das Regiment Kaluga entfielen (und zwar 200 auf das geschlossen gebliebene 1. Bataillon), 150 Mann auf die drei Kompagnien Estland und 50 Mann auf die Kasaken und Artillerie.

Das Regiment Kaluga wurde, nachdem es hinter der Front gesammelt, nach dem Lagerplatz des zweiten Echelons in der Bogot-Schlucht zurückgeschickt.

8 Kompagnien Estland besetzten die Hauptstellung des zweiten Kammes zwischen dem Dorfe Krschin und der Chaussee; hinter ihnen standen in zweiter Linie das 9. und 10. Schützen-Bataillon; 3 Kompagnien Estland standen weiter rechts zwischen der Chaussee und der Tutscheniza-Schlucht; 4 Kompagnien desselben Regiments hielten weiter rückwärts das Dorf Brestowez besetzt; 3 Sotnien Donzen bildeten die Vorposten und streiften das ganze Vorgelände nach Verwundeten ab, deren sie eine Anzahl zurückschafften.

Der zweite Kamm war in den Händen Skobelews, die diesem für heute gestellte Aufgabe also gelöst.

127. Räumung des zweiten Kammes in der Nacht vom 8. zum 9. September. Die Bedeutung der Besitznahme des zweiten Kammes lag darin, daß der linke russische Flügel westlich der Tutscheniza-Schlucht hiermit auf gleiche Höhe mit dem östlich dieser Schlucht operirenden Centrum gekommen war, so daß der für den 9. September geplante allgemeine Angriff auf der ganzen Linie gleichzeitig erfolgen konnte.

Im Laufe der Nacht (vom 8. zum 9.) traf nun vom General Sotow die Mittheilung ein, der Sturm sei vorläufig aufgeschoben.

Hiermit war die oben auseinandergesetzte Bedeutung der Stellung auf dem zweiten Kamm hinfällig geworden, wohl aber ließ sich voraussehen, daß die Behauptung dieser von der türkischen Redoutenlinie auf wirksame Schußweite halbkreisförmig umfaßten Stellung den russischen linken Flügel leicht vor Beginn des allgemeinen Angriffs in isolirter Lage in schwere verlustreiche Theilkämpfe verwickeln würde.

Im Hinblick hierauf entschloß sich Skobelew sofort zur Räumung des zweiten Kammes und führte seine Truppen noch im Laufe der Nacht auf den ersten Kamm zurück, wo sie folgende Aufstellung nahmen:

5 Kompagnien Estland (1. Bataillon) zwischen Chaussee und Tutscheniza-Schlucht in einigen zur Vertheidigung eingerichteten Bewässerungsgräben. Vor dieser Stellung war freies Schußfeld nur auf etwa 150 m, weiterhin war das Vorgelände mit Weinbergen oder Gebüsch bedeckt; der rechte Flügel der Stellung lehnte sich an die steile felsige Tutscheniza-Schlucht.

6 Kompagnien Estland (2. Bataillon und 3. Schützen-Kompagnie) standen 600 m weiter rückwärts im Brestowez-Grunde.

4 Kompagnien Estland (3. Bataillon ohne 3. Schützen-Kompagnie) hielten links der Stellung das Dorf Brestowez besetzt; vor dem Dorfe war freies Schußfeld bis zum zweiten Kamm.

Das Wladikaukas-Regiment, westlich von Brestowez stehend, deckte die linke Flanke der ganzen Aufstellung; es hatte nach Nordwesten zu eine Vorpostenkette vorgeschoben.

Auf dem Rothen Berge standen die drei 9 Pfünder-Batterien der 2. Brigade mit der Nikopolis-Batterie, links gedeckt durch das 9. Schützen-Bataillon.

Das 10. Schützen-Bataillon und das als Ersatz für Kaluga aus dem zweiten Echelon vorgezogene Regiment Reval als Reserve hinter dem rechten Flügel.

3 Sotnien Donzen vor und auf dem rechten Flügel der Stellung.

Das zweite Echelon nebst 4 Sotnien Donzen und den beiden Kasaken-Batterien hinter dem Rothen Berge und in der Schlucht von Bogot.

128. Vorgänge auf türkischer Seite am 8. und 9. September. Unsere Darstellung wendet sich nunmehr den Verhältnissen auf türkischer Seite zu.

Wie bereits früher erwähnt, standen am Morgen des 8. September in dem südlichen Abschnitt der türkischen Stellung westlich der Tutscheniza-Schlucht:

5 Bataillone und 5 Geschütze unter Oberst Junus Bey in den Redouten der Krschin-Gruppe (Junus, Talat, Milas, Baghlar Baschi);

2 Bataillone und 2 Geschütze unter Oberstlieutenant Riza Bey in den Plewna-Redouten.

In dem Raum westwärts bis zum Wid standen Tscherkessen; an der Wid-Brücke mit der Front nach Nordwesten 1 Bataillon mit 4 Geschützen.

Als Osman Pascha am Morgen des 8. September von dem Erscheinen starker russischer Streitkräfte bei Brestowez Meldung erhielt, sandte er Emin Pascha mit drei Bataillonen der Reserve zur Unterstützung nach dem südlichen Abschnitt; diese Bataillone in Verbindung mit Theilen der Redoutenbesatzungen hatten das Gefecht gegen das Regiment Kaluga geführt.

Nach dem Zurückwerfen dieses Regiments hatte Emin Pascha sogar den dritten Kamm wieder geräumt und war auf die Redoutenlinie zurückgegangen.

Hiermit scheint Osman Pascha nicht einverstanden gewesen zu sein; nachdem er bereits am Abend noch 2 Bataillone Verstärkung für Emin Pascha nachgesandt, folgten im Laufe der Nacht noch 3 Bataillone, zugleich mit dem Befehl, die Russen von den Grünen Bergen zu vertreiben, zu welchem Zwecke Emin Pascha nunmehr, abgesehen von den ursprünglich vorhandenen Redoutenbesatzungen, über acht Bataillone verfügte.

Da nach der weiter oben erwähnten Vertheilung der türkischen Truppen ursprünglich nur vier Bataillone als allgemeine Reserve abgetheilt, alle übrigen Bataillone auf die einzelnen Fronten vertheilt waren, so muß ein Theil der nach dem südlichen Abschnitt gesandten Verstärkungen schon von anderen Fronten entnommen worden sein.

129. **Der 9. September. Gefecht auf dem ersten Kamm.** Emin Pascha führte nun seine acht Bataillone gegen die russische Stellung vor.

Um 5 Uhr morgens erschien türkische Infanterie auf dem zweiten Kamm, entwickelte sich dort unter lebhaftem, aber wirkungslosem russischen Feuer und ging westlich der Chaussee gegen den ersten Kamm vor.

Die 3./2. Batterie wurde vom Rothen Berge in den Raum zwischen Brestowez und der Chaussee vorgezogen, um die vorgehende feindliche Infanterie besser unter Feuer nehmen zu können. Die Batterie gerieth hierbei in heftiges Gewehrfeuer, erlitt fühlbare Verluste an Leuten und Pferden und sah sich genöthigt, wieder zurückzugehen.

Ohne den Angriff bis zu einer wirklichen Entscheidung durchzuführen, gingen die Türken wieder bis auf den zweiten Kamm zurück; zur Deckung dieses Rückzuges gingen von Krschin her Tscherkessenschwärme vor, die von einigen Sotnien des Wladikaukas-Regiments zurückgetrieben wurden.

Gegen 8 Uhr ging die türkische Infanterie wiederum zum Angriff vor, diesmal mehr östlich gegen den rechten Flügel der russischen Stellung.

In dem unübersichtlichen bedeckten Gelände kamen die Türken bis auf 200 m an die Stellung heran; von beiden Seiten wurde ein lebhaftes Gewehrfeuer unterhalten. Da man von den russischen Schützengräben aus den Gegner nicht sehen konnte, so überwachte ein auf einen Baum gestiegener Offizier nach Möglichkeit die Bewegungen desselben.

Türkische Gewehrgeschosse schlugen in die weit rückwärts stehenden russischen Reserven ein.

Vereinzelte türkische Abtheilungen machen Versuche, näher an die Stellung heranzukommen; einzelne Türken nisten sich auf 50 m vor den russischen Schützengräben ein, zu einem allgemeinen Angriff scheint es aber nicht gekommen zu sein.

Nachdem die in Reserve stehenden Kompagnien Estland in die Gefechtslinie gerückt und zwei Kompagnien des 10. Schützen-Bataillons gegen die türkische linke Flanke vorgezogen, ergreifen die Russen die Offensive, vor welcher die Türken ohne Widerstand zurückweichen. Einzelne dicht vor der russischen Stellung eingenistete Türken werden niedergemacht; bei mehreren von ihnen findet man 100 und mehr leere Patronenhülsen liegen.

In Erwartung einer Wiederholung des Angriffs verstärkte Stobelew die Besatzung der Stellung auf dem ersten Kamm außer durch das 10. Schützen-Bataillon auch noch durch einige Kompagnien Reval; der Rest dieses Regiments mit der 3./3. Batterie und der Nikopolis-Batterie blieb hinter dem Rothen Berge in Reserve.

Uebrigens verging der Tag ohne einen neuen Angriff.

130. Stellung der Türken westlich der Tutscheniza-Schlucht am Abend des 9. September. Emin Pascha war nach seinem schwächlichen Angriffsversuch bis auf den dritten Kamm zurückgegangen und hatte hier, den rechten Flügel an die Gruppe der Krschin-Redouten gelehnt, Stellung genommen.

Nachmittags traf, von Osman Pascha abgeschickt, der Oberstlieutenant Mehmed Nazif Bey mit weiteren drei Bataillonen (ein Jäger-Bataillon des 5. Korps und die Redif-Bataillone Eregli und Djuma) ein und nahm auf Emins linkem Flügel Stellung bis zur Tutscheniza-Schlucht hin; außerdem war das Bataillon Seres II als Verstärkung für die Besatzung der Plewna-Redouten eingetroffen.

Im südlichen Abschnitt der türkischen Stellung westlich der Tutscheniza-Schlucht befanden sich also jetzt:

5 Bataillone unter Junus Bey in den Krschin-Redouten;

3 Bataillone unter Niza Bey in den Plewna-Redouten;

11 Bataillone unter Emin Pascha und Mehmed Nazif Bey auf dem dritten Kamm;

zusammen also 19 Bataillone;
außerdem

1 Bataillon an der Wid-Brücke.

131. Der 10. September. Skobelew setzt sich auf dem zweiten Kamm fest. Um 1 Uhr nachts erhielt Skobelew durch Imeretinski den Befehl Sotows, am anderen Tage, d. h. am 10. September, sich in den Besitz des dritten Kamms zu setzen, zu welchem Zwecke ihm von den Truppen des Centrums die 1./16. Infanterie-Brigade — Regimenter Wladimir und Susdal — mit der 4./30. Batterie zur Verfügung gestellt wurde, welche Truppen bereits am Abend des 9. in die Tutscheniza-Schlucht hinabgestiegen waren und dort biwakirten.

Skobelew beschloß, den dritten Kamm, als über die allgemeine russische Schlachtlinie zu sehr vorgeschoben und daher sehr gefährdet, am 10. September noch nicht in Besitz zu nehmen, sondern sich zunächst nur auf dem zweiten Kamm festzusetzen, den dritten Kamm aber erst unmittelbar vor dem allgemeinen Angriff in Besitz zu nehmen.

Am frühen Morgen des 10. September begab sich Skobelew auf die Ostseite der Tutscheniza-Schlucht auf die westliche Kuppe des Artillerie-Berges, von wo aus die von ihm anzugreifenden Stellungen von der Seite her sich gut übersehen und unter Feuer nehmen ließen. Um diese Möglichkeit auszunutzen, schickte er nach seiner Rückkehr sofort — 10 Uhr vormittags — 2 9Pfünder-Batterien, 2./2. und 3./2., sowie 2 Geschütze der Nikopolis-Batterie*) über die Schlucht nach dem Artillerie-Berge, um von dort her sein Vorgehen zu unterstützen.

Als die Batterien die gedachte Aufstellung eingenommen, erhielt — aus welchem Grunde ist nicht ersichtlich — die 2./2. Batterie den Befehl, wieder auf die Westseite der Tutscheniza-Schlucht zurückzukehren, wo sie auch 5 Uhr nachmittags bei dem Detachement Skobelews wieder eintraf und sofort an dem Geschützkampf theilnahm.

Für den 10. September hatte Imeretinski dem Befehl Skobelews folgende Truppen unterstellt:

Die 2./2. Infanterie-Brigade mit den Regimentern Reval und Estland;

die 1./16. Infanterie-Brigade mit den Regimentern Wladimir und Susdal;

das 9. und 10. Schützen-Bataillon;

die beiden Kasaken-Brigaden Tschernosubow und Tutolmin;

die 9Pfünder-Batterien 1., 2., 3./2. und 3./3.;

die 4Pfünder-Batterien 5./3. und 4./30.;

die Nikopolis-Batterie;

die donischen Batterien Nr. 8 und Nr. 15;

im Ganzen: 14 Bataillone, 18 Sotnien und, wenn man die Etatsstärke der Batterien rechnet, 64 Geschütze; da eine ganze Anzahl der letzteren im Laufe der letzten Tage unbrauchbar geworden, so hatten mehrere Batterien eine geringere als die etatsmäßige Geschützzahl.

Das zur eventuellen Unterstützung Skobelews bestimmte zweite Echelon unter Dobrowolski bestand aus der 1./2. Infanterie-Brigade mit den Regimentern Kaluga und Libau, dem 11. und 12. Schützen-Bataillon, der 4., 5., 6./2. und der 6./3. Batterie, im Ganzen aus 8 Bataillonen und 32 Geschützen.

Gegen 2 Uhr mittags wurde der zweite Kamm vom Regiment Esthland und dem 10. Schützen-Bataillon ohne eigentliches Gefecht besetzt; die schwache türkische Postenkette, welche auf dem Kamm gestanden hatte, ging feuernd zurück.

---

*) Diese aus erbeuteten türkischen Geschützen bestehende Batterie war natürlich auch auf die erbeutete türkische Munition angewiesen, und da diese bereits knapp geworden, trat die Batterie nur noch mit zwei Geschützen auf.

Sobald die russischen Truppen auf dem zweiten Kamm sichtbar wurden, eröffneten die Geschütze der den Kamm umkränzenden Redouten ein lebhaftes Feuer, dem sich bald darauf ein allgemeines Gewehrfeuer aus den türkischen Infanteriestellungen anschloß. Verluste wurden den Russen hierdurch zugefügt, aber ihre Festsetzung auf dem zweiten Kamm konnte dadurch nicht verhindert werden.

Russischerseits wurden gegen 3 Uhr auf dem zweiten Kamm die 1./2. und bald darauf die 4./30. Batterie in Stellung gebracht, welche den Kampf mit den feindlichen Geschützen aufnahmen; um 5 Uhr rückte ferner die soeben von der Ostseite der Tutscheniza-Schlucht zurückgekehrte 2./2. Batterie in die Stellung ein, während die 4./30. Batterie um 7 Uhr in die Reserve zurückgezogen wurde.

Der Geschützkampf endete erst bei Eintritt der Dunkelheit.

Am Abend war der zweite Kamm von den Russen folgendermaßen besetzt:

Die Mitte der nach Norden frontmachenden Aufstellung bildeten auf dem höchsten Theile des zweiten Kammes die beiden 9 Pfünder-Batterien 1./2. und 2./2., für welche Deckungen aufgeworfen waren; vor der Front der Batterien lagen, am nördlichen Abhang des Kammes eingegraben, die 2. und 3. Schützen-Kompagnie des Regiments Wladimir.

Rechts der Batterien, den Raum zwischen diesen und der Chaussee deckend, lagen in einem Treffen eingegraben 4 Kompagnien Esthland; in gleicher Höhe mit ihnen, östlich der Chaussee zwischen dieser und der Tutscheniza-Schlucht, stand das 10. Schützen-Bataillon.

Links der Batterien lagen in zwei Treffen eingegraben 11 Kompagnien Esthland; ihr linker mit der Front nach dem Dorfe Krschin rechtwinklig zurückgebogener Flügel wurde verlängert durch das ebenfalls in zwei Treffen eingegrabene 1. Bataillon Wladimir.

1 Wladikaukas-Sotnie, als Postenkette aufgelöst, umgab die Hauptstellung vom Dorfe Krschin bis zur Chaussee; jenseits derselben bis zur Tutscheniza hinunter standen Donzen.

Das 2. und 3. Bataillon Wladimir (ohne Schützen-Kompagnien) standen in dem Grunde zwischen dem zweiten und ersten Kamm.

Im Brestowez-Grund, d. h. hinter dem ersten Kamm, stand das Regiment Susdal mit der 4./30. Batterie; weiter links war Brestowez von 1 Bataillon Kaluga mit 2 Geschützen der 3./3. Batterie besetzt; links von Brestowez im Mescheniza-Grund standen 5 Sotnien Wladikaukas.

Der Rest des ersten Echelons und das ganze zweite Echelon standen hinter dem Rothen Berge.

Die ganze Aufstellung bildete also drei Staffeln:

Erste Staffel — auf und hinter dem zweiten Kamme: 7 Bataillone, 2 Batterien.

Zweite Staffel — hinter dem ersten Kamm und in Brestowez: 4 Bataillone, 1 Batterie.

Dritte Staffel — hinter dem Rothen Berge: 11 Bataillone, 6 Fuß- und 2 reitende Batterien.

Endlich standen östlich der Tutscheniza-Schlucht 1 Batterie und 2 Nikopolis-Geschütze.

132. Taktische Würdigung der Stellung auf dem zweiten Kamm. Behufs richtiger taktischer Würdigung der von Skobelew am Vorabend des allgemeinen Sturms eingenommenen Stellung müssen folgende örtliche Verhältnisse ins Auge gefaßt werden:

Die Frontausdehnung der Stellung auf dem flach nach Süden und ziemlich steil nach Norden abfallenden zweiten Kamm betrug, wenn man den zurückgebogenen Flügel mitrechnet, etwa 2500 m, die Länge der nach Norden gerichteten Front allein etwa 2000 m.

Der linke Flügel war von der Redoute Junus Bey etwa 1500 m, der rechte von der Redoute Omer Bey nicht ganz 2000 m entfernt; von beiden Redouten aus wurde die Stellung der Länge nach bestrichen.

Etwa 600 m vor der Front der Stellung erhebt sich der dritte Kamm; jenseits desselben, 2000 bis 2200 m von der Stellung auf dem zweiten Kamm entfernt, und von derselben um etwa 60 m überhöht, liegen die Plewna-Redouten.

Das Gelände in der Stellung selbst und vor der Front derselben war mit Weingärten und vereinzelten Fruchtbäumen bedeckt, bot aber, da es nach Norden zu steil abfiel, ein gutes Schußfeld.

Die Entfernung zwischen der Stellung auf dem zweiten Kamm und der befestigten Stellung erster Kamm—Brestowez betrug 2000 m; ebenso groß war die Entfernung von hier bis zur Stellung der dritten Staffel hinter dem Rothen Berge.

General Leontjew, der mit der 1./4. Kavallerie-Brigade anfangs auf dem linken Flügel des 4. Korps östlich der Tutscheniza-Schlucht gestanden, war auf die Westseite derselben übergegangen und am Abend auf den linken Flügel Jmeretinskis gerückt.

Die Verbindung mit der am 8. September bei Riben auf das linke Wid-Ufer übergegangenen Kavallerie unter Loschkarew war trotz mehrfacher in den letzten Tagen gemachter Versuche noch nicht hergestellt worden.

133. Rückblick auf die artilleristische Vorbereitung des Angriffs am 7., 8., 9. und 10. September. Nachdem wir so die Vorgänge nachgeholt haben, welche sich auf der Westseite der Tutscheniza-Schlucht abspielten, während östlich dieser Schlucht der große Artilleriekampf tobte, werfen wir einen zusammenfassenden Rückblick auf den Verlauf und die Ergebnisse dieses letzteren:

Am 7. September hatten im Feuer gestanden:
a) 24 rumänische
    24 9 Pfünder- } 56 Geschütze gegen die Griviza-Werke;
    8 Belagerungs-
b) 72 9 Pfünder- } 84 Geschütze gegen die Werke des mitt-
    12 Belagerungs-   leren Abschnitts.

140 Geschütze im Ganzen.

Nachdem auf dem rechten Flügel eine Anzahl rumänischer Batterien, im Centrum eine Anzahl 4 Pfünder-Batterien und auf dem linken Flügel einige Batterien Imeretinskis in den Kampf eingetreten waren, feuerten am 8. September:

a) 54 rumänische
    24 9 Pfünder- } 86 Geschütze gegen die Griviza-Werke;
    8 Belagerungs-
b) 72 9 Pfünder-
    24 4 Pfünder- } 108 Geschütze gegen die Werke des mitt-
    12 Belagerungs-   leren Abschnitts;
c) 16 9 Pfünder- } 20 Geschütze gegen die Werke des süd-
    4 Nikopolis-   lichen Abschnitts.

214 Geschütze im Ganzen.

Zahl und Vertheilung der feuernden Geschütze ändert sich jetzt nur unbedeutend; es feuerten

am 9. September:
a) 54 rumänische
    24 9 Pfünder- } 78 Geschütze gegen die Griviza-Werke;
b) 72 9 Pfünder-
    24 4 Pfünder- } 116 Geschütze gegen die Werke des mitt-
    20 Belagerungs-   leren Abschnitts;

c) 24 9Pfünder- ⎫ 28 Geschütze gegen die Werke des südlichen
    4 Nikopolis= ⎬   Abschnitts;
222 Geschütze im Ganzen.

am 10. September:

a) ⎫
b) ⎬ unverändert wie am 9. September;

c) 16 9Pfünder= ⎫ westlich der   ⎫
    8 4Pfünder= ⎬ Tutscheniza=Schlucht ⎬ 34 Geschütze gegen
    8 9Pfünder= ⎫ östlich der   ⎬ die Werke des süd=
    2 Nikopolis= ⎬ Tutscheniza=Schlucht ⎭ lichen Abschnitts;
228 Geschütze im Ganzen.

Die hier genannten Zahlen der feuernden Geschütze sind berechnet nach der etatsmäßigen Geschützzahl der im Feuer stehenden Batterien, diese Rechnung ist aber für die letzten Tage nicht mehr ganz maßgebend.

Durch das ununterbrochene mehrtägige Feuer zum Theil auf solche Entfernungen, daß man den Geschützen eine übermäßig hohe Elevation hatte geben müssen, waren zahlreiche Laffeten und selbst eine Anzahl Rohre unbrauchbar geworden, und es gab Batterien, welche statt mit acht nur noch mit sechs oder weniger Geschützen feuerten.

Durch den massenhaften Munitionsverbrauch der letzten Tage waren außerdem die vorhandenen Munitionsvorräthe bedenklich erschöpft, auf rechtzeitigen Ersatz derselben war aber um so weniger zu rechnen, als das bis dahin schöne Wetter am Abend des 10. September plötzlich umschlug und das eintretende Regenwetter sehr schnell alle schon an und für sich mangelhaften Wege unbrauchbar zu machen drohte.

Dabei konnte man sich nicht mehr verhehlen, daß trotz aller der russischen Artillerie zugemutheten Anstrengungen ein positives Ergebniß nicht erreicht worden war; die türkische Artillerie war trotz ihrer verhältnißmäßig sehr geringen Geschützzahl nicht im Geringsten zum Schweigen gebracht; die türkischen Werke waren nicht nur nicht zerstört, sondern unter dem furchtbaren Feuer Tag für Tag verstärkt worden.

Unter diesen Umständen erschien es nicht gerathen, den Artilleriekampf noch länger fortzusetzen; der Sturm, der durch die Beschießung eingeleitet werden sollte, mußte also entweder ganz aufgegeben oder sofort unternommen werden.

Man entschloß sich zu Letzterem.

134. Allgemeine Angriffsdisposition für den 11. September. Der allgemeine Sturm auf das verschanzte Lager von Plewna war also für den 11. September beschlossen und der Beginn desselben auf 3 Uhr nachmittags festgesetzt worden. Dieser Zeitpunkt und nicht der Tagesanbruch war aus zwei Gründen gewählt worden: erstens sollte den Truppen auf diese Weise ein halber, vermuthlich sehr schwerer Gefechtstag erspart werden, und zweitens sollte die Artillerie den Vormittag noch zur vorbereitenden Beschießung benutzen. Um die Türken, welche unter diesen Umständen auf einen Sturmangriff gefaßt sein mußten, über den Augenblick des Beginnes desselben möglichst irre zu führen, und um ihre Aufmerksamkeit und Spannung möglichst zu ermüden und einzuschläfern, wurde angeordnet, daß das möglichst verstärkte Geschützfeuer bei Tagesanbruch zu beginnen, um 9 Uhr plötzlich überall gleichzeitig aufzuhören, um 11 Uhr wieder zu beginnen und um 1 Uhr abermals plötzlich und gleichzeitig aufzuhören habe. Demnächst um $2^1/_2$ Uhr abermals aufgenommen, hatte das Feuer bis auf Weiteres fortzudauern, und nur diejenigen Batterien, in deren Schußlinie eigene Truppen gerathen, hatten für die entsprechende Zeit ihr Feuer einzustellen.

Die Disposition zum Angriff hatte folgenden Wortlaut:

1. Um 3 Uhr nachmittags beginnt die Bewegung zum Angriff.

2. Die rumänische Armee richtet ihren Angriff gegen die nördliche Befestigung. Zur Mitwirkung bei diesem Angriff wird 1 Infanterie-Brigade des 9. Korps mit 2 4 Pfünder-Batterien von Griwiza aus vorgeschoben; dieselbe hat die linke Flanke der rumänischen Armee gegen etwaige Unternehmungen der feindlichen Reserven zu sichern. 2 Bataillone dieser Brigade sollen zusammen mit den Rumänen die nördliche Befestigung von Südwesten her angreifen.

3. Von den übrigen Truppen des 9. Armeekorps decken 2 Regimenter die Linie unserer Batterien; 2 Regimenter mit 3 4 Pfünder-Batterien bilden (für die erstgenannten 2 Regimenter) die Reserve und stehen vor Radischewo am rechten Rande der Schlucht.

Regiment Galitsch mit 1 Batterie bleibt in der Hauptreserve.

4. Regiment Alt-Ingermanland Nr. 9 (der 3. Division) nebst der bei ihm befindlichen Batterie steht auf dem linken Flügel der Belagerungs-Batterien.

5. Der Kommandirende des 4. Korps, Generallieutenant Krylow, greift mit der 2./16. Brigade, unterstützt durch die 1./30. Brigade,

diejenigen feindlichen Verschanzungen an, welche sich vor den Batterien seines linken Flügels befinden.

Hinter dieser Kolonne folgt die aus 3 Regimentern Infanterie und 3 Batterien bestehende Hauptreserve.

6. Bei der Hauptreserve wird sich der Kommandirende der West-Armee befinden.

7. Das Detachement des Generals Skobelew — 1./16. Infanterie-Brigade, 3. Schützen-Brigade, 1 Regiment der 2. Infanterie-Division, 3 9Pfünder-Batterien und 1 4Pfünder-Batterie — greift das befestigte feindliche Lager an, welches die Stadt Plewna auf der Seite der von Lowtscha kommenden Chaussee deckt.

8. Als Reserve für das Detachement des Generals Skobelew, mit der Aufgabe, dessen Angriff zu unterstützen und dessen linke Flanke zu sichern, folgen die übrigen Regimenter der 2. Infanterie-Division mit ihren Batterien unter dem Kommando des Generals Imeretinski.

9. Der Kommandeur der 1./4. Kavallerie-Brigade, General Leontjew, mit seiner Brigade und mit den beiden ihm unterstellten Kasaken-Brigaden Tschernosubow und Tutolmin deckt die linke Flanke der ganzen Schlachtordnung und geht angriffsweise in der Richtung auf die Sofia-Straße nach Dubnjak zu vor, wo er mit der Kavallerie des Generals Loschkarew in Verbindung tritt.

10. Die Kavallerie des Generals Loschkarew geht energisch gegen diejenigen türkischen Truppen vor, welche etwa am linken Ufer des Wid auftreten sollten, und tritt in Verbindung mit der Kavallerie des Generals Leontjew.

11. Die Kalaraschen-Brigade des Obersten Rosnovanu deckt wie bisher die rechte Flanke der rumänischen Armee. Das Husaren-Regiment Kiew Nr. 9 bleibt auf der Chaussee Bulgareni—Plewna und hält die Verbindung zwischen dem 9. Korps und der rumänischen Armee. Das Husaren-Regiment Mariopol Nr. 4 mit der 8. reitenden Batterie befindet sich bei der Hauptreserve.

Alle weiteren Befehle werden auf dem Schlachtfelde gegeben.

Unterschrieben war die Disposition in den für die Rumänen bestimmten Exemplaren vom Fürsten Karl, in den für die Russen bestimmten Exemplaren vom General Sotow.

Neunzehnter Abschnitt.

Der Entscheidungskampf am 11. September auf der Griviza-Front.

135. Rumänische Angriffsdisposition und Artillerievorbereitung. Dem rumänischen Armeekorps war durch die Disposition der Angriff auf „die nördliche Befestigung" aufgetragen, wobei eine Brigade des russischen 9. Korps im Allgemeinen „zur Sicherung der linken Flanke der Rumänen", mit zwei Bataillonen aber direkt zur Unterstützung des Angriffs mitwirken sollte.

Ueber die sogenannte „nördliche Befestigung" herrschte bei den Russen und Rumänen (wie bereits früher bemerkt) ein eigenthümlicher Irrthum.

Auf der östlichen Kuppe des Janik Bair waren bereits seit Ende Juli zwei Redouten erbaut, deren nördliche von den Türken Sabuk Pascha-Redoute, deren südliche Kanly- (Blut-) Redoute genannt wurde. Beide Redouten waren durch einen etwa 400 m langen Laufgraben miteinander verbunden, welcher von der Nordface der südlichen und von der Südface der nördlichen Redoute flankirt wurde; die südliche Redoute wurde von der nördlichen etwas überhöht. Die eigenartige Gestaltung des Geländes brachte es mit sich, daß in einer gewissen Entfernung von Süden und Osten aus nur die südliche, von Norden aus nur die nördliche Redoute zu sehen war; so waren Russen und Rumänen zu der Ansicht gekommen, daß an jener Stelle überhaupt nur eine Redoute vorhanden sei, die man allgemein „Griviza-Redoute" nannte. Später wurde die südliche Redoute „Erste Griviza-Redoute", die nördliche „Zweite Griviza-Redoute" genannt.

Unter der Voraussetzung, es nur mit einer Redoute zu thun zu haben, hatte General Tschernat — Kommandirender des rumänischen Korps seit der Ernennung des Fürsten Karl zum Oberbefehlshaber der vereinigten West-Armee — folgende Anordnungen getroffen:

Die 3. Division sollte — unter gleichzeitiger Demonstration gegen das sogenannte „Verschanzte Lager" bei der Redoute Basch Tabia, d. h. gegen die Werke auf dem mittleren Kamm des Janik Bair — von Norden her die Redoute angreifen; von der 4. Division sollte dies zu derselben Zeit von Osten her geschehen, während man von Südwesten her den gleichzeitigen Angriff der russischen Brigade erwarten zu dürfen glaubte, welche übrigens dem General Tschernat nicht unterstellt war.

Nach der rumänischen Darstellung hatte General Tschernat um 9 Uhr morgens einen rumänischen Offizier an den General Schilber-Schuldner, Kommandeur der 5. russischen Infanterie-Division, deren eine Brigade zur Kooperation mit den Rumänen bestimmt war, abgeschickt, um ihm genau anzugeben, von wo und auf welchen Wegen die rumänischen Kolonnen um 3 Uhr gegen die Redoute vorgehen würden. General Schilber-Schuldner erwiderte, daß die russischen Bataillone zu derselben Zeit gegen die Redoute vorgehen würden.

Die 2. rumänische Division sollte die allgemeine Reserve bilden.

Die rumänische Artillerie, welche einige weitere Batterien in Stellung gebracht und einige Batterien näher an die feindliche Stellung heran vorgeschoben hatte, eröffnete am 11. September um 6 Uhr morgens ein lebhaftes Feuer, welches um 10 Uhr unterbrochen, um 12 Uhr wieder aufgenommen und von 2 Uhr an aufs Aeußerste verstärkt wurde. Während dieser ganzen Zeit war der Nebel so stark, daß man kaum 50 Schritt weit sehen konnte; gegen 3 Uhr wurde es heller.

Um 3 Uhr traten die Truppen zum Angriff an.

Wir verfolgen nunmehr die Thätigkeit der einzelnen Sturmkolonnen.

136. Angriff der 3. rumänischen Division. Die 3. Division unter Oberst Georg Angelescu formirte sich in der Schlucht von Bukowa, etwa 1600 m von der feindlichen Stellung entfernt. Die 1. Brigade, Oberst Jpatescu, sollte mit 3 Bataillonen die Griviza-Redoute von Norden her angreifen, mit 2 Bataillonen gegen das „Verschanzte Lager" (Basch Tabia) demonstriren; die 2. Brigade, Oberst Gramont, 7 Bataillone stark, sollte als Reserve folgen.

Um 3 Uhr trat die Brigade Jpatescu den Vormarsch an. Das 10. Dorobanzen-Regiment zog sich sofort rechts zu der befohlenen Demonstration gegen die Nordfront der feindlichen Stellung; ein Angriff auf die feindlichen Schützengräben wurde mit Verlust abgewiesen, worauf das Regiment zurückging.

Das Gros der Brigade war inzwischen in südöstlicher Richtung vorgegangen und hatte eine Höhe erreicht, welche von der noch etwa 500 m entfernten feindlichen Verschanzung durch eine tiefe bewaldete Schlucht getrennt ist. Das 1. Bataillon des 8. Linien-Regiments stieg unter mörderischem Feuer in den Grund nieder, erklomm den jenseitigen Hang desselben und bemerkte nun erst das Vorhandensein von zwei Redouten, wo man bisher nur eine angenommen hatte. Mit großer Entschlossenheit warf sich das Bataillon auf die ihm zunächst gelegene nördliche Redoute, gelangte auch bis in den Graben, vermochte aber die Brustwehr nicht zu ersteigen; nach schweren Verlusten, darunter alle Offiziere bis auf einen Lieutenant, mußte es den Rückzug antreten.

Auch dem im zweiten Treffen folgenden 2. Bataillon desselben Regiments und dem 3. Jäger-Bataillon gelang es nicht, die Redoute zu nehmen. Nachdem die Brigade Jpatescu 26 Offiziere und etwa 1200 Mann verloren, mußte sie den Angriff aufgeben.

Die Brigade Gramont, welche nunmehr hätte eingreifen sollen, hatte sich auf ihrem Vormarsch verspätet oder infolge des Nebels und des unübersichtlichen Geländes eine falsche Richtung eingeschlagen, jedenfalls war sie nicht zur Stelle. Der Angriff der 3. Division war um 5 Uhr als gescheitert anzusehen.

137. **Angriff der 4. rumänischen Division.** Die 4. Division — Oberst Alexander Angelescu — hatte sich zum Angriff auf die Ostfront der Redoute folgendermaßen formirt:

Die 1. Brigade, Oberst Boronescu, hatte das 2. Jäger-Bataillon und das 1. Bataillon 5. Linien-Regiments im ersten, das 13. Dorobanzen-Regiment und das 2. Bataillon des 5. Linien-Regiments im zweiten Treffen; das zu derselben Brigade gehörende 15. Dorobanzen-Regiment und die ganze aus 6 Bataillonen bestehende 2. Brigade unter Oberst Cantili folgte hinter dem linken Flügel als Reserve; im Ganzen waren hier 13 Bataillone verfügbar.

Um 3 Uhr trat die Division den Vormarsch an, der zunächst im Gelände gute Deckung fand, die aber etwa 900 m vor der feindlichen Stellung aufhörte. Ein ziemlich weit vor die Redoute vorgeschobener Schützengraben wurde genommen, aber der Versuch, gegen die südliche Redoute selbst vorzudringen, wurde mit großem Verlust abgewiesen.

Von dem Vorhandensein einer zweiten, nördlichen Redoute dicht bei der angegriffenen südlichen Redoute und von dem ganzen erbitterten und blutigen Kampf der 3. Division scheint man in der 4. Division nichts wahrgenommen zu haben; man war vielmehr sehr erstaunt, weder die 3. Division noch die Russen erscheinen zu sehen, die doch dispositionsgemäß gleichzeitig mit der 4. Division die

Griviza-Redoute angreifen sollten. Nachdem indessen Oberst Angelescu seine geworfenen Truppen gesammelt und geordnet, macht er gegen 4 Uhr einen zweiten Angriffsversuch gegen die südliche Redoute, der abermals scheiterte. Die Truppen sammelten sich in dem zu Anfang genommenen Schützengraben und einigen benachbarten Geländefalten. Der Verlust war sehr groß. Es war gegen 5 Uhr.

General Tschernat, welcher das Scheitern der Angriffe beider Divisionen wahrgenommen, verfügte — ganz abgesehen von der noch intakten Brigade Gramont der 3. Division — noch über die ganze Reserve-Division unter Oberst Cherchez, in Stärke von 17 Bataillonen; indessen hegte er große Besorgniß vor einer Offensive der Türken von Bukowa aus gegen den rechten rumänischen Flügel und glaubte für diesen Fall die Reserve-Division in Bereitschaft halten zu müssen.

138. **Angriff der russischen 1./5. Infanterie-Brigade. Einnahme der ersten Griviza-Redoute.** Inzwischen griffen endlich auch die Russen in die Aktion ein.

Die 1./5. Infanterie-Brigade unter General Robionow — Regimenter Archangel Nr. 17, Wologda Nr. 18 und 4., 6./5. Batterie — hatte um 3 Uhr den Griviza-Bach überschritten und westlich des Dorfes Griviza an der Chaussee, Front nach Norden, Aufstellung genommen: Beide Batterien in der Mitte, Regiment Archangel rechts, Regiment Wologda links; jedes Regiment hatte 1 Schützen-Kompagnie aufgelöst und formirte dahinter aus seinen 3 Bataillonen drei Treffen, von denen die beiden ersten in Kompagniekolonnen, das hinterste in Bataillonskolonne. Eine Kompagnie des 3. Sappeur-Bataillons und eine aus Mannschaften beider Regimenter zusammengesetzte Arbeiter-Kompagnie machten die Angriffsbewegung der Brigade mit; die 6. Sotnie des 34. donischen Kasaken-Regiments bildete die rechte Flankendeckung der Brigade.

Beide Batterien eröffneten das Feuer auf die Griviza-Redoute, welche etwa 1600 m entfernt war.

Gegen das Feuer aus dieser Redoute selbst fand die Brigade vorläufig gute Deckung im Gelände; als inzwischen sich aber der Nebel aufhellte, wurde die Stellung der Brigade von den Werken des mittleren Abschnitts aus bemerkt, und die Redouten Ibrahim Bey und Tschorum eröffneten auf etwa 2000 m gegen linke Flanke und Rücken der russischen Brigade ein lebhaftes und wirksames Feuer; ein Munitionswagen der 6./5. Batterie flog in die Luft.

Weshalb General Rodionow solange mit dem Vorgehen gegen die Griwiza-Redoute gezögert, ist schwer verständlich; er scheint erst auf besonderen Befehl zum Angriff angetreten zu sein.

Um 5 Uhr setzte sich die Brigade in der angegebenen Formation in Bewegung und gerieth nun auch sofort in ein äußerst heftiges Feuer aus der Griwiza-Redoute und den anliegenden Schützengräben.

Zwischen der russischen Stellung und der Redoute lagen hintereinander drei Schluchten, welche General Rodionow bei dem Vorführen seiner Brigade dazu benutzte, seinen Truppen, gedeckt vor direktem Feuer, einen kurzen Halt zu gewähren. Während des Halts in der zweiten Schlucht, etwa 1000 m vor der Redoute, ließ Rodionow die Truppen sich ordnen, auch wurde hier nach rechts die Verbindung mit Theilen der 4. rumänischen Division aufgenommen, welche nach den mißglückten beiden Angriffsversuchen sich inzwischen wieder geordnet hatten und nun zum dritten Mal gegen die Redoute vorgingen.

Nachdem die russische Brigade in der dritten Schlucht, 600 m vor der Redoute, nochmals Halt gemacht, wurde von hier aus, ohne zu feuern, mit Hurrah zum Sturm vorgebrochen.

Das Regiment Archangel, dessen Kommandeur, Oberst Schlitter, hier tödlich getroffen fiel, warf sich geradeaus auf die Redoute, drang in den Graben ein, machte die den Rand desselben besetzt haltenden türkischen Schützen nieder und erkletterte die 3 m hohe vom Regen schlüpfrig gewordene Brustwehr. Gleichzeitig drangen von Osten her rumänische Truppen, namentlich Abtheilungen des 2. Jäger-Bataillons unter Major Popesco und solche des 14. Dorobanzen-Regiments, in die Redoute ein, von Westen her aber einige Kompagnien des Regiments Wologda, welche die Redoute umgangen und sich des Kehleingangs bemächtigt hatten. Ein Theil der türkischen Besatzung hatte sich rechtzeitig geflüchtet, der Rest wurde in wüthendem Gemetzel niedergemacht; um 6½ Uhr war die südliche Griwiza-Redoute in den Händen der Russen und Rumänen.

Das Gros des Regiments Wologda unter Oberst Rykatschew war, die Redoute rechts lassend, gegen das sogenannte „Verschanzte Lager" (Basch Tabia) vorgedrungen und hatte so die Besatzung dieser Werke verhindert, den Griwiza-Redouten zu Hülfe zu eilen. Ein Theil der Werke des „Lagers" fiel vorübergehend in die Hände des Regiments Wologda, aber von der nördlichen Griwiza-Redoute aus heftig beschossen und von keinen frischen Truppen unterstützt, mußten die Russen gegen 7 Uhr abends hier den Rückzug auf die inzwischen eroberte südliche Redoute antreten.

Hier waren zunächst alle Verbände aufgelöst, und das fortgesetzte Feuer aus der nördlichen Redoute sowie die schnell hereinbrechende Dunkelheit trugen zur Vermehrung der Unordnung bei.

Dem Oberst Rykatschew, welcher für den verwundeten General Rodionow das Kommando übernommen, gelang es schließlich, die durcheinandergekommenen Bataillone zu ordnen und theils in der Redoute selbst, theils in den benachbarten Schützengräben aufzustellen.

Bald darauf traf General Schilder-Schuldner, der Kommandeur der 5. russischen Infanterie-Division, ein und übernahm persönlich das Kommando in der Redoute.

Der Kommandeur der 4. rumänischen Division hatte noch am Abend das 13. Dorobanzen-Regiment und eine Batterie zur Verstärkung der Redoutenbesatzung abgeschickt; beide Abtheilungen verirrten sich indessen in der Dunkelheit; die Batterie kehrte um, das 13. Dorobanzen-Regiment erreichte die Redoute erst bei Tagesanbruch.

Nach russischen Angaben erfolgten während der Nacht drei türkische Gegenangriffe auf die genommene Redoute, die alle drei mit Verlust abgewiesen wurden; nach der türkischen Darstellung können dies nur ganz unbedeutende Plänkeleien einzelner schwacher Trupps gewesen sein.

139. **Verluste.** Die am heutigen Tage im Gefecht gewesenen 18 rumänischen Bataillone verloren im Ganzen 16 Offiziere, 1335 Mann todt, 42 Offiziere, 1176 Mann verwundet, zusammen 58 Offiziere und 2511 Mann, d. h. im Durchschnitt 24 pCt. der Gefechtsstärke. Das 2. Jäger-Bataillon hatte bei einer Gefechtsstärke von 11 Offizieren und 646 Mann an Todten und Verwundeten 7 Offiziere und 400 Mann verloren, d. h. 62,5 pCt.

Von der russischen Brigade, deren Kommandeur selbst verwundet war, verlor Regiment Archangel: 102 Mann todt, 6 Offiziere, 355 Mann verwundet; Regiment Wologda: 2 Offiziere, 129 Mann todt, 11 Offiziere, 414 Mann verwundet.

Gesammtverlust der Brigade: 2 Offiziere, 231 Mann todt; 1 General, 17 Offiziere, 769 Mann verwundet; zusammen 1 General, 19 Offiziere, 1000 Mann, d. h. bei einer Gefechtsstärke von durchschnittlich etwa 700 Mann pro Bataillon ebenfalls 24 pCt.

Der Gesammtverlust der Russen und Rumänen bei dem Angriff auf die Griviza-Werke belief sich also auf 78 Offiziere und 3511 Mann.

140. Verhältnisse auf türkischer Seite. Türkischerseits hatte bei Beginn des Kampfes die Besatzung der nördlichen Redoute bestanden aus 2 Bataillonen (1./2. II. und 3./2. II.) mit 4 Geschützen, die der südlichen Redoute aus 1 Bataillon (2./2. II.) mit 2 Geschützen. Da das Bataillon in der südlichen Redoute durch das Geschützfeuer und die ersten Angriffe der Rumänen bedeutende Verluste erlitten hatte, so war es durch das 2./4. II. Bataillon abgelöst worden; woher dies letztere genommen, ist nicht bekannt. Dieses Bataillon ist dann bei der Erstürmung der Redoute zum Theil vernichtet worden; die beiden Geschütze — 1 4 Pfünder und 1 Gebirgs-3 Pfünder — fielen in die Hände der Russen.

Auf der Nord- oder Bukowa-Front, d. h. in den Werken auf dem westlichen und mittleren Kamm des Janik Baïr, standen ursprünglich 9 Bataillone mit 12 Geschützen. Während die Geschütze wohl alle in ihren Stellungen blieben, wurde der größte Theil der Bataillone im Laufe des 11. September auf den rechten Flügel gezogen, und man kann annehmen, daß während des Kampfes um die Griwiza-Redouten den 48 russisch-rumänischen Bataillonen auf diesem Theil des Schlachtfeldes nicht mehr als 4 bis 6 türkische Bataillone gegenübergestanden haben.

Zwanzigster Abschnitt.

Der Entscheidungskampf am 11. September auf der Radischewo-Front.

141. Artillerievorbereitung. Im Centrum hatten am Morgen des 11. September die russischen Batterien dieselbe Aufstellung wie am gestrigen Tage und (vom rechten nach dem linken Flügel zu) folgende Feuerziele:

1., 2./5. Batterie: Redoute Atuf.

3./5., 1., 2., 3./30. Batterie: Redouten Ibrahim, Atuf, Tschorum.

1., 2./16. Batterie: Redoute Atuf, von Beginn des Sturmes an der Raum hinter Redoute Omer Bey.

4., 6./16. Batterie: Redoute Omer Bey.

3./16. Batterie: Redoute Issa Baba, von 2 Uhr an Redoute Omer Bey.

3./2. Batterie und Nikopolis-Geschütze: Plewna-Redouten.

5./16. Batterie: Laufgräben zwischen Redoute Omer Bey und Tutscheniza-Schlucht.

16 Belagerungsgeschütze: die Werke des mittleren Abschnitts, besonders Redoute Ibrahim.

4 Belagerungsgeschütze: Stadt Plewna.

Einzelne Batterien konnten infolge erlittener Beschädigungen nur mit verminderter Geschützzahl feuern, so z. B. die 5./16. Batterie nur mit 6, die 3./16. Batterie sogar nur mit 4 Geschützen.

Das Feuer wurde um 7 Uhr früh eröffnet und mit den von der Disposition vorgeschriebenen Pausen weitergeführt. Die türkische Artillerie antwortete in gewohnter Art.

142. Aufstellung und Bestimmung der russischen Infanterie. Aufstellung und Bestimmung der Infanterie des Centrums war folgende:

Die 31. Infanterie-Division mit den 3 4 Pfünder-Batterien Nr. 4, 5., 6./31. war zur Deckung der großen Artillerieaufstellung bestimmt.

Regiment Pensa hatte im Besonderen den linken Flügel dieser Aufstellung — Theile der 2. und ganze 16. Artillerie-Brigade — zu decken, Regiment Tambow den rechten Flügel — 30. und 5. Artillerie-Brigade. Beide Regimenter hatten Schützenlinien über die Stellung der Batterien hinaus vorzuschieben.

Die Regimenter Koslow und Woronesch mit den drei Batterien standen als Reserve der Deckungstruppen hinter der Radischewo-Höhe.

Die 31. Division war dem mit der Leitung des Angriffs im Centrum beauftragten General Krylow nicht unterstellt.

Dem General Krylow waren zum Angriff „auf die Werke vor dem linken Flügel der Batterien" vier Regimenter überwiesen worden: die 2./16. Brigade mit den Regimentern Uglitsch und Kasan, und die 1./30. Brigade mit den Regimentern Jaroslaw und Schuja.

General Krylow hatte in seiner am Abend des 10. September ausgegebenen Disposition die besondere Leitung des Angriffs dem General Schnitnikow, Kommandeur der 30. Infanterie-Division, übertragen, ohne nähere Weisungen über Richtung und Ausführung des Angriffs hinzuzufügen, nur war darauf aufmerksam gemacht, die

Truppen hätten Sturmzubehör, Schanzzeug und Lebensmittel für zwei Tage mitzunehmen.

General Schnitnikow seinerseits bestimmte die 2./16. Brigade in erster Linie zum Angriff, die 1./30. Brigade zur Unterstützung; Regiment Uglitsch soll die Redoute Omer Bey angreifen, Regiment Kasan die Laufgräben zwischen dieser Redoute und der Tutscheniza-Schlucht; Regiment Jaroslaw soll dem Regiment Uglitsch, Regiment Schuja soll dem Regiment Kasan als Unterstützung folgen.

General Schnitnikow gab diesen Befehl an seinen Stabschef, Oberst Tichmenew, in Gegenwart des Generals Krylow, welcher hinzufügte, die Bestimmung, den Sturm um 3 Uhr zu beginnen, sei nicht ganz unbedingt zu nehmen, Alles werde von dem Gange des Gefechts bei Skobelew abhängen.

Regiment Kasan, welches bisher in der Rabischewo-Schlucht gedeckte Aufstellung gehabt, rückte bald nach 11 Uhr an die Artillerielinie heran und nahm Aufstellung hinter den 9 Pfündern der 16. Brigade, 1. und 2. Bataillon im ersten, 3. Bataillon im zweiten Treffen, jedes Bataillon in Kompagniekolonnen in zwei Linien; die 1. und 2. Schützen-Kompagnie schwärmten vor den Batterien aus.

Regiment Uglitsch nahm rechts vom Regiment Kasan Aufstellung, die Regimenter Jaroslaw und Schuja entsprechend dahinter.

Alle vier Regimenter hatten um 11 Uhr ihre Stellungen eingenommen, ohne bei dem Einrücken in dieselben Verluste zu erleiden.

143. Das Gelände. Das Gelände vor den russischen Batterien fiel zu der türkischen Stellung hin auf 1000 m Länge sanft ab, dann stieg es auf 150 m Länge steil zu dem Kamm an, auf welchem die türkische Stellung lag. Der Zwischenraum zwischen beiden Stellungen war mit hohem Kukuruz bestanden gewesen, die Türken hatten denselben bis auf 500 m vor ihrer Stellung geschnitten und sich so ein freies Schußfeld geschaffen.

Die Redoute Omer Bey hatte ein starkes Profil und war zu einer doppelten Infanterie-Feuerlinie eingerichtet, ein vor der Redoute liegender Schützengraben bildete eine dritte Feuerlinie.

Von der Redoute bis zur Tutscheniza-Schlucht zogen sich auf 1200 m Länge Schützengräben hin, welche eine zweifache, stellenweise eine dreifache Feuerlinie bildeten. Der rechte Flügel dieser Schützengräben war durch eine kurze, steile felsige Schlucht gedeckt, welche senkrecht in die Tutscheniza-Schlucht einmündet.

144. Verfrühter Angriff der Regimenter Uglitsch und Jaroslaw. Bald nachdem die zum Sturm bestimmten Regimenter ihre oben angegebene Stellung eingenommen, wurde von der Westseite der Tutscheniza-Schlucht her ein immer heftiger werdendes Gewehrfeuer hörbar; gleichzeitig wurde das gegen die russischen Batterien des Centrums gerichtete Gewehrfeuer stärker und stärker, dabei war Alles in Nebel gehüllt, so daß man kaum 50 Schritt weit sehen konnte. Oberst Tichmenew, Generalstabsoffizier der 16. Division, kam unter diesen Umständen zu der Annahme, die Türken seien diesseits der Tutscheniza-Schlucht im Vorgehen gegen die russischen Batterien begriffen und diese bedroht.

Obwohl zur Deckung dieser Batterien vier Infanterie-Regimenter ganz besonders bestimmt und dementsprechend aufgestellt waren, hielt Oberst Tichmenew es doch für angezeigt, den Teten-Kompagnien des Regiments Uglitsch den Befehl zum Vorgehen zu geben, „um die Batterien zu schützen."

Alle Stabsoffiziere und Kompagnieführer dieses Regiments waren augenblicklich bei dem im zweiten Treffen stehenden 3. Bataillon um den Regimentskommandeur versammelt, um von diesem nähere Weisungen über den auszuführenden Angriff zu erhalten; der Nebel verhinderte, von hier aus das zu bemerken, was bei den vorderen Bataillonen vorging.

Plötzlich eilte von dort ein Fähnrich auf die versammelten Offiziere zu mit der Meldung: Oberst Tichmenew gab dem 1. Bataillon den Befehl zum Vorgehen mit dem Ruf: „Ein Hundsfott, wer die Kameraden im Stich läßt!"

Der Regimentskommandeur und die übrigen Offiziere eilten nun nach vorwärts, wo das 1. Bataillon bereits im vollen Vormarsch ist; das 2. Bataillon schließt sich rechts an, und das eigentlich im zweiten Treffen stehende 3. Bataillon setzt sich auch rechts neben das 2. Bataillon, so daß das ganze Regiment in einer Linie vorgeht; der Regimentskommandeur scheint keinen Versuch gemacht zu haben, die Bewegung aufzuhalten. Links schließen sich auch die beiden ausgeschwärmten Schützen-Kompagnien des Regiments Kasan an, und der Kommandeur des Regiments Jaroslaw, welcher nur weiß, daß er bei dem bevorstehenden Angriff das Regiment Uglitsch unterstützen soll, läßt sein Regiment ebenfalls antreten.

General Schnitnikow, der zur Zeit behufs Empfangnahme weiterer Befehle zu dem weiter rückwärts haltenden General Krylow berufen war, sprengte auf die Nachricht von dem übereilten Vorbrechen zwar nach vorn, konnte aber die Bewegung der beiden Regimenter nicht mehr aufhalten.

Regiment Uglitsch setzte inzwischen, bereits unter starken Verlusten, den durch den aufgeweichten Boden und den hohen Kukuruz sehr erschwerten Vormarsch fort. Niemand wußte, was eigentlich der Zweck der Bewegung war; die einzelnen Führer dirigirten daher ihre Abtheilungen nach Gutdünken. Alle Stabsoffiziere und die meisten Kompagnieführer sind bereits todt oder verwundet, da macht das Regiment etwa 400 m vor der Redoute Halt und beginnt zu feuern. Unter dem mörderischen Geschütz- und Gewehrfeuer, welches nicht nur von der Redoute Omer Bey in der Front, sondern auch von den Redouten Ibrahim und Atuf von der Flanke her gegen die Angreifer gerichtet wird, wachsen die Verluste von Minute zu Minute.

Als das Regiment Jaroslaw die Feuerlinie des Regiments Uglitsch erreicht, ist diese zum Theil schon im Zurückgehen begriffen. Regiment Jaroslaw geht noch etwas weiter gegen die Redoute vor, fällt dann auch in ein stehendes Feuergefecht und tritt nach einiger Zeit den Rückzug an.

Regiment Uglitsch geht in seine alte Stellung hinter den Batterien der 16. Artillerie-Brigade, Regiment Jaroslaw geht auf Rabischewo zurück; ersteres hat 22 Offiziere, 1200 Mann, letzteres 26 Offiziere, 1000 Mann verloren.

Die beiden Schützen-Kompagnien des Regiments Kasan, welche sich dem linken Flügel des Regiments Uglitsch angeschlossen hatten, waren den Schützengräben zwischen Schlucht und Redoute bis auf 400 m nahegekommen, hatten hier sich festgesetzt und ein längeres Feuergefecht geführt und waren dann wieder auf ihr Regiment zurückgegangen; ihr Verlust betrug 2 Offiziere, 60 Mann.

Als die beiden Regimenter Uglitsch und Jaroslaw nach ihrem vorzeitigen unglücklichen Angriff die russische Stellung wieder erreichten, war es 2 Uhr. Sie wurden hinter der Front neu formirt, waren aber zu weiterer Verwendung vorläufig nicht fähig.

145. **Angriff der Regimenter Kasan und Schuja.** Für den von der Disposition auf 3 Uhr festgesetzten Angriff standen dem General Schnitnikow daher nur noch zwei frische Regimenter zur Verfügung: Kasan und Schuja.

Die zur Geschützbedeckung bestimmten vier Regimenter der 31. Division waren dem General Krylow nicht unterstellt, daher war dieser nicht im Stande, dem General Schnitnikow ohne Weiteres zwei der unmittelbar zur Stelle befindlichen vier frischen Regimenter als Ersatz für die beiden ausfallenden Regimenter zuzuweisen; General Schnitnikow sah sich daher in der Lage, zur dispositionsmäßigen Zeit den befohlenen Angriff mit nur zwei Regimentern zu unternehmen.

Regiment Schuja erhielt Befehl, gegen die Redoute Omer Bey, Regiment Kasan gegen die Schützengräben zwischen Redoute und Tutscheniza=Schlucht vorzugehen.

Um 3 Uhr 40 Minuten traten beide Regimenter zum Angriff an.

Regiment Schuja — 2. und 3. Bataillon in Kompagniekolonnen in erster, 1. Bataillon in zweiter Linie — ging entschlossen gegen die Redoute vor, gerieth infolge des heftigen Feuers und der durch dasselbe verursachten Verluste aber bald ins Stutzen und wurde zum Rückzug genöthigt. Sein Verlust betrug 16 Offiziere, 399 Mann.

Aussichtsvoller gestaltete sich anfangs der Angriff des Regiments Kasan, welches mit dem 1. und 2. Bataillon gegen die zwischen Redoute und Schlucht liegenden Schützengräben vorging, während das 3. Bataillon als Staffel hinter dem linken Flügel folgte.

Die beiden vorderen Bataillone machten in einer flachen Mulde etwa 400 m vor der feindlichen Stellung einige Minuten Halt, um Athem zu holen, und stürzten sich dann mit Hurrah vorwärts. Die erste und nach kurzem Feuergefecht auch die 50 Schritt hinter der ersten liegende zweite Linie der Schützengräben wird genommen, aber der Versuch zur Einnahme auch der dritten Linie bleibt erfolglos. Der Kampf geht nun in ein stehendes Feuergefecht auf nahe Entfernung über; die Verluste sind bereits sehr groß, dazu die Patronen fast verbraucht.

Als die Türken in der Front zum Gegenstoß vorgehen und — nach Abweisung des Regiments Schuja — auch von der Redoute aus unterstützt werden, gehen die genommenen Schützengräben wieder verloren; etwa 100 Mann, welche sich nicht rechtzeitig dem allgemeinen Rückzuge angeschlossen, werden umringt und in erbittertem Hand= gemenge niedergemacht. Der Versuch eines Offiziers, mit einer aus zurückgehenden Mannschaften rasch gesammelten Abtheilung den umringten Kameraden zu Hülfe zu eilen und ihnen den Weg frei zu machen, hatte keinen Erfolg gehabt; fast alle hierbei betheiligten Leute wurden getödtet oder verwundet.

Bei Einbruch der Dämmerung trafen die Trümmer der beiden Bataillone in der Artilleriestellung wieder ein, sie (d. h. die acht

Linien-Kompagnien, da die beiden Schützen-Kompagnien an diesem Angriff nicht betheiligt waren) hatten 1 Offizier, 186 Mann todt, 18 Offiziere, 401 Mann verwundet verloren.

Das 3. Bataillon Kasan war inzwischen — als Flankendeckung der beiden anderen Bataillone des Regiments — in und zu beiden Seiten der Tutscheniza-Schlucht vorgegangen und hatte hier längere Zeit ein Feuergefecht geführt; ein Theil der 3. Schützen-Kompagnie hatte sich auf dem äußersten linken Flügel der beiden anderen Bataillone an dem Angriff auf die Schützengräben betheiligt und sich in einem am Rande der Schlucht gelegenen Schützengraben festgesetzt, denselben schließlich aber auch räumen müssen.

Um 7 Uhr abends traf das 3. Bataillon wieder in der Stellung ein; sein Verlust belief sich auf 23 Mann todt, 4 Offiziere, 48 Mann verwundet.

146. Angriff des Regiments Woronesch. Inzwischen waren dem General Krylow um 4 Uhr vom General Sotow zunächst die hinter Rabischewo stehenden Regimenter Woronesch und Koslow der Geschützbedeckung und dann auch noch das Regiment Galitsch der Hauptreserve zur Verfügung gestellt worden.

Das Regiment Woronesch erhielt den Befehl zum Angriff auf die Redoute Omer Bey, als das Scheitern des Angriffs der Regimenter Kasan und Schuja bereits feststand.

Mit großer Entschlossenheit vorgehend, gelangte das Regiment bis dicht an die Redoute, vermochte dieselbe aber trotz aller Anstrengungen nicht zu nehmen und mußte schließlich den Rückzug antreten. Der Verlust des Regiments in dem zweistündigen Gefecht belief sich auf 15 Offiziere, 825 Mann.

147. Angriff des Regiments Galitsch. Nachdem der Angriff des Regiments Woronesch bereits gescheitert, machte nun das Regiment Galitsch einen ebenfalls vergeblichen Angriffsversuch, der dem Regiment 30 Mann an Todten, 7 Offiziere, 146 Mann an Verwundeten kostete. Auf wessen Befehl und zu welchem Zweck eigentlich dieser — übrigens nicht weit vorgedrungene — Angriff unternommen, ist unklar.

Das Regiment Koslow kam nicht mehr zu ernster Verwendung.

148. Scheitern des Angriffs auf der Rabischewo-Front. Der Angriff des Centrums war völlig gescheitert; die an den abgeschlagenen Sturmangriffen betheiligten sechs Regimenter hatten außerordentlich große Verluste erlitten und waren derartig erschüttert und in Unordnung gerathen, daß sie zu neuer angriffsweiser Verwendung zunächst allerdings nicht brauchbar waren; unzweifelhaft besaßen sie aber auch jetzt noch eine gewisse Defensivkraft. Außerdem standen im Centrum fünf vollkommen frische Regimenter zur Verfügung: Penſa, Tambow und Koslow der Geſchützbedeckung (die Gefechtsſtärke dieſer drei Regimenter betrug zuſammen über 6000 Mann) und Kolomna und Serpuchow der Hauptreſerve; ferner noch das gewiſſermaßen als Bedeckung des großen Hauptquartiers außer Betracht zu laſſende Regiment Alt-Ingermanland.

149. **Verluſte.** Ueber die von den ruſſiſchen Truppen des Centrums erlittenen Geſammtverluſte laſſen ſich folgende nicht ganz vollſtändige Angaben zuſammenſtellen:

Während des viertägigen Artilleriekampfes am 7., 8., 9., 10. September verlor die Infanterie im Ganzen: 1 Mann todt, 1 Offizier, 8 Mann verwundet.

Am Tage des Sturms verloren die nicht am Sturm ſelbſt betheiligten Infanterie-Regimenter: 3 Mann todt, 2 Offiziere, 30 Mann verwundet.

Die ſechs am Sturm betheiligten Regimenter verloren:

	todt		verwundet		zuſammen	
	Offiz.	Mann	Offiz.	Mann	Offiz.	Mann
Uglitſch . . .	2	304	20	891	22	1195
Kaſan . . .	1	208	22	449	23	657
Jaroslaw . .	9	438	17	584	26	1022
Schuja . . .	—	115	16	284	16	399
Woroneſch . .	3	354	12	471	15	825
Galitſch . .	—	30	7	146	7	176
zuſammen	15	1449	94	2825	109	4274

Da die Gefechtsſtärke dieſer ſechs Regimenter am Morgen des 11. September auf rund 14 000 Mann zu veranſchlagen war, ſo betrug ihr Geſammtverluſt 31 pCt.

Von der Artillerie iſt nur der Verluſt der 16. Brigade genau bekannt: derſelbe betrug während der ganzen Zeit vom 7. bis 11. September: 13 Mann todt, 10 Offiziere, 42 Mann verwundet.

Nach einer ſummariſchen Angabe ſoll der Geſammtverluſt der im Centrum wirkenden Artillerie vom 7. bis 11. September etwa 200 Mann betragen haben.

150. **Verhältnisse auf türkischer Seite.** Türkischerseits waren bei Beginn des Kampfes am 7. September die Redoute Omer Bey besetzt mit 3 Bataillonen und 2 Geschützen, die Schützengräben zwischen dieser Redoute und der Tutscheniza-Schlucht mit 3 Bataillonen und 4 Gebirgsgeschützen; es ist sehr leicht möglich, daß das eine oder das andere dieser Bataillone während der folgenden Tage nach dem rechten Flügel gezogen wurde.

In den anderen Werken des mittleren Abschnitts standen am 7. September — einschließlich der sogenannten Reserve — 17 Bataillone, von denen der bei Weitem größte Theil seit dem 8. September allmählich nach dem rechten Flügel gezogen worden war.

Am 11. September scheint die Redoute Omer Bey von zwei Bataillonen — Josgad I und Drama II — besetzt gewesen zu sein, während das Nizam-Bataillon 3./2. III. hinter der Redoute in Reserve stand. Als der Angriff des Regiments Schuja erfolgte, ging dieses Bataillon östlich der Redoute vor und nahm die Angreifer unter flankirendes Feuer.

Zur Unterstützung der die Schützengräben zwischen Redoute und Tutscheniza-Schlucht besetzt haltenden Abtheilungen führte Oberst Tewfik Bey das bisher in der Redoute Atuf stehende Bataillon Silistria vor; dieses Bataillon, welches in der türkischen Darstellung seiner bei mehreren Gelegenheiten bewiesenen glänzenden Tapferkeit wegen ganz besonders gelobt wird, scheint den glücklichen Gegenstoß geführt zu haben, der dem Regiment Kasan die genommenen Schützengräben wieder entriß.

Wirklich im Gefecht waren am 11. September im Centrum also höchstens sieben Bataillone; ebenso viel Bataillone dürften in den anderen Werken des mittleren Abschnitts gestanden haben.

Einundzwanzigster Abschnitt.

Der Entscheidungskampf am 11. und 12. September auf der Krschin-Front.

151. Aenderung der Befehlsverhältnisse auf dem russischen linken Flügel. Wir wenden uns nunmehr zu den Ereignissen auf dem linken russischen Flügel.

General Jmeretinski, in dessen Hand der Oberbefehl über alle westlich der Tutscheniza-Schlucht befindlichen Truppen zunächst konzentrirt war, hatte in Voraussicht des für den 11. September wahrscheinlich bevorstehenden allgemeinen Angriffs am Abend des 10. sich dahin entschlossen, seinerseits den Angriff gleichzeitig in zwei Richtungen zu führen, und zwar sollte General Dobrowolski die sogenannte Krschin-Redoute (Redoute Junus Bey), General Skobelew aber die beiden sogenannten Plewna-Redouten angreifen.

Schon waren die nöthigen Befehle in dieser Richtung gegeben, als am späten Abend des 10. September die vom Oberkommando der West-Armee für den 11. entworfene allgemeine Sturmdisposition eintraf, welche den bisherigen einheitlichen Oberbefehl über die Truppen westlich der Tutscheniza-Schlucht aufhob und dafür drei voneinander unabhängige, nur dem Oberkommando der West-Armee unterstellte Befehlsinstanzen schuf, unter den Generalen Skobelew, Jmeretinski und Leontjew.

General Skobelew, welchem zu diesem Zweck 13 Bataillone und 4 Batterien unterstellt wurden, sollte das verschanzte feindliche Lager angreifen, welches die Stadt Plewna auf der Seite der von Lowtscha kommenden Chaussee deckte.

General Jmeretinski mit 9 Bataillonen und 6 Batterien sollte „als Reserve Skobelews" den Angriff desselben unterstützen und seine linke Flanke decken.

General Leontjew mit 3 Kavallerie-Brigaden und 3 reitenden Batterien sollte die linke Flanke der ganzen Aufstellung decken und angriffsweise gegen die Sofia-Chaussee vorgehen.

Dem General Skobelew, dem jüngsten der drei genannten Generale, war hiermit die entscheidende Führerrolle zugewiesen; die beiden älteren Generale waren formell ihm gleichgestellt, thatsächlich seiner leitenden Einwirkung untergeordnet.

Diese eigenthümliche Maßregel näher zu erörtern, wird sich weiterhin Gelegenheit bieten; hier handelt es sich zunächst nur um den Verlauf der Ereignisse.

General Skobelew beschloß, seinen Angriff nur gegen die Plewna-Redouten zu richten, um so in besserem Zusammenhang mit dem auf der Ostseite der Tutscheniza-Schlucht vorgehenden Centrum zu bleiben; gleichzeitig gegen die Plewna-Redouten und die Krschin-Redoute vorzugehen, hielt er deshalb für nicht angängig, weil die Ausdehnung der angegriffenen Front im Verhältniß zu den verfügbaren Truppen dann zu groß sei.

152. Aufstellung der Russen am Abend des 10. September. Die thatsächliche Aufstellung der Truppen des linken Flügels am Abend des 10. September, welche der neuen Vertheilung der Truppen zwischen Skobelew und Imeretinski noch nicht Rechnung trug, war folgende:

Regiment Wladimir Regiment Esthland 10. Schützen-Bataillon 1., 2./2. Batterie 1 Wladikaukas-Sotnie 3 donische Sotnien	7 Bataillone, 14 Geschütze, 4 Sotnien in verschanzter Stellung auf dem zweiten Kamm.
Regiment Susdal 4./30. Batterie	3 Bataillone, 8 Geschütze hinter dem ersten Kamm.
1 Bataillon Kaluga zwei 3./3. Geschütze	3 Bataillone, 2 Geschütze in Brestowez.
5 Sotnien Wladikaukas:	westlich von Brestowez.
Regiment Libau Regiment Reval 2 Bataillone Kaluga 9., 11., 12. Schützen-Bataillon 4., 5., 6./2. und 5., 6./3. Batterie sechs 3./3. Geschütze 4 donische Sotnien 8. und 15. donische Batterie	11 Bataillone, 4 Sotnien, 46 Fuß- und 12 reitende Geschütze unter Dobrowolski hinter dem Rothen Berge.

Die zu den Truppen des linken Flügels gehörende 3./2. Batterie nebst zwei Nikopolis-Geschützen stand bekanntlich östlich der Tutscheniza-Schlucht auf dem linken Flügel der großen Artilleriestellung auf dem Artillerie-Berge.

General Leontjew mit der 1./4. Kavallerie-Brigade war außerdem im Laufe des 10. September auf dem linken Flügel der Aufstellung Jmeretinskis eingetroffen.

153. Artillerievorbereitung. Bei Tagesanbruch eröffneten sowohl die auf dem zweiten Kamm wie auch die östlich der Tutscheniza-Schlucht in Stellung gebrachten Geschütze das Feuer gegen die Plewna-Redouten; auch die 4 pfündige 4./30. Batterie fuhr auf dem zweiten Kamm rechts der 9 Pfünder auf und betheiligte sich an dem Kampf gegen die Plewna-Redouten, welche — als Vorbereitung für den bevorstehenden Angriff — im Ganzen von 32 Geschützen unter Feuer genommen wurden.

Hinter dem zweiten Kamm standen außerdem sechs 3./3. Geschütze in Reserve; außerdem eröffnete die 8. donische Batterie das Feuer gegen die Redoute Junus Bey, um deren Feuer von der Hauptartilleriestellung auf dem zweiten Kamm abzulenken.

Der die ganze Gegend einhüllende Nebel ließ die Ziele, auf welche das Feuer gerichtet war, nicht erkennen; das Feuer war daher, namentlich soweit es frontal angeordnet war, ziemlich wirkungslos.

Die Geschütze der Krschin- und Plewna-Redouten antworteten lebhaft; das Feuer der Redoute Junus Bey, welches die Artilleriestellung auf dem zweiten Kamm der Länge nach faßte, war von guter Wirkung.

154. Skobelew bemächtigt sich des dritten Kamms. Da Skobelew den Angriff auf das verschanzte Lager, d. h. auf die Redouten, gemäß der Disposition um 3 Uhr nachmittags beginnen sollte, so mußte er sich vorher in den Besitz des dritten Kamms setzen, von wo aus dann der Angriff auf die Plewna-Redouten geführt werden konnte.

Um 10 Uhr vormittags gab Skobelew dem Regiment Wladimir und dem 10. Schützen-Bataillon den Befehl, sich in Besitz des dritten Kamms zu setzen, sich auf demselben zu verschanzen und weitere Befehle abzuwarten; drei Kompagnien Esthland sollten als rückwärtige Staffel den linken Flügel der vorgehenden Truppen gegen die Krschin-Redouten sichern.

Türkischerseits war Emin Pascha, welcher am Abend des 10. September mit 8 Bataillonen und 3 Gebirgsgeschützen auf dem dritten Kamm gestanden, entweder noch im Laufe der Nacht oder am frühen Morgen unter Räumung des dritten Kammes, auf welchem nur schwache Posten zurückblieben, hinter den Grünberg-Bach zurückgegangen und hatte nördlich desselben auf den Abhängen Stellung genommen, deren Kamm von den Redouten Baghlar Baschi, Kowanlük und Issa Baba gekrönt war; außerdem stand auf seinem linken Flügel zwischen Issa Baba und der Tutscheniza-Schlucht Mehmed Nazif Bey mit 3 Bataillonen; die beiden Plewna-Redouten hatte Riza Bey im Ganzen mit 2 Bataillonen und 2 Geschützen besetzt, ein drittes Bataillon stand dahinter in Reserve.

Die Redoute Baghlar Baschi war außerdem mit 1 Bataillon besetzt, und in der Gruppe der drei Krschin-Redouten Junus, Talat und Milas standen unter Oberst Junus Bey 4 Bataillone und 6 Geschütze (nachdem Osman am Morgen noch 1 Geschütz dorthin gesandt).

Im Ganzen standen westlich der Tutscheniza-Schlucht den Russen gegenüber 19 Bataillone mit mindestens 11 Geschützen.

Es mag hier bemerkt sein, daß die Russen die Lage der Redouten Junus Bey, Kowanlük und Issa Baba kannten, daß sie von dem Vorhandensein der Redouten Talat Bey, Milas und Baghlar Baschi aber merkwürdigerweise keine Kenntniß hatten.

Die zum Besetzen des dritten Kamms bestimmten vier russischen Bataillone — Regiment Wladimir und 10. Schützen-Bataillon — führten diese Bewegung aus, ohne auf direkten Widerstand zu stoßen, allerdings unter lebhaftem Geschütz- und Gewehrfeuer von den Redouten und den anliegenden Schützengräben her.

In dem dichten Nebel und in dem von Weingärten, Bäumen und Kukuruz bedeckten unübersichtlichen Gelände verloren einzelne Abtheilungen die Orientirung, und anstatt auf der Höhe des dritten Kamms Halt zu machen, stürmte ein Theil der Kompagnien über diese hinaus weiter und begann den nördlichen Abhang hinunterzusteigen; einzelne Abtheilungen überschritten sogar den Grünberg-Bach, erklommen den jenseitigen Hang und erschienen plötzlich dicht vor der türkischen Stellung.

Im ersten Augenblick der Ueberraschung gingen die Türken — es waren dies die Bataillone Emins — an verschiedenen Punkten in Unordnung zurück; eine Handvoll Russen bemächtigte sich in raschem Anlauf der Redoute Kowanlük; eine andere Schaar zerstörte, noch weiter nach der Stadt zu vordringend, die das Hauptquartier Osmans mit der Redoute Junus Bey verbindende Telegraphenleitung.

Bald aber hatten die Türken sich gefaßt und gingen von allen Seiten gegen die vereinzelten russischen Haufen vor, welche theils niedergemacht wurden, theils in Eile nach dem dritten Kamm zurückwichen.

Hier hatten sich, dem Befehl Skobelews gemäß, die Kompagnien des Regiments Wladimir und des 10. Schützen-Bataillons so gut als möglich einzugraben versucht; die Stellungen waren aber infolge des Nebels und des überstürzten Vorgehens vielfach unrichtig gewählt, zum Theil auf dem offenen zur feindlichen Stellung abfallenden Nordhang, außerdem fehlte es sehr an Schanzzeug, so daß manche Abtheilungen fast ganz ungedeckt blieben.

Die Abtheilungen der ersten Linie lagen im Allgemeinen 1200 m und selbst nur 1000 m von den Redouten entfernt; für die Abtheilungen der zweiten Linie, welche zum Theil in Bewässerungsgräben Deckung gefunden hatten, betrug die Entfernung von den Redouten etwa 2000 m.

Es war gegen 11 Uhr; der Nebel fing an sich etwas zu lichten; die Verluste der Russen durch das überaus heftige feindliche Gewehrfeuer waren bereits bedeutend.

Türkischerseits scheint das Abweisen der vorgeprellten schwachen Abtheilungen als Erfolg überschätzt worden zu sein; nur so läßt sich der Entschluß Emin Paschas erklären, mit seinen acht Bataillonen zum Gegenstoß vorzugehen, um die Russen vom dritten Kamm zu vertreiben.

Sehr entschlossen vordringend, kamen die Türken an die russische Stellung bis auf einige Hundert Schritt heran; an einigen Punkten wurden die Russen zum Weichen gebracht.

Skobelew verstärkte die Besatzung des dritten Kamms zunächst durch das 9. Schützen-Bataillon und brachte hierdurch die türkische Offensive zum Stehen.

In der Absicht, nunmehr selbst zum Angriff überzugehen und die Türken vom dritten Kamm zu vertreiben, zog Skobelew nun das Regiment Susdal ebenfalls nach dem dritten Kamm heran, während das Regiment Reval und das 11. und 12. Schützen-Bataillon aus ihrer rückwärtigen Reservestellung nach dem zweiten Kamm vorgeschoben wurden.

Die von Jmeretinski nach dem zweiten Kamm vorgeschickte 4./2. Batterie, welche sich hier der großen Artillerieaufstellung angeschlossen hatte, ging jetzt 600 m weiter vor und unterstützte die auf dem dritten Kamm fechtende Infanterie sehr wirksam. Es war 2 Uhr.

Regiment Susdal trat zum Angriff an, dem sich die bereits sehr durcheinander gekommenen Abtheilungen des Regiments Wladimir und der beiden Schützen-Bataillone anschlossen; die Türken hielten nicht Stand, sondern wichen in Unordnung auf die Redouten zurück; ein von Riza Bey zur Unterstützung vorgeschicktes Bataillon vermochte die rückgängige Bewegung nicht aufzuhalten.

Die Russen drangen anfangs nach, machten dann aber theils auf dem Kamm theils auf dem Abhang des dritten Kamms Halt; die Entfernung der russischen Schützenlinien von den türkischen Redouten war an verschiedenen Stellen verschieden und schwankte zwischen 800 m und 1200 m.

Die 4./2. Batterie war dem Vorgehen des Regiments Susdal sehr dreist gefolgt, hatte auf dem dritten Kamm Stellung genommen und, obwohl selbst heftig beschossen, gegen die Plewna-Redouten lebhaftes Schrapnelfeuer eröffnet.

Der dritte Kamm war in Skobelews Händen.

155. Stellung der Russen gegen 3 Uhr nachmittags. In erster Linie standen hier links die Regimenter Wladimir und Susdal, rechts das 9. und 10. Schützen-Bataillon.

Die bisher auf dem zweiten Kamm stehenden Truppen wurden dicht an den dritten Kamm herangezogen und nahmen hier, Regiment Reval hinter den Regimentern Wladimir und Susdal, das 11. und 12. Schützen-Bataillon hinter dem 9. und 10. Schützen-Bataillon Stellung.

Gleichzeitig schob Jmeretinski das Regiment Libau nach dem zweiten Kamm vor; Regiment Esthland und zwei Bataillone Kaluga wurden als allgemeine Reserve und zur Sicherung von Flanke und Rücken der vorderen Staffeln gegen die Krschin-Redouten zurückbehalten; ein Bataillon Kaluga hielt mit zwei Geschützen der 3./3. Batterie Brestowez besetzt.

Die bisher auf dem zweiten Kamm in Stellung befindlichen 9 Pfünder-Batterien 1./2. und 2./2. wurden nach dem dritten Kamm vorgezogen und nahmen neben der hier bereits thätigen 4./2. Batterie Stellung; die 1./2. Batterie hatte aber nur noch drei, die 2./2. Batterie nur noch zwei brauchbare Geschütze. Die Entfernung von hier bis zu den Plewna-Redouten betrug etwa 1700 m, die Entfernung bis zur Redoute Junus Bey, von wo aus diese ganze Artilleriestellung der Länge nach gefaßt werden konnte, betrug nur 1400 m, wir werden aber weiterhin sehen, daß in dieser Zeit die in der Redoute Junus Bey stehenden Geschütze zurückgezogen wurden.

Auf dem zweiten Kamme, wo bereits die 4./30. Batterie stand, fuhren ferner auf die 6./3. und die 3./3. Batterie, letztere mit sechs Geschützen (zwei waren dem in Brestowez stehenden Bataillon Kaluga zugetheilt). Die Entfernung von hier bis zu den Plewna-Redouten betrug 2400 m, bis zur Redoute Junus Bey 1500 m.

Zur Vorbereitung und Unterstützung des gegen die Plewna-Redouten zu führenden Angriffs standen jetzt also im Feuer:

auf dem dritten Kamm 5 9Pfünder, 8 4Pfünder: 13 Geschütze;
auf dem zweiten Kamm 6 9Pfünder, 16 4Pfünder: 22 Geschütze;
östlich der Tutscheniza-Schlucht, 3000 m von den Plewna-Redouten entfernt, 8 9Pfünder, 2 Nikopolis-Geschütze: 10 Geschütze;
im Ganzen also 45 Geschütze.

156. Die russische Kavallerie westlich der Tutscheniza-Schlucht. Bevor unsere Darstellung zu dem Sturm gegen die Plewna-Redouten übergeht, muß kurz die Verwendung der Kavallerie des russischen linken Flügels am heutigen Tage erwähnt werden.

General Leontjew, welcher mit seiner 1./4. Kavallerie-Brigade — Jekaterinoslaw-Dragoner Nr. 4, Charkow-Ulanen Nr. 4 und 7. reitende Batterie — am Abend des 10. September auf die Westseite der Tutscheniza-Schlucht übergegangen war und nach der für den 11. September ausgegebenen Disposition selbständig die ganze Kavallerie des linken Flügels führen sollte, hielt es im Interesse der Einheitlichkeit der westlich der Tutscheniza-Schlucht zu treffenden Maßregeln für angezeigt, sich während des ganzen Tages dem General Imeretinski, der seinen Standpunkt auf dem ersten Kamm genommen, anzuschließen und von hier aus seine Befehle an die einzelnen Kavallerieabtheilungen je nach der allgemeinen Lage zu erlassen.

Bei Tagesanbruch stand Oberst Tutolmin mit 9 kaukasischen Sotnien (2 waren in Lowtscha zurückgelassen, 1 befand sich bei Skobelew) und der 8. donischen Batterie westlich von Brestowez im Mescheniza-Grunde. Die Batterie fuhr auf der Höhe nordwestlich von Brestowez auf und eröffnete das Feuer gegen die Redoute Junus Bey auf 2400 m Entfernung.

Die ganze 1./4. Kavallerie-Brigade, sowie die donische Brigade des Obersten Tschernosubow standen hinter dem Rothen Berge in der Gegend von Utschindol. Als Skobelew zur Besitznahme des dritten Kammes schritt, ließ Leontjew zur besseren Sicherung von

Skobelews linker Flanke die donische Brigade gegen Krschin vorgehen. Die Donzen vertrieben die in diesem Dorfe stehenden schwachen türkischen Posten und setzten sich mit abgesessenen Mannschaften am Nordrande des Dorfs fest, von der Redoute Junus Bey etwa 500 m entfernt; andere Abtheilungen beobachteten das Gelände westlich des Dorfs. Die 15. Don=Batterie fuhr neben der 8. Don=Batterie auf und betheiligte sich am Feuer gegen Redoute Junus Bey.

2 donische Sotnien sicherten die rechte, 1 kaukasische die linke Flanke der Aufstellung Skobelews auf dem zweiten Kamm.

157. Verhältnisse auf türkischer Seite. Wir werfen jetzt einen Blick auf die Verhältnisse auf türkischer Seite.

Die acht Bataillone Emin Paschas waren in ziemlicher Unordnung theils auf die Redoute Baghlar Baschi, theils auf die Plewna-Redouten zurückgewichen und wurden hier so gut als möglich gesammelt; Emin Pascha selbst war verwundet. Das von Riza Bey zur Unterstützung Emins vorgeschickte Bataillon war in die Niederlage der Bataillone Emins verwickelt, der Kommandeur des Bataillons, Ali Ghalib, war gefallen.

Während des unglücklichen Gefechts Emin Paschas waren auch die drei Bataillone, welche unter Mehmed Nazif Bey dicht am Westrande der Tutscheniza=Schlucht standen, in heftige Gefechte mit feindlicher Infanterie und Kavallerie verwickelt. Die in diesem Punkte sehr unklar gehaltene türkische Darstellung scheint sich auf Abtheilungen der beiden, den rechten Flügel Skobelews bildenden Schützen=Bataillone und auf die beiden, den rechten Flügel sichernden donischen Sotnien zu beziehen, zum Theil wohl auch auf das der Zeit nach erst bedeutend später erfolgende Vorgehen des 3. Bataillons Kasan längs der Tutscheniza=Schlucht.

In dieses Gefecht in oder auf dem Rande der Schlucht scheint Hassan Sabri Pascha eingegriffen zu haben, der von der Wid-Brücke her Verstärkungen heranführte und hier verwundet wurde.

Als Emin Paschas Bataillone vom dritten Kamme zurückgetrieben wurden, hielt Oberst Junus Bey die vorgeschobene sogenannte Krschin=Redoute (welche nach seinem Namen benannt wurde) für sehr gefährdet; er hielt sie zwar mit Infanterie auch ferner besetzt, schickte aber die in der Redoute stehenden vier Geschütze in die weiter rückwärts liegenden Redouten zurück, und zwar je eins nach Talat und Milas, zwei nach Baghlar Baschi.

Als Osman Pascha die Niederlage und Verwundung Emin Paschas erfuhr, schickte er Rifat Pascha ab, um das Kommando westlich der Tutscheniza-Schlucht zu übernehmen, auch wurden zwei von anderen Punkten der Stellung entnommene Bataillone zur Verstärkung dorthin abgesandt.

Gegen 3 Uhr war die Sachlage auf türkischer Seite also folgende:

In den Redouten Junus, Talat und Milas unter Junus Bey 4 Bataillone und 4 oder 5 Geschütze;

in der Redoute Baghlar Baschi als Besatzung 1 Bataillon und 1 Geschütz; in der Nähe der Redoute standen einige Feld- und 3 Gebirgsgeschütze;

in den Plewna-Redouten als Besatzung unter Riza Bey 2 Bataillone und 2 Geschütze;

Rifat Pascha war bemüht, die in Unordnung gerathenen 9 Bataillone Emins hinter den Redouten Baghlar Baschi und Kowanlük zu ordnen;

zwischen der Redoute Issa Baba und der Tutscheniza-Schlucht und zum Theil in dieser Schlucht Mehmed Nazif Bey mit mindestens 3, wahrscheinlich (wenn man die von Sabri Pascha herangeführten Verstärkungen in Anschlag bringt) mit 4 oder 5 Bataillonen; auch ein Theil der irregulären Reiterei war hier zur Verwendung gekommen;

endlich waren 2 Bataillone Verstärkungen im Anmarsch von der Stadt her.

Im Ganzen dürften gegen 3 Uhr also mindestens 21 Bataillone, wahrscheinlich noch einige mehr auf der Westseite der Tutscheniza-Schlucht gestanden haben, davon 9 Bataillone augenblicklich allerdings in mangelhafter Verfassung.

158. Einnahme der Redoute Kowanlük durch die Russen. Es war 3 Uhr, der von der Disposition für den Beginn des allgemeinen Angriffs festgesetzte Zeitpunkt.

Der Nebel hatte sich auf den Höhen gelichtet, lagerte aber noch in dichten Massen in dem Grunde, welcher den dritten Kamm von der Höhe der Plewna-Redouten trennte, deren Umrisse ziemlich gut zu sehen waren; die Lage der türkischen Feuerlinien war infolge des ununterbrochenen Gewehrfeuers durch stehenden Pulverdampf deutlich zu erkennen.

Um die Plewna-Redouten zu erreichen, mußten die Russen vom dritten Kamm aus den etwa 1000 m langen, mit Weinstöcken bepflanzten nördlichen Hang zu dem Grunde hinuntersteigen, in welchem zwischen abschüssigen, für Artillerie ohne Vorbereitung nicht überschreitbaren Ufern der Grünberg-Bach fließt. Hatte man diesen Bach überschritten, so mußte man den etwa 400 m langen steilen Hang ersteigen, auf dessen Höhe die beiden Redouten Kowanlük und Issa Aga (Baba) lagen, beide mit nach Westen gerichteter offener Kehle und durch einen etwa 500 m langen Laufgraben miteinander verbunden. Etwa 120 m vor den Redouten lag am Abhang eine Reihe von Schützengräben. Der zu den Redouten hinaufführende Hang war durch sorgfältiges Aufräumen des Geländes zu einem glacisartigen Schußfelde umgeschaffen.

Von der Redoute Kowanlük führte ein etwa 500 m langer Laufgraben nordwärts nach dem Kolonnenwege, welcher die Reservestellung am Bara Baïr östlich der Stadt mit dem äußersten rechten Flügel, der Redoute Junus Bey, verband.

Punkt 3 Uhr traten die von Skobelew zum Sturm der Redouten bestimmten acht Bataillone vom dritten Kamm aus mit klingendem Spiel den Vormarsch an: links Regiment Wladimir mit der Richtung auf die Redoute Kowanlük, in der Mitte Regiment Susdal mit der Richtung auf die Redoute Issa Baba, rechts das 9. und 10. Schützen-Bataillon gegen die von Mehmed Nazif besetzte Stellung zwischen der letzteren Redoute und der Tutscheniza-Schlucht.

Der Angriff wird von den Schützengräben und Redouten aus mit einem mörderischen Gewehrfeuer überschüttet und nicht nur von den Plewna-Redouten unter frontales, sondern auch von den Redouten der Krschin-Gruppe und selbst von einigen Werken östlich der Tutscheniza-Schlucht unter flankirendes Geschützfeuer genommen.

Unter der Wirkung dieses Feuers und der durch dasselbe verursachten bedeutenden Verluste geräth der Angriff ins Stocken; die Masse der Angreifer macht in dem nebelerfüllten Grunde Halt, nur einzelne Abtheilungen versuchen den jenseitigen kahlen Abhang zu ersteigen, bald aber werfen auch diese Mannschaften sich nieder, ohne jedoch Deckung zu finden, und eröffnen ein wirkungsloses Gewehrfeuer gegen den gut gedeckten Gegner.

Skobelew schickt jetzt das Regiment Reval zur Verstärkung vor und zieht das bisher hinter dem zweiten Kamm stehende Regiment Libau bis hinter den dritten Kamm an die hier bereits stehenden Schützen-Bataillone Nr. 11 und 12 heran.

Der durch das Vorgehen des Regiments Reval ausgeübte Druck bringt die im Grunde ins Stocken gerathene Bewegung wieder in Gang und schiebt die ganze Masse einige Hundert Schritt an dem jenseitigen Hange in die Höhe, dann abermaliges Stocken; Alles wirft sich, ohne irgend eine Deckung zu haben, nieder und beginnt zu feuern; hier und da sind bereits zurückgehende Abtheilungen bemerkbar.

Skobelew steht jetzt vor der Entscheidung der Frage, ob er mit Einsetzung der letzten Reserven einen letzten entscheidenden Angriff ausführen oder ob er — im Hinblick auf den inzwischen gescheiterten Angriff des Centrums jenseits der Tutscheniza = Schlucht — unter dem Schutze seiner Reserven den Rückzug der in das Gefecht verwickelten Abtheilungen anordnen soll.

Skobelew entschließt sich zu Ersterem. Das Regiment Libau (mit Zurücklassung von 2½ Kompagnien an der Tutscheniza-Schlucht zur Sicherung der rechten Flanke) und die beiden Schützen-Bataillone Nr. 11 und 12 werden vorgezogen.

Die auf dem jenseitigen Hange sich haltenden Abtheilungen werden durch diese Verstärkungen wieder vorwärts gerissen; Alles geht wieder in schnellem Tempo vor, allmählich aber verlangsamt sich das Vorgehen mehr und mehr.

Diesen Moment benutzen die Türken, um ihrerseits zum Angriff überzugehen; von Plewna aus gehen Infanterie und Kavallerie gegen die russische rechte Flanke vor. Es kommt zum Handgemenge; der russische rechte Flügel kommt zum Stehen, auch bei den anderen Abtheilungen fängt die Bewegung merklich an zu stocken.

Bei diesem Anblick giebt Skobelew, der bis dahin mit seinem Stabe und seiner Kasaken-Eskorte auf dem halben Abhang des dritten Kamms gehalten, seinem Pferde die Sporen und jagt zu den schwankenden Truppen; mit einem lauten „Vorwärts, Kinder!" bringt er die Weichenden zum Stehen, die Stehenden zum Vorgehen; die vor den Redouten liegenden Schützengräben werden genommen, die Türken weichen auf die Redouten zurück. Mit Entschlossenheit, wenn auch in ungeordneten Haufen, setzen die russischen Bataillone den Angriff fort; je näher sie der feindlichen Stellung kommen, desto unsicherer wird das feindliche Feuer; die türkischen Abtheilungen gerathen ins Schwanken — eine letzte Anstrengung — der linke Flügel der Russen hat die Kowanlük-Redoute genommen; das in der Redoute befindliche Geschütz ist stehengeblieben. Es war 4 Uhr 25 Minuten nachmittags.

Zunächst waren einige Hundert Mann in die Redoute eingedrungen, bald drängten sich dort einige Tausend durcheinandergekommene Leute zusammen; jeder Verband war gelöst. Das Geschützfeuer der Redouten Talat, Milas und Baghlar Baschi gegen die nach Westen offene Kehle der Redoute sowie das Gewehrfeuer aus der Redoute Issa Baba verursachen den um die Redoute zusammengedrängten Massen große Verluste, nur mit Mühe gelingt es, diese Mannschaften nothdürftig zu ordnen.

159. Abweisen zweier türkischer Gegenangriffe. Die aus der Kowanlük-Redoute herausgeworfenen Türken waren theils auf die Redoute Baghlar Baschi, theils auf Plewna zurückgewichen.

Dem Oberst Riza Bey gelingt es, einen Theil dieser Truppen wieder zu formiren, und — gegen 5 Uhr — von Norden her zur Rückeroberung der verlorenen Redoute vorzuführen.

Merkwürdigerweise werden diese vorgehenden Abtheilungen anfangs für Russen gehalten; in den russischen Reihen ertönt der Ruf: „Nicht schießen, es sind Russen!" Erst als die Angreifer auf 200 Schritt herangekommen, erkennt man sie an der Kopfbedeckung für Türken, und nun ertönen die Rufe: „Schöne Russen das! Türken! Türken! Feuer! Feuer!"

Der mit großer Entschlossenheit bis dicht an die Redoute geführte Angriff wird schließlich abgewiesen. Die Türken gehen bis auf etwa 500 m von der Redoute zurück und eröffnen von dort ein heftiges Feuer.

Nun führt Rifat Pascha von Baghlar Baschi her die inzwischen eingetroffenen Verstärkungen und wohl auch neu formirte Abtheilungen der Bataillone Emin Paschas gegen die Redoute Kowanlük vor, in welcher General Dobrowolski das Kommando übernommen hat. Der von Rifat Pascha, den Revolver in der Hand, mit großer Entschlossenheit persönlich geführte Angriff, dem auch russische Abtheilungen außerhalb der Redoute entgegentreten, wird unter beiderseitigen großen Verlusten abgewiesen; Rifat Pascha war verwundet, General Dobrowolski tödlich getroffen.

Zur Verstärkung der gewonnenen Stellung und zur Sicherung der nach Westen zu offenen Kehle der eroberten Redoute wurde westlich dieser letzteren, der augenblicklichen Stellung der hierher vorgeschobenen Schützenlinie entsprechend, ein nach Norden, Westen und Süden Front machender Schützengraben hergestellt, welcher nach dem Major Gortalow benannt wurde.

Bald erfolgte ein neuer Vorstoß der Türken gegen die Redoute Kowanlük und zwar diesmal von der noch in den Händen der Türken befindlichen Redoute Jssa Aga aus. Den die beiden Redouten verbindenden Laufgraben benutzend, drangen türkische Abtheilungen von der Redoute Jssa Aga gegen die Redoute Kowanlük vor und wurden erst bemerkt, als sie sich letzterer bereits auf etwa 100 Schritt genähert hatten.

An der Spitze einer schnell zusammengerafften Schaar*) von etwa 150 Freiwilligen warf sich Generalstabskapitän Kuropatkin den Türken entgegen, indem er längs der Nordseite des Laufgrabens vorging. Nach kurzem für beide Theile verlustreichem Handgemenge wurden die Türken geworfen; als jetzt aber die Russen, vom Erfolge hingerissen, gegen die Redoute Jssa Aga vorstürmten, geriethen sie in mörderisches Feuer und wurden zu eiligem Rückzuge genöthigt, nur etwa 30 Mann der 150 Mann starken Schaar erreichten unverwundet die Redoute Kowanlük.

Zur Unterstützung der in und bei der genannten Redoute in schwieriger Lage befindlichen vorderen Linie, welche aus einigen Tausenden durcheinandergekommener Mannschaften verschiedener Truppentheile bestand, wurden inzwischen von verschiedenen Seiten Maßregeln getroffen.

General Leontjew verstärkte das bereits seit längerer Zeit gegen die Krschin-Redoute gerichtete Feuer der beiden donischen Batterien noch durch das Feuer der vorgezogenen 8. reitenden Batterie, während abgesessene Dragoner und Kasaken gegen die genannte Redoute vorgingen, wodurch das Feuer derselben sowie die Aufmerksamkeit der dort stehenden türkischen Truppen von der Redoute Kowanlük abgelenkt wurde.

---

*) Bei dem Vorführen der von Kuropatkin gesammelten Schaar ereignete sich folgender merkwürdiger Vorgang: Als das Andringen der Türken von Osten her bemerkt wurde, herrschte unter den in der Redoute Kowanlük sich ordnungslos zusammendrängenden zahlreichen Mannschaften der verschiedenen Regimenter allgemeine Verwirrung, und dem Hauptmann Kuropatkin gelang es nur mit Mühe, etwa 150 Mann zu sammeln und dem Feind entgegenzuführen. Als er einen an der Brustwehr der Redoute lehnenden jungen Offizier aufforderte, sich der Abtheilung anzuschließen, erhielt er die überraschende Antwort: „Dazu habe ich durchaus keine Lust!" Empört über diese Antwort gab Kuropatkin nun in scharfem Tone den Befehl, mitzukommen, worauf der Offizier erwiderte: „Wenn Sie befehlen, ist es etwas Anderes, aber ich wollte mich nicht als Freiwilliger aufrufen lassen!" — Mit diesen Worten schloß sich der Offizier der Abtheilung an und legte demnächst Beweise großer Tapferkeit ab.

160. Festsetzen der Russen in der eroberten Stellung. General Skobelew, der nach der Eroberung der Redoute nach dem dritten Kamm zurückgeritten war, traf Anordnungen, von hier aus Artillerie in die genommene Stellung zu schaffen.

Zwei 4 Pfünder der 4./2. Batterie gelangten glücklich in die Redoute Kowanlük, aber der Versuch, auch drei 9 Pfünder — die letzten noch kampffähigen Geschütze der 1./2. Batterie — dorthin zu bringen, scheiterte; trotz aller Anstrengungen gelang es nicht, die Geschütze den steilen und schlüpfrigen Hang zur Redoute hinaufzuschaffen.

Auch der im Laufe des Abends unternommene Versuch, die 4./30. Batterie vom zweiten Kamm in die eroberte Stellung vorzuziehen, hatte keinen Erfolg. Die Batterie, welche in der Dunkelheit auf dem dritten Kamm beinahe einer türkischen Abtheilung in die Hände gefallen wäre, ging wieder nach dem zweiten Kamm zurück; ebendahin schickte Skobelew auch die übrigen bisher auf dem dritten Kamm stehenden Geschütze zurück: die schwachen Reste der 1./2. und 2./2. Batterie und sechs Geschütze der 4./2. Batterie (von welcher Batterie die beiden anderen Geschütze in der Redoute Kowanlük standen).

Von den drei Regimentern, welche ursprünglich dem Fürsten Jmeretinski „zur Unterstützung Skobelews" unterstellt waren, befand sich das Regiment Libau (mit Ausnahme von 2½ Kompagnien, welche zur Sicherung der rechten Flanke zwischen dem zweiten und dritten Kamm an der Tutscheniza-Schlucht zurückgehalten waren) bereits in der vorderen Linie bei Skobelew; das Regiment Esthland stand zur Sicherung der Artillerie auf dem zweiten Kamm, zwei schwache Bataillone Kaluga dahinter als Reserve; ein Bataillon Kaluga hielt zur Sicherung des Rückens das Dorf Brestowez besetzt.

Jmeretinski, welcher mit seinem Stabe auf der Lowtscha-Chaussee hielt, wo diese den zweiten Kamm überschreitet, konnte von hier die bedenkliche Lage der vorderen Linie übersehen, von welcher bereits zahlreiche Mannschaften, theils einzeln, theils truppweise im Zurückgehen waren.

Durch seinen Stabschef, Oberst Schestakow, ließ Fürst Jmeretinski diese versprengten Mannschaften so gut als möglich sammeln und nach Truppentheilen in provisorische Züge und Kompagnien formiren, um sie unter Führung einiger Offiziere dem General Skobelew wieder zuzusenden.

Auf diese Weise wurden formirt 3 kombinirte Kompagnien Libau, 2½ Kompagnien Wladimir, 2 Kompagnien Susdal, ½ Kompagnie Reval und 1 Kompagnie Schützen.

161. Einnahme der Redoute Issa Aga durch die Russen. Die Abtheilungen Reval und Schützen wurden zur nothdürftigen Sicherung des zur Zeit völlig ungedeckten Raums zwischen dem linken Flügel der vorderen Linie und dem dritten Kamm vorgeschoben; die fünf Kompagnien Libau und Susdal führte Oberstlieutenant Moszewoi des letzteren Regiments gegen die Redoute Issa Aga zum Angriff vor, dem sich auch einige Hundert Mann der in der Kowanlük-Redoute versammelten Mannschaften anschlossen, indem sie längs des Verbindungsgrabens vorgingen. Der Angriff hatte Erfolg; um 6 Uhr war die Redoute Issa Aga in den Händen der Russen, während die türkische Besatzung auf die nicht weit entfernten ersten Häuser von Plewna zurückgewichen war.

162. Der russische linke Flügel am Abend des 11. September. Im Laufe des Abends trafen zwei Bataillone Esthland ebenfalls in der vorderen Stellung ein. Von Jmeretinski zu Skobelews Verfügung vorgeschickt, hatten diese beiden Bataillone eigentlich als Reserve auf dem dritten Kamm Aufstellung nehmen sollen, waren aber im Drange, am Kampfe theilzunehmen, ohne Skobelews Wissen bis in die vordere Stellung vorgegangen.

In dieser — welche nunmehr von Trümmern der Regimenter Wladimir, Susdal, Reval, Libau, der vier Schützen-Bataillone und den beiden neu eingetroffenen Bataillonen Esthland nebst zwei Geschützen der 4./2. Batterie besetzt war — hatte General Tebjätin, Kommandeur der 1./16. Infanterie-Brigade, das Kommando übernommen; unter ihm kommandirte Major Gortalow in der Redoute Kowanlük, Oberstlieutenant Moszewoi in der Redoute Issa Aga.

Der ganze Raum zwischen den genommenen Redouten und dem zweiten Kamm war vorläufig unbesetzt; diese etwa 2000 m breite und 2600 m tiefe Geländestrecke war mit Tausenden von Verwundeten und Todten bedeckt.

Auf dem zweiten Kamm stand Jmeretinski mit dem dritten Bataillon Esthland; an Artillerie befanden sich hier: die 1./2. Batterie mit 3, die 2./2. Batterie mit 2, die 4./2. Batterie mit 6 Geschützen, ferner die 3./3. und 6./3., sowie die von ihrem vergeblichen Versuch zum Einfahren in die Redoutenstellung wieder hierher zurückgekehrte

4./30. Batterie; Alles in Allem 33 Geschütze (11 9 Pfünder, 22 4 Pfünder).

Hinter dem ersten Kamm standen 2 sehr schwache Bataillone Kaluga, ferner die 5./2., 6./2. und 6 Geschütze der 5./3. Batterie, im Ganzen 22 4 Pfünder.

Das Dorf Brestowez endlich war besetzt von 1 Bataillon Kaluga mit 2 Geschützen der 3./3. Batterie.

Die Kavallerie Leontjews war mit Einbruch der Dunkelheit nach Brestowez zurückgegangen, bei Krschin waren nur einige Vorposten-Sotnien verblieben.

Bei Einbruch der Dunkelheit war das türkische Feuer zwar schwächer geworden, dauerte aber die ganze Nacht über fort.

In der russischen Stellung herrschte eine fieberhafte Thätigkeit, indem die Russen sich so gut als möglich zur Vertheidigung einzurichten suchten. Die offenen Kehlen der Redouten wurden so gut als möglich, zum Theil mit Leichen, geschlossen; seitwärts der Redouten versuchte man noch einige Schützengräben herzustellen; besonders zu erwähnen ist ein westlich der Redoute Kowanlük ausgehobener Graben, der nach Norden, Westen und Süden Front machte und nach dem Major Gortalow benannt wurde. Den Verbindungslaufgraben zwischen beiden Redouten zur Vertheidigung zu benutzen, war nicht möglich, da er unterhalb des Kammes auf dem südlichen Hange lag und daher das Vorgelände von hier aus nur auf 20 bis 30 Schritt bestrichen werden konnte. Auf dem Kamm wurde zwar ein neuer Schützengraben abgesteckt, derselbe kam aber nicht zur Ausführung; man beschränkte sich hier auf das Auswerfen einiger Schützenlöcher.

Die Ausführung aller dieser Arbeiten war um so schwieriger, als fast gar kein Schanzzeug zur Stelle war; die russischen Soldaten, welche dem mörderischen feindlichen Feuer gegenüber die Wichtigkeit der angeordneten Arbeiten vollkommen begriffen, arbeiteten mit Bajonetten, Seitengewehren, Feldkesseln und bloßen Händen auf Tod und Leben.

Das aus 26 Mann bestehende Sappeur-Kommando — die einzige westlich der Tutscheniza-Schlucht befindliche Genietruppe — wurde während der Nacht vergeblich gesucht und traf erst gegen Morgen bei den Redouten ein.

Während der Befestigungsarbeiten hatten die Russen noch einen Angriff abgewiesen. Gegen 10 Uhr abends brachen türkische Abtheilungen von Westen her unter lebhaftem Gewehrfeuer und lautem Geschrei gegen die Redouten vor, wurden aber durch das russische Feuer abgewiesen; auch einige spätere Anläufe türkischer Abtheilungen blieben erfolglos.

General Tebjäkin und die übrigen in der vorderen Linie befindlichen Offiziere bemühten sich im Laufe der Nacht, die hier befindlichen Massen durcheinandergekommener Mannschaften so gut als möglich nach Truppentheilen zu formiren; von rückwärts her ließ Skobelew Zwieback und Patronen in die Stellung schaffen, auch wurden Kommandos zum Wasserholen aus der Stellung zum Grünberg-Bach geschickt.

Skobelew für seine Person befand sich während der Nacht in dem bedenklich gefährdeten Zwischenraum zwischen den eroberten Redouten und dem zweiten Kamm, und zwar nahm er seine Aufstellung auf der halben Höhe des nördlichen Abhangs des dritten Kamms, von wo aus er auch bei Tage den ersten Theil des Angriffs auf die Redouten geleitet.

Von rückwärts her wurde zunächst das letzte Bataillon Esthland zu Skobelew herangezogen, außerdem trafen im Laufe der Nacht mehrere durch die Bemühungen Imeretinskis aus versprengten und zurückgegangenen Mannschaften gebildete gemischte Kommandos ein, sowie auch einige von Brestowez her heranbeorderte Sotnien Kasaken. Außerdem ließ auch Skobelew durch die Personen seines Stabes die in jener Gegend herumirrenden Versprengten sammeln und zu geschlossenen Abtheilungen formiren. Diese um Skobelews nächtlichen Standpunkt allmählich sich sammelnden Abtheilungen hatten im Laufe der Nacht mehrere Scharmützel mit türkischen Abtheilungen, welche theils von Westen (von den Krschin-Redouten), theils von Osten (von der Tutscheniza-Schlucht) her gegen Skobelews Stellung vorgingen, schließlich aber zurückgetrieben wurden.

Während der ganzen Nacht fiel ein feiner, zeitweise sehr starker Regen.

163. Verhältnisse auf türkischer Seite. Es erübrigt nun, die Vorgänge auf türkischer Seite für den Rest des 11. September kurz zusammenzufassen, wobei an die weiter oben für 3 Uhr nachmittags gegebene Sachlage angeknüpft wird.

Von den beiden von Osman Pascha zur Verstärkung des linken Flügels abgeschickten Bataillonen traf zunächst das 3. Jäger-Bataillon ein, von welchem 4 Kompagnien die aus 2 Bataillonen bestehende

Besatzung der Plewna-Redouten verstärkten, während 4 Kompagnien in der Nähe der Redoute Baghlar Baschi Aufstellung nahmen. Hierher rückte auch das später ankommende zweite Bataillon; die Redoute Baghlar Baschi selbst war vom Redif-Bataillon Nisch besetzt. Die während des Gefechts auf dem dritten Kamm der Grünen Berge gänzlich zersprengten acht Bataillone Emin Paschas, welche auch das zu ihrer Unterstützung vorgehende Bataillon unter Ali Galib Effendi in ihre Flucht mit fortgerissen hatten, waren hinter den Redouten im Sammeln begriffen und noch nicht wieder gefechtsfähig, als der Angriff der Russen vom dritten Kamm aus gegen die von 2½ Bataillonen unter Riza Bey besetzten Plewna-Redouten erfolgte. Nach mörderischem Gefecht wurden diese bekanntlich von den Russen genommen; die Reste der Besatzung wichen auf Plewna zurück und brachten hierbei das in der Redoute Issa Aga stehende Geschütz in Sicherheit; das in der Redoute Kowanlük stehende Geschütz fiel in die Hände der Russen.

Auch die drei Bataillone unter Mehmed Nazif Bey, welche zwischen der Redoute Issa Aga und der Tutscheniza-Schlucht gefochten hatten, und welche durch ein von Hassan Sabri Pascha von der Wid-Brücke herbeigeführtes Bataillon verstärkt waren, sahen sich zum Rückzug nach dem südlichen Ausgang von Plewna genöthigt: Hassan Sabri Pascha war verwundet worden.

Inzwischen hatte der von Osman Pascha nach Emins Verwundung zur Uebernahme des Kommandos nach dem rechten Flügel geschickte Rifat Pascha die Bataillone Emins einigermaßen geordnet und führte dieselben, gestützt auf die frischen anderthalb Bataillone, von Westen her zum Angriff gegen die Redoute Kowanlük, während Riza Bey mit der früheren Besatzung der verlorenen Redouten von Norden her zum Angriff schritt.

Der Angriff scheiterte; Rifat Pascha wurde verwundet; die geworfenen Truppen wichen auf die Redoute Baghlar Baschi zurück; das Kommando westlich der Tutscheniza-Schlucht ging auf Riza Bey über.

Durch den Verlust der Plewna-Redouten war die Verbindung zwischen dem Gros der Armee und ihrem rechten Flügel bei Krschin in gefährlicher Art unterbrochen; Osman Pascha war bis zum späten Abend ohne Nachricht über die Sachlage auf seinem rechten Flügel, was ihn in hohem Grade beunruhigte.

Um 10½ Uhr abends traf endlich ein von Riza Bey abgesandter Offizier bei Osman ein mit der Meldung über die Sachlage auf dem rechten Flügel. Osman sandte durch diesen Offizier an Riza Bey die Mittheilung, morgen werde er mit allen verfügbaren Truppen einen Versuch zur Rückeroberung der verlorenen Redouten machen; die Truppen des rechten Flügels sollten daher in ihrer augenblicklichen Stellung unbedingt aushalten.

Diese Nachricht ging zuerst an Riza Bey, der mit der Hauptmasse der Truppen dieses Flügels in und bei der Redoute Baghlar Baschi stand; von hier wurde sie an Junus Bey weitergeschickt, der nach wie vor mit vier Bataillonen und einigen Geschützen die Gruppe der Krschin-Redouten besetzt hielt.

Die Lage aller Truppen des türkischen rechten Flügels in der Nacht vom 11. zum 12. September war eine außerordentlich schwierige. Durch die erlittenen Mißerfolge und großen Verluste entmuthigt, durch die fortgesetzten Anstrengungen aufs Aeußerste erschöpft und ohne Lebensmittel, hatten diese Truppen außerdem sehr unter Wassermangel zu leiden, da sie durch das Vordringen des Gegners vom Grünberg-Bach und verschiedenen bis dahin benutzten Brunnen abgeschnitten waren.

164. Uebersicht über die Ereignisse des 12. September westlich der Tutscheniza-Schlucht. Die Schilderung der Ereignisse des 12. September, die mit der Wiedereroberung der Plewna-Redouten durch die Türken endeten, hat sehr große Schwierigkeiten, weil die russischen und türkischen Darstellungen auf den ersten Blick total verschieden und kaum miteinander in Einklang zu bringen sind. Bevor ich auf die Darstellung der Einzelheiten übergehe, will ich kurz die scheinbaren Widersprüche hervorheben und dieselben zu lösen versuchen.

Die Russen sprechen von fünf Angriffen, von denen die ersten vier abgeschlagen wurden, während der fünfte die Redouten den Russen entriß.

Nach der russischen Darstellung wurde der erste und zweite Angriff von den Höhen von Baghlar Baschi aus gegen die linke Flanke, der dritte gleichzeitig von Baghlar Baschi und von Plewna aus gegen linke Flanke und Front, der vierte von Baghlar Baschi aus gegen die linke Flanke, und endlich der fünfte Angriff von Plewna aus gegen die Front der russischen Stellung gerichtet.

Die türkische Darstellung kennt dagegen überhaupt nur zwei Angriffe, von denen der erste, unter der Leitung von Tahir Pascha, von Baghlar Baschi aus gegen die linke Flanke der russischen Stellung erfolgte, während der zweite, unter der Leitung von Tewfik Bey, gleichzeitig von Baghlar Baschi und von Plewna aus gegen linke Flanke und Front der russischen Stellung gerichtet war.

Vergleicht man die einzelnen auf die verschiedenen Angriffe bezüglichen Angaben miteinander, so ergiebt sich Folgendes:

Der erste und zweite Angriff der russischen Darstellung sind partielle Vorstöße derjenigen türkischen Abtheilungen, welche bereits an den Kämpfen des 11. September um den dritten Kamm und um die Plewna-Redouten betheiligt und schließlich nach den Höhen von Baghlar Baschi zurückgeworfen waren. Diese beiden Angriffe werden in der türkischen Darstellung gar nicht erwähnt, sie sind der türkischen Heeresleitung vielleicht gar nicht näher bekannt geworden.

Der nach dem Eintreffen der von Osman nach dem rechten Flügel entsandten Verstärkungen von Tahir Pascha geleitete erste Angriff der türkischen Darstellung ist dann der dritte Angriff der russischen Darstellung, was aus verschiedenen von beiden Seiten übereinstimmend angeführten Einzelheiten hervorgeht.

Der nach der Heranziehung weiterer Verstärkungen von Tewfik Bey geleitete zweite Angriff der türkischen Darstellung, welcher gleichzeitig von Baghlar Baschi aus gegen die linke Flanke und von Plewna aus gegen die Front der russischen Stellung geplant war, erfolgte thatsächlich nicht gleichzeitig, sondern der von Baghlar Baschi aus geführte Angriff — der vierte Angriff der russischen Darstellung — war der Hauptsache nach bereits gescheitert, als der von Plewna aus geführte Hauptstoß gegen die Front der russischen Stellung — der fünfte Angriff der russischen Darstellung — überhaupt begann.

Wir wenden uns nunmehr zu den Ereignissen im Einzelnen.

165. Stellung der Russen bei Tagesanbruch. Die Stellung der verschiedenen russischen Abtheilungen in der Nacht vom 11. zum 12. September ist weiter oben bereits angegeben worden.

In der unter dem Befehl des Generals Tebjäkin stehenden Redoutenlinie hatten sich schließlich so viel Mannschaften zusammengefunden, daß nicht Alle wirklich gedeckte Aufstellung finden konnten; um unnütze Verluste zu vermeiden, und um sich gleichzeitig eine Art Spezialreserve zu bilden, sandte General Tebjäkin eine aus mehreren Hundert Mann kombinirte Abtheilung unter Führung einiger Offiziere aus der Redoutenlinie zurück, um sich auf dem von den Redouten zum Grünberg-Bach abfallenden Hange hinter einer kleinen Geländefalte gedeckt aufzustellen.

Als gegen 6 Uhr morgens der Nebel fiel, begann von Seiten der Türken ein heftiges Feuer. Die russische Stellung in und zwischen den genommenen Redouten war von türkischen Schützenlinien in der Front und auf beiden Seiten umgeben; da das russische Centrum heute völlig unthätig blieb, konnten starke türkische Schützenschwärme ohne Hinderniß von Plewna aus in der Tutscheniza-Schlucht sich gegen Skobelews rechte Flanke entwickeln; jede russische Abtheilung, die sich vom zweiten über den dritten Kamm zu den Redouten oder in umgekehrter Richtung bewegte, wurde unter mörderisches Kreuzfeuer genommen. Auch Artilleriefeuer wurde von drei Seiten gegen die russische Stellung gerichtet: von den Krschin-Redouten, von den Höhen von Baghlar Baschi und von mehreren Werken östlich der Tutscheniza-Schlucht, namentlich von Omer Bey Tabia aus. Von einigen dieser Werke aus wurde die russische Stellung sogar vollständig im Rücken beschossen.

Die auf dem Abhang hinter der Redoutenlinie aufgestellte Spezialreserve wurde bald derartig unter Feuer genommen, daß sie bedeutende Verluste erlitt und ganz hinter den dritten Kamm zurückgenommen werden mußte.

166. Anordnungen Skobelews. Da Skobelew nach Lage der Dinge jeden Augenblick den Beginn eines ernsten Gegenangriffs zur Wiedereroberung der Redouten erwarten mußte, so traf er bei Tagesanbruch folgende Anordnungen:

Die Sicherung des weiten Raums zwischen der Redoutenlinie und dem zweiten Kamm wurde dem Oberstlieutenant Ern des Regiments Esthland übertragen, und ihm zu diesem Zweck das 3. Bataillon Esthland, ferner 2½ Kompagnien des Regiments Libau (die gestern zwischen dem zweiten und dritten Kamm an der Tutscheniza-Schlucht zur Sicherung der rechten Flanke zurückbehalten und noch nicht ins Gefecht gekommen waren) und eine aus Mannschaften verschiedener Regimenter kombinirte Abtheilung zur Verfügung gestellt; gleichzeitig erhielt er den Befehl, alle seine Stellung nach vorwärts oder nach rückwärts passirenden Mannschaften und Abtheilungen zu sammeln.

In der Redoute Kowanlük standen bereits seit gestern zwei 4 Pfünder der 4./2. Batterie; um diese in ihrem schweren Kampf gegen die türkischen Batterien zu unterstützen, zog Skobelew vom zweiten

Kamm die Reste der 1./2. und 2./2. Batterie — erstere nur noch 3, letztere nur noch 2 kampffähige 9 Pfünder — sowie vom ersten Kamme die dort stehenden 6 Geschütze (4 Pfünder) der 5./3. Batterie nach dem dritten Kamm vor, von wo aus diese Geschütze den Kampf gegen die türkischen Batterien aufnahmen, wobei sie durch die seit gestern auf der Ostseite der Tutschenitza-Schlucht stehende 3./2. Batterie unterstützt wurden.

Von den nicht direkt in der Gefechtslinie befindlichen Abtheilungen standen die 3./3., 6./3. und 4./30. Batterie hinter dem zweiten Kamm; 2 Bataillone Kaluga mit der 5./2. und 6./2. Batterie hinter dem ersten Kamm; 1 Bataillon Kaluga mit zwei 3./3. Geschützen in Brestowez. Drei kaukasische und einige donische Sotnien befanden sich in dem Raum zwischen dem dritten und ersten Kamm; die 1./4. Kavallerie-Brigade sowie das Gros der kaukasischen und der donischen Brigade sowie die dazu gehörigen drei reitenden Batterien wurden wieder demonstrativ gegen die Gruppe der Krschin-Redouten vorgeschoben.

167. Die beiden ersten türkischen Gegenangriffe auf die Redoutenlinie. Um 7 Uhr morgens gingen von den Krschin-Redouten her Schützenschwärme mit geschlossenen Abtheilungen dahinter gegen die Redoute Kowanlük vor. Von den Russen mit lebhaftem Geschütz- und Gewehrfeuer — namentlich aus dem sogenannten Gortalowschen Laufgraben — empfangen, gelangten die Türken bis auf 300 m an die russische Stellung heran, machten dann aber Kehrt. Ein Theil der im Gortalowschen Laufgraben liegenden russischen Schützen brach zur Verfolgung der Türken vor, mußte aber sehr bald mit bedeutendem Verlust in den Laufgraben zurückgehen. Die türkischen Schützen blieben auf etwa 800 m vor der russischen Stellung liegen und unterhielten ein ununterbrochenes Feuer.

Gegen 8 Uhr gingen die Türken in derselben Richtung abermals zum Angriff vor, der — abgesehen von dem Frontalfeuer aus der Redoute Kowanlük und aus dem Gortalow-Laufgraben — von dem dritten Kamm her durch Infanterie- und Artilleriefeuer auch in der Flanke beschossen wurde; trotzdem drangen die Türken bis auf 400 m von dem Gortalow-Graben vor, wichen dann aber wieder auf ihre Redouten zurück.

Während dieser Vorgänge hatten die Vertheidiger der Redoute Issa Aga sich mit den in der Umfassung von Plewna stehenden feindlichen Abtheilungen herumgeschlagen, welche von dort her die rechte Flanke der russischen Stellung zu umfassen versuchten.

168. Der dritte türkische Gegenangriff. Inzwischen hatte Osman Pascha die völlige Unthätigkeit des Gegners auf der Griviza- und Radischewo-Front dazu benutzt, alle irgend verfügbaren Truppen zur Verstärkung seines rechten Flügels heranzuziehen, um sich hier wieder der am gestrigen Tage verlorenen Redouten zu bemächtigen, von deren Besitz die Entscheidung des Tages unbedingt abhing.

Abgesehen von dem Feuer derjenigen türkischen Geschütze, welche in den Redouten des Krschin-Abschnitts standen und seit frühem Morgen die russische Stellung lebhaft in der linken Flanke und zum Theil im Rücken beschossen, erschienen jetzt auch türkische Geschütze nicht nur westlich der russischen Stellung auf der Höhe des Baghlar Baïr, sondern auch jenseits der Tutscheniza-Schlucht auf dem westlichen Abhang der Stellung von Arab Tabia (die in der Redoute Arab Tabia selbst stehenden Geschütze konnten nach jener Seite nicht feuern).

Namentlich das Feuer der auf dem Baghlar Baïr stehenden Geschütze wirkte verheerend unter der Besatzung der vollkommen der Länge nach bestrichenen Redoutenlinie, während gleichzeitig starke türkische Schützenschwärme in der Tutscheniza-Schlucht sich ausbreiteten und die russische Stellung von der rechten Flanke aus unter lebhaftes Feuer nahmen.

Um die beiden in der Redoute Kowanlük stehenden Geschütze (der 4./2. Batterie) in ihrem schweren Kampf mit der feindlichen Artillerie zu unterstützen, ließ Skobelew vom dritten Kamm aus die zeitweilig hinter die Kammhöhe zurückgezogene 1./2. Batterie (nur noch drei Geschütze stark) und 5./3. Batterie (mit sechs Geschützen zur Stelle) das Feuer eröffnen, wodurch die Türken veranlaßt wurden, die Aufstellung ihrer Geschütze auf dem Baghlar Baïr zu ändern, so daß sie zwar ihr Feuer gegen die Redoutenstellung fortsetzen konnten, selbst aber gegen das Feuer vom dritten Kamm her gedeckt waren.

Um 10½ Uhr erfolgte nun von der Redoute Baghlar Baschi (Garten-Redoute) her der **dritte türkische Angriff**.

Angesichts des energisch vordringenden Gegners begannen die seit mehr als 24 Stunden fast fortgesetzt im feindlichen Feuer stehenden Vertheidiger der Redoute Kowanlük zu wanken und anfangs einzeln, dann truppweise die Redoute zu verlassen, und bald folgten auch die Vertheidiger der Redoute Issa Aga diesem ansteckenden Beispiel.

Als aber Skobelew vom dritten Kamm herbeisprengte und den Leuten mahnende und begeisternde Worte zurief, kehrte Alles wieder um, und die Redouten wurden wieder besetzt, bevor es den Türken gelungen, von ihnen Besitz zu ergreifen; vereinzelte türkische Trupps, welche schon in die Redouten eingedrungen waren, wurden niedergemacht.

Die Angreifer wichen auf die Redoute Baghlar Baschi zurück; der dritte Angriff auf die Redoutenlinie war abgeschlagen.

169. **Gefecht an der Tutscheniza-Schlucht im Rücken der Redoutenlinie.** Inzwischen entwickelten sich türkische Abtheilungen theils in der Tutscheniza-Schlucht selbst, theils an ihrem östlichen Rande zum Angriff gegen die Höhen im Rücken der russischen Redoutenstellung, zu deren Sicherung Oberstlieutenant Ern nur über sehr schwache Kräfte verfügte (Nr. 166). Zur Vertheidigung des westlichen Schluchtrandes schwärmte eine aus versprengten Mannschaften der 3. Schützen-Brigade gebildete Abtheilung aus, während zwei 4 Pfünder die Schlucht der Länge nach zu bestreichen versuchten; trotzdem gelang es den Türken, den westlichen Schluchtrand zu ersteigen und die russischen Schützen zurückzudrängen, zu deren Unterstützung zunächst nur eine Sotnie der kaukasischen Brigade zur Hand war. Erst als die während der letzten Tage noch gar nicht im Gefecht gewesenen 2½ Kompagnien Libau eintrafen und von dem persönlich herbeigeeilten Skobelew vorgeführt wurden, gelang es, die Türken wieder über die Schlucht zurückzuwerfen.

170. **Skobelew erhält den Befehl zum Rückzug.** Bereits im Laufe des 11. September hatte Skobelew um Verstärkungen gebeten, und als um Mitternacht Oberst Orlow, Adjutant des Großfürst-Generalissimus, bei ihm eintraf, um über den Stand der Dinge Erkundigungen einzuziehen, hatte er ihm seine Ansicht dahin ausgesprochen, daß er ohne Verstärkungen nicht im Stande sein werde, die am gestrigen Tage errungenen Vortheile zu behaupten.

Am 12. September gegen 8 Uhr morgens erhielt Skobelew die Abschrift nachstehenden an Jmeretinski gerichteten Befehls:

"Auf Befehl des Höchstkommandirenden weise ich Sie und General Skobelew an, sich in den jetzt besetzten Stellungen zu befestigen und bis auf besonderen Befehl zu behaupten. Auf Verstärkungen ist nicht zu rechnen, da wir keine haben. Ich erwarte genaue Angaben über die Verluste. Sotow."

Die Abgangszeit dieses Befehls war nicht angegeben.

Trotz dieses entmuthigenden Befehls hoffte Skobelew immer noch auf eine günstige Wendung, da er die Truppenmassen des Centrums östlich der Tutscheniza-Schlucht in der Höhe des zweiten Kamms zwar unthätig, aber kampfbereit stehen sah.

Um 10½ Uhr (bei Beginn des dritten türkischen Angriffs) überbrachte Oberst Orlow an Skobelew folgenden Befehl:

„Auf Befehl des Großfürst-Generalissimus. Wenn Sie sich in den von Ihnen besetzten Stellungen nicht halten können, so haben Sie — aber wenn irgend möglich nicht vor Abend — einen langsamen Rückzug nach Tutscheniza anzutreten unter dem Schutz der Kavallerie Leontjews. Theilen Sie dem Fürsten Imeretinski diesen Befehl mit; im Uebrigen ist derselbe völlig geheim zu halten. Die Griviza-Redoute ist in unseren Händen, aber den Angriff fortzusetzen hat keinen Zweck; es ist daher langsamer Rückzug beschlossen. — 8½ Uhr morgens. Sotow."

Selbst nach dem Empfang dieses Schreibens hatte Skobelew noch immer die stille Hoffnung auf einen allgemeinen Umschwung; jeden Augenblick hoffte er die Truppenmassen des Centrums auf der Ostseite der Tutscheniza-Schlucht zum Angriff vorgehen zu sehen.

171. Die Sachlage gegen 2 Uhr nachmittags. Die Lage der nicht nur in der Front, sondern auch in beiden Flanken und im Rücken unausgesetzt beschossenen Truppen Skobelews war inzwischen immer mißlicher geworden; jede Minute brachte neue Verluste.

Die beiden in der Redoute Kowanlük stehenden 4./2. Geschütze waren um 1 Uhr mittags niedergekämpft, die Geschütze selbst demontirt, die Bedienung und Bespannung zum größten Theil todt oder verwundet. Als Ersatz für diese Geschütze gab Skobelew den Befehl, drei Geschütze der auf dem dritten Kamm stehenden 5./3. Batterie in die Redoute zu schaffen. Das Vorgehen dieser Geschütze wurde von den Türken bemerkt und ließ diese das Feuer in dieser Richtung verdoppeln. Trotzdem gelangten die drei Geschütze, wenn auch mit großem Verlust an Mannschaft und Pferden, in die Redoute; von den drei Munitionswagen, welche den Geschützen folgten, kam indessen nur ein einziger bis in die Redoute, indem er nach dem Verlust seiner Bespannung von Infanteriemannschaften den steilen Hang zu der Redoute hinaufgezogen und in dieser zwischen Brustwehr und Traverse untergebracht wurde; die beiden anderen Wagen den Steilhang hinaufzuschaffen war nicht möglich.

Die drei Geschütze nahmen sofort den Kampf gegen die feindliche Batterie auf dem Baghlar Baïr auf, verloren aber binnen Kurzem den dritten Theil ihrer Mannschaft. Eine feindliche Granate brachte den in die Redoute geschafften Munitionswagen zur Explosion, wobei zahlreiche Mannschaften getötet und verwundet wurden; unter letzteren befand sich General Tebjätin, der bald darauf durch eine Granate seinen Tod fand.

Auch in die Redoute Issa Aga waren inzwischen zwei 9Pfünder — die beiden letzten noch kampffähigen Geschütze der 2./2. Batterie — geschafft und hatten von hier aus den Kampf gegen die Batterie auf der Höhe von Arab Tabia aufgenommen.

Um 2 Uhr nachmittags trafen, von Imeretinski vorgeschickt, die letzten verfügbaren Truppen bei Skobelew ein: zwei ganz schwache Bataillone Kaluga und eine aus 200 versprengten Schützen gebildete Abtheilung; außerdem verfügte Skobelew noch über eine aus gesammelten Mannschaften der 2. Infanterie-Division gebildete Abtheilung von 300 Mann.

Skobelew verfügte über diese Abtheilungen in folgender Weise: 4 Kompagnien Kaluga verstärkten die Besatzung der Redoutenlinie; 3 Kompagnien verstärkten die zur Deckung der rechten Flanke gegen die Tutscheniza-Schlucht aufgestellten schwachen Abtheilungen; 3 Kompagnien stellten sich hinter dem linken Flügel der vorderen Linie als besondere Reserve auf; die kombinirten Abtheilungen der 3. Schützen-Brigade und der 2. Infanterie-Division blieben hinter dem dritten Kamm als allgemeine Reserve.

Außer den in den beiden Redouten befindlichen fünf kampffähigen Geschützen — drei 5./3. in Kowanlük und zwei 2./2. in Issa Aga — standen zur Zeit auf dem dritten Kamm noch fünf feuernde Geschütze: zwei 5./3. Geschütze machten nach Osten Front und feuerten auf 800 m gegen die am Ostrande der Tutscheniza-Schlucht eingenisteten feindlichen Schützenschwärme; ein 5./3. Geschütz und die beiden letzten noch kampffähigen Geschütze der 1./2. Batterie machten Front nach Westen und unterstützten die Geschütze der Redoute Kowanlük in dem schweren Kampf gegen die Batterie auf dem Baghlar Baïr.

Die bisher hinter dem zweiten Kamm stehende 4./30. Batterie war auf dem Kamm in Stellung gegangen und feuerte auf 3000 m auf türkische Kolonnen, die sich augenscheinlich zu einem neuen Angriff formirten.

Hinter dem zweiten Kamm standen zur Zeit in Reserve die 3./3. und 6./3. Batterie, hinter dem ersten Kamm die 5./2. und 6./2. Batterie; in Brestowez stand ein schwaches Bataillon Kaluga und zwei 5./3. Geschütze. Die 3./2. Batterie stand noch immer östlich der Tutscheniza-Schlucht auf dem sogenannten „Artillerie-Berge".

Alle hier nicht aufgeführten Geschütze der zum linken russischen Flügel gehörenden zehn Fuß-Batterien lagen entweder demontirt auf dem Schlachtfelde oder waren, wie z. B. sechs Geschütze der 4./2. Batterie, ohne näher bekannten Grund als zeitweilig nicht verwendbar, zurückgeschickt worden.

Auf dem äußersten linken Flügel endlich zwischen Krschin und Brestowez demonstrirte General Leontjew mit seiner Kavallerie — Dragoner und Kasaken zum Theil abgesessen — und reitenden Artillerie gegen die Gruppe der Krschin-Redouten und sicherte so einigermaßen die linke Flanke und den Rücken Skobelews.

So war die allgemeine Sachlage, als Skobelew bald nach 2 Uhr folgenden von Sotow an Jmeretinski gerichteten Zettel erhielt:

„Sagen Sie Skobelew, er soll sich in seiner jetzigen Stellung befestigen und nach Möglichkeit behaupten; auf Verstärkungen ist heute nicht zu rechnen."

172. **Der vierte türkische Gegenangriff.** Bald nach 2 Uhr setzten die Türken zum vierten Angriff an, der der Hauptsache nach von der Redoute Baghlar Baschi aus gegen die Redoute Kowanlük und die linke Flanke der russischen Stellung geführt wurde, während gleichzeitig von Plewna aus Abtheilungen gegen die Redoute Jssa Aga und vom Ostrande der Tutscheniza-Schlucht aus Abtheilungen gegen die rechte Flanke der russischen Stellung vorgingen.

Die Besatzung der Redoute Kowanlük und der Gortalow-Tranchee ließ diesmal die Türken bis auf 400 m herankommen und eröffnete erst dann ein mörderisches Feuer, während die Angreifer gleichzeitig von der auf dem dritten und zweiten Kamm stehenden Artillerie lebhaft in der rechten Flanke beschossen wurden.

Der Angriff kam zum Stehen, und die türkischen Kolonnen entwickelten sich zum Feuergefecht, aber hereilende Reserven brachten den Angriff schließlich wieder in Gang, und die Türken drangen energisch gegen die Redoute Kowanlük und den Verbindungslaufgraben zwischen beiden Redouten vor. Die Besatzung des letzteren, welche durch das enfilirende Feuer vom Baghlar Baïr her schwere Verluste erlitten hatte, verließ angesichts des energisch vordringenden Gegners

14*

ihre Stellung und eilte in Unordnung zurück, ein Theil der Besatzung von Kowanlük folgte diesem Beispiel.

Die drei 5./3. Geschütze unter dem Batteriekommandeur Oberst Ruschkowski hatten die Angreifer anfangs mit Schrapnels, dann mit Kartätschen beschossen, in kurzer Zeit aber 15 Mann und 23 Pferde verloren. Als Ruschkowski einen Theil der Infanterie aus der Redoute fliehen sah, verließ auch er dieselbe mit dem aus acht Mann bestehenden Rest seiner Mannschaft und nahm die Verschlußstücke der Geschütze mit; die beiden demontirten Geschütze der 4./2. Batterie waren schon früher zurückgeschafft worden.

Trotz der theilweisen Panik der Besatzung gelang es dem Major Gortalow, mit dem Rest der Besatzung den Angriff abzuweisen, wobei er nicht nur durch das Feuer der auf dem dritten und zweiten Kamm stehenden Geschütze unterstützt wurde, sondern auch durch das Feuer der beiden in der Redoute Issa Aga befindlichen Geschütze, welche im entscheidenden Augenblick die Front veränderten und von der Kehle der Redoute aus die Angreifer der Redoute Kowanlük beschossen.

Der Angriff gegen die rechte russische Flanke hatte zwar die russischen Schützen von dem Westrande der Tutscheniza-Schlucht eine Strecke zurückgetrieben, war aber dann zum Stillstand gekommen.

Der vierte Gegenangriff der Türken war abgewiesen.

173. Der fünfte türkische Gegenangriff. Die Wiedereinnahme der Plewna-Redouten. Nach dem Abweisen des vierten Angriffs schwieg plötzlich das seit Tagesanbruch nicht einen Augenblick unterbrochene Feuer gänzlich, eine unheimliche Stille trat ein.

Als Skobelew, um sich persönlich von den Verhältnissen in der vorderen Gefechtslinie zu überzeugen, um 3½ Uhr nachmittags bei den Redouten eintraf, boten diese einen wüsten Anblick dar. Das Innere beider Redouten und der dieselben verbindende Laufgraben waren mit Leichen gefüllt, die zum Theil schichtweise übereinander lagen; in der Redoute Issa Aga war die ursprünglich offene Kehle durch einen aus Leichnamen errichteten Wall gesperrt.

Die beiden in dieser Redoute gewesenen Geschütze waren nach dem Verlust fast der ganzen Bedienung und Bespannung zurückgeschleppt worden. In der Redoute Kowanlük standen die drei demontirten Geschütze der 5./3. Batterie und ein kampfunfähiges türkisches Geschütz.

Der allgemeine Zustand der Truppen Skobelews zu diesem Zeitpunkt läßt sich folgendermaßen charakterisiren:

Von der etwa 15 000 Mann starken Infanterie waren gegen 7000 Mann todt oder verwundet, darunter 2 Brigadekommandeure, 4 Regimentskommandeure und zahlreiche Stabs- und Oberoffiziere. Die übrigen 8000 Mann schlugen sich seit mehr als 30 Stunden; die meisten von ihnen hatten zwei, viele sogar drei Nächte nicht geschlafen. Die Mannschaften der verschiedenen Regimenter waren vollständig untereinander gekommen, die Truppenverbände waren aufgelöst; ein schwaches Bataillon Kaluga (350 Mann) und ein halbes Bataillon Libau waren die einzigen regelrecht formirten Verbände, alles Andere waren durcheinandergewürfelte und provisorisch formirte Trümmer.

Von diesen standen etwa 2000 Mann in und bei den Redouten, etwa 2000 Mann hinter den Redouten bis zum dritten Kamm, zum Theil nach den Flanken Front machend; etwa 1000 Mann — darunter das Bataillon Kaluga — hielten die weiter rückwärts gelegenen Theile der Grünen Berge sowie das Dorf Brestowez besetzt. Einige Tausend Mann endlich — physisch und moralisch völlig gebrochen — lagen theils gegen Alles gleichgültig in den Gräben und Schluchten umher, theils schleppten sie sich haltlos rückwärts und kehrten dem Schlachtfeld den Rücken.

Unter diesen Umständen war die Unmöglichkeit eines dauernden Widerstandes nicht wohl zu verkennen.

Als Skobelew wieder auf dem dritten Kamm eintraf, erhielt er — gegen 4½ Uhr — folgenden Zettel:

„Ich schicke Ihnen die drei Bataillone des Regiments Schuja, das ist Alles, was ich thun kann. Leontjew soll Ihre linke Flanke sichern; den beiliegenden bezüglichen Befehl bitte ich ihm zu übersenden. Wenn Sie sich nicht halten können, gehen Sie, wie gesagt, auf Tutscheniza zurück. — Abgeschickt 2 Uhr 22 Minuten.

Sotow."*)

---

*) General Krylow, stellvertretender Kommandeur des 4. Korps, hatte — ob mit oder ohne Vorwissen Sotows, ist unklar — am Vormittag des 12. September die beiden zum Centrum gehörenden und an den gestrigen verlustreichen Kämpfen betheiligten Regimenter Schuja und Jaroslaw zur Unterstützung Skobelews nach dem linken Flügel in Bewegung gesetzt. Als das Regiment Schuja infolge dieses Befehls die Tutscheniza-Schlucht bereits überschritten hatte, erhielt Krylow den Befehl Sotows, „mit Rücksicht auf die gefährliche Lage der Artillerie des Centrums" die zu Skobelew abgeschickten Truppen sofort zurückzunehmen. Krylow nahm Anstand, diesen Befehl auszuführen, aber Sotow holte persönlich das noch diesseits der Tutscheniza-Schlucht befindliche

Gleichzeitig erhielt Skobelew die Meldung, das Regiment Schuja sei im Anmarsch, nach den Verlusten des gestrigen Tages betrage aber seine Stärke nur 1300 Mann.

Im Hinblick auf die aussichtslose Gesammtlage verzichtete Skobelew darauf, diese Truppe zur Verstärkung der Redoutenbesatzungen zu verwenden; er wies dem Regiment Schuja eine Aufnahmestellung auf dem dritten Kamm an, um den voraussichtlich bald nothwendig werdenden Rückzug der vorderen Abtheilungen zu decken. Was an Geschützen noch kampffähig, nahm Stellung auf dem zweiten Kamm, um hier eine fernere Aufnahmestellung zu bilden.

Nachdem um 4 Uhr das Feuer wieder von allen Seiten mit außerordentlicher Heftigkeit begonnen, schritten die Türken — diesmal von Plewna aus — abermals zum Angriff, der mit wilder Energie gleichzeitig gegen beide Redouten geführt wurde.

Die Besatzung der Redoute Kowanlük hielt dem Ansturm nicht Stand, sondern eilte fliehend zurück; der Kommandant der Redoute, Major Gortalow, der mit einer Schaar Braver bis zuletzt aushielt, fand einen ruhmvollen Tod.

Die tapfere Besatzung der Redoute Issa Aga unter Oberstlieutenant Moszewoi schlug zunächst auch diesen Angriff ab, aber das Schicksal des Tages war nicht mehr zu ändern.

Um den unnützen Tod dieser braven Schaar zu verhüten, schickte Skobelew an Moszewoi den Befehl zum Rückzug; erst auf einen wiederholten Befehl räumte dieser Offizier die so tapfer vertheidigte Redoute.

Die Trümmer der Redoutenbesatzungen wichen auf den dritten Kamm zurück, wo das Regiment Schuja und einige kombinirte Abtheilungen zu ihrer Aufnahme standen, aber vor dem heftigen Ansturm der nachdrängenden türkischen Massen konnte der dritte Kamm nicht behauptet werden; Alles wich zum zweiten Kamm zurück. Die hier stehenden Geschütze empfingen die Türken mit heftigem Feuer; die weichende Infanterie machte Front, und einige Sotnien Kasaken warfen sich in glänzender Attacke auf die Türken, die Offensivkraft derselben war gebrochen; unter Räumung des dritten Kammes wichen sie bis auf die Plewna-Redouten zurück.

Während des wilden Durcheinanders der eben erwähnten Rückzugskämpfe erhielt Skobelew einen Zettel folgenden Inhalts:

Regiment Jaroslaw zurück; das Regiment Schuja war bereits jenseits der Schlucht den Blicken entschwunden.

„Der Großfürst-Generalissimus wünscht, daß Sie sich halten, wenn auch nur 24 Stunden. — Ab 4 Uhr nachmittags. Sotow."

Gleichzeitig mit der Absendung dieses Zettels hatte Sotow das zum Centrum gehörende, noch ganz frische Regiment Serpuchow zur Unterstützung Skobelews in Marsch gesetzt; es kam natürlich bei diesem an, als Alles vorüber war.

Das dritte Plewna war zu Ende.

174. Verhältnisse auf türkischer Seite am 12. September. Die Lage, in welcher sich die Truppen des türkischen rechten Flügels in der Nacht vom 11. zum 12. September befanden, ist bereits (Nr. 163) eingehend besprochen worden; hier soll dieselbe nur ganz kurz in Erinnerung gebracht werden; es standen:

3 Bataillone unter Mehmed Razif Bey in der Tutscheniza-Schlucht am Südausgange von Plewna;

3½ Bataillone unter Riza Bey westlich der Tutscheniza-Schlucht in der Südumfassung Plewnas;

11½ Bataillone (über welche erst Emin und dann Rifaat das Kommando gehabt hatten) in und bei der Redoute Baghlar Baschi;

4 Bataillone unter Junus Bey in den Redouten der Krschin-Gruppe.

Im Ganzen befanden sich also westlich der Tutscheniza-Schlucht 22 Bataillone.

Nach der Verwundung der Generale Emin Pascha, Rifaat Pascha und Sabri Pascha war der Oberbefehl westlich der Tutscheniza-Schlucht an Oberst Riza Bey übergegangen, und noch im Laufe der Nacht hatte dieser die Mittheilung Osmans erhalten, daß am folgenden Morgen ein allgemeiner Angriff zur Wiedereroberung der verlorenen Redouten erfolgen solle.

Noch in der Nacht versammelte Osman einen Theil der höheren Führer der östlich der Tutscheniza-Schlucht stehenden Truppen um sich, um ihnen in Betreff des beabsichtigten Gegenangriffs die erforderlichen Weisungen zu geben.

Tahir Pascha, der Stabschef Osmans, wurde mit der Leitung des Angriffs beauftragt, welcher von Baghlar Baschi, also von Westen aus, geführt werden sollte. Bei Tagesanbruch begab sich Tahir Pascha nach der genannten Redoute, um den Oberbefehl über die hier versammelten Truppen zu übernehmen; bereits vor seinem Eintreffen scheinen hier die beiden mißglückten Vorstöße gegen die verlorenen Redouten stattgefunden zu haben, welche von den Russen als erster und zweiter Angriff bezeichnet werden.

Ziemlich gleichzeitig mit Tahir traf auf dem rechten Flügel ein von Osman abgesandter Munitionstransport ein, welcher dem drohenden Mangel an Artilleriemunition abhalf.

Zur Verstärkung der zum Angriff unter Tahir Pascha bestimmten Truppen ließ Osman von der Stellung des Hauptquartiers aus fünf Bataillone unter Oberstlieutenant Abdullah Bey bei Tagesanbruch abrücken; dieselben passirten in aller Stille die Stadt und erreichten durch das Thal von Keremetli die Stellung von Baghlar Baschi; die drei Bataillone unter Mehmed Nazif Bey dagegen waren bei Tagesanbruch aus der Tutscheniza-Schlucht durch die Stadt nach der Stellung des Hauptquartiers gezogen worden.

Am Morgen des 12. September standen also westlich der Tutscheniza-Schlucht:

4 Bataillone unter Junus Bey in den Krschin-Redouten;

16½ Bataillone unter Tahir Pascha bei Baghlar Baschi;

3½ Bataillone unter Riza Bey in der Südumfassung der Stadt.

An Artillerie verfügten die Türken westlich der Schlucht über 5 Geschütze in den Krschin-Redouten, welche die russische Redoutenstellung im Rücken beschossen, ferner über 3 Feld- und einige Gebirgsgeschütze auf der Höhe des Baghlar Baïr, welche die Redoutenlinie der Länge nach von links bestrichen, außerdem scheinen westlich der Stadt einige Geschütze gestanden zu haben, welche die russische Stellung in der Front beschossen.

Oestlich der Schlucht hatte Osman unter dem Generalstabsmajor Hakki Bey auf dem westlichen Abhange des Bara Baïr eine Batterie von 6 Geschützen auffahren lassen, welche die russische Redoutenstellung in der rechten Flanke faßte.

Nach kräftiger Vorbereitung durch das Feuer der erwähnten Artilleriestellungen schritt Tahir Pascha zum Angriff (dies ist der dritte der russischen Darstellung), der nahe daran war zu gelingen (wie erwähnt, verließ ein Theil der russischen Besatzung bereits fliehend die Redouten), schließlich aber mit Verlust scheiterte; die Stürmenden wichen auf die Stellung von Baghlar Baschi zurück.

Tahir machte von dem Mißlingen des Angriffs an Osman Meldung mit dem Zusatz, eine Erneuerung des Angriffs sei sehr bedenklich und habe keine Aussicht auf Gelingen.

Osman war über diese Meldung sehr ungehalten, beschloß aber trotzdem, den Angriff zu erneuern, dessen Leitung er jetzt dem Generalstabsoberst Tewfik Bey anvertraute, welchem außer den bereits westlich der Tutscheniza-Schlucht befindlichen Truppen noch einige den nicht angegriffenen Fronten entnommene Bataillone zur Verfügung gestellt wurden.

Bis Tewfik Bey mit den Verstärkungen auf dem rechten Flügel eingetroffen war, vergingen zwei Stunden, während welcher Zeit die türkische Artillerie fortfuhr, auf die russische Stellung ein verheerendes Kreuzfeuer zu richten.

Tewfik Bey beschloß, den Angriff in zwei Richtungen zu führen: von Baghlar Baschi aus gegen die linke, von Plewna aus gegen die rechte Flanke der russischen Stellung.

Die bezüglichen Anordnungen Tewfiks, welche im Einzelnen nicht bekannt sind, scheinen nicht übereinstimmend zur Ausführung gekommen zu sein; jedenfalls war der von Baghlar Baschi ausgeführte Angriff (der **vierte** der russischen Darstellung) nach anfänglichem energischem Vorschreiten schließlich bereits gescheitert, als der von Plewna aus geführte Angriff (der **fünfte** der russischen Darstellung) nach längerer Zwischenpause begann.

Dieser letztere Angriff hatte bekanntlich Erfolg; nach wüthendem Gefecht — in welchem sich namentlich das bereits gestern in den Kämpfen östlich der Tutscheniza-Schlucht mit Ruhm genannte Redif-Bataillon Silistria wiederum besonders auszeichnete — wurden die Russen aus den gestern eroberten Redouten geworfen und bis zum zweiten Kamm zurückgetrieben.

Hier kam die Verfolgung zunächst zum Stehen; dann wichen die Türken, unter Aufgabe des zeitweilig besetzten dritten Kamms, bis auf die zurückeroberten Redouten nördlich des Grünberg-Baches zurück.

Oestlich der Tutscheniza-Schlucht verfloß der 12. September ohne besondere Ereignisse, nur am Abend unternahmen die Türken einen vergeblichen Angriff gegen die am gestrigen Tage verlorene Redoute Kanly Tabia.

175. Verluste. Die Infanterie des russischen linken Flügels hatte in den Kämpfen vom 8. bis 12. September folgende Verluste erlitten:

General Tebjätin, Kommandeur der 1./16. Infanterie-Brigade, und General Dobrowolski, Kommandeur der 3. Schützen-Brigade, waren todt.

Regiment:	todt		verwundet		zusammen	
	Offiz.	Mann	Offiz.	Mann	Offiz.	Mann
Kaluga Nr. 5 ..	2	175	14	632	16	807
Libau Nr. 6 ..	4	222	8	372	12	594
Reval Nr. 7 ..	3	197	11	666	14	863
Esthland Nr. 8 .	5	?	15	?	20	1597
Wladimir Nr. 61.	8	312	28	872	36	1184
Susdal Nr. 62 .	4	391	19	744	23	1135
3. Schützen-Brigade	3	165	19	642	22	807

Der Verlust des Regiments Kaluga entfiel fast ausschließlich auf den 8. September, die Verluste der Regimenter Libau, Reval, Wladimir und Susdal ausschließlich auf den 11. und 12. September, die Verluste des Regiments Esthland und der 3. Schützen-Brigade der Hauptsache nach auf den 11. und 12. September, zum Theil auch auf den 8., 9. und 10. September.

Der Gesammtverlust der 22 Bataillone für die ganze Zeit vom 8. bis 12. September belief sich auf 2 Generale, 143 Offiziere, 6987 Mann — von welcher Zahl 19 Offiziere, 998 Mann auf die Einleitungskämpfe am 8., 9. und 10. September entfielen — 2 Generale, 124 Offiziere und 5989 Mann auf die Entscheidungskämpfe am 11. und 12. September.

Bei Beginn der Kämpfe betrug durchschnittlich die Stärke der 18 Linien-Bataillone je 700 Mann, diejenige der 4 Schützen-Bataillone je 600 Mann; die Gesammtstärke der ganzen Infanterie also 15000 Mann; der Gesammtverlust von 7132 Köpfen (einschließlich Generale und Offiziere) beträgt also 47,5 pCt.

Am Morgen des 13. September hatten die einzelnen Regimenter folgende Gefechtsstärke:

Kaluga	11 Offiziere,	1066 Mann,
Libau	14 "	1201 "
Reval	7 "	1015 "
Esthland ...	11 "	627 "
Susdal ...	18 "	906 "

Ueber das Regiment Wladimir und die 3. Schützen-Brigade liegen in dieser Beziehung genaue Zahlenangaben nicht vor.

Vergleicht man die Verluste dieser fünf Regimenter mit ihrer ungefähren Stärke bei Beginn der Kämpfe, so müßte die Stärke am Morgen des 13. September wohl etwas größer sein, als hier angegeben; man darf annehmen, daß eine Anzahl abkommandirter und versprengter Mannschaften noch nicht zu ihren Truppentheilen zurückgekehrt waren.

Die zu dem linken russischen Flügel gehörende Artillerie hatte folgende Verluste erlitten:

   1./2. Batterie . . . 2 Offiziere, 18 Mann,
   2./2. Batterie . . . 1 " 11 "

Diese beiden Batterien hatten den schwersten Theil des Artilleriekampfes auf dem zweiten und dritten Kamm durchgefochten und hatten schließlich nur noch 5 brauchbare Geschütze von 16.

   3./2. Batterie. . . . — Offizier, 3 Mann.

Diese Batterie stand seit dem 10. September auf der Ostseite der Tutscheniza-Schlucht auf dem westlichen Theil des sogenannten Artillerie-Berges und betheiligte sich von hier aus an dem Kampf gegen die Plewna-Redouten.

   4./2. Batterie: alle Offiziere und ein Drittel der Mannschaft.

Von dieser Batterie standen 2 Geschütze in der Redoute Kowanlük, verloren hier fast ihre ganze Bedienung und wurden schließlich demontirt.

   5./2. und 6./2. Batterie hatten gar keine oder nur ganz unbedeutende Verluste.

   3./3. Batterie. . . . — Offizier, 3 Mann.

Diese Batterie hatte aus nicht näher erkennbaren Gründen an den Kämpfen des 11. und 12. September keinen ernsten Antheil genommen.

   5./3. Batterie. . . . — Offizier, 20 Mann.

Diese Batterie war mit 6 Geschützen an dem schweren Kampf auf dem dritten Kamm und in der Redoute Kowanlük betheiligt; in dieser letzteren fielen 3 demontirte Geschütze in die Hände der Türken.

   6./3. Batterie. . . . 1 Offizier, 6 Mann,
   4./30. Batterie . . . — " 10 "

Die Verluste der 3 reitenden Batterien Leontjews, welche während jener ganzen Tage gegen die Gruppe der Krschin-Redouten standen, sind nicht bekannt, scheinen aber sehr gering gewesen zu sein.

Die bekannten Verluste von 7 Fuß-Batterien betrugen also 4 Offiziere, 71 Mann; rechnet man hierzu den sehr bedeutenden, aber nicht zahlenmäßig bekannten Verlust der 4./2. Batterie und die ganz unbedeutenden Verluste von 2 Fuß- und 3 reitenden Batterien, so darf man den Gesammtverlust dieser 13 Batterien des linken Flügels auf nicht viel mehr als etwa 100 Mann annehmen.

Der Verlust der Kavallerie des linken Flügels — 8 Eskadrons und 18 Sotnien — betrug ebenfalls etwa 100 Mann und entfiel zum größten Theil auf die wenigen Sotnien, welche in enger Verbindung mit der Infanterie an den Kämpfen auf dem dritten Kamm und an der Tutscheniza-Schlucht theilnahmen.

Betrachten wir die Verluste in den als „drittes Plewna" bezeichneten Kämpfen vom 7. bis 12. September im Zusammenhang, so erhalten wir folgende Zahlen:

Die russische Infanterie verlor:

auf dem linken Flügel	2 Generale,	143 Offiziere,	6 987 Mann,
im Centrum . . .	— "	112 "	4 316 "
auf dem rechten Flügel	1 "	19 "	1 000 "
Zusammen . .	3 Generale,	274 Offiziere,	12 303 Mann.
Die rumänische Infanterie des rechten Flügels	— General,	58 Offiziere,	2 511 Mann.
Zusammen die Infanterie	3 Generale,	332 Offiziere,	14 814 Mann.

Artillerie . . . . . etwa 300 Mann,
Kavallerie . . . . " 100 "

Im Ganzen betrug also der Verlust der russisch-rumänischen Armee 3 Generale und ungefähr 350 Offiziere und 15 200 Mann.

Der türkische Verlust wird auf 3000 bis 4000 Mann angegeben.

Fünftes Buch.

Völlige Einschließung Plewnas.

Zweiundzwanzigster Abschnitt.
Uebersicht über die Ereignisse von Mitte September bis Anfang Dezember. — General Totleben übernimmt die Leitung der Einschließungs-Armee.

176. Die russisch-rumänische West-Armee nach den September-kämpfen. Das „dritte Plewna" hatte für die russisch-rumänische West-Armee mit einer schweren Niederlage geendet, denn die Einnahme der Griviza-Redoute Nr. 1 auf dem rechten Flügel blieb im Hinblick auf die ganze Sachlage eigentlich gänzlich bedeutungslos.

Trotz der großen von den Russen und Rumänen erlittenen Verluste war zahlenmäßig die russisch-rumänische West-Armee der türkischen Plewna-Armee auch nach dem dritten Plewna zunächst so gewaltig überlegen, daß eine binnen kürzester Frist mit besseren Dispositionen erfolgte Wiederholung des gewaltsamen Angriffs oder auch eine mit Zutheilung von Infanterie auf dem linken Wid-Ufer durchgeführte Einschließung wahrscheinlich den Fall Plewnas herbeigeführt haben würde.

Das Selbstvertrauen der Russen war aber zu sehr erschüttert; man war froh, daß die Türken nicht zur Offensive übergingen, und verschob die eigene Offensive bis zum Eintreffen der namhaften Verstärkungen, welche nach dem Kriegsschauplatz in Bewegung waren.

Vorläufig nahm die russisch-rumänische Armee auf dem rechten Wid-Ufer eine Vertheidigungsstellung ein.

Auf dem rechten Flügel standen die Rumänen zwischen dem Wid und der großen Straße Bulgareni—Plewna, mit dem rechten Flügel bei Riben an den Wid, mit dem linken an die am 11. September eroberte Griwiza-Redoute gelehnt.

Im Centrum zwischen der großen Straße und der Tutscheniza-Schlucht stand zunächst das 9. Korps von der Griwiza-Redoute bis zum Wege Pelischat—Plewna; weiterhin das 4. Korps auf den Höhen von Radischewo bis zur Tutscheniza-Schlucht.

Jenseits dieser Schlucht auf dem linken Flügel die unter Imeretinski von Lowtscha gekommenen Truppen — 2. Infanterie-Division und 3. Schützen-Brigade — bei Bogot.

Die Sicherung des linken Flügels der ganzen Aufstellung und die Beobachtung Plewnas von der Lowtscha-Chaussee bis zum Wid war dem General Loschkarew mit der 9. Kavallerie-Division aufgetragen, während ein kombinirtes russisch-rumänisches Kavalleriekorps — 12 Regimenter und 5 reitende Batterien — unter General Krylow auf dem linken Wid-Ufer aufgestellt wurde, um die Einschließung Plewnas nach Westen hin zu vervollständigen; die beiden Kavalleriemassen unter Krylow und Loschkarew sollten sich am Wid die Hand reichen. Die Thätigkeit dieser Kavallerie während des September und Oktober wird weiter unten im Zusammenhang näher betrachtet werden; dieselbe zeigte sich als nicht genügend, den Türken die Verbindung zwischen Orchanie und Plewna zu unterbinden.

Auf dem rechten Wid-Ufer schritten die russisch-rumänischen Truppen zur Befestigung ihrer Stellungen; als Stützpunkte der zahlreich angelegten Schützengräben und Emplacements wurden einige Lünetten und Redouten erbaut und in einer rückwärts gelegenen zweiten Linie der Bau einiger geschlossener Werke begonnen.

177. General Totleben erhält die Leitung der Operationen gegen Plewna. Der ganze bisherige Verlauf des Feldzuges hatte sich inzwischen als ein großes Fiasko der in den Händen des Großfürst-Generalissimus liegenden oberen Heeresleitung erwiesen, und Kaiser Alexander konnte sich der Ansicht nicht länger verschließen, daß die Leitung in andere Bahnen einlenken müsse; er entschloß sich — wie es scheint, erst nach lebhaftem Widerspruch des Großfürst-Generalissimus — den alten Helden von Sebastopol, General Totleben, der bisher gewissermaßen geflissentlich der Kriegsleitung ferngehalten war, nach dem Kriegsschauplatz zu berufen, zunächst nur, um seinen Rath zu hören.

Am 27. September traf General Totleben in Gornji Studen ein; am folgenden Tage wurde unter dem Vorsitz des Kaisers ein

Kriegsrath abgehalten und in demselben beschlossen, die Einnahme von Plewna zunächst als die Hauptaufgabe der Donau-Armee zu betrachten und demgemäß die Hauptmasse der nach dem Kriegsschauplatz in Marsch gesetzten Verstärkungen nach Plewna heranzuziehen.

Nachdem Totleben am 30. September in Porabim eingetroffen und die nächsten Tage zu seiner eingehenden Orientirung über die Sachlage benutzt hatte, sprach er sich unbedingt sowohl gegen eine Wiederholung des Sturmes wie gegen eine förmliche Belagerung aus; seine Ansicht ging dahin: die Ueberwältigung der feindlichen Armee durch enge Einschließung herbeizuführen. Hierbei erklärte er es für unbedingt nothwendig, die gesammten Garde-Truppen nach Plewna heranzuziehen, während bisher ein Theil derselben — 1 Infanterie-Division und 1 Kavallerie-Division — zur Verstärkung der Ost-Armee (Armee des Thronfolgers) bestimmt gewesen war.

Am 4. Oktober erfolgte nunmehr Totlebens Ernennung zum „Gehülfen des Kommandirenden der West-Armee (des Fürsten Karl)" und gleichzeitig zum unmittelbaren Kommandeur der zur West-Armee gehörigen russischen Truppen.

Gleichzeitig wurden ernannt: Generallieutenant Fürst Imeretinski zum Stabschef, Generalmajor Moller zum Kommandeur der Artillerie der Gefechtslinie, Generalmajor Reitlinger zum Kommandeur der Ingenieure.

General Sotow übernahm wieder die Führung des 4. Korps.

178. Die Ereignisse von den Septemberkämpfen bis zum Festsetzen der Türken auf der Sofia-Straße. Der durch politische Gründe herbeigeführte Mangel an einheitlicher Leitung der gesammten russisch-rumänischen Armee blieb auch nach der neuen Regelung der Kommandoverhältnisse bestehen und machte sich sehr scharf dadurch bemerkbar, daß, während die russischen Truppen sich grundsätzlich auf die Einschließung der ihnen zugefallenen Strecken der feindlichen Stellung beschränkten, die Rumänen einen regelrechten Angriff gegen die zweite Griviza-Redoute begannen und mit großer Thatkraft durchführten, allerdings ohne Erfolg. Die Einzelheiten dieser auf den allgemeinen Verlauf der Ereignisse ohne Einfluß bleibenden Kämpfe werden weiterhin im Zusammenhange betrachtet werden.

In der Aufstellung der russischen Batterien wurden auf Anordnung des Generals Moller in den nächsten Wochen einige im Grunde nicht wesentliche Veränderungen vorgenommen; die Entfernungen bis zu den türkischen Stellungen blieben so groß, daß von einem materiellen Erfolg des Artilleriefeuers schlechterdings keine Rede sein konnte. Der Artilleriekampf wurde, wenn auch nur sehr schwach, von den 4 Pfündern auf 1900 bis 2800 m, von den 9 Pfündern auf 2000 bis 4000 m, von den 24 pfündigen Belagerungsgeschützen auf 2500 bis 5100 m geführt.

Der Versuch, durch Entsendung eines starken Kavalleriekorps unter Krylow auf das linke Wid-Ufer die Verbindung der Armee von Plewna mit der bei Orchanie sich sammelnden Reserve- und Entsatz-Armee zu unterbrechen, war inzwischen gescheitert (Nr. 196); zweimal, am 24. September und am 8. Oktober waren bedeutende Verstärkungen und große Zufuhren auf der Sofia-Straße nach Plewna gelangt, und bald darauf gingen die Türken dazu über, sich auf der Sofia-Straße durch Anlage befestigter Etappen dauernd festzusetzen; Mitte Oktober war Doljni Dubnjak, Gornji Dubnjak, Telisch, Radomirze und Jabloniza verschanzt und mit starken Garnisonen versehen; die Sofia-Straße war völlig in den Händen der Türken und die Verbindung zwischen Plewna und Orchanie gesichert.

Gleichzeitig hatten die Türken auch auf der Ostseite von Plewna ihre Stellung ausgedehnt, indem sie unter den Augen der Russen und von diesen ungehindert sich auf dem zweiten Kamm der Grünen Berge festgesetzt hatten.

In der merkwürdig falschen Annahme, daß die türkische Plewna-Armee eine Stärke von 80 000 Mann habe, glaubte Totleben bis zum Eintreffen der im Anmarsch befindlichen Verstärkungen sich ausschließlich auf die strengste Defensive beschränken zu sollen; unsere weiterhin folgende Betrachtung der Verhältnisse auf türkischer Seite wird ergeben, daß Totlebens Schätzung der Stärke der Türken viel zu hoch war und die Wirklichkeit fast um das Doppelte übertraf.

179. **General Gurko erhält die Leitung der Operationen am linken Wid-Ufer.** Erst nach dem Eintreffen des Gardekorps — 3 Infanterie-Divisionen zu je 16 Bataillonen, die Garde-Schützen-Brigade zu 4 Bataillonen, Garde-Sappeur-Bataillon, 2. Garde-Kavallerie-Division mit 24 Eskadrons, 18 Fuß-Batterien zu je 8 Geschützen und 4 reitende Batterien zu je 6 Geschützen — beschloß Totleben, unter gleichzeitiger Festsetzung auf der bisher nur von der Kavallerie Loschkarews beobachteten Straße Plewna—Lowtscha, den Türken die Straße Plewna—Orchanie zu entreißen und so die Einschließung der feindlichen Armee thatsächlich durchzuführen.

General Gurko, bereits am 7. Oktober zum „Befehlshaber der Garden und der Kavallerie der West-Armee" ernannt, sollte sich der Sofia-Straße bemächtigen; zu diesem Zweck waren ihm zur Verfügung gestellt: die 1. und 2. Garde-Infanterie-Division mit ihrer Artillerie, die Garde-Schützen-Brigade, das Garde-Sappeur-Bataillon, die 2. Garde-Kavallerie-Division mit ihrer Artillerie, ferner das ganze bereits seit längerer Zeit auf dem linken Wid-Ufer befindliche russisch-rumänische Kavalleriekorps — 12 Regimenter, 5 Batterien —, über welches an Stelle Krylows jetzt General Arnoldi den Befehl übernommen hatte; ferner einige rumänische Bataillone.

Nach seiner am 7. Oktober erfolgten Ernennung traf Gurko am 9. Oktober am linken Wid-Ufer ein, um sich hier über die Lage der Dinge aus eigener Anschauung zu orientiren, begab sich dann am 11. nach Sgalewize zu General Totleben und von dort nach Gornji Studen in das große Hauptquartier.

Am 17. Oktober begab er sich von hier nach Jeni Warkasch (20 km südwestlich von Plewna) und übernahm hier am 18. das Kommando über die vor Plewna eingetroffenen Garden.

180. Allgemeine Disposition für den 24. Oktober. Die Vorbereitungen für den Uebergang dieser Truppen über den Wid, die Herstellung von Wegen, Erkundungen des Geländes und der feindlichen Stellungen nahmen die Zeit bis zum 23. Oktober in Anspruch; der 24. Oktober war zur Ausführung des Unternehmens bestimmt, und zwar sollte der Angriff zunächst gegen die Verschanzungen von Gornji Dubnjak gerichtet werden, unter gleichzeitiger Deckung gegen Dolnji Dubnjak und gegen Telisch.

Gleichzeitig mit den Operationen Gurkos am linken Wid-Ufer sollte die türkische Haupt-Armee durch eine Reihe von Demonstrationen am rechten Wid-Ufer in Anspruch genommen und von der Unterstützung der auf der Sofia-Straße aufgestellten Abtheilungen abgehalten werden.

Zu diesem Zweck wurden für den 24. Oktober folgende Anordnungen getroffen:

In den Stellungen der Rumänen, des 9. und 4. Korps wird am Morgen des 24. ein lebhaftes Artilleriefeuer eröffnet; die Infanterie hält sich gefechtsbereit.

Auf dem linken Flügel soll General Skobelew mit der 16. Infanterie-Division, 3 Bataillonen der 3. Schützen-Brigade und

12 Batterien der 2. und 16. Artillerie-Brigade sich des ersten Kamms der Grünen Hügel bemächtigen, sich dort verschanzen und aufs Aeußerste halten, aber nicht weiter vorgehen.

Die 3. Garde-Infanterie-Division mit ihrer Artillerie soll hinter dem Detachement Skobelew die Reserve bilden und gleichzeitig die Uebergänge über den Wid und die Verbindung mit den Truppen Gurkos am anderen Wid-Ufer sichern; zu diesem Zweck soll auch General Loschkarew mit der 9. Kavallerie-Division mitwirken.

Der dem General Skobelew ertheilte Auftrag wurde noch vor dem Beginn der Operationen am frühen Morgen des 24. abgeändert; da Totleben die Nachricht erhalten hatte, der erste Kamm der Grünen Hügel sei inzwischen von den Türken ebenfalls besetzt und befestigt worden, so wollte er hier einen ernsten Kampf vermeiden; Skobelew erhielt die Weisung, sich auf die Besetzung und Befestigung des Rothen Berges südlich vom Dorf Brestowez zu beschränken.

181. Die Sofia-Straße Ende Oktober in den Händen der Russen. Die für den 24. Oktober entworfenen Dispositionen kamen sämmtlich zur Ausführung. Die Verschanzungen von Gornji Dubnjak wurden von Gurko nach mörderischem Gefecht genommen; ein übereilter, gegen die Disposition unternommener Angriff auf Telisch dagegen wurde blutig abgewiesen.

Skobelew setzte sich auf dem Rothen Berge fest; ein Regiment der 3. Garde-Infanterie-Division — Wolhynien — ging von Medewan aus über die Schlucht von Kartuschawen und verschanzte sich auf der Höhe von Truina, welche von den Russen später „Wolhynischer Berg" genannt wurde.

Beide zu den rückwärtigen Verbindungen der Plewna-Armee führenden Straßen, die Sofia-Chaussee und die Lowtscha-Chaussee, waren jetzt in den Händen der Russen; der eiserne Ring um Plewna war geschlossen.

Während des 25., 26. und 27. Oktober befestigten sich die Truppen Gurkos in der Stellung von Gornji Dubnjak; von den Stellungen vor Plewna auf dem rechten Wid-Ufer wurde an diesen Tagen das Artilleriefeuer fortgesetzt; ebenso am 28. Oktober, an welchem Tage Gurko zum Angriff gegen Telisch vorging.

Osman Pascha rührte sich nicht aus Plewna; die Besatzung von Telisch ergab sich nach heftiger Beschießung, ohne den Sturm abzuwarten.

Doljni Dubnjak wurde von den Russen am 1. November ohne Gefecht besetzt, nachdem die türkische Besatzung in aller Stille nach Plewna abgezogen.

Nachdem so die Türken gänzlich vom linken Wid-Ufer vertrieben, schritten die Russen auch hier zu einer planmäßigen Befestigung ihrer Einschließungslinie, welche sich rechts bei Trnina und links bei Biwolar an den Wid anlehnte.

182. Vorschieben der russischen Einschließungslinie westlich der Tutscheniza-Schlucht. Inzwischen war auch auf der Ostseite Plewnas die Einschließungslinie auf dem linken Flügel — zwischen der Tutscheniza-Schlucht und dem Wid — allmählich weiter vorgeschoben.

In den letzten Oktobertagen wurde die bereits am 24. Oktober eingenommene Stellung auf dem Rothen Berge stärker befestigt und nach Westen hin ausgedehnt, indem auch die Höhe von Utschindol und dieses Dorf befestigt wurden.

In der Nacht vom 4. zum 5. November setzte sich Skobelew, ohne auf Widerstand zu stoßen, auf der nordwestlich von Brestowez gelegenen Höhe fest und beschloß nun, sich in den Besitz des ersten Kamms der Grünen Hügel zu setzen, bis zu welchem die Türken von ihrer stark befestigten Stellung auf dem zweiten Kamm Laufgräben vorgetrieben hatten.

Unter lebhaftem Gefecht setzte sich Skobelew demnächst am 9. November auf dem ersten Kamm in geringer Entfernung von den türkischen Laufgräben fest und behauptete sich hier im Laufe der nächsten Tage gegen mehrere türkische Gegenangriffe; die Türken blieben indessen im Besitz ihrer Laufgräben, welche von der russischen Stellung nur einige Hundert Schritt entfernt waren.

Der zunächst freie Raum zwischen der Stellung Skobelews und der seit dem 24. Oktober von den Russen eingenommenen Stellung auf der Höhe von Trnina (Wolhynischer Berg) wurde während dieser Zeit ebenfalls geschlossen durch Errichtung der beiden Redouten Mirkowitsch (3. November) und Starynkowitsch (10. November), während diesen Verschanzungen gegenüber auch die Türken in der bisher nicht befestigten Linie Blasiwas—Krschin eine Reihe von Redoute n errichteten.

183. Theilung des Oberbefehls der russisch-rumänischen West-Armee zwischen Totleben und Gurko. Inzwischen hatte in den Befehlsverhältnissen der russisch-rumänischen West-Armee eine bedeutsame Aenderung stattgefunden.

Die bereits erwähnte Ernennung Gurkos zum „Befehlshaber der Garden und der Kavallerie der West-Armee" konnte dem Wortlaut nach nicht wohl anders aufgefaßt werden, als daß Gurko dem Kommando der West-Armee unterstellt sei, thatsächlich erhielt er aber mehrfach Befehle direkt vom Großfürst-Generalissimus, und dieser ertheilte auch an andere Generale der West-Armee direkte Befehle, von denen Totleben erst nachträglich Kenntniß erhielt.

Hiergegen protestirte Totleben sehr energisch in einem am 29. Oktober an den Chef des Feldstabes gerichteten Schreiben, in welchem er betonte, ein solches Verfahren verstoße gegen die Dienstordnung, untergrabe sein persönliches Ansehen als Kommandeur und müsse unvermeidlich Mißverständnisse herbeiführen, für deren Folgen die Verantwortung zu übernehmen er entschieden ablehnen müsse.

Der Großfürst-Generalissimus benutzte diesen Anlaß sofort zu einer den Wirkungskreis Totlebens bedeutend einschränkenden Aenderung der ganzen Befehlsverhältnisse, indem die bisherige West-Armee in drei voneinander unabhängige, dem Generalissimus direkt unterstellte Theile zergliedert wurde:

1. Die Plewna auf der Ostseite einschließende Armeeabtheilung — Rumänen, 4. und 9. Korps und einige zugetheilte Abtheilungen — steht unter dem Oberbefehl des Fürsten Karl von Rumänien und unter der unmittelbaren Leitung und zur Verfügung des Generals Totleben, als des Ersteren Gehülfen;
2. Die auf dem linken Wid-Ufer operirende Armeeabtheilung steht unter dem Befehl des Generals Gurko, welchem auch die auf dem rechten Wid-Ufer befindlichen Theile der 3. Garde-Division und die Kavallerie Loschkarews unterstellt sind;
3. Das aus der 3. Infanterie-Division und einigen zugetheilten Abtheilungen bestehende Lowtscha—Selwi-Detachement unter dem Befehl des Generals Karzow.

184. Die russisch-rumänischen Streitkräfte vor Plewna Anfang November. Sehen wir ab von dem mit den Ereignissen bei Plewna in keiner direkten Verbindung stehenden Lowtscha—Selwi-Detachement, so waren vor Plewna auf beiden Ufern des Wid Anfang November folgende Truppen verfügbar:

Infanterie:

die 1., 2., 3. Garde-Division zu je 16 Bataillonen	= 48	Bataillone,
Garde-Schützen-Brigade zu 4 Bataillonen	= 4	=
3. Grenadier-Division zu 12 Bataillonen	= 12	=
2., 16., 30., 31. Linien-Division zu je 12 Bataillonen	= 48	=
5. Linien-Division*) zu 9 Bataillonen	= 9	=
3. Schützen-Brigade zu 4 Bataillonen	= 4	=
	125	Bataillone.

Kavallerie:

2. Garde-Kavallerie-Division	= 24 Eskadrons,	—	Sotnien,
4. Kavallerie-Division	= 12 =	6	=
9. Kavallerie-Division	= 12 =	6	=
Astrachan-Dragoner (der 8. Kavallerie-Division)	= 4 =	—	=
Kaukasische Kasaken-Brigade Tutolmin	= — =	12	=
Donische Kasaken-Brigade Kurnakow	= — =	7	=
34. donisches Kasaken-Regiment	= — =	6	=
	52 Eskadrons,	37 Sotnien.	

Von der Brigade Robionow der 2. donischen Kasaken-Division, welche Mitte September zur West-Armee stieß, trat das Regiment Nr. 24 sehr bald zum Lowtscha—Selwi-Detachement über; das Regiment Nr. 38 scheint bei der Einschließungs-Armee verblieben, aber nur zu Polizei- und Etappenzwecken verwendet worden zu sein; in den Gefechten tritt es jedenfalls nicht auf und ist aus diesem Grunde nicht in obige Berechnung aufgenommen, ebenso wenig wie einige als Stabswache dienende Eskadrons der Garde-Kasaken und des kaiserlichen Convois, obwohl dieselben hier und da auch im Frontdienst Verwendung fanden.

Artillerie:

8 Brigaden (1., 2., 3. Garde-, 3. Grenadier-, 2., 5., 16., 30. Linien-) zu je 48 Geschützen	= 384	Geschütze,
1 Brigade (31. Linien-*) zu 40 Geschützen	= 40	=
2., 3., 5., 6. reit. Garde-Batterie zu je 6 Geschützen	= 24	=
7., 8., 16. reit. Linien-Batterie zu je 6 Geschützen	= 18	=
2., 8., 15. reit. donische Batterie zu je 6 Geschützen	= 18	=
	484	Geschütze.

---

*) Regiment Kostroma Nr. 19 sowie die 5./31. Batterie befanden sich noch immer in Nikopolis.

Außer diesen Feldgeschützen befanden sich bei der West-Armee zur Zeit 30 Belagerungsgeschütze, deren Zahl bis Mitte November auf 40 stieg; auch kamen bis dahin 4 Mörser und 4 Kartätsch-geschütze in Zugang.

Genietruppen: Garde-, 3. und 4. Sappeur-Bataillon.

Im Anmarsch war außerdem die 2. Grenadier-Division mit ihrer Artillerie = 12 Bataillone, 48 Geschütze.

Hierzu traten an rumänischen Truppen:

    41 Bataillone,
    28 Eskadrons (außerdem 2 Eskadrons Gendarmen),
    17 Fuß-Batterien }
      1 reitende Batterie } zu je 6 Geschützen = 108 Geschütze,
      1 Genie-Bataillon.

Im Ganzen:

    166 Bataillone Infanterie,
    117 Eskadrons und Sotnien,
    592 Feldgeschütze,
      4 Genie-Bataillone.

Die zahlenmäßige Stärke der Infanterie ist auf 120 000 Mann (95 000 Russen und 25 000 Rumänen) zu veranschlagen; die Gesammt-stärke mit Kavallerie und Artillerie betrug etwa 140 000 Mann.

185. Aufstellung und Gliederung der Streitkräfte am 3. November. Die Aufstellung und Gliederung dieser Truppen war am 3. November folgende:

Unter dem Oberbefehl des Generals Totleben:

2. Infanterie-Division . . .	=	12 Bat.
31. Infanterie-Division . . .	=	12 "
5. Infanterie-Division . . .	=	9 "
2./30. Infanterie-Brigade . .	=	6 "
12. Schützen-Bataillon . . .	=	1 "
34. Don-Kasaken-Regiment . .	=	6 Sotn.
5., 30., 31. Artillerie-Brigade .	=	136 Gesch.
4. Sappeur-Bataillon		

} 40 Bat., 6 Sotn., 136 Gesch., 1 Sappeur-Bat., von der Griviza-Redoute bis zur Tutscheniza-Schlucht.

16. Infanterie-Division . . .	= 12 Bat.	21 Bat., 6 Sotn., 96 Gesch., 1 Sappeur-Bat., westlich der Tutscheniza-Schlucht auf der Straße Lowtscha-Plewna.
1./30. Infanterie-Brigade . .	= 6 "	
3. Schützen-Brigade (ohne 12. Bataillon) . . .	= 3 "	
9. Don-Kasaken-Regiment . .	= 6 Sotn.	
2. und 16. Artillerie-Brigade .	= 96 Gesch.	
3. Sappeur-Bataillon		

Unter dem Oberbefehl des Generals Gurko:

3. Garde-Infanterie-Division .	= 16 Bat.	16 Bat., 22 Esk. u. Sotn., 60 Gesch., zwischen der Straße Lowtscha—Plewna und dem Wid in der Stellung Medewan—Trnina.
9. Kavallerie-Division (ohne 9. Kasaken)	= 12 Esk.	
Astrachan-Dragoner Nr. 8 . .	= 4 "	
4. Don-Kasaken-Regiment . .	= 6 Sotn.	
3. Garde-Artillerie-Brigade . .	= 48 Gesch.	
16. reitende, 2. donische Batterie zu je 6 Geschützen . .	= 12 "	
1. Garde-Infanterie-Division .	= 16 Bat.	40 Bat., 25 Esk. u. Sotn., 150 Gesch., am linken Wid-Ufer, mit dem rechten Flügel an Trnina, mit dem linken Flügel an Demirkioi gelehnt.
3. Grenadier-Division . . .	= 12 "	
4. rumänische Division . . .	= 12 "	
4. Kavallerie-Division (ohne 4. Kasaken) . . .	= 12 Esk.	
Donische Kasaken-Brigade . .	= 7 Sotn.	
Kalaraschen-Brigade . . .	= 6 Esk.	
1. Garde-Artillerie-Brigade . .	= 48 Gesch.	
3. Grenadier-Artillerie-Brigade	= 48 "	
Rumänen	= 36 "	
7. und 8. reitende Batterie zu je 6 Geschützen . . .	= 12 "	
15. donische Batterie zu 6 Geschützen	= 6 "	
2. Garde-Infanterie-Division . .	= 16 Bat.	20 Bat., 48 Gesch., 1 Sappeur-Bat., als allgemeine Reserve zwischen Dolnji und Gornji Dubnjak.
Garde-Schützen-Brigade	= 4 "	
2. Garde-Artillerie-Brigade. . .	= 48 Gesch.	
Garde-Sappeur-Bataillon		

2. Garde-Kavallerie-Division = 24 Esk. ⎫ bei Mahaleta am Isker,
2., 3., 5., 6. reitende Garde-   ⎬
    Batterie . . . . = 24 Gesch. ⎭ Front nach Westen.

Kaukasische Kasaken-Brigade = 12 Sotn. ⎫ bei Telisch, Front nach
8. donische Batterie . . . = 6 Gesch. ⎬ Süden.

Unter dem unmittelbaren Oberbefehl des Fürsten Karl:

    29 Bataillone   ⎫
    22 Eskadrons   ⎬ Rumänen, vom Wid bei Demirkioi
    72 Geschütze   ⎪ bis zur Griviza-Redoute.
     1 Genie-Bataillon ⎭

Im Ganzen:

	Bataillone	Eskadrons bezw. Sotnien	Geschütze	Sappeur-Bataillone
unter Totleben . .	61	12	232	2
unter Gurko . .	76	83	288	1
unter Fürst Karl .	29	22	72	1
Zusammen . .	166	117	592	4

Die Plewna zugewandte Front der Aufstellung Totlebens betrug etwa 12 km, diejenige Gurkos etwa 14 km, die der Rumänen etwa 12 km.

Totleben hatte sein Hauptquartier in Tutscheniza, Gurko in Gornji Dubnjak, Fürst Karl in Porabim.

186. Entschluß der russischen Heeresleitung zu einer offensiven Abwehr der von Sofia her drohenden Entsatzgefahr. Inzwischen hatte sich die Aufmerksamkeit der russischen Heeresleitung einer von Westen her der Einschließung drohenden Gefahr zuwenden müssen.

Anfang November verbreitete sich das Gerücht: Mehmed Ali Pascha sei bei Sofia mit der Bildung einer 60 000 Mann starken Armee beschäftigt, um mit derselben zum Entsatz von Plewna die Offensive zu ergreifen.

Sowohl das Armee-Oberkommando wie der die Einschließung auf dem linken Wid-Ufer kommandirende General Gurko waren der Ansicht, daß man nicht abwarten dürfe, bis jene Armee nach vollendeter Organisation die Offensive ergreifen würde, sondern man müsse versuchen, durch einen möglichst schnell zu führenden diesseitigen

Offensivstoß jene Armee vor ihrer vollständigen Versammlung zu schlagen und unschädlich zu machen.

An diese Offensive wurde bereits der Gedanke eines sofortigen Balkan-Ueberganges über die Pässe des Etropol-Balkans angeknüpft.

Das um diese Zeit erfolgende Eintreffen der 2. Grenadier-Division vor Plewna ließ es zudem möglich erscheinen, genügende Streitkräfte für die geplante Offensive von der Einschließungs-Armee abzuzweigen, ohne diese selbst zu sehr zu schwächen.

Am 6. November ließ Gurko durch den Generalstabsoberst Pusürewski dem in Bogot befindlichen Armee-Oberkommando seinen bezüglichen Plan vorlegen.

Der Großfürst-Generalissimus sprach sofort seine persönliche Zustimmung zu dem Plan Gurkos aus, glaubte aber seine endgültige Genehmigung desselben von der Einwilligung des Kaisers abhängig machen zu müssen.

Am 7. November begab sich demgemäß der Großfürst-Generalissimus in Begleitung seines Stabschefs Nepokoischizki und des Obersten Pusürewski nach Poradim zu Kaiser Alexander.

Nach einer mit den genannten Persönlichkeiten abgehaltenen Berathung, der außerdem noch der Kriegsminister, General Miljutin, beiwohnte, gab Kaiser Alexander seine Einwilligung zu dem Vorschlage Gurkos.

Im Anschluß an diese Verhandlung wurde eine vor Kurzem eingereichte Denkschrift Totlebens vorgelesen, welche, ohne einen bestimmten Plan vorzulegen, ebenfalls im Allgemeinen den Vorschlag machte, einem eventuellen Entsatzversuch der Türken offensiv entgegen zu treten; im Uebrigen war Totleben ein unbedingter Gegner jeder weiteren Offensive, so lange Plewna nicht gefallen sei.

187. Theilung der bisher vor Plewna versammelten Streitkräfte in eine Einschließungs-Armee unter Totleben und eine zu offensiven Operationen bestimmte West-Armee unter Gurko. Am 15. November ordnete der Großfürst-Generalissimus eine Neueintheilung der bisher vor Plewna thätigen Truppen an.

Die zu den Operationen in der Richtung auf Orchanie bestimmten Truppen unter General Gurkos Kommando wurden endgültig von der Einschließungs-Armee losgelöst und nahmen die Bezeichnung „West-Armee" an, während die vor Plewna zurückbleibenden Truppen als „Einschließungs-Armee" nominell dem Fürsten Karl von Rumänien, thatsächlich dem „Gehülfen" desselben, dem General Totleben, unterstellt blieben.

Von den bisher vor Plewna vorhandenen Truppen traten zu dem Korps Gurkos über:

Die 1. und 2. Garde-Infanterie-Division mit ihrer Artillerie, die Garde-Schützen-Brigade, das Garde-Sappeur-Bataillon, die ganze Garde-Kavallerie mit ihrer reitenden Artillerie, die kaukasische und die donische Kasaken-Brigade mit ihren reitenden Batterien (8. und 15. donische), ferner die Dragoner-Regimenter Jekaterinoslaw Nr. 4 und Astrachan Nr. 8 und die 16. reitende Batterie, außerdem ein Theil des bisherigen Lowtscha—Selwi-Detachements.

Ohne unter den Oberbefehl Gurkos zu treten, wurden gleichzeitig aus dem engeren Verbande der Einschließungs-Armee losgelöst: das Regiment Charkow-Ulanen Nr. 4 mit der 8. reitenden Batterie sowie die rumänische Roschioren-Brigade mit ihrer reitenden Batterie, welche Abtheilungen unter General Meyendorff zu Unternehmungen westlich des Isker, zunächst gegen Rahowa bestimmt waren. Das zunächst noch vor Plewna zurückbleibende Regiment Mariopol-Husaren Nr. 4 trat Ende November ebenfalls zu dem Detachement Meyendorff; auch einige Bataillone der vor Plewna stehenden rumänischen Infanterie scheinen westlich des Isker Verwendung gefunden zu haben.

188. Zusammensetzung der Einschließungs-Armee. Nach Abrechnung der oben genannten Abtheilungen und unter Hinzurechnung der inzwischen zur Einschließungs-Armee hinzugetretenen Truppentheile hatte die letztere nunmehr folgende bis zum Fall Plewnas sich nicht mehr ändernde Zusammensetzung:

Infanterie:

3. Garde-Division	=	16 Bataillone,
2., 3. Grenadier-Division	=	24 "
2., 16., 30., 31. Linien-Division	=	48 "
5. Linien-Division	=	9 "
3. Schützen-Brigade	=	4 "
		101 Bataillone.

Kavallerie:

Garde-Kasaken	=	2 Eskadrons,
Kasan-Dragoner Nr. 9	=	4 "
Bug-Ulanen Nr. 9	=	4 "
Kiew-Husaren Nr. 9	=	4 "
4., 9., 34. Kasaken zu je 6 Sotnien	=	18 Sotnien
		32 Eskadrons u. Sotnien.

Artillerie:

3. Garde-Brigade zu 6 Batterien	= 48	Geschütze,
2., 3. Grenadier-Brigade zu je 6 Batterien .	= 96	=
2., 5., 16., 30. Linien-Brigade zu je 6 Batterien	= 192	=
31. Linien-Brigade zu 5 Batterien	= 40	=
7. reitende Batterie	= 6	=
2., 10. donische Batterie	= 12	=
	394	Geschütze.

Genie: 3., 4. Sappeur-Bataillon.

Dazu Rumänen:

41 Bataillone ⎫
20 Eskadrons ⎬ von dieser Zahl sind wahrscheinlich einige Bataillone und Eskadrons abzuziehen, welche außer den Roschioren an den Operationen westlich des Jster betheiligt waren.

17 Batterien mit 102 Geschützen.
1 Genie-Bataillon.

Die zahlenmäßige Stärke der russischen Truppen betrug ungefähr
80 000 Mann Infanterie,
4 000 Mann Kavallerie,
10 000 Mann Artillerie,
1 000 Mann Sappeure.

Russen im Ganzen also etwa 95 000 Mann, dazu etwa 22 000 Mann Rumänen.

189. Eintheilung der Einschließungslinie in sechs Abschnitte. Die ganze Blockadelinie wurde in sechs Abschnitte getheilt und mit folgenden Truppen besetzt:

Erster Abschnitt. — Rumänischer General Tschernat.

Von Biwolar am Wid bis zur Griwiza-Redoute:
2. und 3. rumänische Division . . . . . . = 29 Bataillone,
5 Kalaraschen-Regimenter,
13 Batterien . . . . = 78 Geschütze.

Zweiter Abschnitt. — General Krüdener.

Von der Griwiza-Redoute bis zur Galitsch-Redoute an dem Wege Pelischat—Plewna:

5. Infanterie-Division . . . = 9 Bataillone
31. Infanterie-Division . . = 12 ,,   21 Bataillone,
4 Batterien der 5. Brigade . = 32 Geschütze   72 Geschütze,
5 Batterien der 31. Brigade = 40 ,,   einige Sotnien.
einige Sotnien des 34. Kasaken-Regiments

Dritter Abschnitt. — General Sotow.

Von der Galitsch-Redoute bis zur Tutschenitza-Schlucht:
2. Infanterie-Division . . . = 12 Bataillone
12. Schützen-Bataillon . . = 1 ,,   13 Bataillone,
30. Artillerie-Brigade . . . = 48 Geschütze   64 Geschütze,
2 Batterien der 5. Brigade . = 16 ,,   einige Sotnien.
einige Sotnien des 34. Kasaken-Regiments

Vierter Abschnitt. — General Skobelew.

Von der Tutschenitza-Schlucht bis zur Schlucht von Kartuschawen:
16. Infanterie-Division . . = 12 Bataillone
30. Infanterie-Division . . = 12 ,,
9., 10., 11. Schützen-Bataillon = 3 ,,   27 Bataillone,
2. Artillerie-Brigade . . . = 48 Geschütze   96 Geschütze,
16. Artillerie-Brigade . . . = 48 ,,   6 Sotnien.
9. Kasaken-Regiment . . . = 6 Sotnien

Fünfter Abschnitt. — General Katalei.

Von der Schlucht von Kartuschawen bis Trnina am Wid:
3. Garde-Infanterie-Division = 16 Bataillone
3. Garde-Artillerie-Brigade . = 48 Geschütze   16 Bataillone,
10. donische Kasaken-Batterie = 6 ,,   54 Geschütze,
2 Eskadrons Garde-Kasaken . = 2 Eskadrons   2 Eskadrons.

Sechster Abschnitt. — General Ganezki.

Am linken Wid-Ufer von Trnina bis Biwolar:
2. und 3. Grenadier-Division = 24 Bataillone
2. und 3. Grenadier-Brigade
   zu je 6 Batterien . . = 96 Geschütze   24 Bataillone,
7. reitende u. 2. donische Batterie = 12 ,,   108 Geschütze,
Kasan-Dragoner . . . . = 4 Eskadrons   18 Eskadrons
Bug-Ulanen . . . . . = 4 ,,   und Sotnien.
Kiew-Husaren . . . . . = 4 ,,
4. Kasaken . . . . . . = 6 Sotnien

Dazu an Rumänen:
4. Division mit 12 Bataillonen, 24 Geschützen und 1 Kalaraschen-Regiment.

Diese Truppen scheinen auf beiden Ufern des Wid aufgestellt gewesen zu sein, 7 Bataillone auf dem linken, 5 auf dem rechten Ufer.

Da nach der ganzen Lage der Dinge kaum daran zu zweifeln war, daß ein Durchbruchsversuch der Türken, wenn überhaupt, nur in westlicher Richtung zu erwarten war, so beschloß Totleben, die Widerstandskraft des sechsten Abschnitts noch zu verstärken.

Dies geschah einerseits durch Verkürzung seiner Front, indem die beiden zwischen dem Wid und der Schlucht von Dolnji Dubnjak gelegenen Redouten dem fünften Abschnitt zur Besetzung und Vertheidigung zugewiesen wurden, andererseits durch Verstärkung seiner Truppen, indem am 1. Dezember die 1. Brigade der 5. Infanterie-Division mit zwei Batterien (6./5. und 4./31.) aus dem zweiten Abschnitt in den sechsten Abschnitt verlegt wurde.

190. **Befestigung der Einschließungslinie.** Die in der ersten Zeit der Einschließung ziemlich planlos angelegten fortifikatorischen Verstärkungen der Einschließungslinie wurden seit der endgültigen Uebernahme des Kommandos der ganzen Einschließungs-Armee durch Totleben nach einheitlichen Gesichtspunkten theils vervollständigt, theils vereinfacht.

Bei der fortifikatorischen Verstärkung der Einschließungslinie sind drei Kategorien von Arbeiten zu unterscheiden:

Auf den beherrschenden Punkten waren selbständige Werke — Lünetten oder Redouten — angelegt, meist für Infanterie- und Artilleriefeuer gleichzeitig eingerichtet; vor und seitwärts dieser Werke waren Infanteriestellungen angelegt mit zahlreichen Schützengräben und Schützenlöchern; endlich war in den vier ersten Abschnitten eine große Anzahl von Batteriestellungen erbaut, aus denen die Feld- und Belagerungsgeschütze die Beschießung der feindlichen Stellung unterhielten.

Der allgemeine Zug der Einschließungslinie, welche mit einer Redoute südlich von Biwolar am Wid begann, war bezeichnet durch die Redouten Totleben (nördlich von Opanes), Krajowa (an dem von Bukowa nach Tschalissowat führenden Wege), Alexander und Großfürst Nikolaus (südlich von Wrbiza).

Von hier lief die Einschließungslinie dicht an den Griviza-Redouten vorbei südwärts, überschritt die Thalmulde des Griviza-

Baches westlich des Dorfes Griviza und folgte dann, die südliche Richtung beibehaltend, dem Kamm der als „Berg des 9. Korps" bezeichneten Höhe bis zur Redoute „Galitsch" an dem von Pelischat nach Plewna führenden Wege. Hier nahm die Einschließungslinie eine westliche Richtung an und zog über den „Artillerie-Berg", wo die Redoute „Fürst Karl" einen Stützpunkt bildete, bis zur Tutscheniza-Schlucht.

Jenseits dieser Schlucht wurde die Linie fortgesetzt durch die von Skobelew unter mehrtägigem Gefecht eingenommene Stellung auf dem ersten Kamm der Grünen Hügel und im Anschluß daran durch die Stellung auf dem Berge von Brestowez, welche auf ihrem linken Flügel durch eine starke Redoute gestützt wurde.

Weiterhin — westlich von Krschin — wurde die Linie fortgesetzt durch die Redouten Starynkowitsch und Mirkowitsch und lehnte sich dann durch die den „Wolhynischen Berg" krönende Stellung bei Trnina an den Wid.

Westlich des Wid von Trnina bis Biwolar laufend, mußte die Einschließungslinie im Allgemeinen etwa 3 km vom Flusse entfernt gehalten werden, da die offene Ebene vollständig unter dem Feuer der rechtsseitigen Höhen lag. Die Linie bestand hier aus einer Reihe von Schützengräben mit Intervallen, zwischen welchen, etwas zurückliegend, Batterien erbaut waren; weiter rückwärts lag eine zweite Linie theils offener theils geschlossener Werke.

An Laufgräben waren ausgehoben: im ersten Abschnitt (Rumänen) etwa 18 km, im zweiten und dritten Abschnitt 15 km, im vierten Abschnitt 13 km, im fünften Abschnitt etwa 7 km, im sechsten Abschnitt etwa 15 km.

Die Entfernung zwischen diesen Laufgräben und den nächsten türkischen Werken war sehr verschieden und betrug Anfang Dezember z. B.:

vor den Opanes-Redouten: 600 m,
vor der Bukowa-Front: 2000 m,
vor der zweiten Griviza-Redoute: 30 m,
vor der Redoute Jbrahim Bey: 800 m,
vor der Redoute Omer Bey: 750 m,
auf dem ersten Kamm der Grünen Hügel: 150 bis 200 m.

191. **Artillerieaufstellung in der Einschließungslinie.** Von der auf die verschiedenen Abschnitte vertheilten Artillerie hatten Ende November folgende Geschütze in der Gefechtslinie Aufstellung gefunden:

Im ersten Abschnitt wahrscheinlich 60 rumänische Geschütze in verschiedenen Batterien; die nächste Entfernung bis zur zweiten Griviza-Redoute betrug 500 m.

Im zweiten und dritten Abschnitt, d. h. in dem Raum zwischen der Griviza-Schlucht und der Tutschenitza-Schlucht, waren in 32 Batterien aufgestellt:

    40 Belagerungsgeschütze (36 bronzene 24 Pfünder, 4 stählerne Kruppsche 6 Pfünder.

    4 6 zöllige Mörser.

    72 9 Pfünder.

    44 4 Pfünder.

Im vierten Abschnitt:

    4 9 Pfünder } auf dem ersten Kamm der Grünen
    4 Kartätschgeschütze } Hügel.

    8 9 Pfünder in der Stellung von Brestowez.

    8 9 Pfünder in den Redouten Starynkowitsch und Mirkowitsch.

Im fünften Abschnitt:

    16 9 Pfünder auf dem Wolhynischen Berge.

    8 9 Pfünder in den beiden Redouten zwischen dem Wid und dem Dubnjak-Bach.

Im sechsten Abschnitt hatten

    48 9 Pfünder in der Einschließungslinie Aufstellung gefunden, aber nur mit defensiver Absicht; zur Beschießung der feindlichen Stellung war die Entfernung viel zu weit.

192. Verbindungen in der Einschließungslinie. Um eine möglichst schnelle Unterstützung des eventuell von den Türken angegriffenen Abschnitts von seinen Nebenabschnitten aus sicherzustellen, waren zwischen den einzelnen Abschnitten die erforderlichen Wegebesserungen und Wegebauten vorgenommen und die Wege durch deutliche Marken bezeichnet. Bei Trnina war über den Wid eine Pontonbrücke geschlagen, bei Medewan eine Brücke für Fußgänger hergestellt.

Um die Zeit zu bestimmen, welche für die Unterstützung eines Abschnitts durch Truppen der Nebenabschnitte nothwendig sein würde, machten die Truppen in den verschiedenen Richtungen Probemärsche, wobei sich herausstellte, daß im Allgemeinen ein Kilometer in einer halben Stunde zurückgelegt wurde.

Schließlich mag erwähnt werden, daß die ganze Einschließungslinie telegraphisch mit einander verbunden war; am 30. November lief die Linie über Wrbiza, Dorf Griviza, Griviza-Redoute, Zar-Redoute bei Radischewo, Utschindol, Trnina, Dolnji Dubnjak, Gornji Netropolje. Ueber Poradim hatte die Linie Verbindung mit Gornji Studen und Sistowa; ferner war ein Zweig nach Telisch weiter geführt.

Dreiundzwanzigster Abschnitt.
Die türkischen Entsatzoperationen auf der Sofia-Straße.

193. Die rückwärtigen Verbindungen Plewnas. Nach der Erstürmung Lowtschas durch die Russen (3. September) hatte Osman Pascha in Konstantinopel telegraphisch eine Verstärkung von 25 Bataillonen erbeten, um damit Lowtscha wieder nehmen zu können.

Die beantragten Verstärkungen wurden ihm zugesichert, aber bevor dieselben nach Plewna in Bewegung gesetzt werden konnten, hatten sich die Verhältnisse dort wesentlich geändert.

Zwar hatten die Septemberkämpfe, das „dritte Plewna", mit einer abermaligen verlustreichen Niederlage der Russen geendet, immerhin aber war deren Stellung und numerische Ueberlegenheit eine derartige, daß von einer Offensive zur Rückeroberung Lowtschas nicht mehr die Rede sein konnte; es handelte sich vielmehr jetzt darum, die seit Mitte September von den Russen gesperrte rückwärtige Verbindung Plewnas mit den Depotplätzen Orchanie und Sofia wieder zu öffnen und der Armee von Plewna zur Verlängerung ihrer defensiven Widerstandskraft Verstärkungen, vor Allem aber Vorräthe an Lebensmitteln, die bereits sehr knapp wurden, und Munition zuzuführen.

194. Die erste Entsatzoperation unter Achmed Chiwsi Pascha. Orchanie, gewissermaßen der nördliche Brückenkopf der den Etropol-Balkan überschreitenden großen Sofia-Straße, war zum Sammelpunkt der für Plewna bestimmten Verstärkungen und Vorräthe bestimmt worden.

Mitte September scheinen in Orchanie und Umgegend etwa 30 Bataillone — theils Abgaben der Schipka-Armee, der Besatzung von Konstantinopel und anderer Garnisonen, theils vollständige Neuformationen — versammelt gewesen zu sein; von diesen Truppen wurden 17 Bataillone (darunter nur 2 Bataillone Nizams, sonst Redifs und Mustahfis), 6 reguläre Eskadrons (2. Regiment des 3. Armeekorps), sowie 1 Feld- und 1 Gebirgs-Batterie für den Entsatz von Plewna bestimmt.

Achmed Chiwsi Pascha, der am 20. Juli bei Plewna verwundet worden und zur Zeit sich als Genesender in Sofia befand, wurde zum Befehlshaber des Expeditionskorps ernannt und dieses in drei Brigaden eingetheilt, unter Hakki Pascha (6 Bataillone), Edhem Pascha (6 Bataillone) und Vely Bey (5 Bataillone); Oberstlieutenant Izzet Bey wurde Chef des Generalstabes.

Die Gesammtstärke des Korps wird von türkischer Seite auf 9000 Mann angegeben, die Stärke des dem Korps angeschlossenen Transports auf 500 Wagen.

Chefket Pascha wurde zum Kommandanten von Orchanie und der hier verbliebenen und weiter eintreffenden Truppen ernannt.

Achmed Chiwsi Pascha trat am 18. September seinen Vormarsch von Orchanie an.

Der vom Regen aufgeweichte Boden erschwerte den Marsch; zudem hatten die Russen an verschiedenen Stellen die Straße abgegraben und mehrere Brücken zerstört, so daß Achmed Chiwsi zu mehrfachen Herstellungsarbeiten gezwungen war; erst am 20. September traf die Spitze des Korps bei Telisch ein und hatte hier einen ziemlich scharfen Zusammenstoß mit einer von Gornji Dubnjak her gegen Telisch vorgehenden russischen Kavallerieabtheilung (Oberst Stackelberg mit 4 Eskadrons und 2 Geschützen), welche schließlich wieder in der Richtung auf Gornji Dubnjak zurückging.

Achmed Chiwsi blieb die Nacht über bei Telisch stehen und ließ die lange Wagenkolonne aufschließen.

Als er am Morgen des 21. den Weitermarsch anzutreten im Begriff war, erschien von Gornji Dubnjak her wieder russische Kavallerie, diesmal in größerer Stärke (Oberst Tutolmin mit 10 Eskadrons und 4 Geschützen). Achmed Chiwsi entwickelte seine Division hinter der nördlich von Telisch sich hinziehenden Schlucht und kanonirte sich mit dem Gegner bis zum späten Nachmittag, worauf die Russen abermals zurückgingen.

Am Morgen des 22. September ging Achmed Chiwsi unter Zurückwerfung der russischen Vorposten bis auf die Höhe von Gornji Dubnjak vor und stieß hier auf starke russische Kavallerie und Artillerie (General Krylow mit mehr als 20 Eskadrons und 18 Geschützen). Während einer von beiden Seiten unterhaltenen Kanonade begannen die Türken sofort Verschanzungen aufzuwerfen.

Als die Russen gegen Abend abgezogen waren, erschien von Doljni Dubnjak her eine aus Plewna abgeschickte türkische Eskadron mit der Meldung, Osman Pascha habe zur Unterstützung des anmarschirenden Entsatzkorps (mit dem er seit mehreren Tagen durch Boten in Verbindung stand) ein Detachement unter Atuf Pascha von der Wid=Brücke aus gegen Doljni Dubnjak vorgehen lassen.

In der That hatte Atuf Pascha mit 6 Bataillonen, dem irregulären Kavallerie-Regiment von Saloniki, 2 regulären Eskadrons und 4 Geschützen, die zwischen Wid und Doljni Dubnjak stehenden russischen Vorposten zurückgeworfen und sich in den Besitz des Dorfes Doljni Dubnjak gesetzt, wodurch die Chaussee für den türkischen Transport frei gemacht war.

Auf diese Meldung hin trat Achmed Chiwsi noch in der Nacht den Weitermarsch an, traf ohne weitere Störung gegen Morgen an der Wid=Brücke ein und überschritt dieselbe unter dem Schutze der Brigade Edhem Pascha, welche als Nachhut bei Doljni Dubnjak stehen blieb. Zwischen dieser Abtheilung und der gegen Doljni Dubnjak vorgehenden donischen Kasaken=Brigade Kurnakow fand eine längere im Uebrigen ziemlich ergebnißlose Kanonade statt; Edhem Pascha wurde hierbei verwundet.

Nachdem der ganze Troß die Brücke überschritten, ging auch die Nachhut-Brigade auf das rechte Wid=Ufer über.

Der mit Achmed Chiwsi Pascha nach Plewna gekommene Fuhrpark scheint — nach russischen Angaben, türkische Angaben liegen darüber nicht vor — am 25. oder 26. September von dort mit einigen Tausend Verwundeten und Kranken wieder abmarschirt und über Orchanie etwa am 6. Oktober in Sofia eingetroffen zu sein. Hier aufs Neue mit Vorräthen beladen, ging der Park dann wieder nach Orchanie und weiter nach Plewna.

195. Fouragirungen der Türken im Westen von Plewna. Die bedeutende Verstärkung seiner Armee durch die Ankunft der Truppen Achmed Chiwsis benutzte Osman dazu, in der westlichen Umgegend Plewnas mehrere größere Fouragirungen ausführen zu lassen. Zu diesem Zweck wurde unter dem Oberbefehl von Achmed Chiwsi Pascha eine mobile Division in Stärke von 12 Bataillonen, 8 Eskadrons und 6 Geschützen formirt und ihr ein Park von 300 Fuhrwerken beigegeben zum Transport der beizutreibenden Vorräthe; 2 Bataillone waren zur besonderen Bedeckung dieses Fuhrparks bestimmt.

Am 29. September*) wurde eine Fouragirung in und bei Trnina unternommen; die mobile Division marschirte von der Wid-Brücke aus am linken Wid-Ufer aufwärts bis in die Höhe von Trnina, während der Fuhrpark mit seiner Bedeckung am rechten Ufer entlang zog.

Zur Deckung gegen russische Unternehmungen von der Lowtscha-Straße oder von Medewan her wurden zwei Bataillone unter Talat Bey von Baghlar Baschi aus in der Richtung auf die Höhen von Trnina vorgeschoben.

Die Fouragirung scheint russischerseits gar nicht gestört worden zu sein. Die Fuhrwerke wurden mit einem Theil der in Trnina vorgefundenen Vorräthe an Gerste, Mais, Stroh und Kukuruz beladen und kehrten nach Plewna zurück. Nach Einbruch der Dunkelheit ging auch die mobile Division am linken Ufer nach der Brücke zurück und Talat Bey nach Baghlar Baschi; letzterer ließ in seiner Stellung vor Trnina bei seinem Abzuge Biwakfeuer anzünden, um den Gegner über seinen Abzug zu täuschen.

Am 30. September wurde die Unternehmung genau in derselben Art wiederholt und die am ersten Tage noch zurückgebliebenen Vorräthe fortgeschafft. Heute erschien allerdings von Medewan her russische Kavallerie und begann mit der türkischen zu scharmützeln, aber eine Störung der Fouragirung wurde gar nicht versucht.

Einem in der Nacht von Osman Pascha erhaltenen Befehl zufolge marschirte Achmed Chiwsi Pascha am Morgen des 1. Oktober am linken Wid-Ufer abwärts nach Doljni Netropol, um diesen Ort auszufouragiren.

Bald erschien von Gornji Netropol und von Doljni Dubnjak her die russisch-rumänische Kavallerie des Generals Krylow und suchte die Türken an dem — übrigens gar nicht beabsichtigten — weiteren Vordringen zu hindern. Das Gefecht beschränkte sich der Hauptsache nach auf eine mehrstündige Kanonade und einige nicht sehr bedeutende Scharmützel; trotzdem erlitten die Türken ihrer eigenen Angabe nach hierbei einen Verlust von 120 Mann an Todten und Verwundeten. Schließlich traten beide Theile ziemlich gleichzeitig den Rückzug an.

---

*) Die türkische Quelle nennt als Datum allerdings den 28. September; indessen paßt dieses letztere Datum nicht in den Rahmen anderer Vorgänge, deren Daten unzweifelhaft feststehen. Russischerseits liegen über die Ereignisse dieses wie des folgenden Tages überhaupt keine Angaben vor.

Nachdem die mobile Division unter Achmed Chiwsi Pascha bis auf 17 Bataillone, 2 Regimenter Kavallerie und 10 Geschütze verstärkt worden, dehnte sie ihre Fouragirungsstreifzüge weiter aus: am 3. und 4. Oktober wurde bei Telisch, am 6. Oktober bei Gornji Dubnjak fouragirt; bei beiden Malen kam es zu unbedeutenden Zusammenstößen mit schwachen russischen Kavallerieabtheilungen.

Das nach Gornji Dubnjak vorgegangene Detachement hatte übrigens außerdem den Auftrag, einem zweiten von Orchanie her im Anmarsch befindlichen Entsatzkorps die Hand zu reichen.

196. Die zweite Entsatzoperation unter Chefket Pascha. Anfang Oktober*) war nämlich Chefket Pascha von Orchanie mit 15 Bataillonen, 2 Regimentern tscherkessischer Reiterei und 12 Geschützen und einem Lebensmitteltransport von 500 Wagen nach Plewna aufgebrochen.

Am 5. Oktober bei Lukawize angekommen, fand Chefket die bei Radomirze über die Panega führende große Chausseebrücke zerstört und das jenseitige Ufer von russischen Truppen besetzt (Oberst Lewis mit 10 Eskadrons und 8 Geschützen).

Am 6. Oktober wurde unter gegenseitigem Geschützfeuer die Brücke von den Türken wieder hergestellt und demnächst der Vormarsch auf Telisch fortgesetzt; die Russen, welche gleichzeitig von dem von Gornji Dubnjak her vorgehenden türkischen Detachement im Rücken bedroht wurden, gaben ohne ernsten Widerstand die Chaussee frei und wichen nach dem Isker-Thal aus.

Da die Chaussee von Telisch an bis Plewna bereits vollständig in den Händen Achmed Chiwsis war, so machte das Gros Chefkets bei Telisch Halt, während Chefket persönlich mit einem Kavallerie-Regiment den Transport nach Plewna begleitete, wo er am 8. Oktober eintraf.

197. Festsetzen der Türken auf der Sofia-Straße. Da es für die Armee von Plewna vor allen Dingen darauf ankam, die Sofia-Straße für weitere Zufuhren von Orchanie her vollkommen frei zu haben, so wurde zwischen Osman und Chefket die Sicherung dieser Straße in folgender Weise verabredet:

Auf der Sofia-Straße liegen zwischen Plewna und Orchanie eine Anzahl Orte, welche voneinander folgende Entfernungen haben:

---

*) Die Datenangaben der türkischen Quellen über den Marsch Chefket Paschas sind nachweislich falsch und hier daher entsprechend richtig gestellt.

Von der Wid-Brücke 9 km bis Doljni Dubnjak, demnächst 9 km bis Gornji Dubnjak (nicht an der Straße selbst), von dort 9 km bis Telisch, von hier 10 km bis Radomirze, von Radomirze 28 km bis Jabloniza und von da 35 km bis Orchanie.

Alle genannten Punkte sollten befestigt und mit verhältnißmäßig starken Besatzungen versehen werden. Die Zufuhren sollten in kleinen, täglich von Orchanie abgehenden Staffeln von einer befestigten Etappe zur anderen durch Abtheilungen der betreffenden Garnisonen begleitet werden; die Entfernungen der Etappenpunkte in der Nähe von Plewna waren so gering, daß man darauf rechnen konnte, die Transporte würden bei dem — rechtzeitig gemeldeten — Herannahen stärkerer feindlicher Abtheilungen stets Zeit haben, den nächsten schützenden Etappenpunkt zu erreichen.

In derselben Art und Weise sollten die Wagenstaffeln — unter Mitnahme von Verwundeten und Kranken — von Plewna nach Orchanie zurückkehren.

Die Etappenpunkte Doljni und Gornji Dubnjak sowie Telisch sollten von der Armee Osmans mit Besatzungen versehen werden, während die weiter südlich liegenden Punkte durch die Truppen besetzt werden sollten, welche unter Chefket Pascha den letzten großen Transport bis Telisch eskortirt hatten.

Nachdem diese Verabredungen getroffen, begab sich Chefket Pascha am 9. Oktober aus Plewna zu seinen bei Telisch stehenden Truppen und führte dieselben nach den ihnen zugefallenen Etappenpunkten Radomirze und Jabloniza, welche sofort befestigt wurden.

Osman Pascha bestimmte zur Besatzung der ihm zufallenden Punkte die mobile Division unter Achmed Chiwsi Pascha. Dieser ließ Vely Bey mit 5 Bataillonen, 2 Geschützen und einiger Reiterei in Doljni Dubnjak, während er selbst mit 6 Bataillonen, 4 Eskadrons und 4 Geschützen bei Gornji Dubnjak Stellung nahm und den General Hakki Pascha mit 6 Bataillonen und 4 Geschützen nach Telisch sandte. Letzteres Detachement wurde von Radomirze aus noch durch 1 Bataillon und einige Hundert Mann irregulärer Reiter verstärkt. An allen Punkten wurden Verschanzungen errichtet, welche die Lagerplätze der ganzen Besatzung einschlossen.

Die von den Russen mehrfach zerstörte Telegraphenlinie längs der Sofia-Straße wurde natürlich wieder hergestellt und an verschiedenen Zwischenpunkten derselben neue Stationen errichtet, um die

Transporte von eventuellen feindlichen Bewegungen schnell unterrichten zu können.

Am 14. Oktober waren diese Maßnahmen ausgeführt und die ganze Straße fest in den Händen der Türken.

198. Der Transport- und Eskortendienst auf der Sofia-Straße. Der Transport- und Eskortendienst auf der Sofia-Straße wird veranschaulicht durch folgende Angaben über die Thätigkeit der Garnison von Gornji Dubnjak.

Dreimal im Laufe des Tages — morgens, mittags und abends — trafen einerseits von Telisch, andererseits von Doljni Dubnjak her kleine Wagenstaffeln ein, welche bis hierher durch Abtheilungen jener Garnisonen begleitet wurden. Jeder dieser Wagenstaffeln wurde von Gornji Dubnjak aus $^1/_2$ Bataillon als Eskorte zugetheilt, welche Abtheilungen bis Telisch bezw. Doljni Dubnjak gingen und dann mit der nächsten Staffel wieder nach Gornji Dubnjak zurückkehrten. Auf diese Weise wurde jede Wagenstaffel stets von $^1/_2$ Bataillon der hinter ihr und $^1/_2$ Bataillon der vor ihr liegenden Garnison begleitet; die Gesammtstärke der Bedeckung belief sich also stets auf 1 Bataillon, natürlich mit entsprechender Kavallerie.

Die einzelnen Wagenstaffeln scheinen aus je 40 bis 50 Wagen bestanden zu haben.

Dieser, wie es scheint, ziemlich regelmäßig gehandhabte Transportdienst dauerte bis zum 24. Oktober, an welchem Tage die Etappe Gornji Dubnjak durch die Russen unter General Gurko erstürmt und so der Verkehr der Türken auf der Sofia-Straße endgültig unterbrochen wurde.

Vierundzwanzigster Abschnitt.

Die russisch-rumänische Kavallerie zwischen Wid und Isker von Anfang September bis Ende Oktober.

199. General Loschkarew am linken Wid-Ufer während der Septemberkämpfe. Der allgemeinen für den Septemberangriff gegen Plewna entworfenen Disposition entsprechend war General Loschkarew, Kommandeur der 9. Kavallerie-Division, mit einem Kavalleriekorps von 8 Regimentern — Astrachan-Dragoner Nr. 8, Kasan-Dragoner Nr. 9, Bug-Ulanen Nr. 9, Don-Kasaken Nr. 9, 1. und 2. Roschioren-

und 5. und 6. Kalaraschen-Regiment — nebst 3 Batterien — 16. reitende, 2. bosnische und eine rumänische — am 8. September bei Riben auf das linke Wid-Ufer übergegangen; er hatte die Aufgabe, die feindlichen Verbindungen möglichst zu beunruhigen, womöglich zu unterbrechen und im Fall eines Abzugs des Feindes aus der Stellung von Plewna über ihn herzufallen.

Die Roschioren-Brigade rückte nach Dolni Netropol, um die von Plewna nach Rahowa führende Straße zu beobachten; das Gros rückte nach Dolni Dubnjak, wo es auf der großen von Sofia über Orchanie und Telisch nach Plewna führenden Straße stand.

Am 8. und 9. September fanden zwischen türkischen Abtheilungen, welche von Plewna aus vorgingen, und der Kavallerie Loschkarews mehrfache, im Uebrigen unbedeutende Zusammenstöße statt; der Verlust der Russen betrug am 8. September: 3 Mann, 8 Pferde todt, 9 Mann, 22 Pferde verwundet; am 9. September: 2 Mann, 11 Pferde todt, 25 Mann, 31 Pferde verwundet.

Eine am 9. September gegen Gornji Dubnjak vorgegangene Kasakenabtheilung meldete, daß sie dort auf Tscherkessen gestoßen sei, sowie, daß sie hinter dem westlich von Gornji Dubnjak gelegenen Walde ein Infanterielager von etwa 10 000 Mann entdeckt habe.

Zur Aufklärung dieser überaus wichtigen Nachricht scheint nicht Genügendes angeordnet zu sein; Loschkarew machte sogar dem bei Gornji Dubnjak vermutheten Gegner gewissermaßen den Weg nach Plewna frei, indem er mit dem Gros seiner Kavallerie auf Gornji Netropol zurückging und nur das Kasaken-Regiment Nr. 9 zur Beobachtung der großen Straße bei Dolni Dubnjak beließ; der Weg von Gornji Dubnjak nach Trnina scheint ganz ohne Beobachtung geblieben zu sein.

Ob diese Meldung von der Anwesenheit eines so starken türkischen Korps bei Gornji Dubnjak ganz irrig, oder ob sie mindestens in sehr hohem Grade übertrieben war, ist auch jetzt nicht klar. Aus ziemlich zuverlässigen türkischen Angaben ist zu ersehen, daß in jener Zeit keine Verstärkungen von irgend welcher Bedeutung nach Plewna gekommen sind; eine vereinzelte Nachricht spricht davon, am 13. September seien zwei Bataillone bei Plewna eingetroffen, ohne Angabe, auf welchem Wege.

Am 10. September führte Loschkarew einen Theil seiner Kavallerie wieder nach Dolni Dubnjak; von dem türkischen Korps bei Gornji Dubnjak ist nicht weiter die Rede.

Da es bisher noch nicht gelungen war, die Verbindung mit der am rechten Wid-Ufer (auf dem linken Flügel Skobelews) stehenden Kavallerie Leontjews herzustellen, so wurden zu diesem Zweck am 10. zwei starke Patrouillen abgeschickt, ohne indessen ihre Aufgabe erfüllen zu können.

Die 4. Eskadron Bug-Ulanen ging bei Medewan auf das rechte Wid-Ufer über und streifte von hier in südöstlicher Richtung bis Rebel, stieß aber weder auf russische noch auf türkische Truppen und kehrte ohne Erfüllung ihrer Aufgabe zurück.

Gleichzeitig machte eine Sotnie Kasaken den Versuch, bei Dissewiza über den Wid zu gehen, fand dieses Dorf aber von türkischer Infanterie und Kavallerie besetzt und sah sich zum Rückzug veranlaßt.

Am 11. September wurde abermals eine Eskadron Bug-Ulanen abgeschickt mit dem bestimmten Befehl, unter allen Umständen russische Truppen aufzufinden. Die Eskadron führte den Auftrag aus — auf welchem Wege, ist nicht gesagt — und kehrte am folgenden Tage zu Loschkarew zurück.

Andererseits traf am 11. September eine Eskadron Jekaterinoslaw-Dragoner bei Loschkarew ein, welche von Leontjew zur Herstellung der Verbindung abgeschickt war.

Die Meldungen verschiedener in südlicher und westlicher Richtung entsendeter Patrouillen stimmten darin überein, daß südwärts zwischen Wid und Isker überall kleine Tscherkessentrupps schwärmten, jenseits des Isker aber stärkere Abtheilungen dieser Truppe.

200. Versuch zur Einschließung Plewnas durch zwei im Süden und Westen aufgestellte Kavalleriekorps. Die dem General Loschkarew bei seiner Entsendung nach dem linken Wid-Ufer gestellte Aufgabe hatte in engem Zusammenhange mit dem gegen Plewna gerichteten gewaltsamen Angriff gestanden; nachdem dieser gescheitert, faßte die obere Heeresleitung die Nothwendigkeit ins Auge, der bei Plewna stehenden feindlichen Armee ihre rückwärtigen Verbindungen möglichst vollständig und für die Dauer zu unterbinden.

Zu diesem Zweck sollten zwei Kavalleriemassen aufgestellt werden: eine größere westlich des Wid, welche die Verbindungen über Rahowa nach Widdin und über Orchanie nach Sofia, und eine kleinere östlich des Wid zwischen Plewna und Lowtscha, welche die Verbindungen in südlicher Richtung auf Tetewen und Trojan sperren sollte.

Bei der für längere Dauer berechneten Zusammensetzung dieser beiden Kavalleriekorps sollte gleichzeitig darauf Rücksicht genommen werden, die im Laufe der Zeit vollkommen zerrissenen Verbände der Kavallerie-Divisionen möglichst wieder herzustellen.

201. General Loschkarew am rechten Wid-Ufer. Zu diesem Zweck sollte General Loschkarew mit den drei am linken Wid-Ufer befindlichen Regimentern seiner — der 9. — Kavallerie-Division auf das rechte Wid-Ufer übergehen, hier das zu seiner Division gehörige, seit dem Donau-Uebergange aber abkommandirt gewesene Regiment Kiew-Husaren Nr. 9 an sich ziehen und mit dieser Kavallerie südlich von Plewna operiren. Am 17. September trat dann noch eine von der Ost-Armee herangezogene Brigade der 2. donischen Kasaken-Division (Regimenter Nr. 24 und Nr. 38) unter Loschkarews Kommando, während das Kasaken-Regiment Nr. 9 aus diesem Verbande ausschied und zur Besatzung von Lowtscha übertrat.

202. General Krylow am linken Wid-Ufer. Zum Kommandeur des Kavalleriekorps auf dem linken Wid-Ufer wurde General Krylow ernannt, eigentlich Kommandeur der 4. Kavallerie-Division, zur Zeit stellvertretender Kommandeur des 4. Armeekorps.

Zu diesem Kavalleriekorps Krylows sollten gehören:

1. Die 3 regulären Regimenter der 4. Kavallerie-Division: Jekaterinoslaw-Dragoner, Charkow-Ulanen, Mariopol-Husaren; (das Kasaken-Regiment Nr. 4 dieser Division befand sich noch an der Donau);

2. das Dragoner-Regiment Astrachan der 8. Kavallerie-Division (die 3 anderen Regimenter dieser Division befanden sich bei der Ost-Armee);

3. die donische Brigade des Obersten Tschernosubow (nach dessen Erkrankung am 14. September Oberst Kurnakow den Befehl übernahm): 7 Sotnien der Regimenter Nr. 21 und Nr. 26 (die 5 anderen Sotnien dieser Regimenter befanden sich noch im Schipka-Balkan);

4. die kaukasische Brigade des Obersten Tutolmin mit dem 1. Wladikaukas- und dem 2. Kuban-Regiment;

ferner an rumänischer Kavallerie:

5. Die Brigade des Obersten Cresceanu: 1. und 2. Roschioren-Regiment mit 7 Eskadrons (die fehlende Eskadron des 2. Regiments zur Bedeckung des Hauptquartiers abkommandirt);

6. die Brigade des Obersten Formak: 5. und 6. Kalaraschen-Regiment mit 6 Eskadrons.

An Artillerie gehörte zum Korps die 7. und 8. reitende, die 8. und 15. donische und eine rumänische Batterie.

Nach den Etats sollten die 5 Regimenter Loschkarews zusammen 3300 Mann, die 12 Regimenter Krylows zusammen 7800 Mann stark sein; thatsächlich betrug die Gesammtstärke beider Korps weniger als 6000 Mann.

203. Instruktion für die Thätigkeit der Kavalleriekorps. Als Richtschnur für die Thätigkeit der Kavallerie Loschkarews und Krylows erließ das Kommando der West-Armee unter dem 17. September eine umfangreiche Instruktion, welche im Wesentlichen Folgendes enthielt:

„Zum Operiren auf den feindlichen Verbindungen, d. h. zur Parteigängerthätigkeit in vollster Bedeutung des Wortes, sowie zur engen und dauernden Einschließung des im verschanzten Lager von Plewna stehenden Gegners werden bestimmt das kombinirte Kavallerie= korps auf der Sofia=Chaussee und die 9. Kavallerie=Division auf der Lowtscha=Chaussee.

Als vortheilhafte Punkte, von wo aus beide Korps am besten ihre Thätigkeit betreiben könnten, erscheint mir für das kombinirte Kavalleriekorps Dubnjak, und für die 9. Kavallerie=Division das Engniß der Plewna — Lowtscha=Chaussee in der Höhe von Bogot— Brestowez.

Die Thätigkeit der Kavallerie muß dauernd folgende Ziele im Auge haben:

1. Vernichtung aller Vorräthe von Lebensmitteln und Futter in der Nähe von Plewna, welche dem Feind in die Hände fallen könnten.

2. Nachhaltige Unbrauchbarmachung aller nach Plewna führenden Wege, namentlich derjenigen zwischen der Sofia=Chaussee und der Lowtscha=Chaussee, auf denen die Armee von Plewna bisher Zufuhren und Verstärkungen erhalten. Das Unbrauchbar= machen der Wege besteht in dem Zerstören aller großen und kleinen Brücken, in dem Durchschneiden der Wege mit tiefen Gräben, und im Bestreuen der Wege mit Steinen.

3. Unterbrechung der Post= und Telegraphenverbindungen.

4. Ueberfallen von Kommandos und Transporten, Abfangen von Courieren und dergleichen.

Bei der großen Stärke der beiden Kavalleriemassen wird sich hier und da Gelegenheit bieten, auch gleichzeitig mit großen Massen aufzutreten, aber diese Fälle sind im Parteigängerkrieg selten; weit häufiger wird das ins Auge gefaßte Ziel erreicht werden durch die Thätigkeit kleinerer, von den Hauptmassen ausgesandter Abtheilungen; hierbei kommt es wesentlich an auf die richtige Auswahl der für die einzelnen Abtheilungen bestimmten Führer.

Die Verhältnisse, unter denen unsere Kavallerie zu wirken hat, sind beispiellos günstige. Die feindliche Kavallerie ist wenig zahlreich und ängstlich, die Bevölkerung des Landes uns freundlich gesinnt.

Ich bin fest überzeugt, daß jeder Reiter von der Wichtigkeit des Unternehmens durchdrungen ist, zu welchem er berufen wird.

Ich erinnere daran, daß die Thätigkeit des Parteigängers ein furchtbarer Hammer ist, der mit seinen Schlägen die empfindlichsten Stellen des Gegners trifft, und diesen langsam aber sicher zu Grunde richtet, wie es weder Artillerie, noch Kugel, noch Bajonett im Stande sind. Steter Tropfen höhlt den Stein! Dies möge jeder Reiter wissen und dessen eingedenk sein."

204. **Verschiebungen in der bisherigen Aufstellung der Kavallerie.** Ob bei dem Ersatz Loschkarews durch Krylow auf dem linken Wid-Ufer nicht die Unzufriedenheit der oberen Heeresleitung mit den bisherigen Leistungen Loschkarews eine Rolle spielte, mag dahingestellt bleiben; der merkwürdige, sonst durch nichts begründete Platzwechsel, welchen die Regimenter der 4. und 9. Kavallerie-Division vornehmen mußten, legt eine solche Vermuthung allerdings nahe.

Die Durchführung dieser neuen Gliederung der beiden Kavalleriekorps erforderte die allmähliche Verschiebung der meisten betheiligten Regimenter und fand erst am 19. September ihren Abschluß; in der Zwischenzeit fanden längs des Wid und Isker und südwärts in der Gegend von Telisch mehrfach kleine Zusammenstöße statt.

General Krylow hielt die Lösung der ihm gestellten Aufgabe nur mit der Kavallerie für sehr schwierig und bat um Zutheilung von Infanterie zur Behauptung von Dolni Dubnjak gegen Plewna, während dann die Kavallerie weitere Streifzüge unternehmen könne. Infanterie glaubte aber das Oberkommando für das linke Wid-Ufer nicht erübrigen zu können, und so blieb Krylow auf die ihm zugewiesene Kavallerie beschränkt.

Am 15. September trat zunächst die donische Brigade Tschernosubow den Marsch nach dem linken Wid-Ufer an, worauf das von ihr abgelöste Kasaken-Regiment Nr. 9 am 16. bei Bogot eintraf.

Am 18. folgte die 1./4. Kavallerie-Brigade (Jekaterinoslaw-Dragoner, Charkow-Ulanen, 7. reitende Batterie), nach deren Eintreffen bei Doljni Dubnjak (am Abend des 18.) General Loschkarew mit dem Gros seiner Division (Kasan-Dragoner, Bug-Ulanen, 16. reitende und 2. donische Batterie) am Morgen des 19. September den Marsch nach dem rechten Wid-Ufer antrat.

Am 19. September morgens brach Krylow mit der kaukasischen Brigade und der 2./4. Kavallerie-Brigade (Mariopol-Husaren und 8. reitende Batterie) nach Doljni Dubnjak auf, welcher Punkt am Nachmittage desselben Tages erreicht wurde und wo die anderen dem General Krylow unterstellten Abtheilungen bereits standen.

Das Haupthinderniß, welches die Kavallerie bei Ausführung dieses Uferwechsels zu überschreiten hatte, war nicht sowohl der bei Medewan durchfurtete Wid-Fluß, als vielmehr die tiefe unwegsame Schlucht von Kartuschawen. Der Abstieg in die Schlucht gegenüber von Kebel erfolgte auf steilen Krümmungen, wobei die Geschütze an Stricken herunter gelassen werden mußten; entsprechende Schwierigkeiten machte der Aufstieg zum westlichen Schluchtrande.

205. Das Gelände am linken Wid-Ufer. Das große Dorf Doljni Dubnjak — aus 300 Häusern bestehend, von denen damals etwa drei Viertel von Bulgaren, ein Viertel von Türken, Tscherkessen und Zigeunern bewohnt waren — klebt gewissermaßen an den Wänden einer tiefen Schlucht, welche die Sofia-Chaussee durchschneidet und in das Wid-Thal mündet.

Auf den ersten Blick dehnt sich rund um dieses Dorf eine endlose Ebene aus; bei näherer Betrachtung ergiebt sich aber, daß diese scheinbare Ebene von einer großen Anzahl flach geböschter Schluchten durchschnitten ist, welche, Truppenbewegungen fast nirgends hindernd, sämmtlich zum Wid hin laufen.

Die Bedeckung des Geländes bestand in ausgedehnten Kukuruzfeldern und einzeln stehenden Bäumen; an manchen Stellen war der Kukuruz so hoch und dicht, daß ein Reiter vollständig darin verschwand. Für die Bewegungen der Kavallerie waren diese Kukuruzfelder ein unangenehmes Hinderniß, da bei schneller Gangart die Pferde sich in den dichten langen Halmen verwickelten, so daß man gezwungen war, diese Felder meist im Schritt zu passiren.

Doljni Dubnjak war durch seine Lage in gewisser Beziehung für die Russen allerdings ein günstiger Stützpunkt, andererseits war die geringe Entfernung von der türkischen Stellung sehr unbequem.

Wie sehr Krylow sich durch plötzliche Angriffe überlegener Kräfte von Plewna aus bedroht fühlte, geht aus seinem am 21. September erlassenen Befehl hervor, wonach bei den ersten Schüssen in der Vorpostenkette alle bei Doljni Dubnjak im Biwak stehenden Abtheilungen satteln und die Batterien anspannen sollten, eine Maßregel, welche die für Leute und Pferde unbedingt nothwendige zeitweise Ruhe in bedenklicher Weise beeinträchtigte.

206. Erkundungen nach Westen zu. Als Krylow am 19. September bei Doljni Dubnjak eintraf, erhielt er von einer seit mehreren Tagen von Mahaleta aus die Gegend jenseits des Isker beobachtenden Roschioren-Eskadron die Meldung: Während in jener Gegend bisher nur größere und kleinere Banden von Tscherkessen und Baschibozuks sichtbar gewesen, hätten sich jetzt Abtheilungen regulärer Truppen gezeigt.

Auf diese (thatsächlich irrige) Nachricht hin schickte Krylow zwei Eskadrons Astrachan-Dragoner zur Verstärkung der Roschioren-Eskadron nach Mahaleta; zur Beobachtung der Sofia-Chaussee nach Süden zu wurde die donische Brigade vorgeschoben.

Am 20. September ließ Krylow jenseits des Isker starke Patrouillen vorgehen zur Erkundung des Raumes zwischen der Linie Mahaleta—Rahowa und der Donau; alle diese Patrouillen kehrten mit der Meldung zurück, in jener Gegend treiben sich Baschibozuks und Tscherkessen umher, aber von regulären Truppen ist nichts zu sehen.

207. Erkundungsgefecht bei Telisch am 20. September. Gleichzeitig war längs der Sofia-Chaussee Oberst Graf Stackelberg mit 2 Eskadrons Husaren, 2 Eskadrons Kalaraschen und 2 Geschützen vorgeschickt worden mit dem Auftrage: die Gegend zwischen Wid und Isker bis Telisch aufzuklären.

Stackelberg entsandte links eine Patrouille im Wid-Thal auf Tschirikowo und Rakita, rechts $1/2$ Eskadron Husaren über Deweniza gegen Telisch; mit dem Gros ging er selbst auf der Chaussee gegen Telisch vor. Regen und starker Nebel verbargen die Bewegungen der Russen, erschwerten aber auch die Beobachtung.

Nördlich Telisch stieß Stackelberg auf türkische Kavallerie und warf sie nach scharfem Handgemenge auf Telisch zurück, stellte hier aber angesichts starker feindlicher Infanteriemassen die Verfolgung ein und trat dann, nachdem er seine Seitenpatrouillen wieder an sich gezogen, den Rückmarsch an.

Die auf Rakita vorgegangene Patrouille hatte hier Feuer erhalten und schätzte die Stärke der den Ort besetzt haltenden Infanterie auf eine Kompagnie.

Die über Deweniza von Westen her gegen Telisch vorgegangene Halbeskadron brachte die Nachricht mit, starke Infanteriemassen ständen bei Telisch, und einige Tausend Mann seien noch von Süden her im Anmarsch; der Nebel hatte die Beobachtung sehr erschwert.

Stackelberg ging nun nach Doljni Dubnjak zurück; sein Verlust betrug 5 Mann todt, 2 Offiziere, 8 Mann verwundet; die Türken gaben ihren Verlust in diesem Gefecht auf 12 Todte an.

208. **Erkundungsgefecht bei Telisch am 21. September.** Um die Stärke des bei Telisch aufgetretenen Gegners genauer zu erkunden, wurde am 21. September Oberst Tutolmin dorthin vorgeschickt mit 6 Sotnien der kaukasischen Brigade, 2 Eskadrons Ulanen, 2 Eskadrons Dragoner und 4 Geschützen.

In der Schlucht des Dubnjak-Baches, 9 km von Doljni Dubnjak nach Westen zu entfernt, liegt das Dorf Gornji Dubnjak (damals mit 220 Häusern, von denen zwei Drittel von Bulgaren, ein Drittel von Türken und Tscherkessen bewohnt waren). Von hier zieht ein Zweig der Dubnjak-Schlucht zunächst weiter nach Südwesten, biegt später nach Süden ab und durchschneidet die Sofia-Straße dicht vor Telisch; ein anderer Zweig wendet sich gleich bei Gornji Dubnjak nach Süden und durchschneidet die Sofia-Chaussee etwa halbwegs zwischen Doljni Dubnjak und Telisch.

Der mit Buschwerk und Gestrüpp dicht bewachsene östliche Rand dieser südlichen Zweigschlucht fällt steil ab, während der westliche sanft ansteigt und in eine Ebene übergeht, die sich nach Süden zu ausdehnt und dicht vor Telisch von der oben erwähnten Schlucht quer durchschnitten wird.

Als Tutolmins Vorhut den hohen östlichen Rand der südlichen Schlucht erreichte, sah man von hier aus in der jenseitigen Ebene Tscherkessen schwärmen; die Schlucht von Telisch war von Infanterie besetzt.

Tutolmin ließ die beiden Dragoner-Eskadrons mit 2 Geschützen auf dem hohen östlichen Schluchtrande, der sogenannten „Höhe von Gornji Dubnjak", als Rückhalt stehen und ging mit dem Gros seiner Abtheilung, den Steilhang hinuntersteigend, gegen die Schlucht von Telisch vor.

Mit den Ulanen, 2 Sotnien und 2 Geschützen vor der Mitte der feindlichen Front bleibend, schob Tutolmin nach rechts und links je 2 Sotnien vor, um die feindliche Stellung womöglich zu umfassen und von seitwärts Einblick in dieselbe zu gewinnen.

Bei dem Vorgehen der Russen hatten die Türken ihre Schützenlinie von dem diesseitigen Rande der Telisch=Schlucht bis hinter diese Schlucht zurückgenommen und den jenseitigen Rand derselben besetzt; hinter der Schützenlinie sah man Infanteriemassen — man zählte 10 Kolonnen — in zwei Treffen aufmarschirt; auf dem rechten Flügel standen augenscheinlich noch mehr Truppen verdeckt hinter einer Anhöhe, auch glaubte man dort eine große Anzahl von Fahrzeugen zu bemerken.

An mehreren Stellen der türkischen Frontlinie waren Erdwerke aufgeworfen, von denen 3 Geschütze feuerten; außerdem glaubte man noch einige nicht feuernde Geschütze zu sehen. Während auf der ganzen Linie geplänkelt wurde, rekognoszirte ein Generalstabsoffizier die türkische Stellung.

Als türkische Abtheilungen zur Umfassung des linken russischen Flügels vorgingen, ging Tutolmin zunächst bis auf die Höhe von Gornji Dubnjak zurück und machte hier Halt, um den Gegner weiter zu beobachten. Die Türken blieben unbeweglich in ihrer Stellung. Patrouillen zur Beobachtung des Feindes zurücklassend, trat Tutolmin 5 Uhr nachmittags den weiteren Rückzug an und traf mit Einbruch der Dunkelheit bei Doljni Dubnjak mit der Meldung ein: bei Telisch stehen 10 000 Mann Infanterie mit 4 bis 6 Geschützen.

209. **General Krylow beschließt den Abmarsch nach Smeret Trestjenik.** Krylow sandte die Meldung sofort an das Oberkommando der West=Armee weiter und machte dabei auf die ihm drohende Gefahr aufmerksam, in seiner jetzigen Stellung gleichzeitig von Plewna und Telisch her angegriffen zu werden. Als geeigneten Aufstellungspunkt schlug er Smeret Trestjenik vor; zum Schluß fügte er aber hinzu, ohne Befehl werde er den Marsch nach Smeret Trestjenik nicht antreten.

Nach Absendung dieser Meldung scheinen die Besorgnisse Krylows über seine gefährdete Lage — aus nicht näher bekannten Gründen — noch gestiegen zu sein, denn noch im Laufe desselben Abends sandte er an das Oberkommando der West=Armee eine zweite Meldung ab: Die Zustimmung des Generals Sotow voraussetzend, habe er den Marsch nach Smeret Trestjenik bereits angetreten.

Trotz dieser Meldung aber erfolgte der Abmarsch nicht, sondern Krylow blieb die Nacht über bei Doljni Dubnjak stehen; das Kuban=

Regiment der kaukasischen Brigade gab die Vorposten südlich von Gornji Dubnjak.

Im Laufe der Nacht traf als Antwort auf Krylows erste Meldung der Befehl Sotows ein: Krylow solle mit seiner Gesammtkraft dem Vormarsch der Türken entgegentreten.

210. Gefecht bei Gornji Dubnjak am 22. September. Rückzug Krylows auf Netropol. Noch hatte Krylow keine hierauf bezüglichen Maßnahmen getroffen, als — am 22. September — um 5 Uhr morgens der Vormarsch der Türken von Telisch auf Gornji Dubnjak sich bemerkbar machte; die südlich dieses Dorfes auf Vorposten stehenden Kasaken wurden zurückgetrieben, und um 6 Uhr war der ganze bewaldete östliche Rand der Schlucht von Gornji Dubnjak von starken türkischen Schützenschwärmen besetzt.

Auf diese Nachricht hin ging Krylow mit dem Gros der russischen Kavallerie gegen Gornji Dubnjak vor; 2 Eskadrons Husaren verblieben zwischen Doljni Dubnjak und Plewna auf Vorposten, 2 Eskadrons Dragoner standen mit einer rumänischen Eskadron bei Mahaleta am Isker; die beiden rumänischen Brigaden blieben bei Doljni Dubnjak und Gornji Netropol den türkischen Stellungen am rechten Wid-Ufer gegenüber.

Die gegen Gornji Dubnjak vorgezogenen russischen Batterien eröffneten das Feuer, vermochten aber nicht das Vorgehen der Türken aufzuhalten. Unter dem Schutze des Feuers der eigenen Artillerie brach die türkische Infanterie aus dem Waldrande vor und breitete sich zu beiden Seiten der Chaussee aus; zwischen dieser und dem Dorfe begannen die Abtheilungen der zweiten Linie sich zu verschanzen.

Gegen 10 Uhr vormittags traf bei Krylow eine von Loschkarew abgeschickte Patrouille mit der Meldung ein, dieser habe den Wid überschritten, um gegen Telisch vorzugehen.

Krylow schickte durch dieselbe Patrouille an Loschkarew die Aufforderung, zwischen Telisch und Gornji Dubnjak vorgehend, den Türken in den Rücken zu fallen, während Krylow selbst ihnen in der Front entgegentreten will.

Loschkarew folgte der Aufforderung Krylows insoweit, als er nach Norden marschirte, aber nicht den Türken in den Rücken, sondern auf Krylows linken Flügel zu, mit welchem er gegen 3 Uhr nachmittags Fühlung bekam, worauf auch seine Artillerie das Feuer begann; das beiderseitige Geschützfeuer scheint aber ziemlich wirkungslos gewesen zu sein.

Das zu der türkischen Stellung sanft ansteigende offene Gelände, welches völlig von dem Feuer des Vertheidigers beherrscht wurde, machte einen ernsthaften Angriff in der Front unmöglich; Krylow beschloß daher, den linken Flügel der feindlichen Stellung durch einen Theil seiner Kavallerie umgehen zu lassen. Bevor dieser Entschluß aber zur Ausführung kam, traf die Meldung ein: von Plewna her seien feindliche Abtheilungen gegen Dolni Dubnjak sowie gegen Dolni Netropol im Vorgehen. Unter diesen Umständen beschloß Krylow, den Rückzug anzutreten.

Die augenblicklich nicht in das Gefecht verwickelten Abtheilungen — Wladikaukas-Kasaken, Jekaterinoslaw-Dragoner und Charkow-Ulanen — wurden sofort nach Dolni Dubnjak und Netropol zur Unterstützung der dort stehenden Husaren und Rumänen abgeschickt; die übrigen Abtheilungen sollten aus dem Gefecht staffelweise nach Netropol abziehen, die donische Brigade als letzte Staffel den Abzug decken. Inzwischen war das Dorf Dolni Dubnjak von türkischer Infanterie besetzt worden; ein Versuch der Türken, aus dem Dorfe vorzubrechen, wurde durch Geschützfeuer und das Entgegentreten des Wladikaukas-Regiments zurückgewiesen.

Unter dem Schutz der donischen und der Kalaraschen-Brigade erfolgte dann der weitere Abzug des russisch-rumänischen Korps auf Netropol. Loschkarew hatte auf die ihm durch die donische Brigade übermittelte Nachricht von dem Rückzug Krylows ebenfalls den Rückzug angetreten und war bei Medewan wieder über den Wid gegangen.

211. **Widersprechende Befehle des Kommandos der West-Armee an Krylow.** Im Biwak bei Netropol erhielt Krylow in der Nacht vom 22. zum 23. September als Antwort auf die zweite am Abend des 21. an das Oberkommando der West-Armee abgesandte Meldung — über den Entschluß zur Räumung von Dolni Dubnjak und zum Rückmarsch nach Smeret Trestjenik — den Befehl Sotows: Dolni Dubnjak nicht zu räumen, sondern mit dem Gros hier stehen zu bleiben, Detachements nach Krushewiza und Medewan vorzuschieben und so die Gegend zwischen den Straßen Lowtscha—Plewna und Sofia—Plewna dem Gegner zu verschließen.

Bei dieser Gelegenheit machte sich der auffallende Mangel einer telegraphischen Verbindung zwischen Krylow und dem Oberkommando der West-Armee äußerst fühlbar, denn nur durch diesen Mangel erklärt es sich, daß Sotow einen Befehl gab, der mit der Entwickelung der Ereignisse am linken Wid-Ufer während der letzten 24 Stunden in vollkommenem Widerspruch stand.

Gleich nach dem erwähnten Befehl Sotows traf nun bei Krylow ein Befehl des Fürsten Karl ein, datirt Hauptquartier der West-Armee, Poradim, den 22. September: wenn Krylow genöthigt sein sollte, vor bedeutender Ueberlegenheit des Gegners die Straße Sofia —Plewna aufzugeben, so soll er sich bei Riben halten und die Gegend am linken Wid-Ufer bis in die Höhe von Brest decken; hierbei soll er mit dem bei Gulenzi (Giljän) stehenden (nicht zum kombinirten Kavalleriekorps gehörenden) 4. Kalaraschen-Regiment in Verbindung treten. Zur Orientirung wird ferner mitgetheilt: bei Riben steht ein rumänisches Bataillon mit 4 Geschützen, ferner bei Kreta und Goureni (Gradeschti) ebenfalls je 1 Bataillon.

Im Hinblick auf diese beiden ziemlich gleichzeitig von Poradim aus vom Oberkommando der West-Armee ausgehenden und dabei sich vollkommen widersprechenden Befehle mag nochmals an das in dieser Beziehung herrschende Zwitterverhältniß erinnert werden: formell war Fürst Karl Oberbefehlshaber der West-Armee und Sotow sein Stabschef; thatsächlich hatte Fürst Karl nur über seine Rumänen zu verfügen, während über die russischen Truppen der West-Armee nur Sotow verfügte.

212. Krylow geht vor dem türkischen Entsatzkorps auf Smeret Trestjenik zurück. Krylow gab in diesem Falle dem Befehl des Fürsten Karl den Vorzug, welcher sowohl den thatsächlichen Verhältnissen wie auch den Ansichten Krylows besser entsprach als der Befehl Sotows.

Noch bevor Krylow im Sinne des erhaltenen Befehls weitere Anordnungen getroffen, wurde am Morgen des 23. September von Doljni Dubnjak her Kanonendonner hörbar; gleich darauf traf eine Meldung der donischen Brigade ein: unter dem Schutz der bei Doljni Dubnjak stehenden türkischen Truppen ziehe ein großer Troß auf der Chaussee nach Plewna.

Krylow setzte sofort alle bei Netropol biwakirenden Abtheilungen nach Doljni Dubnjak in Bewegung, erhielt jedoch unterwegs eine zweite Meldung: der Troß, von der Batterie der donischen Brigade während seines Vorbeimarsches ohne Erfolg beschossen, habe bereits die Wid-Brücke überschritten, und die bei Doljni Dubnjak gewesenen türkischen Truppen seien ihm gefolgt.

Krylos Gros kehrte darauf in das Biwak bei Netropol zurück.

In Ausführung des vom Fürsten Karl erhaltenen Befehls ließ Krylow am Morgen des 24. September 3 Erkundungs-Detachements, jedes zu 2 Eskadrons, gegen den Isker vorgehen; Krylow führte inzwischen das Gros seines Korps nach Smeret Trestjenik; bei Netropol blieb Oberst Kurnakow stehen mit der donischen und der Kalaraschen-Brigade.

213. **Krylows Streifzug über den Isker gegen Rahowa, Ende September.** Am Abend trafen die Erkundungs-Detachements bei Trestjenik ein mit der Nachricht, daß die Türken jenseits des Isker Lebensmittel und Fuhrwerke zusammentrieben sowie Bulgaren zu Arbeitsdiensten.

Krylow faßte nunmehr den Entschluß, einen großen Streifzug in westlicher Richtung zu unternehmen, und traf dafür folgende Anordnungen:

Oberst Kurnakow bleibt mit der donischen und der Kalaraschen-Brigade — 13 Eskadrons bezw. Sotnien und 6 Geschütze — zwischen Netropol und Doljni Dubnjak stehen, Front gegen Plewna.

Oberst Rehbinder bleibt mit 3 Eskadrons Jekaterinoslaw-Dragoner und 1 Eskadron Astrachan-Dragoner bei Smeret Trestjenik und hält Verbindung mit Kurnakow.

2 Eskadrons Astrachan-Dragoner und 1 Eskadron Noschioren bleiben, wie bisher, bei Mahaleta.

Krylow selbst mit dem Gros — 28 Eskadrons bezw. Sotnien und 24 Geschütze — trat am 25. September den Vormarsch nach Westen in der Richtung auf Rahowa an; schlechte Wege und kalter Regen machten den Marsch sehr beschwerlich.

Am 26. September traf Krylow vor Rahowa ein; eine gegen den Ort unternommene gewaltsame Erkundung stellte fest, daß die aus drei Redouten bestehenden Befestigungen Rahowas von etwa 3 Bataillonen mit 3 oder 4 Geschützen besetzt seien.

Nachdem Krylow die Nacht vom 26. zum 27. September noch angesichts der feindlichen Stellung bei Seljanowzi zugebracht, trat er am 27. den Rückmarsch an und erreichte am 28. Riben am Wid, wo er seiner ziemlich mitgenommenen Abtheilung einen Ruhetag gab.

214. **Krylow trifft wieder vor Plewna ein.** Am 30. September nahm Krylow seine Operationen gegen die Sofia-Straße

17*

wieder auf. Mit dem Gros — 18 Eskadrons bezw. Sotnien und 16 Geschützen — rückte er nach Smeret Trestjenik; bei Mahaleta am Isker standen nach wie vor 3 Eskadrons; Oberst Lewis mit 10 Eskadrons bezw. Sotnien und 8 Geschützen erhielt Befehl zu einem Streifzug nach Süden längs der großen Straße; über die bei Netropol stehenden Abtheilungen — im Ganzen 17 Eskadrons bezw. Sotnien mit 6 Geschützen — übernahm der wieder hergestellte und zum General ernannte Tschernosubow das Kommando.

Die Postenlinie dieses Detachements begann bei Biwolar am Wid (hier stand am rechten Wid-Ufer eine nicht zu den Kavallerie-Korps Krylows gehörende rumänische Kavallerieabtheilung), lief über Doljni Dubnjak nach Westen und stand durch Patrouillen mit dem bei Mahaleta am Isker stehenden Detachement in Verbindung.

215. Gefecht von Doljni Netropol am 1. Oktober. Am Abend des 30. September erschien bei General Krylow der General Tschernat, Kommandirender des rumänischen Korps, mit der Bitte: Die Kavallerie Krylows möge eine von den Rumänen für morgen beabsichtigte gewaltsame Erkundung gegen die Opanes-Stellung ihrerseits unterstützen. Krylow sagte zu und sandte an Tschernosubow den Befehl, bis zum Eintreffen des Gros selbständig die erbetene Hülfe zu leisten.

Infolge dieses Befehls stand am frühen Morgen des 1. Oktober Tschernosubow bereit, das angekündigte Vorgehen der Rumänen gegen Opanes seinerseits vom linken Ufer aus zu unterstützen, als die Türken ihm zuvorkamen.

Starke türkische Truppenmassen — es war Achmed Chiwsi Pascha mit 12 Bataillonen, 8 Eskadrons und 6 Geschützen — gingen von der Wid-Brücke gegen Doljni Netropol vor, besetzten dieses Dorf und begannen in demselben und auf den benachbarten Kukuruzfeldern zu fouragiren.

Tschernosubow trat den Türken mit seiner — zum Theil in den Kukuruzfeldern abgesessenen — Kavallerie entgegen und ließ seine Batterie das Feuer eröffnen; um 8 Uhr traf Krylow mit einem Theil seines Gros von Smeret Trestjenik her ebenfalls ein; seine zwei Batterien fuhren neben der Batterie Tschernosubows auf, und es entwickelte sich nun ein mehrstündiger Geschützkampf, in welchem russischerseits ein Geschütz der 8. Don-Batterie kampfunfähig wurde, während türkischerseits ein Munitionswagen in die Luft flog.

Zu beiden Seiten der Batterien scharmützelte die russisch-rumänische Kavallerie, während abgesessene Dragoner und Kasaken gegen die Umfassung des von den Türken besetzten Dorfes entwickelt wurden.

Nachdem das Geschützfeuer bis 3 Uhr fortgesetzt worden, traten beide Theile den Rückzug an; die Türken, weil sie die Fouragirung, soweit dies überhaupt möglich war, beendet hatten — die Russen, weil die Nachricht eingetroffen war, die von den Rumänen beabsichtigt gewesene Erkundung gegen Opanes sei aufgeschoben. Die Türken geben ihren Verlust in dem Gefecht von Doljni Netropol auf 120 Mann an Todten und Verwundeten an; über den russischen Verlust liegen Angaben nicht vor.

Während der nächsten Tage scharmützelte Tschernosubow mehrfach mit fouragirenden türkischen Abtheilungen, welche längs der Sofia-Straße vorgingen, ohne hier auf ernsten Widerstand zu stoßen; die Sofia-Straße war in diesen Tagen von Plewna bis nach Telisch hin thatsächlich in den Händen der Türken.

216. Streifzug des Obersten Lewis nach Süden. Inzwischen hatte Oberst Lewis mit dem Wladikaukas-Regiment, je einer Division Mariopol-Husaren und Charkow-Ulanen und 8 reitenden Geschützen die ihm aufgetragene Unternehmung südwärts längs der großen Straße begonnen. Am 30. September von Riben aufbrechend, erreichte Lewis, über das damals von den Türken nicht besetzte Telisch marschirend, an demselben Tage Radomirze.

Am 1. Oktober wurde ein von Lukowize kommender türkischer Transport überfallen; 1000 Stück Hornvieh, 3000 Hammel und eine Anzahl Wagen mit Salz, Chinin und anderen Arzneimitteln fiel den Russen in die Hände. Die ganze Beute wurde unter Bedeckung an Krylow abgeschickt, scheint unterwegs aber einem der von Plewna vorgegangenen türkischen Detachements in die Hände gefallen zu sein.

Lewis ließ die Chausseebrücke bei Radomirze zerstören, ebenso die von Sofia längs der Chaussee nach Plewna führende Telegraphenleitung, welche allerdings schon mehrmals von russischen Patrouillen zerstört, aber von den Türken immer wieder hergestellt war.

In der Nacht vom 1. zum 2. Oktober erfolgte ein lebhafter Angriff von Tscherkessen auf die russischen Vorposten.

Am 2. Oktober sandte Lewis nach allen Seiten starke Patrouillen aus, welche überall auf Tscherkessen und Baschibozuks stießen.

Unter diesen Umständen beschloß Lewis, zunächst seinen Rücken von den dort schwärmenden Banden frei zu machen und einerseits mit dem bei Mahaleta stehenden Detachement, andererseits mit dem am rechten Wid-Ufer stehenden Loschkarew die direkte Verbindung herzustellen.

Eine Patrouille nahm die Fühlung auf mit einer bei Tschirikowo am Wid stehenden Kasaken-Abtheilung Loschkarews; Lewis selbst marschirte über Kupze und Tscherwenibreg nach Tschumakowize am Isker, welcher Ort noch am 2. erreicht wurde. Hier blieb Lewis den 3. Oktober über stehen, und auf seine am Tage vorher an Krylow über die Lage abgesandte Meldung traf hier am 3. das ganze Regiment Astrachan-Dragoner bei ihm zur Verstärkung ein.

Am 4. Oktober trat Lewis wieder den Vormarsch auf Lukowize an, warf eine ihm hier entgegentretende Tscherkessen-Abtheilung zurück und ließ am 5. Oktober die große Chausseebrücke zerstören, welche bei Lukowize über die Panega (rechter Zufluß des Isker) führt; dann ging er nach Radomirze zurück und nahm hier eine vortheilhafte Stellung, von wo aus die zerstörte Brücke unter Geschützfeuer gehalten werden konnte. Bei Lukowize blieben Patrouillen zurück.

Von diesen erhielt Lewis am 6. Oktober um 9 Uhr morgens die Meldung: von Jabloniza her ist der Feind auf Lukowize im Anmarsch mit 4000 bis 5000 Mann Infanterie, 4 Geschützen und zahlreichen Tscherkessen.

Als die längs der Chaussee vorgehenden Türken in den Schußbereich der russischen Artillerie kamen, eröffnete diese das Feuer, während abgesessene Kasaken und Dragoner die Stellung zu beiden Seiten der Geschütze besetzten.

Trotz des russischen Feuers entwickelten sich die Türken zu beiden Seiten der Chaussee und schritten zur Wiederherstellung der Brücke, welche Arbeit sichtlich Fortschritte machte.

Nachdem das gegenseitige Feuer den ganzen Tag über gedauert, beschloß Lewis, bei Einbruch der Dunkelheit den Rückzug auf Telisch anzutreten; die Husaren-Division wurde in dieser Richtung zur Aufklärung vorausgesandt, die anderen Abtheilungen sollten sich staffelförmig abziehen.

Als der Rückzug im Gange, ertönte von Telisch her Gewehr- und bald auch Geschützfeuer; ein von Plewna auf Telisch vorgegangenes türkisches Detachement aller Waffen war auf den von Lukowize herüberschallenden Kanonendonner dorthin aufgebrochen und zwischen Telisch und Radomirze auf die vorausgeschickten Husaren gestoßen, während gleichzeitig die von Süden gekommenen Türken von Lukowize aus gegen Radomirze vorzugehen begannen.

Die Lage des Obersten Lewis zwischen zwei feindlichen Abtheilungen, von denen augenscheinlich jede einzelne ihm weit überlegen, war bedenklich; der Rückweg längs der Chaussee über Telisch war versperrt, und ein gewaltsamer Durchbruch in dieser Richtung schien unausführbar. Glücklicherweise war das Vorgehen der Türken von beiden Seiten her äußerst matt, und so gelang es dem Obersten Lewis, sich der ihm drohenden Umklammerung durch sofortigen Abmarsch auf Tscherwenibreg zu entziehen; die zur Verfolgung vorbrechenden Tscherkessen wurden durch die Kasaken zurückgeworfen, worauf der Weitermarsch ohne Störung ausgeführt wurde. Während der Nacht biwakirte das Detachement bei Tscherwenibreg am Isker. Am 7. Oktober marschirte Lewis am Isker entlang nach Mahaleta, wo er den Befehl erhielt, seinen Streifzug abzubrechen und zum Gros zurückzukehren.

217. **General Gurko erhält die Leitung der Operationen gegen die Sofia-Straße.** Zum zweiten Male hatte ein von Orchanie kommendes Entsatzkorps (Näheres hierüber Nr. 196) sich den Weg nach Plewna ziemlich mühelos freigemacht; diesmal hatte Krylow mit dem Gros seiner Kavallerie übrigens gar nicht erst versucht, dem türkischen Korps entgegenzutreten; er hatte ihm ohne Weiteres den Weg freigegeben.

In richtiger Erkenntniß von der Unzulänglichkeit der bisherigen Leistungen der ihm unterstellten Kavallerie hatte General Krylow bereits nach der Rückkehr von dem Streifzuge gegen Rahowa am 29. September einen eingehenden Bericht über die Ereignisse am linken Wid-Ufer an den Großfürst-Generalissimus abgeschickt und sich dabei folgendermaßen geäußert:

Wenn die Kavallerie am linken Wid-Ufer eine erfolgreiche Thätigkeit entfalten solle, so dürfe sie nicht an Dolni Dubnjak festgenagelt sein, wie dies durch die Bestimmung des Oberkommandos der West-Armee bisher der Fall gewesen; Dubnjak müsse vielmehr durch eine starke Infanterieabtheilung besetzt und hierdurch die ganze Kavallerie für weiter ausgreifende Unternehmungen freigemacht werden. Ferner sei es nothwendig, die ganze auf den Verbindungslinien des Feindes operirende Kavallerie ein und demselben Führer zu unterstellen, der direkt dem Armee-Oberkommando — also nicht

dem Oberkommando der West-Armee — untergeordnet sei. Diesen
Vertrauensposten wolle er, Krylow, nicht etwa für sich in Anspruch
nehmen, wohl aber halte er den General Gurko, zur Zeit Kommandeur der 2. Garde-Kavallerie-Division, für den richtigen Mann,
diese schwere Aufgabe zu lösen.

Die obere Heeresleitung hatte sich inzwischen bereits dahin entschlossen, die jetzt auf dem Kriegsschauplatz eingetroffenen Garden
— 3 Infanterie-Divisionen, 1 Schützen-Brigade und 1 aus 6 Regimentern bestehende Kavallerie-Division — der West-Armee zuzutheilen
und diese Verstärkung zu einer wirksamen Einschließung Plewnas
zu benutzen.

Sei es auf die oben erwähnte Anregung Krylows hin, sei es
aus eigenem bereits seit längerer Zeit erwogenem Entschluß der oberen
Heeresleitung, jedenfalls wurde General Gurko am 7. Oktober zum
„Befehlshaber der Garden und der Kavallerie der West-Armee"
ernannt und ihm insbesondere die Einschließung Plewnas im Süden
und Westen aufgegeben.

Fünfundzwanzigster Abschnitt.

Die Kämpfe auf der Sofia-Straße am 24. und 28. Oktober.

**218. General Gurko übernimmt das Kommando. Erste An-
ordnungen.** General Gurko übernahm am 18. Oktober thatsächlich
den Oberbefehl über die am rechten Wid-Ufer in der Linie Raliewo,
Eski Warkatsch und Jeni Warkatsch versammelten Garden, zu denen
am 22. Oktober auch die anfangs noch fehlende 2. Garde-Infanterie-
Division stieß.

Die nächsten Tage nach seiner Ankunft in Jeni Warkatsch benutzte Gurko dazu, um sich über die Oertlichkeit zu unterrichten.

Auf der Höhe zwischen Jeni Warkatsch und Tschirikowo wurde
ein besonderer Beobachtungsposten errichtet; von hier aus waren alle
Bewegungen der Türken auf der Sofia-Straße deutlich zu übersehen.

Verschiedene Offizierpatrouillen erkundeten die über den Wid
führenden Wege und das jenseitige Gelände. Da dem General
Gurko darum zu thun war, die Entfernung der verschanzten feindlichen Stellung bei Gornji Dubnjak, gegen welche der erste Schlag

geführt werden sollte, möglichst genau zu erfahren, so wurde von dem oben erwähnten Beobachtungsposten aus diese Entfernung unter Zugrundelegung einer abgemessenen Basis von 2 km Länge trigonometrisch auf 8 km bestimmt.

Am 18. Oktober begannen die Garde-Sappeure die Herstellung von Uebergängen über den Wid in der Linie Tschirikowo—Medewan, d. h. es wurden die Anmarschwege zu vier etwa knietiefen Furten aufgeräumt und an den betreffenden Stellen der Abstieg vom diesseitigen Uferrande zur Furt und der Aufstieg zum jenseitigen Uferrande abgeschrägt; über einen zu überschreitenden Mühlgraben wurden außerdem zwei neue Brücken erbaut und die bereits vorhandene Brücke ausgebessert.

Am 22. Oktober schickte jedes der sechs Garde-Kavallerie-Regimenter je einen Zug zur Erkundung auf das linke Wid-Ufer vor; gleichzeitig unternahm General Gurko, begleitet von einer Anzahl höherer Offiziere und unter Bedeckung von zwei Eskadrons des kaiserlichen Convois und einer Sotnie des 4. Kasaken-Regiments eine Erkundung gegen Telisch. Von hier aus ritt er, nur von einigen Offizieren begleitet, längs der Chaussee gegen Gornji Dubnjak vor und erkundete die dortige Stellung unter heftigem feindlichen Feuer.

Entschlossen, seinen Hauptangriff gegen die Stellung von Gornji Dubnjak zu richten, mußte Gurko gleichzeitig die in Telisch und Dolnji Dubnjak stehenden feindlichen Truppen beschäftigen, auch mußte einem etwaigen Ausfall aus Plewna sowie einer etwa von Orchanie her anrückenden Unterstützung entgegengetreten werden.

219. **Gurkos Disposition für den 24. Oktober.** Die in diesem Sinne für den 24. Oktober vom General Gurko entworfene Disposition theilt die zu seiner Verfügung gestellten Streitkräfte in fünf Gruppen:

1. Zum direkten Angriff auf die Stellung von Gornji Dubnjak sind bestimmt:

Die 2. Garde-Infanterie-Division mit 15 Bataillonen,
die Garde-Schützen-Brigade mit 4 Bataillonen,
das Garde-Sappeur-Bataillon,
2 Eskadrons des kaiserlichen Convois,
1 Sotnie des donischen Regiments Nr. 9,
einige Sotnien des donischen Regiments Nr. 4,
1 Batterie der 1. Garde-Artillerie-Brigade,
5 Batterien der 2. Garde-Artillerie-Brigade.

Im Ganzen 20 Bataillone, 2 Eskadrons, einige Sotnien und 48 Geschütze.

Außerdem soll die kaukasische Kasaken-Brigade des Obersten Tscherewin — 12 Sotnien, 6 Geschütze — von Abaskioi her vorgehend, westlich von Gornji Dubnjak Stellung nehmen, um so einen etwaigen Rückzug der in den Verschanzungen von Gornji Dubnjak stehenden Türken nach Westen zu verhindern.

Ein Bataillon der 2. Garde-Infanterie-Division (1. Bataillon Moskau) bleibt außerdem mit einer Fuß-Batterie der 2. Garde-Artillerie-Brigade an der Furt von Medewan zur Sicherung dieses Uebergangspunktes zurück.

2. Zum Scheinangriff gegen Telisch, sowie zum Abweisen eines etwa von Orchanie her erscheinenden türkischen Korps sind bestimmt:

Das Garde-Jäger-Regiment mit 4 Bataillonen,
die 1. und 2. Garde-Kavallerie-Brigade mit 15 Eskadrons,
1 Sotnie des donischen Regiments Nr. 9,
1 Batterie der 1. Garde-Artillerie-Brigade,
2 reitende Garde-Batterien.

Im Ganzen 4 Bataillone, 15 Eskadrons, 1 Sotnie, 20 Geschütze.

Außerdem soll die Kalaraschen-Brigade Formak — 6 Eskadrons — von Mahaleta aus theils am rechten Isker-Ufer nach Tscherwenibreg, theils am linken nach Tschumakowize rücken und so gewissermaßen die westliche Seitendeckung der gegen Telisch vorgehenden Abtheilung bilden.

3. Zum Scheinangriff gegen Dolnji Dubnjak sind bestimmt unter General Arnoldi (welcher an Stelle des Generals Krylow das Kommando über die bei Trestjenik stehende Kavallerie übernommen):

die 4. Kavallerie-Division mit 12 Eskadrons und 10 reitenden Geschützen,
die Roschioren-Brigade mit 7 Eskadrons, 6 reitenden Geschützen,
ferner 2 Bataillone rumänischer Infanterie.

Im Ganzen 2 Bataillone, 19 Eskadrons und 16 Geschütze.*)

---

*) Das Dragoner-Regiment Astrachan Nr. 8 scheint zur Beobachtung am Isker verblieben zu sein.

Außerdem soll die 9. Kavallerie-Division — 12 Eskadrons, 12 reitende Geschütze — von Medewan aus gegen Doljni Dubnjak demonstriren und mit dem General Arnoldi in Verbindung treten.

4. Einem etwaigen Ausfall aus Plewna soll General Tschernosubow mit seiner Brigade — 7 Sotnien und 1 reitende Batterie — sowie mit 5 rumänischen Bataillonen und 1 rumänischen Fuß-Batterie in der Stellung von Netropol entgegentreten.

5. Als allgemeine Reserve zwischen Gornji Dubnjak und Doljni Dubnjak stehen zu Gurkos Verfügung:

Die 1. Garde-Infanterie-Division mit 12 Bataillonen (1 Regiment gegen Telisch),

die 3. Garde-Kavallerie-Brigade mit 7 Eskadrons,

1 Sotnie des donischen Regiments Nr. 4,

4 Fuß-Batterien der 1. Garde-Artillerie-Brigade und 2 reitende Garde-Batterien mit zusammen 44 Geschützen.

Für die zunächst noch auf dem rechten Wid-Ufer bei Eski Warkatsch und Jeni Warkatsch im Biwak stehenden Gardetruppen wurden für den Uebergang über den Wid und die jenseits desselben einzunehmenden Bereitschaftsstellungen folgende Befehle ausgegeben:

Die 2. Garde-Kavallerie-Brigade mit der 5. reitenden Garde-Batterie bricht dergestalt aus dem Biwak auf, daß sie um 3 Uhr morgens in der Schlucht von Swinar steht, Front gegen Telisch.

Die 1. und 3. Garde-Kavallerie-Brigade mit der 2., 3. und 6. reitenden Garde-Batterie brechen dergestalt auf, daß sie 5 Uhr morgens bei Swinar stehen, Front gegen Gornji Dubnjak.

Das Garde-Jäger-Regiment (der 1. Garde-Infanterie-Division) mit der 3./1. Garde-Batterie und einer Sotnie Nr. 9 bricht um 1 Uhr nachts auf, überschreitet die Furt Nr. 4, biegt links ab und nimmt Aufstellung in der Schlucht von Swinar hinter der hier bereits stehenden 2. Garde-Kavallerie-Brigade.

Die Garde-Schützen-Brigade unter Generalmajor Ellis 1. mit der zugetheilten Artillerie (6./1. und 6./2. Garde-Batterie) und Kavallerie (2 Eskadrons Convoi und 1 Sotnie Nr. 9) bricht um 1 Uhr nachts auf, überschreitet die Furt Nr. 1 und nimmt in Reserveordnung Aufstellung im Flußthal, gedeckt durch den Höhenrand des westlichen Ufers, etwa halbwegs zwischen Tschirikowo und Krushewiza.

Die 2./2. Garde-Infanterie-Brigade unter Generalmajor Rosenbach mit der zugetheilten Artillerie (4., 5./2. Garde-Batterie) und Kavallerie (1 Sotnie Nr. 4) bricht um 1½ Uhr nachts auf, nimmt denselben Weg wie das Garde-Jäger-Regiment und stellt sich hinter demselben in der Schlucht von Swinar auf.

Die 1./2. Garde-Infanterie-Brigade unter Generalmajor Seddeler mit der zugetheilten Artillerie (1., 2./2. Garde-Batterie) und Kavallerie (1 Sotnie Nr. 4) bricht 2 Uhr nachts auf, überschreitet die Furt Nr. 3 und nimmt in Reserveordnung Aufstellung am linken Ufer; das Garde-Sappeur-Bataillon tritt hier zur Brigade (von welcher 1 Bataillon abkommandirt ist).

Die 1. Garde-Infanterie-Division unter Generalmajor Rauch (nach Abkommandirung des Garde-Jäger-Regiments noch 3 Regimenter) mit der 1., 2., 4., 5./1. Garde-Batterie und 1 Sotnie Nr. 4 bricht um $2^{1}/_{2}$ Uhr auf und nimmt noch am rechten Wid-Ufer in Reserveordnung Aufstellung an den Furten Nr. 1 und 2.

Für die weiteren Bewegungen der Truppen aus den angegebenen Bereitschaftsstellungen waren folgende Befehle gegeben:

Das Garde-Jäger-Regiment und die 2. Garde-Kavallerie-Brigade beginnen den Vormarsch $6^{1}/_{4}$ Uhr und greifen die Stellung von Telisch an.

Das Detachement Rosenbach beginnt den Vormarsch $6^{1}/_{4}$ Uhr und greift die Stellung von Gornji Dubnjak von Südwesten her (längs der Chaussee von Telisch her) an.

Das Detachement Seddeler beginnt den Vormarsch $6^{1}/_{2}$ Uhr und greift die Stellung von Gornji Dubnjak von Südosten (von Tschirikowo) her an.

Das Detachement Ellis I. beginnt den Vormarsch $6^{1}/_{4}$ Uhr und greift die Stellung von Gornji Dubnjak von Nordosten (längs der Chaussee von Dolnji Dubnjak) her an.

Die 1. Garde-Kavallerie-Brigade mit der 2. reitenden Garde-Batterie beginnt den Vormarsch $6^{1}/_{4}$ Uhr, eilt dem Detachement Rosenbach voraus, sperrt die Verbindung zwischen Gornji Dubnjak und Telisch und deckt dem gegen Gornji Dubnjak vorgehenden Detachement Rosenbach den Rücken gegen Telisch.

Die 1. Garde-Infanterie-Division beginnt den Vormarsch $6^{1}/_{2}$ Uhr, überschreitet die Furten Nr. 1 und 2 und nimmt in Reserveordnung Aufstellung an dem von Tschirikowo nach Kruschowitz führenden Wege, Front gegen Dolnji Dubnjak.

Die 3. Garde-Kavallerie-Brigade mit der 3. und 6. reitenden Garde-Batterie nimmt Aufstellung bei Tschirikowo und bildet zusammen mit der 1. Garde-Infanterie-Division die allgemeine Reserve.

220. Das Gelände bei Gornji Dubnjak. Bevor wir zur Darstellung der nun folgenden Ereignisse übergehen, ist es erforderlich, einen orientirenden Blick auf den Schauplatz derselben zu werfen.

Unter den zahlreichen Schluchten, welche das Gelände westlich des Wid durchziehen und im Allgemeinen alle in das Thal dieses Flusses einmünden, ist für die Ereignisse an der Sofia-Straße von besonderer Bedeutung die Schlucht, welche südlich von Telisch ihren Anfang nimmt, anfangs in nördlicher und dann in nordöstlicher Richtung zieht und in der Gegend von Opanes in das Wid-Thal mündet. In dieser Schlucht liegen Telisch, Gornji Dubnjak, Gornji und Doljni Netropol; nach diesen Orten wird der untere Theil der Schlucht als „Schlucht von Netropol", der mittlere als „Schlucht von Gornji Dubnjak", der obere als „Schlucht von Telisch" bezeichnet. Der unbedeutende, diese Schlucht durchziehende Wasserlauf wird „Dubnjak-Bach" oder „Dubniza" genannt. Dicht oberhalb des Dorfes Gornji Dubnjak zweigt sich von der Hauptschlucht des Dubnjak-Baches eine kürzere Schlucht südwärts ab, welche wir als „Seitenschlucht von Gornji Dubnjak" bezeichnen wollen.

Eine bei Blasiwas in den Wid mündende kurze, aber ziemlich tiefe Schlucht, in welcher das Dorf Doljni Dubnjak liegt, wird nach diesem benannt.

Die mehrfach erwähnte „Schlucht von Swinar" beginnt östlich von Telisch, wird von der „Schlucht von Telisch" durch die Höhe von Rakita getrennt und mündet bei Tschirikowo in das Wid-Thal.

Die von Plewna nach Orchanie führende Sofia-Straße überschreitet bei Doljni Dubnjak die nach diesem Ort genannte Schlucht, läuft dann auf der Ostseite der Schlucht von Gornji Dubnjak entlang und überschreitet schließlich bei Telisch den nach diesem Dorf genannten oberen Theil der Schlucht.

Zwischen dem Dorfe Gornji Dubnjak und der Sofia-Straße liegt die höchste Stelle der ganzen Gegend, die sogenannte „Höhe von Gornji Dubnjak". Von hier aus nach Nordosten zu fällt das vollkommen ebene und offene Gelände allmählich nach Doljni Dubnjak zu ab; nach Osten und Süden zu ist der sanfte Abhang mit jungem Buchenwald und Gestrüpp bedeckt; nach Norden (zur Schlucht von Gornji Dubnjak) und nach Westen (in der Richtung auf Telisch zu der oben erwähnten Seitenschlucht) fällt die Höhe steil ab; am Fuß des mit Buschwerk und Gestrüpp dicht bewachsenen westlichen Steilhanges fließt ein kleiner Bach, welcher in die Schlucht von Gornji Dubnjak mündet.

221. Die türkische Stellung bei Gornji Dubnjak. Auf dem höchsten Punkt der Höhe von Gornji Dubnjak hatten die Türken eine sechseckige Verschanzung errichtet von etwa 300 m Durchmesser. Das Profil des Werkes war schwach, die Feuerlinie nicht traversirt; ein innerhalb der Verschanzung liegender Kurgan (alterthümlicher Grabhügel) von etwa 15 m Durchmesser und 5 m Höhe war als ein das ganze Werk überhöhender Kavalier zur Aufstellung von Geschützen eingerichtet.

Die südliche Front der Verschanzung war von der Chaussee etwa 200 m entfernt; hier lag nördlich der Chaussee ein als Proviantmagazin benutztes Gebäude; südlich der Chaussee war dicht an dieser eine kleine Redoute erbaut; die ganze Stellung war auf allen Seiten mit Schützengräben — zum Theil in mehreren Reihen hintereinander — umgeben.

Etwa 3 km südöstlich der großen Verschanzung war auf einer von Gestrüpp freien Stelle der Bau einer kleinen Lünette begonnen, bisher aber nicht vollendet worden; das angefangene Werk war nicht besetzt.

Von den 6 Bataillonen der Besatzung von Gornji Dubnjak hatte das Bataillon Eregli am Morgen des 24. Oktober die erste Staffel der Transporteskorten zu geben; 4 Kompagnien marschirten in aller Frühe mit einem Krankentransport nach Telisch und trafen dort noch vor dem Beginn des russischen Angriffs ein; die anderen 4 Kompagnien des Bataillons sollten einen Lebensmitteltransport von etwa 40 Wagen nach Dolni Dubnjak geleiten. Nach türkischen Angaben fiel diese Abtheilung in einen russischen Hinterhalt und wurde gänzlich zersprengt, zum Theil vernichtet; nur einzelne Leute gelangten nach Gornji Dubnjak zurück und brachten dorthin die erste Nachricht von der Anwesenheit der Russen auf der Sofia-Straße; die russischen Angaben enthalten über diesen Zusammenstoß merkwürdigerweise nichts.

Die türkische Besatzung der Etappe Gornji Dubnjak bestand am Morgen des 24. Oktober also thatsächlich nur noch aus 5 Bataillonen (hierunter die Redif-Bataillone Brussa, Kerasunda und Sandukli; die beiden anderen Bataillone sind dem Namen nach nicht bekannt), 4 Eskadrons und 4 Geschützen.

222. Das Detachement Rosenbach bis 11 Uhr mittags. Indem wir uns jetzt zur Ausführung der russischen Angriffsdispositionen wenden, verfolgen wir zunächst die Ereignisse bei den einzelnen russischen Angriffskolonnen gesondert.

Das Detachement Rosenbach — die sogenannte linke Kolonne — trat den Vormarsch zur befohlenen Zeit an, durchfurtete den Wid ohne Schwierigkeit, wurde dann aber durch zwei Kanäle aufgehalten, welche erst durch Faschinen*) ausgefüllt und gangbar gemacht werden mußten.

Im Hinblick auf die hierdurch eintretende Verzögerung des Marsches schickt General Rosenbach an General Sebbeler (Kommandeur der mittleren Kolonne) einen Zettel mit der Nachricht, daß sich das Eingreifen seiner Brigade wahrscheinlich um 1½ Stunde verspäten werde; die gleiche Meldung wurde an General Gurko abgeschickt.

Durch den mit 50 Kasaken zum Erkunden voraufgeschickten Generalstabskapitän Afanassowitsch wurde General Rosenbach über das Gelände vor der feindlichen Stellung orientirt: nördlich der Chaussee zog sich das Buchengestrüpp bis auf etwa 800 m an die feindliche Stellung heran; südlich der Chaussee hörte es bereits früher auf.

Noch bevor das Detachement den Saum des Gestrüpps erreicht hatte, vernahm man von rechts her Geschütz- und bald auch Gewehrfeuer; das Detachement Sebbeler stand also bereits im Gefecht. Es war 9 Uhr.

Rosenbach entwickelte sein Detachement in folgender Art: Die beiden Batterien fuhren rechts der Chaussee auf 1900 m Entfernung von der feindlichen Hauptstellung auf und eröffneten das Feuer.

Links der Artillerie, also nördlich der Chaussee, entwickelte sich am Saume des Buchengestrüpps das 4. Bataillon Finland, dahinter in zweiter Linie das 1. und 3. Bataillon desselben Regiments.

Rechts der Artillerie, auf der vom Gestrüpp freien Südseite der Chaussee entwickelte sich das 4. Bataillon Pawlow in erster und da-

---

*) Jedes Bataillon hatte am Tage vorher eine Anzahl Faschinen herstellen und mitnehmen müssen. Nach einer das Regiment Finland betreffenden besonderen Angabe hatten in jedem Bataillon je 2 Kompagnien je 150 Faschinen (Gewicht 40 bis 50 kg) in der Art zu transportiren, daß von drei Mann zwei Mann zusammen zwei Faschinen trugen und der dritte Mann alle drei Gewehre. Charakteristisch ist die Angabe des Kommandeurs der 5. Kompagnie, daß, als bei Annahme der Gefechtsformation seitens des Regiments diese Kompagnie in die Reserve kam, sich herausstellte, daß die meisten Leute unterwegs ihre Faschinen fortgeworfen hatten; in der ganzen Kompagnie waren nur noch zehn Faschinen vorhanden. Der Kommandeur hielt den Leuten eine scharfe Strafpredigt und benutzte die Zeit des Haltens in dem Buchen-Gestrüpp, etwa 70 Faschinen neu anfertigen zu lassen, die bei Fortsetzung der Bewegung mitgenommen wurden. Nun wurde aber von oben her der Befehl gegeben, die Faschinen fortzuwerfen.

hinter das 3. Bataillon dieses Regiments in zweiter Linie; das
1. und 2. Bataillon Pawlow und das 2. Bataillon Finland bildeten
die allgemeine Reserve.

Die Bataillone der ersten Linie zogen sich in Kompagnie=
kolonne in einem Treffen auseinander, die Bataillone der zweiten
Linie formirten Kompagniekolonnen in zwei Treffen; die Bataillone
der Reserve blieben in Bataillonskolonne.

Um die angegebene Aufstellung einzunehmen, mußte das
Detachement im Allgemeinen eine Rechtsschwenkung ausführen, so daß
es einige Zeit dauerte, bis das Regiment Finland den ihm bestimmten
Platz eingenommen hatte.

Die linke Flanke der ganzen Aufstellung wurde dispositions=
mäßig durch die 1. Garde=Kavallerie=Brigade (Reitende Grenadiere
und Leib=Garde=Ulanen) gesichert; die rechte Flanke war zunächst
ohne Anlehnung, weshalb General Rosenbach in dieser Richtung
eine halbe Sotnie Kasaken abschickte, um die Verbindung mit dem
Detachement Sebdeler herzustellen.

Um 9½ Uhr erhielt Rosenbach durch den von Sebdeler zurück=
kehrenden Kasaken folgenden Zettel:

„9 Uhr 20 Minuten. An General Rosenbach. Ihre Mit=
theilung über die Verzögerung habe ich erhalten, als meine
Artillerie bereits das Feuer eröffnet hatte und meine Schützen bis
auf 1200 Schritt an den Feind herangezogen waren, ich werde
indessen den Angriff bis zu Ihrer Ankunft verschieben. Grenadier=
Regiment auf meinen linken Flügel, wo ich auch bin. Sebdeler."

Kaum hatte Rosenbach diesen Zettel gelesen, so bemerkte man
vor dem rechten Flügel der eigenen Stellung Truppenabtheilungen,
welche in der Richtung auf die türkischen Verschanzungen im Vor=
gehen waren —, es war augenscheinlich, daß das Detachement
Sebdeler trotz der in dem Zettel ausgesprochenen Absicht bereits zum
Angriff schritt. Rosenbach beschloß, unter diesen Umständen den An=
griff Sebdelers sofort zu unterstützen, obwohl das Regiment Finland
noch in der Ausführung der oben erwähnten Schwenkung begriffen
und noch nicht in gleicher Höhe mit dem Regiment Pawlow ange=
kommen war.

Rosenbach befahl dem Oberst Schmidt, Kommandeur des Regi=
ments Pawlow, mit dem 4. und 3. Bataillon seines Regiments so=
fort zur Unterstützung der Leib=Grenadiere vorzugehen; gleichzeitig
erhielt die Artillerie Befehl, näher an den Feind heranzugehen.

Oberst Siewers führte die beiden Batterien hierauf bis auf 1400 m an die feindliche Stellung heran, wobei das Ueberschreiten eines tiefen Wasserrisses große Schwierigkeiten machte. Von der neuen Stellung aus — in der sich auch General Rosenbach sowie der Divisionskommandeur Graf Schuwalow einfanden — eröffneten die Batterien lebhaftes Schrapnellfeuer gegen das Innere der feindlichen Verschanzungen, welches deutlich zu übersehen war.

Das feindliche Geschützfeuer hatte seit etwa 10 Uhr aufgehört, das Gewehrfeuer dauerte dagegen mit unverminderter Heftigkeit fort.

Von Norden her war inzwischen dispositionsgemäß die kaukasische Kasaken=Brigade erschienen, und ihre Batterie hatte ebenfalls das Feuer eröffnet.

Um 10½ Uhr war die Lage des Detachements Rosenbach folgende:

Rechts hatten das 3. und 4. Bataillon Pawlow, in Kompagniekolonne in zwei Treffen vorgehend, den bewaldeten Steilhang südlich der Chaussee erreicht.

Im Centrum, dicht südlich der Chaussee, standen beide Batterien; als Bedeckung bei ihnen 1 Kompagnie des 2. Bataillons Finland.

Links, d. h. nördlich der Chaussee, war das Regiment Finland — 4. und 2. Bataillon in erster, 3. Bataillon in zweiter Linie — immer noch innerhalb des Buchengestrüpps in der Ausführung der mehrerwähnten Schwenkung begriffen; das 1. Bataillon hatte von dem Regimentskommandeur, Generalmajor Lawrow, den besonderen Befehl bekommen, sich auf dem äußersten Flügel links zu ziehen und die feindliche Stellung nordwärts zu umfassen. Die allgemeine Reserve — 1. und 2. Pawlow und 3 Kompagnien 2. Finland — war auf die Nordseite der Chaussee übergegangen und folgte hinter dem 4. Finland.

In der Richtung, in der man die Leib=Grenadiere im Vorgehen wußte, ohne sie zur Zeit zu sehen, erschallte jetzt lautes Hurrah und wüthendes Gewehrfeuer; nach einiger Zeit trat dort fast vollständige Stille ein.

Ueber die Vorgänge, die sich dort abgespielt, war man zunächst in völliger Unklarheit.

Nach einiger Zeit erschien der Regimentsadjutant der Leib=Grenadiere mit einer Meldung an den Grafen Schuwalow.

Die Leib=Grenadiere hätten eine kleine Redoute südlich der Chaussee genommen, hierbei aber sehr große Verluste erlitten; die

300 Schritt vor ihnen befindliche Hauptverschanzung zu nehmen, seien sie ohne Unterstützung nicht im Stande. Gleichzeitig wurde die Bitte ausgesprochen, die Artillerie Rosenbachs möge nicht mehr in der Richtung auf die kleine Redoute feuern, um nicht die Grenadiere zu gefährden.

Rosenbach schickte sofort den beiden bereits im Vorgehen begriffenen Bataillonen Pawlow den Befehl, ihre Bewegung möglichst zu beschleunigen; gleichzeitig erschien bei diesen beiden Bataillonen, welche inzwischen den Steilhang zu ersteigen begonnen hatten, der Kommandeur der Leib-Grenadiere, Oberst Lubowizki, und forderte unter kurzer Darlegung der Sachlage die Pawlowzen zum gemeinsamen Angriff gegen die große Verschanzung auf.

Als die beiden Bataillone Pawlow sich dem Rande des Steilhanges näherten, wurden sie mit heftigem Feuer empfangen, sowohl aus der großen Verschanzung wie aus den auf der Höhe des Steilhanges nördlich der Chaussee liegenden Schützengräben; letztere wurden von den Pawlowzen mit bedeutendem Verlust genommen und dann zur eigenen Deckung benutzt.

Inzwischen hatte endlich das Regiment Finland den Saum des Buchengestrüpps erreicht. Von hier aus galt es, zunächst eine 500 m breite, vollkommen deckungslose Ebene zu durchschreiten, dann den 200 m langen, auf dieser Seite der Chaussee ebenfalls ganz kahlen Steilhang zu ersteigen, dessen oberer Rand mit Schützengräben gekrönt war — und dann noch eine vollkommen freie Strecke bis zur Hauptverschanzung zu durchmessen.

General Lawrow wollte mit Rücksicht auf diese seinem Regiment bevorstehende schwierige Aufgabe anfangs den Angriff noch verschieben, bis die Artillerie besser vorgearbeitet hätte —, aber Schuwalow und Rosenbach erwarteten schon mit Ungeduld das Vorgehen der Finländer; zur Unterstützung derselben ließ Rosenbach aus der Reserve das 1. Bataillon Pawlow vorgehen und sich zwischen die Chaussee und dem rechten Flügel der Finländer einschieben, um mit ihnen gleichzeitig zum Angriff zu schreiten.

223. Das Detachement Seddeler bis 11 Uhr mittags. Wir verlassen zunächst das Detachement Rosenbach und wenden uns zu dem Detachement Seddeler, der sogenannten „mittleren Kolonne". Dieses Detachement führte den Vormarsch zunächst dispositionsgemäß aus ohne störende Zwischenfälle; zwei bald nacheinander eintreffende Befehle Gurkos: „die Bewegung zu beschleunigen", scheinen indessen eine gewisse Unruhe hervorgerufen und den demnächst zu erwähnenden übereilten Angriff des Leib=Grenadier=Regiments mit veranlaßt zu haben.

Der von der Brigade in Bataillonskolonnen ausgeführte Vormarsch ging durch ein mit dichtem jungen Buchenwalde bedecktes Gelände.

Das in der Avantgarde befindliche 4. Bataillon der Leib=Grenadiere — bei welchem sich auch General Sebdeler und der dem Detachement zugetheilte Generalstabsoberst Stawrowski befanden — stieß etwa 2 km vor der zunächst nicht sichtbaren feindlichen Stellung auf einzelne vorgeschobene türkische Posten, welche schnell verschwanden. Bald darauf hörte man in der Richtung der feindlichen Stellung Alarm blasen.

Auf einer ziemlich großen, die Umgegend überhöhenden Lichtung ließ Sebdeler seine Artillerie (1., 2./2. Garde=Batterie) auffahren, etwa 1800 m von der von hier sichtbaren feindlichen Stellung entfernt. Drei Bataillone Leib=Grenadiere entwickelten sich in Kompagniekolonnen links — drei Bataillone des Regiments Moskau ebenfalls in Kompagniekolonnen rechts der Batterien; das 1. Bataillon der Grenadiere und das Garde=Sappeur=Bataillon bildeten die allgemeine Reserve.*)

Nachdem die Artillerie das Feuer eröffnet, traten beide Regimenter durch dichtes Gebüsch ihren Vormarsch an; hierbei verloren die Leib=Grenadiere vollkommen die Richtung und geriethen viel zu weit links, so daß sie sich schließlich vor dem rechten Flügel des Detachements Rosenbach befanden.

Als Sebdeler — von dem erhöhten Standpunkt bei den Batterien aus — die falsche Marschrichtung der Grenadiere bemerkte, schickte er ihrem Kommandeur, Oberst Lubowizki, den Befehl, sich mehr rechts zu halten; um aber die bereits entstandene große Lücke zwischen den Grenadieren und der Batterie einigermaßen auszufüllen, wurden zwei Kompagnien (15., 16.) des 4. Bataillons Moskau von der rechten auf die linke Seite der Artillerie gezogen.

Als jetzt — 9 Uhr 20 Minuten — die oben erwähnte schriftliche Mittheilung Rosenbachs über die bei jenem Detachement eingetretene Verspätung eintraf, schickte Sebdeler an seine bereits im

---

*) Das 1. Bat. Moskau war mit der 3./2. Garde=Batterie zur Sicherung des Wid=Uebergangs von Medewan abkommandirt.

Vorgehen begriffene Infanterie den Befehl, die Bewegung vorläufig einzustellen.

Die Leib-Grenadiere hatten inzwischen ihre Marschrichtung geändert und schließlich den Rand des Buchengestrüppes erreicht; auf dem äußersten linken Flügel befand sich jetzt das 4. Bataillon, welches beinahe bis zur Chaussee reichte, in der Mitte das 2., rechts das 3. Bataillon.

Kaum wurden die Grenadiere, nachdem sie den Höhenrand vollkommen erstiegen, am Rande des Gestrüppes sichtbar, so wurden sie von der türkischen Stellung mit einem mörderischen Gewehrfeuer überschüttet, welches sofort große Verluste verursachte. In diesem Augenblick — es war etwa 10 Uhr — erhielt Oberst Lubowizki den Befehl Seddelers: vorläufig Halt zu machen und das Eingreifen des Detachements Rosenbach abzuwarten.

Im Hinblick auf die geschilderte Sachlage hielt Lubowizki die Ausführung dieses Befehls nicht für möglich, sondern er gab seinen Bataillonen den Befehl zum Angriff.

Das in der Mitte befindliche 2. Bataillon brach zuerst aus dem Waldrande vor in der Richtung auf die südliche kleine Redoute; die beiden anderen Bataillone schlossen sich der Bewegung gewissermaßen staffelförmig auf beiden Flügeln an.

Der mit gefällten Baumstämmen bedeckte, im Uebrigen vollkommen freie Raum zwischen dem Waldrand und der feindlichen Stellung wurde trotz des mörderischen feindlichen Feuers von den Grenadieren — natürlich mit großen Verlusten — überschritten und die kleine Redoute vom 2. Bataillon nach wüthendem Gefecht genommen; die meisten Vertheidiger wurden im Handgemenge niedergemacht; der Rest eilte über die Chaussee auf die Hauptstellung zurück. Ein gegen diese sofort unternommener Angriffsversuch scheiterte unter großem Verlust; Alles drängte sich nun in und bei der genommenen Redoute zusammen, welche übrigens vollkommen unter dem Feuer der Hauptverschanzung lag und daher nur geringen Schutz bot.

Wie wir bereits gesehen haben, schickte Oberst Lubowizki von hier seinen Adjutanten an den Grafen Schuwalow mit einer Meldung über die Sachlage; Lubowizki selbst eilte den beiden Bataillonen Pawlow entgegen, welche er zu seiner Unterstützung im Anmarsch sah. Von ihm über die Sachlage orientirt, drangen diese beiden Bataillone unter großem Verlust über die Chaussee vor, erstiegen den Steilrand nördlich derselben und bemächtigten sich der hier befindlichen Schützengräben —, dann kam auch hier der Angriff zum Stehen.

Inzwischen hatte rechts der Artillerie auch das Regiment Moskau, trotz des ihm nachgeschickten Befehls zum Halten, seinen Vormarsch über den Waldsaum hinaus fortgesetzt, da es die Grenadiere im weiteren Vorgehen sah. Zunächst gingen die Moskauer bis zu einem kleinen Gehölz vor, welches zwischen dem von ihnen verlassenen Waldsaum und der Chaussee lag; von hier aus drangen — fast gleichzeitig mit dem Erscheinen der Pawlowzen an der Chaussee links vor den Grenadieren — das 2. und 4. Bataillon Moskau unter großen Verlusten bis an die Chaussee vor und suchten hier in den Chausseegräben Deckung; das 3. Bataillon Moskau war vorläufig in dem kleinen Gehölz zurückgeblieben.

224. Das Detachement Ellis I. bis 11 Uhr mittags. Wir wenden uns zunächst zu der sogenannten rechten Kolonne, dem Detachement Ellis I. Dieses hatte dispositionsgemäß den Vormarsch angetreten, die beiden Kuban-Konvoi-Eskadrons und eine Sotnie Nr. 4 an der Spitze. Der Marsch ging durch aufgeweichten Lehmboden und hohen Kukuruz anfangs in nördlicher Richtung auf die Chaussee zu.

Die vorausgehenden Kasaken stießen auf feindliche Infanterie und Tscherkessen und trieben dieselben nach Gornji Dubnjak zurück (man möchte glauben, dies sei die aus Gornji Dubnjak ausmarschirte Transport-Eskorte gewesen, welche nach türkischen Angaben in einen Hinterhalt fiel und zersprengt wurde).

Als General Ellis I. die Chaussee erreicht hatte, ließ er links schwenken und ging nun längs der Chaussee vor; auf die Meldung, von Doljni Dubnjak her seien feindliche Abtheilungen im Anmarsch (dies scheint die aus Doljni Dubnjak auf Gornji Dubnjak marschirende erste Transportstaffel gewesen zu sein, welche angesichts der starken feindlichen Abtheilungen wieder nach Doljni Dubnjak zurückging), wurde in dieser Richtung das 2. Garde-Schützen-Bataillon entsendet, um den Rücken des Detachements zu sichern.

Bis zur Chaussee war der Vormarsch in Bataillonskolonnen erfolgt; jetzt, nach Ausführung der Linksschwenkung, wurden die Bataillone in Kompagniekolonnen auseinandergezogen und Schützen vorgenommen; rechts das 1., links das 3. Bataillon; das 4. Bataillon folgte in Reserve.

Als die große feindliche Verschanzung sichtbar wurde, fuhren die beiden Batterien (6./1. und 6./2. Garde) auf 2400 m Entfernung auf und eröffneten das Feuer; die Bataillone blieben im Vorgehen.

Nach einiger Zeit erschien Gurko bei dem Detachement und wählte einen Hügel nördlich der Chaussee und 1700 m von der feindlichen Verschanzung zu seinem Standpunkt.

Ellis I. ließ jetzt seine Batterien bis zu diesem Hügel vorgehen und von hier aus das Feuer wieder eröffnen. Die Bataillone blieben im Vorgehen, zunächst ohne selbst zu schießen, geriethen nun aber in heftiges Gewehrfeuer.

In dem Bestreben, einige im Gelände sich bietende Deckungen zu benutzen, bog jetzt das 3. Bataillon und ein Theil des 1. nach links ab, der Rest des 1. und das in zweiter Linie folgende 4. Bataillon nach rechts; bald hörte die Vorwärtsbewegung auf, die Leute warfen sich nieder und begannen das feindliche Feuer zu erwidern.

Es war etwa 11 Uhr.

225. Die allgemeine Gefechtslage um 11 Uhr mittags. Werfen wir jetzt einen kurzen zusammenfassenden Blick auf die Lage der Dinge zu diesem Zeitpunkt auf allen Seiten des Schlachtfeldes.

Gegen die türkische Verschanzung standen im Feuer:

Im Nordosten: 16 9 Pfünder der 6./1. und 6./2. Garde-Batterie auf 1700 m,

im Südosten: 16 9 Pfünder der 1., 2./2. Garde-Batterie auf 1800 m,

im Südwesten: 16 9 Pfünder der 4., 5./2. Garde-Batterie auf 1400 m,

im Nordwesten: 6 4 Pfünder der 8. donischen Kasaken-Batterie der Brigade Tutolmin.

Der Nordwestseite der türkischen Verschanzung auf 500 bis 600 m gegenüber lagen zwei Bataillone (1., 3./Garde-Schützen des Detachements Ellis I.), zum Theil in türkischen Schützengräben; hinter dem rechten Flügel hatte das 4. Schützen-Bataillon in der Schlucht von Gornji Dubnjak Deckung gefunden.

Der Südseite der Verschanzung auf 150 bis 200 m gegenüber lagen längs der Chaussee in und zu beiden Seiten der genommenen kleinen Redoute von rechts nach links: 2 Bataillone Moskau und 3 Bataillone Leib-Grenadiere des Detachements Sebbeler, und daran anschließend 2 Bataillone Pawlow des Detachements Rosenbach); hinter dem rechten Flügel dieser Linie stand 1 Bataillon Moskau in dem kleinen Wäldchen; 1 Bataillon Grenadiere und das Garde-Sappeur-Bataillon als allgemeine Reserve weiter rückwärts bei der Artillerie.

Der Westseite der Verschanzung auf 800 bis 900 m gegenüber standen am Saume des Buchenwaldes zum Angriff bereit von rechts nach links 1 Bataillon Pawlow und 3 Bataillone Finland des Detachements Rosenbach; dahinter 1 Bataillon Pawlow und 1 Bataillon Finland in Reserve.

Der Nordseite der Verschanzung gegenüber standen endlich die kaukasische Kasaken-Brigade und die beiden Kuban-Convoi-Eskadrons.

Die Generale Gurko und Ellis I. befanden sich in der Artilleriestellung der rechten — General Seddeler in der Artilleriestellung der mittleren —, die Generale Graf Schuwalow und Rosenbach in der Artilleriestellung der linken Kolonne.

Die in der Verschanzung befindlichen vier türkischen Geschütze — von denen zwei auf dem als Kavalier eingerichteten Kurgan, zwei in ausspringenden Winkeln des Werkes standen — schwiegen seit etwa einer Stunde, aber die vollkommen in Pulverdampf gehüllte Verschanzung schleuderte nach allen Seiten fast ohne Unterbrechung einen gewaltigen Bleihagel; die Patronenvorräthe der Türken erschienen unerschöpflich.

Hier mag darauf aufmerksam gemacht werden, daß, obwohl die türkischen Geschütze ungefähr seit 10 Uhr nicht mehr feuerten, die russischen Abtheilungen fortgesetzt noch Verluste durch Granatfeuer hatten; es ist unzweifelhaft, daß diese Verluste durch russische Granaten verursacht wurden, welche, über das in der Mitte gelegene Ziel fortgehend, in die gegenüberstehenden russischen Abtheilungen trafen. Diese Gefahr wurde von den Russen mehrfach erkannt, es wurde mehrfach an die Batterien die Bitte gerichtet, nicht mehr zu schießen, dann aber kam wieder Aufforderung, den Angriff durch Feuer zu unterstützen. Bei der linken Kolonne gab Graf Schuwalow den positiven Befehl, das Artilleriefeuer einzustellen.

226. Das Detachement Ellis I. von 11 bis 2 Uhr. Wir betrachten nunmehr die Weiterentwickelung der Ereignisse von 11 Uhr an und beginnen auf dem rechten Flügel mit dem Detachement Ellis I.

Auf Gurkos Befehl hatte sich inzwischen die 1. Garde-Division rittlings der Sofia-Straße mit der Front gegen Dolni Dubnjak, also mit dem Detachement Ellis Rücken gegen Rücken, entwickelt;

das zur Sicherung in dieser Richtung bisher entsendete 2. Bataillon der Garde-Schützen war hierdurch verfügbar geworden und im Anmarsch zur Vereinigung mit seiner Brigade. Auf die Nachricht hiervon gab General Ellis I. dem bisher in Reserve befindlichen 4. Schützen-Bataillon den Befehl, zur Verstärkung in die Feuerlinie zu rücken. Auf Vorschlag des Generalstabs-Oberstlieutenants Puschrewski benutzte dieses Bataillon, welches bisher in der Schlucht von Gornji Dubnjak gestanden hatte, diese Schlucht zum gedeckten Vorgehen, machte dann links Front und bemächtigte sich einiger am oberen Schluchtrand gelegenen Schützengräben, wodurch es zu der Feuerlinie der beiden anderen Bataillone in das Verhältniß einer vorgebogenen Offensivflanke kam.

Als das 2. Bataillon eintraf, wurde es in derselben Richtung vorgeschickt und verlängerte den rechten Flügel des 4. Bataillons, wobei es schließlich mit dem linken Flügel des 1. Bataillons Finland Fühlung bekam.

Die Entfernung, in welcher sich die einzelnen Theile der Schützen-Brigade von der türkischen Verschanzung befanden, war sehr verschieden und schwankte zwischen 200 m und 500 m. Einzelne Versuche, weiter vorzudringen, scheiterten mit bedeutendem Verlust; bei einem derartigen Anlauf wurde Oberst Ebeling, Kommandeur des 1. Bataillons, tödlich verwundet.

Auch die beiden Batterien erlitten erhebliche Verluste an Leuten und Pferden.

Gurko, welcher das Stocken des Angriffs bei dem Detachement Ellis mit eigenen Augen sah, während ihm auch von den beiden anderen Detachements gemeldet wurde, daß der Angriff nicht vorwärts gehe, beschloß, durch Einsetzen frischer Truppen den Angriff wieder in Fluß zu bringen. Das Regiment Jsmailow der 1. Garde-Division, welches bisher gemeinsam mit den Regimentern Preobraschensk und Semenow die Front gegen Doljni Dubnjak gehabt hatte, erhielt Befehl, mit 2 Bataillonen das Detachement Ellis I., mit je 1 Bataillon die beiden anderen Detachements zu verstärken.

Nachdem Gurko diese Anordnungen getroffen — es war etwa 2 Uhr nachmittags —, begab er sich zu der Artilleriestellung des Detachements Sedbeler.

Bevor wir ihn dorthin begleiten, müssen wir, um nicht nachher im Fortgange der Darstellung aufgehalten zu werden, kurz das erste Vorgehen des Regiments Jsmailow erwähnen.

General Ellis II., der Kommandeur dieses Regiments, führte sein 2. und 4. Bataillon zur Unterstützung der Garde-Schützen nördlich der Chaussee vor, während südlich der Chaussee das 3. Bataillon zu dem Detachement Sebdeler, das 1. Bataillon zu dem Detachement Rosenbach als Verstärkung in Marsch gesetzt wurden.

Die nördlich der Chaussee vorgehenden beiden Bataillone avancirten wie auf dem Exerzirplatz in festem Tritt und reglementsmäßiger Ordnung; als sie ungefähr in gleiche Höhe mit den bereits in der Feuerlinie befindlichen Schützen-Bataillonen gekommen waren, machten sie Halt, besetzten einige von den Türken geräumte Schützengräben und eröffneten das Feuer. Ueber die Sachlage nicht genügend orientirt, richtete ein Theil der Ismailowzen sein Feuer gegen die vom 4. Garde-Schützen-Bataillon besetzten Schützengräben, dieselben — welche ziemlich weit vor der allgemeinen russischen Stellung und zu dieser ziemlich unter rechtem Winkel lagen — von Türken besetzt wähnend.

Oberst Kleinmichel, Kommandeur des 4. Schützen-Bataillons, gab dem Fähnrich Klimow den Auftrag, auf dem Umwege durch die Schlucht zu den Ismailowzen zu reiten und sie auf ihren Irrthum aufmerksam zu machen. Klimow entledigte sich seines Auftrages indessen auf kürzerem Wege, indem er in gerader Linie auf die Ismailowzen zu sprengte und, nachdem er sie über die Sachlage aufgeklärt, auf demselben Wege glücklich zurückkehrte.

227. Das Detachement Sebdeler von 11 bis 2 Uhr. Das Detachement Sebdeler hatten wir um 11 Uhr verlassen, als sein Gros zusammen mit zwei Bataillonen Pawlow des Detachements Rosenbach in und zu beiden Seiten der genommenen kleinen Redoute längs der Chaussee der Südseite der türkischen Verschanzung gegenüber lag.

Um seine Infanterie in ihrer schwierigen Lage möglichst zu unterstützen, gab Sebdeler seiner Artillerie den Befehl, staffelweise vorzugehen und die feindliche Stellung aus größerer Nähe unter Feuer zu nehmen. Die 1./2. Garde-Batterie ging demgemäß bis auf 600 m an die Verschanzung heran und eröffnete das Feuer, erlitt jedoch in kürzester Frist erhebliche Verluste an Leuten und Pferden und ging schließlich in ihre ursprüngliche Stellung zurück.

General Sebdeler war um diese Zeit schwer verwundet worden, worauf General Brok, Kommandeur des Regiments Moskau, den Oberbefehl über das Detachement übernahm.

Inzwischen war — noch auf Seddelers Anordnung —, das noch in der Reserve befindliche 1. Bataillon Leib-Grenadiere zur Unterstützung der vorderen Abtheilungen vorgegangen, und auch das Garde-Sappeur-Bataillon hatte sich ohne höheren Befehl, aus eigenem Entschluß seines Kommandeurs, Oberst Skalon, dem Vorgehen angeschlossen. Hierbei kamen — der Kommandeur wurde sehr bald verwundet — die Kompagnien bei dem Vorgehen durch das dichte Gestrüpp auseinander; zwei Kompagnien schlossen sich den Leib-Grenadieren an, die beiden anderen dem in dem kleinen Wäldchen stehenden 3. Bataillon Moskau.

Oberst Lubowizki hatte inzwischen mit großer Energie mehrfache Versuche gemacht, den Angriff gegen die große Verschanzung in Gang zu bringen; um die Leute zu ermuthigen, hatte er einem gefallenen Trommler die Trommel abgenommen und persönlich vor der Front den Sturmmarsch geschlagen, hier und da versuchten einzelne Trupps wohl vorzugehen, aber das heftige aus der Verschanzung auf das ganze Vorgelände gerichtete Feuer ließ schließlich alle derartigen Versuche scheitern.

228. Gurkos Anordnungen zur Ausführung eines allgemeinen Angriffs. Dies war die Sachlage, als bald nach 2 Uhr General Gurko bei der Artilleriestellung dieses Detachements eintraf — gleich darauf erhielt er hier die Nachricht, das gegen Telisch vorgegangene Detachement sei mit großem Verlust zum Rückzuge genöthigt.

Hiermit war die Gefahr nahe gerückt, daß von Süden her ein Versuch gemacht werden könnte, die gegen Gornji Dubnjak im Gefecht stehenden Russen im Rücken anzugreifen, es galt also, hier so schnell als möglich zu Ende zu kommen.

Gurko beschloß, nach dem Eintreffen der Bataillone des Regiments Jsmailow gleichzeitig von allen Seiten einen allgemeinen Sturmangriff unternehmen zu lassen. Als Zeitpunkt hierfür wurde 3 Uhr bestimmt, um aber wirklich den gleichzeitigen Losbruch von allen Seiten herbeizuführen, wurde folgende Bestimmung gegeben:

Wenn bei der linken Kolonne alle Anordnungen zum Sturm getroffen sind, soll die dortige Artillerie drei Salven geben, hierauf soll — unter der gleichen Voraussetzung — die Artillerie der mittleren Kolonne ebenfalls drei Salven geben und zum Schluß auch die Artillerie der rechten Kolonne; die letzte — neunte — Salve soll das Zeichen zum allgemeinen Losbruch sein.

Nachdem Gurko bei der mittleren Kolonne die entsprechenden Befehle gegeben, und dieselben — in welcher Form und auf welchem Wege ist nicht bekannt — auch der rechten Kolonne hatte zugehen lassen, begab er sich gegen 3 Uhr zu der Artilleriestellung der linken Kolonne, um hier das Weitere mit Schuwalow und Rosenbach zu vereinbaren.

Inzwischen war das 3. Bataillon Ismailow bei der mittleren Kolonne eingetroffen und hatte im Wäldchen bei dem 3. Bataillon Moskau Aufstellung genommen; das 1. Bataillon Ismailow setzte seine Bewegung zur linken Kolonne fort.

229. Das Detachement Rosenbach von 11 bis 3 Uhr. Es erübrigt, zunächst die Ereignisse nachzuholen, welche sich bei diesem Detachement seit 11 Uhr abgespielt hatten.

Um diese Zeit hatte das Regiment Finland mit seinem 1., 3. und 4. Bataillon den Waldsaum erreicht, und aus der allgemeinen Reserve hatte sich das 1. Bataillon Pawlow auf den rechten Flügel der Finländer gesetzt, selbst mit seinem rechten Flügel bis zur Chaussee reichend.

Auf Rosenbachs Befehl zum Vorgehen ließ General Lawrow, Kommandeur des Regiments Finland, diese vier Bataillone nunmehr antreten; unter mörderischem feindlichen Feuer wurde das freie, ebene Gelände vor dem Walde überschritten, der kahle Steilhang vor der feindlichen Stellung erstiegen und dicht unterhalb des Kammes, gegen das feindliche Feuer geschützt, vorläufig Halt gemacht, um einen geeigneten Zeitpunkt für den entscheidenden Angriff abzuwarten.

Das auf dem äußersten linken Flügel befindliche 1. Bataillon Finland hatte sich einer in dem ausspringenden nordwestlichen Winkel der Höhe vorgeschobenen kleinen türkischen Befestigung bemächtigt und sich in derselben festgesetzt; von hier aus trat dieses Bataillon nach links demnächst in Fühlung mit dem 2. Bataillon der Garde-Schützen.

Gegen 1 Uhr ließ General Rosenbach für das Regiment Finland das Signal zum Angriff geben; die Finländer und das 1. Bataillon Pawlow brachen aus ihrer Deckung vor und versuchten die große Verschanzung zu nehmen, aber mörderisches Feuer warf sie zurück und zwang sie, die verlassene Deckung wieder aufzusuchen.

Von den noch in der Reserve befindlichen 2 Bataillonen (2. Pawlow und 2. Finland) war 1 Kompagnie Pawlow zur Deckung des Verbandplatzes abkommandirt, 1 Kompagnie sollte mit den Fahnen zurückbleiben, 1 Kompagnie Finland bildete die Geschützbedeckung, es waren also nur noch 5 Kompagnien wirklich verfügbar. Von diesen erhielten die 2 Kompagnien Pawlow den Befehl, die beiden vor der Südseite der Verschanzung liegenden Bataillone ihres Regiments (3. und 4.) zu verstärken, während die 3 Kompagnien Finland dem General Lawrow zur Verfügung gestellt wurden mit dem Zusatz, er möge den Angriff wiederholen, wenn er den Zeitpunkt dazu für geeignet halte.

Als jetzt die Benachrichtigung Gurkos eintraf, um 3 Uhr solle ein allgemeiner Angriff erfolgen, beschloß General Rosenbach, sich persönlich zu den Bataillonen Lawrows zu begeben, um ein vorzeitiges Losbrechen derselben zu verhindern und um bei dem späteren Angriff selbst den Befehl zu übernehmen. Auf diesem Wege zu der Stellung des Regiments Finland wurde General Rosenbach tödlich verwundet.

Auf die Nachricht hiervon übernahm Graf Schuwalow speziell den Befehl über die linke Kolonne und begab sich selbst zum General Lawrow, den er glücklich erreichte.

Dies war die Sachlage bei der linken Kolonne, als General Gurko gegen 3 Uhr bei der Artillerie dieses Detachements erschien. Als er erfuhr, Schuwalow befinde sich in der Stellung des Regiments Finland, wollte Gurko ebenfalls persönlich dorthin reiten, aber als er mit seinem Gefolge den Waldsaum verließ und ins Freie hinaustrat, begrüßte ihn hier ein so furchtbares Feuer, daß er den Versuch aufgab; dagegen ließ er den Grafen Schuwalow ersuchen, wieder zu der Artilleriestellung zurückzukehren. Auch diesmal legte Schuwalow den gefährlichen Weg unverletzt zurück.

Während Gurko noch mit Schuwalow über die Ausführung des Angriffs sprach, erschien das zur Verstärkung der linken Kolonne abgeschickte 1. Bataillon Ismailow, welches seinen Weg ziemlich parallel der Chaussee und nicht allzuweit von dieser entfernt genommen und daher unterwegs bereits beträchtliche Verluste erlitten hatte. Schuwalow dirigirte dieses Bataillon sofort zur Verstärkung der beiden Bataillone Pawlow, welche links von den Leib-Grenadieren längs der Chaussee lagen.

230. **Mißverständniß in Betreff des Signals zum allgemeinen Angriff.** Nachdem Schuwalow nun noch an die verschiedenen Abtheilungen Benachrichtigungen über die Bedeutung des bevorstehenden Salvensignals geschickt hatte, war er eben im Begriff, seiner Artillerie den Befehl zum Beginn der Salven zu geben, als zu all-

gemeiner Ueberraschung und Bestürzung von dem Detachement Ellis her bereits die Salven krachten.

Daß bei einer so komplizirten Maßregel, wie dieses Salvensignal war, ein Mißverständniß sehr leicht war, liegt auf der Hand; wodurch in dem vorliegenden Falle das Mißverständniß thatsächlich entstand, ist nicht klar.

General Ellis I. hatte, nachdem er den, wie es scheint, mündlich überbrachten betreffenden Befehl Gurkos erhalten, dem Kommandeur der 6./2. Garde-Batterie folgenden Zettel zugeschickt:

„Auf Befehl des Generals Gurko wird je eine Batterie der Generale Rosenbach, Seddeler und meines Detachements je drei Salven geben, anfangend bei Rosenbach, zuletzt bei uns. Ihre letzte Salve soll das Signal zum allgemeinen Angriff sein."

Der Kasakenoffizier, welcher diesen Zettel dem Batteriekommandeur überbracht hatte, brachte nach einiger Zeit den Zettel an Ellis zurück mit der Bemerkung: „Der Oberst hat den Zettel zweimal gelesen und braucht ihn nicht mehr."

Wie viel Salven nun überhaupt noch und in welcher Reihenfolge abgegeben, ist nicht klar, auch gänzlich gleichgültig; jedenfalls herrschte allgemeine Verwirrung.

Ein Theil der in der Feuerlinie liegenden Abtheilungen hatte von der Bedeutung dieser Salven überhaupt noch nichts erfahren; von denen, die Bescheid wußten, zählte der eine drei Salven, wo andere sechs, sieben oder acht zählten, von irgendwelcher Uebereinstimmung war natürlich keine Rede; es konnte auch nichts helfen, daß Gurko jetzt nach allen Richtungen Ordonnanzen entsandte mit dem Befehl, zum Sturm zu schreiten.

231. **Erfolglose vereinzelte Angriffe.** Im ganzen Umkreise der Verschanzung erfolgten vereinzelte Anläufe größerer oder kleinerer Abtheilungen, aber das furchtbare Feuer der Vertheidiger schmetterte Alles zurück. Bei einem dieser Versuche ward General Lawrow an der Spitze seiner Finländer tödlich verwundet.

Nur an einigen Stellen war es den Angreifern gelungen, sich etwas näher an die Verschanzung heranzuschieben und hier Deckung zu finden; im Allgemeinen hatten die Russen nach dem Scheitern dieser Angriffe ziemlich dieselben Stellungen inne wie vor dem verunglückten Salvensignal. Es war 4 Uhr.

Das Feuer schwieg fast gänzlich. Eine schwüle, bange Pause trat ein. So, wie die Sache lag, konnte es unmöglich lange bleiben.

General Gurko überließ dem Grafen Schuwalow die weitere Gefechtsleitung nach eigenem Ermessen und ritt zu seinem anfänglichen Standort zurück, dem Hügel, auf dem die Batterien des Generals Ellis standen.

In den Führern scheint der Gedanke Raum gewonnen zu haben, daß dieser blutige Tag ein verlorener sein könne, wie die blutigen Juli- und Septembertage; in der Masse der Kämpfenden scheint dieser Gedanke nicht aufgekommen zu sein.

Es ist von hohem Interesse und von Werth für das Verständniß der folgenden Scenen, aus verschiedenen Darstellungen ein Bild der Stimmung zu gewinnen, welche während dieser furchtbar gespannten Situation in den russischen Reihen herrschte:

Von Niedergeschlagenheit keine Spur, an „rückwärts" kein Gedanke; die zwischen Todten und Sterbenden liegenden Lebendigen nur beseelt von dem wilden, glühenden Gefühl, für ihre furchtbaren Verluste Rache zu nehmen; ein Augenzeuge vergleicht sich und seine Kameraden in diesem Augenblick geradezu mit dem sprungfertigen Raubthier, welches den Moment erlauert, seine Beute zu packen und zu zerreißen!

232. **Erstürmung der Verschanzung von Gornji Dubnjak.** Die Dämmerung brach herein. Innerhalb der Verschanzung war ein Theil der Hütten in Brand gerathen, das Feuer griff um sich und wurde bei zunehmender Dunkelheit besser sichtbar, plötzlich schlug eine gewaltige Lohe zum Himmel.

Fast sollte man glauben, diese an und für sich belanglose Erscheinung sei der Funke gewesen, der die in den russischen Reihen aufgespeicherte Elektrizität zur Entladung brachte.

Erst schwach und vereinzelt — wo zuerst, ist nicht nachweisbar — ertönt in den russischen Linien Hurrahruf — hier und da hört man Trommelschlag — aber die eben noch vereinzelten Rufe schwellen im Nu zu einem brausenden Orkan an, und ohne Kommando, wie von einer geheimnißvollen Macht vorwärts geschleudert, stürzen von allen Seiten die russischen Schaaren mit gellendem Hurrahruf, der bald in ein rasendes Geheul übergeht, auf die türkische Verschanzung.

Vergebens eröffneten die Türken wieder ihr bekanntes Schnellfeuer, an verschiedenen Stellen wurde die Brustwehr von den Stürmenden erstiegen.

Auf der Südfront, den Leib-Grenadieren und Moskauern gegenüber, wurde zuerst eine weiße Fahne gezeigt; ein türkischer Offizier eilte den Eindringenden entgegen und erklärte, der Pascha gebe sich und die Besatzung gefangen. Ein Theil der Türken warf die Waffen fort, einige türkische Trommler schlugen Appell als Zeichen der Ergebung.

An anderen Stellen wußten die Stürmenden noch nichts von der weißen Fahne und der Ergebung, sondern machten alle Türken nieder, die ihnen in den Weg kamen, was natürlich zur Folge hatte, daß manche Türken die schon niedergelegten Waffen wieder aufnahmen, um ihr Leben theuer zu verkaufen.

Eine ganze Weile dauerte so das wilde Gemetzel, bis endlich durch die russischen Führer allmählich einige Ordnung geschaffen wurde.

233. Verluste. Der türkische Befehlshaber Achmed Chiwsi Pascha, 53 Offiziere und 2235 Mann fielen unverwundet den Russen in die Hände; der Verlust der Türken an Todten und Verwundeten (ein großer Theil dieser letzteren war in den brennenden Lagerhütten elend umgekommen) mag sich auf etwa 2000 Mann belaufen haben.

Die Russen hatten bei der Erstürmung der Verschanzung von Gornji Dubnjak folgende Verluste erlitten:

	todt		verwundet		zusammen	
	Offiz.	Mann	Offiz.	Mann	Offiz.	Mann
Stäbe	—	—	7*)	1	7	1
Regiment Ismailow . .	1	57	6	219	7	276
= Moskau . . .	3	95	13	421	16	516
= Leib-Grenadiere	3	310	26	594	29	904
= Pawlow . . .	6	164	13	500	19	664
= Finland . . .	3	116	14**)	323	17	439
Garde-Schützen-Brigade .	1	56	13	215	14	271
Garde-Sappeur-Bataillon	—	5	1	58	1	63
Artillerie	1	7	3	49	4	56
Garde-Kuban-Convoi . .	—	1	2	4	2	5
Kaukasische Kasaken-Brigade	—	—	2	8	2	8
	18	811	100***)	2392	118	3203

234. Unklare Disposition für das Vorgehen gegen Telisch. Gleichzeitig mit dem Kampf bei Gornji Dubnjak hatte bei Telisch

---

*) Darunter 2 Generale.
**) Darunter der Regimentskommandeur, ein General.
***) Darunter 3 Generale.

ein blutiges Gefecht stattgefunden, das mit dem Rückzuge des russischen Detachements endete.

Ueber die diesem Detachement gestellte Aufgabe herrschte Unklarheit.

In der Versammlung der Führer am Abend des 23. Oktober, in welcher Gurko die von den einzelnen Detachements zu lösenden Aufgaben näher auseinandersetzte, hatte er gesagt: „Telisch und Dolini Dubnjak müssen wir in eiserner Umarmung halten, bis wir mit Gornji Dubnjak fertig geworden sind." In diesen Worten war von einem Angriff auf Telisch nicht die Rede. In der schriftlichen Disposition aber hieß es dann: „Das Garde-Jäger-Regiment mit der 2. Garde-Kavallerie-Brigade beginnt den Vormarsch 6¼ Uhr und greift Telisch an."

In dem später von Gurko an Totleben über die Ereignisse des 24. Oktober erstatteten Rapport wird die Aufgabe des gegen Telisch vorgeschobenen Detachements wieder anders angegeben: es sollte danach die bei Telisch stehenden Türken an der Unterstützung der in der Verschanzung von Gornji Dubnjak stehenden Türken verhindern und wenn möglich Telisch nehmen.

Gurko selbst also scheint sich über die dem Detachement gestellte Aufgabe nicht ganz klar gewesen zu sein.

Nach der schriftlichen Disposition war der Angriff auf Telisch nicht fakultativ, sondern obligatorisch. Daß dieser Angriff wenig zweckmäßig ausgeführt wurde, ist eine Sache für sich.

235. Die türkische Stellung bei Telisch. Die türkische Stellung bei Telisch bestand der Hauptsache nach aus einer großen viereckigen Verschanzung, welche auf der Ostseite der Schlucht von Telisch lag und von der Sofia-Chaussee in der Mitte durchzogen wurde; nach Westen, zur Schlucht hin, scheint die Verschanzung nicht geschlossen gewesen zu sein; ihr innerer Raum war etwas größer als jener der Verschanzung von Gornji Dubnjak.

Auf der Nordseite der Chaussee, zwischen dieser und der Schlucht, befand sich eine kleine vorgeschobene Verschanzung. Ebenfalls auf der Nordseite der Chaussee, aber westlich der Schlucht, lag eine ziemlich große Redoute. Alle diese Werke waren mit Schützengräben umgeben; auch die Rückseite der Stellung am Südausgange von Telisch war durch Schützengräben gesichert.

Die Besatzung von Telisch bestand unter Ismail Hakki Pascha aus 7 Bataillonen, 4 Geschützen und einigen Hundert irregulären

Reitern. Ein 5 km südlich von Telisch an der Chaussee gelegenes Wachthaus (Karaula) war befestigt, mit Schützengräben umgeben und mit Infanterie besetzt; dieselbe gehörte zu dem von Orchanie nach Radomirze vorgeschobenen Detachement.

236. Verunglückter Angriff auf die Stellung von Telisch. Das gegen Telisch bestimmte Detachement unter Oberst Tschelistschew trat aus seiner Bereitschaftsstellung in der Schlucht von Swinar den Vormarsch dispositionsgemäß um 6¼ Uhr an.

Von der 2. Garde-Kavallerie-Brigade wurde das Garde-Dragoner-Regiment mit zwei Geschützen der 5. reitenden Garde-Batterie nach links auf die die ganze Umgegend beherrschende Höhe von Rakita geschickt, um linke Flanke und Rücken des Detachements nach Süden gegen Radomirze zu sichern; das Garde-Husaren-Regiment mit vier reitenden Geschützen ging zunächst direkt gegen Telisch vor, um die Entwickelung der Garde-Jäger zu decken und die feindliche Stellung zu erkunden, zu welchem letzteren Zwecke speziell die 1. Eskadron ausgeschwärmt vorgeschoben wurde.

Aus Schützengräben, welche etwa 500 m vor die feindliche Hauptstellung vorgeschoben waren, erhielten die Husaren lebhaftes Feuer und gingen unter Verlust zurück, worauf das ganze Husaren-Regiment mit den vier reitenden Geschützen sich links zog, um die linke Flanke der Infanterie gegen Telisch zu sichern; die Batterie, welche übrigens sofort beim Abprotzen durch Gewehrfeuer 4 Mann und 5 Pferde verlor, eröffnete lebhaftes Schrapnelfeuer gegen die erwähnten Schützengräben, welche zum Theil von der Seite gefaßt werden konnten; die Hauptverschanzung war für die reitende Batterie nicht sichtbar.

Inzwischen entwickelte sich um 9½ Uhr das Garde-Jäger-Regiment mit dem 3. und 4. Bataillon im ersten, dem 1. und 2. Bataillon im zweiten Treffen. Dem 1. Bataillon fehlten zwei Kompagnien: die 3. Kompagnie war zur Bedeckung des Verbandplatzes abkommandirt, die 4. Kompagnie war auf Vorposten gewesen und noch nicht wieder zum Regiment gestoßen.

Bei dem Regiment befand sich ein Zug des Garde-Sappeur-Bataillons, über die Thätigkeit desselben liegen keine Nachrichten vor.

Die zum Detachement gehörende Kasaken-Sotnie scheint die rechte Flanke gedeckt zu haben. Die beiden Bataillone des ersten Treffens gingen über das ziemlich ebene und vollkommen offene Gelände sprungweise gegen die vorderen Schützengräben vor, welche etwa um 10 Uhr durch einen kräftigen Anlauf genommen wurden; gegen das Feuer aus der rückwärtigen Hauptstellung boten sie jedoch gar keine Deckung, so daß die in ihnen liegenden Garde-Jäger sehr bald große Verluste erlitten. Um sich dem mörderischen Feuer nicht unthätig und nutzlos auszusetzen, versuchten die beiden Bataillone des ersten Treffens gegen die Hauptverschanzung vorzustürmen; ohne Befehl folgten ihnen hierbei die beiden Bataillone des bis dahin nicht in das Gefecht verwickelten zweiten Treffens, aber der Angriff gerieth unter dem heftigen Feuer ins Stocken und die am weitesten vorgedrungenen Angreifer waren immerhin noch 100 m von der Verschanzung entfernt, wo sich die Stürmenden, so gut es ging, hinter einigen sich bietenden Deckungen festsetzten.

Die 3./1. Garde-Batterie war der Infanterie in das Gewehrfeuer gefolgt und hatte auf etwa 1000 m das Feuer eröffnet, verlor aber binnen wenigen Minuten 17 Mann und eine große Anzahl Pferde und ging dann zurück. Auch die reitende Batterie, welche bekanntlich die Schützengräben flankirend beschoß, mußte ihr Feuer einstellen, als diese Gräben von den Jägern genommen waren; die Hauptverschanzung war für die reitenden Geschütze nicht sichtbar, so daß die Jäger während der schwersten Zeit des Gefechts von ihrer Artillerie nicht mehr unterstützt wurden.

Ein Versuch der Türken, aus der großen Verschanzung offensiv vorzubrechen, wurde von den Jägern durch Feuer abgewiesen, da aber ein weiterer Erfolg unter den obwaltenden Umständen vollkommen ausgeschlossen war, so traten die Jäger nunmehr den Rückzug an, der allerdings unter lebhaftem feindlichen Feuer mit großen Verlusten vor sich ging, im Uebrigen aber nicht gestört wurde.

Während des geschilderten unglücklichen Angriffs der Jäger waren die Husaren von Süden her gegen Telisch vorgegangen. Als eine starke türkische Infanterieabtheilung hier vorzugehen versuchte, wurde der Angriff derselben durch das Feuer der reitenden Geschütze und der zum Theil abgesessenen Husaren abgewiesen.

Als die Jäger den Rückzug antraten, deckten die Husaren denselben und leisteten bei dem Zurückschaffen der Verwundeten werthvolle Hülfe.

Das nach der Höhe von Rakita vorgeschobene Garde-Dragoner-Regiment plänkelte hier zunächst mit Tscherkessenschwärmen; später erschienen in der Gegend von Radomirze Infanterieabtheilungen mit Artillerie, welche letztere sich mit den beiden bei dem Dragoner-Regiment befindlichen reitenden Geschützen herumschoß. Als die Infanterie den Versuch machte, längs der Chaussee in der Richtung nach Telisch vorzugehen, machten die bei den Husaren südlich von Telisch befindlichen vier Geschütze Kehrt und eröffneten das Feuer gegen diese Infanterie, welche darauf zurückging.

Das Dragoner-Regiment schloß sich später dem Rückzuge der anderen Abtheilungen an.

Bei Einbruch der Dunkelheit verblieb die 2. Garde-Kavallerie-Brigade in Fühlung mit dem Feinde stehen. Die 1. Garde-Kavallerie-Brigade mit der 2. reitenden Garde-Batterie sollte nach der Disposition die Verbindung zwischen Gornji Dubnjak und Telisch sperren und dem gegen Gornji Dubnjak vorgehenden Detachement Rosenbach den Rücken decken. Wir haben Theile dieser Brigade auf dem linken Flügel des Detachements Rosenbach erscheinen gesehen; die 2. reitende Garde-Batterie trat der Westseite der Verschanzung von Gornji Dubnjak gegenüber ebenfalls ins Feuer, ohne sich besonders bemerkbar zu machen. Als um 12 Uhr mittags bei der 1. Garde-Kavallerie-Brigade die Nachricht eintraf, der Angriff auf Telisch sei abgewiesen, wurden die reitenden Grenadiere den weichenden Truppen zur Aufnahme entgegengeschickt. Die Nacht über verblieb die Brigade in ihrer Aufstellung zwischen Gornji Dubnjak und Telisch.

237. Verluste. Das Garde-Jäger-Regiment hatte verloren: 7 Offiziere todt, 19 Offiziere verwundet; der Verlust an todten und verwundeten Mannschaften wird — ohne Trennung dieser Kategorien — auf 907 Mann angegeben; aus den Angaben des Tagebuchs eines betheiligt gewesenen Offiziers geht hervor, daß die größere Hälfte des Verlustes Todte waren, da die nicht zurückgeschafften Verwundeten sämmtlich massakrirt wurden. Am größten war der Verlust beim 3. Bataillon; die 11. Kompagnie, welche mit 27 Unteroffizieren und 200 Gemeinen ins Gefecht ging, verlor 20 Unteroffiziere und 146 Gemeine.

Die 2. Garde-Kavallerie-Brigade hatte 1 Offizier, 1 Mann, 2 Pferde todt, 1 Offizier, 15 Mann, 18 Pferde verwundet. Die Verluste der Artillerie — soweit bekannt — sind bereits erwähnt.

Die Türken verloren 5 Offiziere, 73 Mann todt, 10 Offiziere, 128 Mann verwundet; die vier türkischen Geschütze hatten 339 Schuß abgegeben.

238. Demonstration gegen Dolnji Dubnjak am 24. Oktober. Um die Ereignisse des 24. Oktober auf der Sofia-Straße zu vervollständigen, erübrigt noch die Darstellung der gegen Dolzni Dubnjak gerichteten Demonstration.

General Arnoldi mit seinem aus 19 Eskadrons, 16 reitenden Geschützen und 2 rumänischen Bataillonen bestehenden Detachement rückte am 24. Oktober früh von Trestjenik ab und traf gegen 7 Uhr morgens 3 km nördlich von Dolzni Dubnjak ein; dieser Ort war von vier Redouten und zahlreichen Schützengräben umgeben und hatte unter Vely Bey eine Besatzung von 5 Bataillonen, einigen Hundert Reitern und 2 Geschützen.

Aus zwei Redouten mit Feuer empfangen, setzte Arnoldi, in südwestlicher Richtung ausbiegend, mit Umgehung von Dolzni Dubnjak den Marsch fort; das Dragoner-Regiment Jekaterinoslaw Nr. 4 blieb zur Sicherung gegen Dolzni Dubnjak stehen. An der Südwestecke des Dorfes dicht an der Chaussee stieß die Kavallerie auf eine dritte Redoute. Unter dem Schutz des Regiments Mariupol-Husaren Nr. 4 und der beiden Roschioren-Regimenter fuhren 12 Geschütze (6 russische und 6 rumänische) gegen diese Redoute auf und eröffneten das Feuer, während das Ulanen-Regiment Charkow Nr. 4 mit vier reitenden Geschützen auf der Chaussee im Trabe gegen Gornji Dubnjak vorging, wo um diese Zeit etwa die Garde-Schützen-Brigade (Detachement Ellis) eintraf.

Nachdem das inzwischen wieder herangekommene Dragoner-Regiment durch abgesessene Mannschaften eine türkische Abtheilung von einer mit Kukuruz bewachsenen Anhöhe vertrieben und so die linke Flanke der Artillerie gesichert, ging diese, etwa um 9 Uhr, staffelförmig bis auf eine die türkische Stellung beherrschende Höhe vor; ein gleichzeitiges dreistes Anreiten der russischen Kavallerie wurde durch Gewehrfeuer abgewiesen.

Als nach einiger Zeit die beiden rumänischen Bataillone eintrafen, begannen sie sofort auf dem linken Flügel der Artilleriestellung eine Verschanzung aufzuwerfen.

Das gegenseitige Geschützfeuer dauerte — ohne jeden Erfolg — bis zum späten Abend.

Während des Gefechtes der Abtheilung Arnoldis ließ Loschkarew von Medewan aus 6 Eskadrons und 6 Geschütze seiner Division — Kiew-Husaren Nr. 9, 2 Eskadrons Kasan-Dragoner Nr. 9 und 16. reitende Batterie — unter Oberst Korff auf das linke Wid-Ufer übergehen.

Anfangs ohne Erfolg gegen Dolni Dubnjak anprallend, beschränkte sich die Thätigkeit dieser Abtheilung dann darauf, zwischen den Truppen Arnoldis, der die allgemeine Reserve bildenden 1. Garde-Infanterie-Division und den am rechten Wid-Ufer stehenden Truppen die Verbindung zu unterhalten.

General Tschernosubow hatte mit seiner aus 7 Sotnien, 5 rumänischen Bataillonen und 12 Geschützen (6 russischen und 6 rumänischen) bestehenden Abtheilung die Stellung von Gornji und Dolni Netropol besetzt und hier während der Nacht vom 23. zum 24. Oktober einige Verschanzungen aufgeworfen, von denen aus er am 24. ein gänzlich wirkungsloses Geschützfeuer gegen die am Wid gelegenen türkischen Werke unterhielt.

Die Kalaraschen-Brigade Formak führte von Mahaleta aus die ihr aufgetragene Demonstration an beiden Ufern des Isker aufwärts auf Tschumakowize und Tscherwenibreg aus, ohne einen ernsteren Zusammenstoß mit dem Gegner zu haben.

Die Verluste aller hier erwähnten Kavallerieabtheilungen scheinen gänzlich bedeutungslos gewesen zu sein.

239. Die Russen auf der Sofia-Straße nach der Einnahme von Gornji Dubnjak. Unter dem Schutz der mit der Front gegen Dolni Dubnjak aufgestellten 1. Garde-Infanterie-Division schritt nun die 2. Garde-Infanterie-Division dazu, die so blutig erkaufte Stellung bei Gornji Dubnjak gegen etwaige türkische Gegenangriffe zu befestigen.

Die Kavallerie des Generals Arnoldi beobachtete während dieser Zeit Dolni Dubnjak und Plewna; die Garde-Kavallerie nebst der kaukasischen Kasaken-Brigade war südwärts gegen Telisch und Radomirze vorgeschoben.

Während der Tage vom 25. bis 28. Oktober stand die 2. Garde-Kavallerie-Brigade bei Rakita mit Vorposten gegen Radomirze, gegen die Karaula und gegen die Südseite von Telisch; die 1. Garde-Kavallerie-Brigade stand in der Schlucht von Swinar mit Vorposten gegen die Ostseite von Telisch, die 3. Garde-Kavallerie-Brigade bei Gornji Dubnjak mit Vorposten gegen die Nordseite von Telisch; die Westseite von Telisch wurde von der bei Kainare stehenden kaukasischen Kasaken-Brigade beobachtet.

240. Einnahme von Telisch am 28. Oktober. Nachdem am 27. Oktober eine genaue Erkundung der Stellung von Telisch durch den Kommandeur der 3. Garde-Artillerie-Brigade, Oberst Sinowjew, und einige Generalstabsoffiziere stattgefunden, traf Gurko für den 28. folgende Anordnungen:

Die 1./2. Garde-Infanterie-Brigade mit drei/2. Garde-Batterien geht längs der Chaussee von Norden her, die 1./3. Garde-Infanterie-Brigade mit drei/3. Garde-Batterien geht von Südosten her gegen Telisch vor; jeder der 6 Batterien ist je ½ Kompagnie des Garde-Sappeur-Bataillons zugetheilt.

Auf etwa 1800 m Entfernung von der feindlichen Stellung machen die Abtheilungen Halt und verschanzen sich; um 12 Uhr wird das Artilleriefeuer eröffnet.

Die ganze Garde-Kavallerie und die kaukasische Kasaken-Brigade mit ihrer reitenden Artillerie sollte theils gegen die West- und Südseite von Telisch vorgehen, theils einem etwa von Radomirze aus unternommenen Entsatzversuch entgegentreten.

Gegen Dolsni Dubnjak sollte die Kavallerie Arnoldis und ein Theil der Kavallerie Loschkarews in derselben Art demonstriren wie am 24. Oktober.

Alle übrigen Truppen hatten in ihren augenblicklichen Stellungen zu verbleiben.

In Ausführung dieser Disposition wurde um 12 Uhr mittags von 48 Fußgeschützen (9 Pfündern) und von 12 reitenden Geschützen (4 Pfündern) das Feuer eröffnet, um 2 Uhr aber eingestellt, worauf Gurko fünf bei Gornji Dubnjak gefangen genommene Türken mit einer schriftlichen Aufforderung zur Uebergabe an Hakki Pascha absandte mit der Drohung: im Falle der Weigerung Alles zusammenzuschießen. Als binnen einer halben Stunde keine Antwort gekommen, ließ Gurko das Feuer wieder eröffnen, worauf jetzt aber sehr schnell die weiße Fahne aufgezogen wurde und ein Parlamentär die Bereitwilligkeit des Paschas zur Uebergabe erklärte. Nach russischen Angaben sollen etwa 100 Offiziere und 2500 Mann in Gefangenschaft gerathen sein. Ein Theil der Besatzung scheint dennoch glücklich entkommen zu sein, jedenfalls gilt dies von dem größten Theile der Reiterei.

Drei Geschütze (wo das ursprünglich vorhandene vierte Geschütz geblieben, ist nirgends angegeben) und große Patronenvorräthe fielen den Russen in die Hände, deren ganzer Verlust nur in 1 Todten und 15 Verwundeten bestanden hatte, während zahlreiche türkische Leichen in den arg zerschossenen Werken umherlagen.

241. Gefecht bei Rakita am 28. Oktober. Inzwischen war die 1. und 2. Garde-Kavallerie-Brigade in der Gegend von Rakita in der Art thätig gewesen, daß unter dem Schutz von 4 Eskadrons Garde-Dragoner und 1 Eskadron Grenadiere die 5. reitende Batterie gegen die mehrfach erwähnte befestigte Karaula, unter dem Schutz von 4 Eskadrons Garde-Ulanen aber die 2. reitende Batterie gegen die Südseite von Telisch das Feuer eröffnete, während 3 Eskadrons Grenadiere und 4 Eskadrons Garde-Husaren in der Gegend von Rakita als Reserve standen.

Das um 10 Uhr eröffnete Feuer der 5. reitenden Batterie veranlaßte in kurzer Zeit die Türken zur Räumung der vor der Karaula gelegenen Schützengräben.

Inzwischen war von Radomirze her eine türkische Kolonne von etwa sechs Bataillonen, einigen Hundert Tscherkessen und einigen Geschützen längs der Chaussee vorgegangen, war hier zunächst mit der von Westen her gegen die Chaussee vorgehenden kaukasischen Brigade ins Gefecht gekommen und hatte diese nach dem Isker zu zurückgedrängt.

Nachdem die Türken so den gegen ihren linken Flügel gerichteten Angriff abgewiesen, gingen sie selbst gegen den ihrem rechten Flügel gegenüber befindlichen Feind zum Angriff über: von der Karaula aus begann türkische Infanterie durch das mit Buschwerk bedeckte Gelände gegen die Stellung der 5. Batterie vorzugehen, während Schwärme tscherkessischer Reiter die gegen Telisch im Feuer stehende 2. Batterie bedrohten.

Von dem zur Deckung dieser Batterie bestimmten mit der Front gegen Telisch aufgestellten Ulanen-Regiment machte die 3. und 4. Eskadron gegen die Tscherkessen Front, während die bei Rakita in Reserve befindlichen sieben Eskadrons in dem Raum zwischen beiden Batterien ebenfalls gegen die Tscherkessen vorgingen.

Noch bevor diese Eskadrons herankamen, gingen die Ulanen zur Attacke über. Während die 3. Eskadron im Trabe folgte, ging die 4. Eskadron der Ulanen in der Karrière auf die Tscherkessen los, welche den Angriff mit Feuer aus ihren Magazingewehren empfingen, aber vollständig über den Haufen geworfen und eine Strecke weit verfolgt wurden. Plötzlich tauchte vor den verfolgenden Ulanen eine Infanterielinie auf, welche, hinter einer Geländebedeckung aufgestellt, auf die Ulanen ein heftiges Feuer eröffnete; diese machten Kehrt und gingen im Trabe auf ihre Stellung zurück.

Als unterdessen das Gros der Garde-Kavallerie zwischen Telisch und der Karaula die Chaussee erreichte, traf die Nachricht ein, daß

Telisch genommen sei. Ein Theil der Besatzung suchte nach Süden zu entkommen; einzelne dieser Schaaren wurden von der Kavallerie ereilt und niedergemacht.

Die 2. reitende Batterie richtete ihr Feuer nunmehr auch auf die Karaula, welche bald von den Türken geräumt wurde; alle sichtbar gewesenen türkischen Truppen zogen sich nach Süden ab.

Die Verluste der Garde-Ulanen in dem geschilderten Gefecht betrug 5 Mann, 14 Pferde todt, 4 Offiziere, 11 Mann, 31 Pferde verwundet.

242. Doljni Dubnjak am 1. November von den Russen besetzt. — Völlige Einschließung Plewnas auf dem linken Wid-Ufer. Nachdem die in Doljni Dubnjak stehende türkische Brigade diesen Punkt am 31. Oktober freiwillig in aller Stille geräumt, wurde Doljni Dubnjak am 1. November von den Russen besetzt, welche noch 2 km über den Ort hinaus in der Richtung auf Plewna vorgingen und ihre Stellungen sofort verschanzten.

Plewna war nunmehr auch auf der Westseite völlig eingeschlossen und jede Verbindung mit Orchanie—Sofia abgeschnitten.

Sechsundzwanzigster Abschnitt.
Kämpfe der Rumänen um die zweite Griviza-Redoute.

243. Die Rumänen in der Einschließungslinie vor Plewna. Die Rumänen, welche zwischen Wid und Griviza-Schlucht den rechten Flügel der Einschließungslinie des rechten Ufers bildeten, suchten nach den unglücklichen Septemberkämpfen ihre Stellung möglichst zu befestigen, und schritten zu diesem Zweck zu der Errichtung zahlreicher Werke.

Bis Mitte Oktober war die Hauptfront gegen Plewna zu zwischen Wrbiza und Bukowa gesichert durch die beiden starken Redouten „Alexander" und „Krajowa"; bis Ende November wurden auf dem linken Flügel die Redouten „Großfürst" und „Tudor", auf dem rechten Flügel, den Opanes-Werken gegenüber, die Redoute „Totleben" errichtet.

Gleichzeitig wurde in zweiter Linie das Plateau von Wrbiza mit der Front nach dem Wid zu befestigt; die Befestigungen bestanden aus der Redoute „Wrbiza" und einer Anzahl Lünetten.

Zur Sicherung der rückwärtigen Verbindungen wurde eine Redoute bei Tschalissowat, zur Sicherung des Wid-Uebergangs eine Redoute bei Riben errichtet.

Die Aufstellung der rumänischen Truppen war derart geregelt, daß auf dem linken Flügel, der Griviza-Stellung gegenüber, die 2. Division — im Centrum, der Bukowa-Stellung gegenüber, die 3. Division —, auf dem rechten Flügel, der Opanes-Stellung gegenüber, eine von der 2. Division abgezweigte selbständige Brigade (Oberst Sachelarie) stand, während die 4. Division rückwärts bei Wrbiza die Reserve bildete.

Ende Oktober, als General Gurko seine Operationen zur Vertreibung der Türken von der Sofia-Straße begann, wurde ein Theil der 4. Division auf das linke Wid-Ufer gezogen.

244. Beginn des Erdangriffs gegen die zweite Griviza-Redoute. Abgesehen von den oben genannten mit rein defensivem Zweck errichteten Werken unternahmen die Rumänen einen regelrechten Erdangriff gegen die zweite Griviza-Redoute, deren Einnahme Fürst Karl nach dem mißglückten Angriff am 11. September gewissermaßen für eine Ehrensache der rumänischen Truppen ansah.

Unmittelbar nach der Einnahme der ersten Griviza-Redoute — welche von Russen und Rumänen gemeinsam besetzt blieb — hoben die Rumänen einen Laufgraben zur Verbindung dieser Redoute mit den rückwärtigen Stellungen aus. Dieser Verbindungsgraben, dessen Länge 1200 m, dessen Breite 4 m betrug, war 1 m tief eingeschnitten, während die Höhe der aufgeschütteten Brustwehr 1,4 m betrug.

Gleichzeitig mit diesem Verbindungsgraben wurde in der Verlängerung der Nordfront der eroberten Redoute gegen die zweite Griviza-Redoute die erste Parallele ausgehoben.

245. Verunglückter Sturmangriff am 18. September. In der Hoffnung, durch einen raschen Handstreich die Mühseligkeiten einer regelrechten Belagerung zu vermeiden, wurde von den Rumänen von der ersten Parallele aus (Entfernung von der Redoute 350 m) am 18. September ein Sturmversuch unternommen. Zum Angriff war in erster Linie das 2./15. Dorobanzen-Bataillon, in zweiter Linie das 2./9. Dorobanzen-Bataillon und das 2./1. Linien-Bataillon bestimmt, während das 7. Linien-Regiment die Reserve bildete.

Nachdem seit 6 Uhr morgens eine Anzahl rumänischer und russischer Geschütze die Redoute beschossen, brach um 1 Uhr mittags das 2./15. Dorobanzen-Bataillon aus der ersten Parallele zum

Sturm vor, gelangte bis an den Graben der Redoute, konnte aber die Brustwehr nicht ersteigen. Vergebens wurden jetzt die beiden Bataillone der zweiten Linie und schließlich auch noch das 1./7. Linien-Bataillon aus der Reserve vorgeschickt; alle Versuche scheiterten. Um 5 Uhr war das Gefecht zu Ende; der Verlust der Rumänen betrug: 5 Offiziere, 123 Mann todt; 15 Offiziere, 452 Mann verwundet.

246. Fortsetzung des Erdangriffs. Nunmehr wurde der förmliche Angriff weiter fortgesetzt und (auf 150 m Entfernung von der Redoute) die zweite Parallele hergestellt; gleichzeitig wurde in der ersten Parallele eine Mörser-Batterie erbaut und am 2. Oktober mit vier Mörsern (aus den in Nikopolis erbeuteten Beständen) armirt.

Bis Ende September wurde die dritte Parallele (auf 70 m Entfernung) und bis Mitte Oktober die vierte Parallele (auf 40 m Entfernung) fertiggestellt, wobei die Rumänen nicht unbedeutende Verluste erlitten.

247. Verunglückter Sturmangriff am 19. Oktober. Am 19. Oktober wurde abermals ein gewaltsamer Angriff unternommen, dessen Leitung in den Händen des Oberst Angelescu, Kommandeur der 4. Division, lag.

In erster Linie waren zum Angriff bestimmt das 1. Jäger-Bataillon und das 2./5. Dorobanzen-Bataillon, in zweiter Linie beide Bataillone des 13. Dorobanzen-Regiments. Das 7. Linien-Regiment sollte von der ersten Redoute — und wohl auch von seitwärtigen Schützengräben aus — die Zugänge von den rückwärtigen türkischen Stellungen zu der angegriffenen Redoute unter Feuer nehmen und so die Unterstützung desselben durch vorgehende Reserven verhindern

Nach einem lebhaften Feuer aus 48 rumänischen und 24 russischen Geschützen begann 12½ mittags aus der vierten Parallele der Sturm. An der Spitze befanden sich Sappeure und Freiwillige mit Schanzkörben, Faschinen und Werkzeugen; ihnen folgten die beiden Bataillone der ersten Linie, welche bis in den Graben gelangten, nach großen Verlusten aber schließlich zurückgehen mußten. Ob das 13. Dorobanzen-Regiment an dem Angriff betheiligt war, ist nicht zu ersehen.

Nach dem Scheitern des Angriffs nahm die Artillerie wieder das Feuer auf, während welcher Zeit Oberst Angelescu die Vorbereitungen zu einer Wiederholung des Angriffs traf.

Das 7. Linien-Regiment, welches schon an dem Sturmversuch des 18. September theilgenommen und auf welches man besonderes Vertrauen gesetzt zu haben scheint, wurde in seiner rückwärtigen Feuerstellung durch das 5. Linien-Regiment abgelöst und selbst in die vierte Parallele vorgezogen, aus der es, nach Einbruch der Dunkelheit, gegen 7 Uhr abends zum Angriff vorbrach. Unterstützt durch das ebenfalls vorgehende 1. Jäger-Bataillon, drangen die Stürmenden wirklich in die Redoute ein, so daß bereits die Eroberung derselben nach rückwärts gemeldet wurde, aber vorgehende türkische Reserven warfen die Eingedrungenen, welche keine rechtzeitige Unterstützung fanden, wieder hinaus. Der mißglückte Angriff kostete den Rumänen 2 Offiziere, 283 Mann an Todten und 20 Offiziere und 624 Mann an Verwundeten.

248. Fortsetzung des Erdangriffs. — Minenangriff. Nach dem unglücklichen Sturmversuch wurden die Laufgräben weiter vorgetrieben; am 11. November wurde die fünfte, am 18. November die sechste Parallele eröffnet; letztere befand sich nur 30 m von dem feindlichen Werk entfernt; man konnte aus ihr Handgranaten und Raketen mit Pyroxilinladung in die feindliche Stellung werfen. Am 30. Oktober war ferner der Bau von zwei Minengalerien in Angriff genommen. Die eine wurde von der dritten Parallele gegen die Mitte der Südostfront der feindlichen Redoute vorgetrieben, die andere von der vierten Parallele aus gegen die Südwestfront; von der ersten Galerie aus wurden vier, von der letzten Galerie nur drei Minenherde unter dem Walle angelegt und mit je 240 kg Pulver geladen.

Die Türken gingen unterirdisch gegen diese Arbeiten vor und legten ihrerseits Flatterminen an; als durch die Aussagen eines Deserteurs die Rumänen hiervon Kenntniß erhielten, gaben sie den Minenangriff auf.

249. Stauarbeiten am Wid-Ufer. Mitte November begannen die Rumänen auf Veranlassung des Generals Totleben den Bau eines Wehrs, welches den Wid aufstauen und das Gelände zwischen diesem und der Stellung von Dolnji Netropol unter Wasser setzen sollte. Dieses Wehr, welches in der Höhe von Biwolar erbaut wurde, hatte quer durch das Flußbett des Wid eine Länge von 960 m, eine Höhe von 5 m und eine Breite unten von 19 m, oben von 5 m. Der Bau war noch nicht ganz vollendet, als am 10. Dezember Plewna fiel.

Siebenundzwanzigster Abschnitt.

Vorschieben der Einschließungslinie unter Skobelew westlich der Tutscheniza-Schlucht Ende Oktober und Anfang November.

250. Demonstrationen der Russen gegen die Krschin-Front am 24. Oktober und den folgenden Tagen. Bis zu den großen Septemberkämpfen waren die Grünen Berge von den Türken nicht befestigt und niemals dauernd besetzt; nach jenen Kämpfen aber hatten die Türken auf dem zweiten Kamm drei Redouten errichtet und von hier aus Laufgräben nach dem ersten Kamm vorgetrieben.

Zur Unterstützung der am 24. Oktober von Gurko auf dem linken Wid-Ufer gegen die feindlichen Stellungen auf der Sofia-Straße zu führenden Schlages wurde an diesem Tage von den auf der Lowtscha-Straße stehenden russischen Truppen zwischen Tutscheniza-Schlucht und Wid eine Demonstration gegen die Stellung der Türken auf den Grünen Bergen unternommen.

Die russischen Batterien waren auf dem Rothen Berge aufgefahren und hatten gegen die auf dem zweiten Kamm der Grünen Berge befindliche türkische Stellung eine Kanonade unterhalten, welche materiell gänzlich wirkungslos war und von den Türken nur mit wenigen Schüssen beantwortet wurde.

Die Demonstration wurde am 25. und 26. Oktober wiederholt, ohne daß es zu irgend welchem Zusammenstoß kam.

Auf dem Rothen Berge wurden Befestigungen aufgeworfen und Deckungen für 16 Geschütze erbaut.

251. Das Plewna—Lowtscha-Detachement unter Skobelew in der Stellung auf dem Rothen Berge. Am 27. Oktober wurde Skobelew zum Befehlshaber eines selbständigen Plewna—Lowtscha-Detachements ernannt, welches folgende Zusammensetzung hatte:

16. Infanterie-Division,
1./30. Infanterie-Brigade,   } 21 Bataillone;
9., 10., 11. Schützen-Bataillon,

16. Artillerie-Brigade | 48 9 Pfünder,
1., 2., 3./2. Batterie | 24 4 Pfünder;

3. Sappeur-Bataillon,
1 Sotnie des Kasaken-Regiments Nr. 37.

Zum Chef des Stabes wurde der Generalstabshauptmann Kuropatkin ernannt.

Skobelew traf noch an demselben Tage folgende Anordnungen: Die 1./30. Infanterie-Brigade lagert hinter dem Rothen Berge; sie hat die Vertheidigung der auf diesem eingerichteten Stellung zu übernehmen und hält dieselbe täglich wechselnd mit je einem Bataillon besetzt, dem eine 4 Pfünder-Batterie zugetheilt wird.

Die drei Schützen-Bataillone halten Utschindol besetzt.

Die übrigen Truppen des Detachements beziehen das sogenannte Reservelager westlich der Chaussee hinter dem Grunde von Bogot. Hier mag erwähnt werden, daß 2 km westlich des Reservelagers sich das Lager der 9. Kavallerie-Division befand.

Am 28. Oktober (dem Tage des Angriffs auf Telisch) wurde wiederum demonstrirt.

Während der nächsten Tage wurde die Stellung auf dem Rothen Berge vervollständigt und nach Utschindol hin ausgedehnt. Die im Ganzen fast 3 km lange Stellung bestand aus Geschützdeckungen und Schützengräben; das Dorf Utschindol war zur Vertheidigung eingerichtet. Hinter dieser Linie war dicht westlich der Chaussee eine Lünette sowie hinter dem linken Flügel südwestlich von Utschindol eine Redoute errichtet. Die ganze Stellung war für 36 Kompagnien und 48 Geschütze eingerichtet.

252. Festsetzen der Russen auf der Höhe von Brestowez am 4. November. In der Absicht, die Einschließungslinie zwischen Tutscheniza und Wid weiter vorzuschieben und den Wirkungskreis der türkischen Stellung auf den Grünen Bergen und bei Krschin möglichst einzuschränken, ordnete General Totleben zunächst die Besetzung und Befestigung der Höhe von Brestowez an, welche von den türkischen Redouten auf dem zweiten Kamm etwa 1500 m entfernt war. Gleichzeitig wurden dem Plewna—Lowtscha-Detachement 6 Revolverkanonen und 17 Festungsgewehre (Wallbüchsen) überwiesen.

Nachdem am 4. November bei Tagesanbruch die Stellung auf der Höhe von Brestowez durch Sappeuroffiziere erkundet und die Schützengräben (für 8 Kompagnien) und Geschützdeckungen (für 24 Geschütze) abgesteckt, wurde die Nacht vom 4. zum 5. November zur Ausführung der Arbeiten festgesetzt, und zwar wurden 5 Bataillone und 3 Sappeur-Kompagnien zur Herstellung der Arbeiten und 3 Bataillone zur Deckung bestimmt. Der Rest der 16. Infanterie-Division und die 3 Schützen-Bataillone bildeten die allgemeine Reserve; die

1./30 Infanterie-Brigade blieb in ihrer Aufstellung auf und hinter dem Rothen Berge.

Die geplanten Arbeiten wurden im Laufe der Nacht ohne Störung ausgeführt; bei Tagesanbruch fuhren drei 9 Pfünder-Batterien in die Stellung ein, welche von einem Schützen-Bataillon besetzt wurde; im Dorfe Brestowez wurden 2 Schützen-Kompagnien, 5 Revolverkanonen und das Wallbüchsenkommando aufgestellt.

Nachdem die Batterien in die Stellung gerückt waren, wurden einige Probeschüsse auf die Redouten des zweiten Kammes abgegeben; dann folgte eine Salve aller 24 Geschütze, und ein Musikkorps spielte die Nationalhymne.

Als die Türken die vorgeschobene feindliche Stellung entdeckten, eröffneten sie ein lebhaftes Geschütz- und Gewehrfeuer und einzelne Abtheilungen gingen gegen den rechten Flügel der Stellung, das Dorf Brestowez, vor. Eine Abtheilung Schützen ging ihnen entgegen und warf sie bis zum ersten Kamm zurück, wurde dann aber durch Skobelew, der das Vorgehen nicht billigte, persönlich zurückgeholt. Die Russen verloren bei dieser Gelegenheit 9 Todte und 26 Verwundete; der Kommandeur der 3. Schützen-Brigade erhielt von Skobelew einen Verweis, weil er ohne Befehl das Vorgehen angeordnet.

Vorgreifend sei hier erwähnt, daß die Geschützstellungen auf der Brestowez-Höhe sich als zu weit hinter der Kammlinie liegend erwiesen; um ihnen ein besseres Schußfeld zu geben, mußten sie demnächst weiter vorgeschoben werden. Später wurden dann etwa 800 m vor der neuen Batteriestellung Schützengräben angelegt, auch wurde auf dem linken Flügel der ganzen Brestowez-Stellung in den Tagen vom 22. zum 25. November eine starke fünfeckige Redoute erbaut.

Am 6. November trat das donische Kasaken-Regiment Nr. 9 zum Plewna—Lowtscha-Detachement, während die bisher zu demselben gehörende Sotnie des donischen Regiments Nr. 37 zum Stabe der West-Armee übertrat.

253. Festsetzen der Russen auf dem ersten Kamm der Grünen Berge am 9. November. Am 8. November erhielt Skobelew den Befehl, sich auf dem ersten Kamm der Grünen Berge festzusetzen; er traf dafür folgende Anordnungen:

Die zu dem Unternehmen bestimmten Truppen — Regiment Wladimir, 9. Schützen-Bataillon, 1. und 2. Schützen-Kompagnie des

Regiments Jaroslaw, 3 Sappeur-Kompagnien, 2 Sotnien Kasaken und 4 Revolverkanonen — versammeln sich am 9. November um 4 Uhr nachmittags hinter dem Rothen Berge bei dem Lager der 1./30. Infanterie-Brigade.

Das Regiment Uglitsch und die beiden Schützen-Bataillone in der Brestowez-Stellung, die Regimenter Schuja und Jaroslaw (1./30. Infanterie-Brigade) in der Stellung auf dem Rothen Berge machen sich gefechtsbereit; die Regimenter Kasan und Susdal bleiben im Reservelager.

General Skobelew selbst setzte den zu dem Unternehmen bestimmten Truppen Zweck und Ausführung desselben auseinander: es kommt heute nicht etwa darauf an, Plewna zu nehmen, sondern nur, sich auf dem ersten Kamm festzusetzen.

Das Vorgehen hat in folgender Art zu erfolgen:

Die 3. Kompagnie des 9. Schützen-Bataillons und ein Kommando von 50 Freiwilligen unter Lieutenant Tarassenko soll sich der vordersten feindlichen Schützengräben (welche auf dem nördlichen Theil des ersten Kammes lagen) bemächtigen und sich in ihnen so lange zu halten versuchen, bis das Gros des Detachements sich hinreichend eingegraben hat.

Die drei anderen Kompagnien des 9. Schützen-Bataillons sollen als Schützenlinie die Arbeiten des Regiments Wladimir decken, welches sich auf dem ersten Kamm kompagnieweise nebeneinander eingraben soll.

Die beiden Schützen-Kompagnien Jaroslaw sollen in der Tutscheniza-Schlucht vorgehen und die rechte Flanke sichern.

Die Revolverkanonen sollen zunächst hinter dem Regiment Wladimir folgen.

Unter dem Schutze eines dichten Nebels überschritten die Truppen ungesehen den Rothen Berg und stiegen in den Brestowez-Grund hinunter; von hier aus begannen sie um $5^{3}/_{4}$ Uhr den ersten Kamm zu ersteigen, während gleichzeitig die in der Brestowez-Stellung aufgefahrenen 24 Geschütze ein lebhaftes Feuer gegen die türkischen Redouten bei Krschin und auf den zweiten Kamm der Grünen Berge eröffneten.

Eine auf dem ersten Kamm stehende türkische Schützenkette ging lebhaft feuernd auf ihre Laufgräben zurück. Die russische Schützenlinie folgte bis etwa 100 m über die Kammlinie hinaus, wurde hier aber von Skobelew persönlich festgehalten; nur die erwähnte Abtheilung unter Lieutenant Tarassenko erhielt Befehl zum weiteren Vorgehen. Ohne zu schießen stürzten sich diese Mannschaften auf die Türken, warfen sie aus dem vordersten Laufgraben hinaus und setzten sich in demselben fest.

Inzwischen schritt das Regiment Wladimir, dessen Kompagnien sich nebeneinander entwickelten, zum Ausheben der Schützengräben, während das Regiment Schuja aus der Stellung hinter dem Rothen Berge nach dem Breslowez-Grunde vorgezogen wurde und hier mit den Revolverkanonen und den beiden Sotnien Aufstellung nahm.

Gegen 11 Uhr nachts gingen die Türken ihrerseits zum Angriff über. Ein Festhalten des genommenen Laufgrabens durch die kleine russische Abtheilung war nicht beabsichtigt; in der Front angegriffen und auf den Flügeln umfaßt, gingen diese Mannschaften nach Verlust ihrer Offiziere in Unordnung zurück und verursachten Verwirrung an einigen Punkten der rückwärtigen Stellung.

Als die Türken sehr energisch und umfassend gegen den linken Flügel der russischen Stellung vorgingen, erhielt die russische Schützenlinie Befehl zum Zurückgehen, um die Front der inzwischen in den halbfertigen Schützengräben aufgestellten Abtheilungen zum Salvenfeuer frei zu machen. Die rückgängige Bewegung der russischen Schützen wurde zum Theil ziemlich haltungslos ausgeführt und erschütterte hierdurch auch die Haltung der in den Schützengräben stehenden Kompagnien des linken Flügels; drei Kompagnien — 7., 8., 12. — des Regiments Wladimir, von den avancirenden Türken lebhaft in der Flanke beschossen, verließen die Schützengräben, eilten in den Grund zurück und rissen einige hinter der Front als Reserve aufgestellte Kompagnien mit sich fort.

Der Augenblick war kritisch, aber die Kompagnien im Centrum und auf dem rechten Flügel der russischen Stellung bewahrten unter der Einwirkung ihrer Offiziere eine musterhafte Ruhe und erwarteten, ohne einen Schuß zu thun, das Herankommen des Feindes, um ihn erst in nächster Nähe mit Salven zu empfangen. Zur Unterstützung des geworfenen linken Flügels gingen eine Kompagnie des 9. Schützen-Bataillons und einige Kompagnien des Regiments Schuja vor, auch ein Theil der zurückgelaufenen Mannschaften wurde gesammelt und wieder vorgeführt; der Angriff wurde schließlich abgewiesen.

Gegen 5 Uhr morgens unternahmen die Türken einen neuen Vorstoß, der aber ebenfalls scheiterte.

Nach dem Gefecht sprach Skobelew den Truppen seinen Dank aus, wies aber besonders darauf hin, daß im Gefecht vor Allem

Ordnung beobachtet werden müsse. Die Kommandeure der drei zurückgewichenen Kompagnien Wladimir wurden ihrer Stellen enthoben.

Der in der Nacht vom 9. zum 10. November vom Regiment Wladimir hergestellte sogenannte „Gefechtslaufgraben" hatte eine Länge von 750 m; er lag etwas von der Kammlinie ab nach der türkischen Seite zu und bot so ein gutes Schußfeld, welches allerdings stellenweise von Weinstöcken und Buschwerk beeinträchtigt wurde.

In den folgenden Tagen wurde der Gefechtslaufgraben verbreitert und vertieft, auch nach links über die Chaussee hinaus mit der Brestowez-Stellung verbunden; hinter demselben wurden in verschiedenen Linien hintereinander Laufgräben für die Aufstellung der Reserven hergestellt, auch einige Redouten und Geschützstellungen erbaut.

Auch die Türken schoben ihre Laufgräben auf dem ersten Kamm weiter vor und kamen der vordersten russischen Linie bis auf 200 Schritt nahe.

Sechstes Buch.
Plewnas Fall.

Achtundzwanzigster Abschnitt.
Die türkische Plewna-Armee von Mitte September bis Anfang Dezember.

254. Allgemeine Lage und Stärkeverhältnisse. Die allgemeine Lage der türkischen Plewna-Armee Anfang September, sowohl was die Truppenstärke (Nr. 113) als was die Befestigung der Stellung (Nr. 114) betrifft, ist im 17. Abschnitt bereits angegeben.

Die blutigen Septemberkämpfe hatten mit der siegreichen Abweisung des feindlichen Angriffs geendet und das moralische Element der Plewna-Armee außerordentlich gestärkt, während die materielle Lage derselben dadurch ungünstig beeinflußt wurde, daß durch das Auftreten eines starken russisch-rumänischen Kavalleriekorps am linken Wid-Ufer die rückwärtigen Verbindungen zunächst unterbrochen wurden. Zwar scheinen am 13. September von Westen her zwei Bataillone in Plewna eingetroffen zu sein — wahrscheinlich in Begleitung eines Lebensmitteltransports, nähere Angaben liegen hierüber nicht vor —, im Uebrigen aber war die Verbindung thatsächlich abgeschnitten, bis am 24. September Achmed Chiwsi Pascha mit bedeutenden Verstärkungen — 17 Bataillonen, 6 Eskadrons, 12 Geschützen — und einem großen Lebensmitteltransport eintraf, nachdem er die russisch-rumänische Kavallerie bei Gornji Dubnjak ohne Mühe zurückgetrieben hatte (Nr. 194).

Die umfassenden Fouragirungen, welche Osman nach Ankunft dieser Verstärkungen im Westen von Plewna ausführen ließ, sind bereits (Nr. 195) näher erwähnt worden.

Anfang Oktober führte demnächst Chefket Pascha den zweiten großen Transport auf der Sofia-Straße heran (Nr. 196); entweder mit ihm oder bald nachher trafen bedeutende Verstärkungen bei Plewna ein, und die Armee Osmans erreichte in der zweiten Hälfte des Oktober eine Stärke von 86 Bataillonen, 17 regulären und 12 irregulären Eskadrons nebst einer nicht näher bekannten Anzahl Tscherkessen und 85 Geschützen; die Gesammtstärke dieser Truppen muß auf annähernd 60 000 Mann veranschlagt werden.

Durch Anlage einer Anzahl fester Etappenpunkte längs der Sofia-Straße suchte sich Osman dieses Lebensnervs seiner Armee dauernd zu versichern, aber bereits Ende Oktober wurden diese Stützpunkte den Türken durch die Offensive der Russen unter Gurko entrissen, während die türkische Haupt-Armee durch Demonstrationen der Russen am rechten Wid-Ufer von einer Unterstützung ihrer detachirten Posten abgehalten wurde.

In den blutigen Kämpfen am 24. und 28. Oktober bei Gornji Dubnjak und Telisch gingen 12 Bataillone, 6 Eskadrons und 8 Geschütze verloren, so daß die Armee Osmans Ende Oktober aus 74 Bataillonen, 11 regulären und 12 irregulären Eskadrons und einer Anzahl Tscherkessen bestand mit 77 Geschützen; diese Stärke hat nun bis zur Schlußkatastrophe keine Veränderung erfahren.

Seit dem 24. Oktober war Plewna endgültig von jeder Verbindung abgeschnitten.

255. **Die Befestigungen.** Oestlich der Tutscheniza-Schlucht wurden nach den Septemberkämpfen neue Befestigungen nicht angelegt, nur die bereits bestehenden ausgebaut (Näheres hierüber Nr. 37).

Westlich der Tutscheniza-Schlucht setzten sich die Türken im Laufe des Oktober auf dem zweiten Kamme der Grünen Berge fest, wo drei Redouten errichtet wurden: westlich Nisch Tabia (Nr. 35), in der Mitte Ghazi Osman Tabia (Nr. 36), östlich Ali Bey Tabia oder Hadschi Baba (Nr. 37); von dieser Stellung aus wurden Laufgräben nach dem ersten Kamm vorgetrieben und der nördliche Theil dieses letzteren durch eine Anzahl zusammenhängender Schützengräben gesichert. Ende Oktober und Anfang November schritten die Türken ferner zur Befestigung des Höhenzuges, der sich vom Dorfe Krschin in der Richtung auf Blasiwaz zum Wid hinzieht; hier wurden die Redouten Aibin Tabia (Nr. 28), Chilmi Effendi (Nr. 27), Tertew Bey (Nr. 25) und Tireboli (Nr. 23) errichtet und verschiedene kleinere

Werke. Hinter dieser Redoutenlinie lag die Redoute Vely Bey (Nr. 26).

Die ganze türkische Stellung war in fünf Sektoren eingetheilt:

Erster Sektor. — Nord- und Nordostfront. — Divisionsgeneral Adil Pascha: Sämmtliche Werke auf dem Höhenzug des Janik Baïr, von der zweiten Griviza-Redoute (Basch Tabia, Sabut Pascha Tabia) Nr. 2 bis zur Batterie auf der Bukowa-Höhe (Nr. 6).

Zweiter Sektor. — Ost- und Südostfront. — Brigadegeneral Atuf Pascha: Die Werke erster Linie des mittleren Hauptabschnittes zwischen der Griviza-Schlucht und der Tutscheniza-Schlucht, d. h. Tschorum (Nr. 43), Ibrahim Bey (Nr. 42), Atuf Pascha (Nr. 40), Omer Bey (Nr. 38).

Dritter Sektor. — Süd- und Südwestfront: Von der Tutscheniza-Schlucht bis zum Wid.

Vierter Sektor. — Westfront: Längs des Wid. Diese beiden Sektoren waren dem Brigadegeneral Tahir Pascha unterstellt.

Fünfter Sektor. — Nordostfront. — Oberst Suleiman Bey: Die sogenannten Opanes-Werke.

Die in dem mittleren Hauptabschnitt gelegenen Werke zweiter Linie: Batterie des Hauptquartiers (Nr. 46), Ichtyat Tabia (Nr. 45), Top Tabia (Nr. 44) und Arab Tabia (Nr. 39), waren keinem Sektor zugetheilt, sondern bildeten direkt unter dem Generalissimus eine Centralgruppe; Oberstlieutenant Nazif Bey war Kommandant des Hauptquartiers.

Nachfolgende Offiziere hatten in den ihnen dauernd unterstellten Werken eine fast ganz selbständige Stellung: Omer Bey in Nr. 38, Junus Bey in Nr. 32, Tahir Bey in Nr. 36, Abdullah Bey in Nr. 30, Tertew Bey in Nr. 25 und Said Bey in Nr. 18.

256. Die Armee von Plewna nach dem Verlust ihrer Verbindungen. — Am 24. Oktober hatten die feindlichen Batterien auf der Ostseite Plewnas ein lebhaftes Feuer eröffnet, während westlich der Tutscheniza-Schlucht bis zum Wid hin auffallende Bewegungen russischer Truppenmassen stattfanden, so daß Osman jeden Augenblick einen Angriff auf sein verschanztes Lager erwarten zu müssen glaubte.

Gleichzeitig vernahm man aus der Gegend westlich des Wid lebhaftes Geschützfeuer; ob dort ein anmarschirendes Entsatzkorps mit den Einschließungstruppen im Gefecht sei, oder ob der befestigte Etappenpunkt Gornji Dubnjak etwa von den Russen angegriffen werde, darüber gingen die Meinungen auseinander. Eine Entsendung von Truppen aus dem verschanzten Lager in jener Richtung schien im Hinblick auf die geschilderten Verhältnisse nicht angängig.

Die Verbindung nicht nur mit Gornji Dubnjak, sondern selbst mit dem ganz nahen Doljni Dubnjak war seit dem Morgen des 24. Oktober unterbrochen; erst am 26. gelangte ein Bote Vely Beys aus Doljni Dubnjak nach Plewna mit der Meldung: seit 48 Stunden sei von Gornji Dubnjak nichts mehr zu hören, und auch aus Telisch seien keine Nachrichten eingegangen.

Ueberzeugt von dem Verlust der genannten beiden Posten, schickte Osman in der Nacht vom 26. zum 27. Oktober durch einen Tscherkessenoffizier den Befehl an Vely Bey: Doljni Dubnjak zu räumen und sich in das verschanzte Lager auf dem rechten Wid-Ufer zurückzuziehen. Vely Bey führte den Befehl mit großem Geschick aus und brachte nicht nur die Besatzung, sondern auch die muhammedanischen Einwohner von Doljni Dubnjak glücklich nach Plewna.

Am 31. Oktober erhielt Osman die volle Bestätigung seiner in Betreff der Etappenpunkte Gornji Dubnjak und Telisch gehegten Befürchtungen: 1 Offizier und 4 Soldaten, welche zur türkischen Besatzung von Gornji Dubnjak gehört hatten und bei der Erstürmung dieses Punktes durch die Russen in Gefangenschaft gerathen, waren jetzt vom General Gurko an Osman Pascha abgeschickt, um diesem die Nachricht zu überbringen, daß Gornji Dubnjak und Telisch in den Händen der Russen seien.

In den ersten Novembertagen fuhren die Russen fort, ihre Aufstellung westlich der Tutscheniza-Schlucht allmählich weiter vorzuschieben, wobei es mehrfach zu — übrigens unbedeutenden — Zusammenstößen kam; am 10. November erfolgte unter lebhaftem Gefecht das Festsetzen der Russen auf dem ersten Kamm der Grünen Berge dicht vor den türkischen Laufgräben; während der nächsten Tage fanden hier mehrere kleinere Zusammenstöße statt.

Am Nachmittage des 12. November überbrachte ein russischer Parlamentäroffizier ein Schreiben des Großfürst-Generalissimus an Osman Pascha; im Hinblick auf die bereits erfolgte Ueberwältigung von Gornji Dubnjak und Telisch, auf das siegreiche Vordringen Gurkos gegen Orchanie und auf die eingetroffenen bedeutenden russischen Verstärkungen wurde der türkische General „im Namen der Menschlichkeit" aufgefordert, den weiteren Widerstand aufzugeben und die Waffen niederzulegen. Osman lehnte das Ansinnen in würdiger Form ab; die von Osman in türkischer Sprache dem General

Hussein Wasfi Paschas diktirte Antwort wurde von einem im Lager anwesenden französischen Journalisten ins Französische übersetzt und so dem Großfürst-Generalissimus zugestellt.

Die völlige Absperrung Plewnas von der Außenwelt machte sich mehr und mehr geltend, aber noch hatte die eingeschlossene Armee die Hoffnung auf Hülfe und Rettung nicht aufgegeben. Ausguckposten in der Brückenschanze und an anderen hochgelegenen Punkten beobachteten mit gespannter Erwartung die weit sich nach Westen erstreckende Ebene in der Hoffnung, die Annäherung der so sehnlichst erwarteten Entsatz-Armee zu entdecken. Zuverlässige Boten wurden in jener Richtung abgesandt — einige kehrten um, da es ihnen nicht möglich war, durch die russischen Linien zu gelangen, andere blieben aus und mit ihnen die gehofften Nachrichten.

Am 22. November morgens entdeckte man vor der Redoute Tertew Bey ein an einem Pfahl befestigtes Plakat, welches in schlechtem Türkisch folgende Mittheilung enthielt: „Die Festung Kars ist genommen, die Armee Muktar Paschas gefangen, ihr seid auf allen Seiten eingeschlossen, euer Souverän wünscht den Frieden, Osman allein hält euch hier fest. Ergebt euch, erhaltet euch für euere Frauen und Kinder, andernfalls werdet ihr vor Hunger sterben oder durch die russischen Kugeln getödtet werden".

An demselben Tage übersandten die Russen auf der Griwiza-Front an Osman einige Nummern der „Times" und der „Daily News", welche an blau angestrichenen Stellen die Niederlage Muktar Paschas und den Fall der Festung Kars berichteten; außerdem enthielten diese Blätter Auseinandersetzungen darüber, daß Suleiman nicht im Stande sei, von Osten her den Entsatz zu bewirken, sowie daß Reuf nach Konstantinopel gemeldet habe, wegen starken Schneefalls im Gebirge sei die Schipka-Armee nicht im Stande, irgend eine Operation zu unternehmen.

Auf Hülfe von außen war also sichtlich nicht mehr zu rechnen, die eigenen Mittel der Plewna-Armee aber gingen bedenklich zu Ende.

Schon seit Anfang Oktober war die ausgegebene Brotportion auf zwei Drittel ihrer vorschriftsmäßigen Höhe herabgesetzt, im November hatte eine weitere Herabsetzung auf ein Drittel stattgefunden; als Ergänzung wurden in Wasser gekochte Maiskolben gegessen, aber zum Kochen dieser kärglichen Nahrung und der geringen Fleischportion fehlte es an Holz, so daß die Mannschaften mit Bajonetten und Seitengewehren Wurzeln ausgruben, um Material zum Kochen und zum Wärmen zu gewinnen. Die Kälte war bereits sehr empfindlich geworden, dabei war die Kleidung der Mannschaften völlig abgerissen. Die schlechte Nahrung, die Einflüsse der rauhen Witterung und die fortgesetzten Beschwerden des Arbeits- und Wachtdienstes hatten massenhafte Erkrankungen zur Folge, für deren Behandlung den Aerzten bereits alle Mittel fehlten; die Sterblichkeit vermehrte sich von Tag zu Tag in erschreckender Art.

Die Reit- und Zugthiere, auf kärgliche Rationen angewiesen, fielen in Menge; sorgfältig sparte man für die Artilleriebespannung einige dürftige Vorräthe auf. Die verzweifelte Lage der eingeschlossenen Armee erforderte eine endgültige Entscheidung.

Am 1. Dezember morgens legte Osman Pascha seinen zum Kriegsrath berufenen Generalen die Frage vor: Sollen wir bei Plewna ausharren, bis die letzten Lebensmittel verbraucht sind, und dann die Waffen strecken, oder sollen wir durch einen verzweifelten Ausfall die feindlichen Linien zu durchbrechen versuchen?

Die Anschauungen waren getheilt; in der ersten Berathung kam man zu keinem Entschluß, aber in einer folgenden zweiten Berathung erlangte Osman die allgemeine Zustimmung für den Durchbruchsversuch.

257. **Die strategische Lage. Entsatzpläne und Entsatzversuche.** Nach dem siegreichen Abweisen des großen Septemberangriffs erörterte Osman in einem am 14. September an den Sultan gerichteten Telegramm seine Lage. Nachdem er im Eingang kurz das Resultat der soeben beendeten Kämpfe angegeben, fährt er fort: „Munition und Proviant gehen bei uns zu Ende. Die Munition und die 20 Bataillone, um die ich kürzlich bat, sind noch nicht angekommen. Die Verluste an Todten und Verwundeten in der letzten Woche haben uns sehr geschwächt; wir sind in die Nothwendigkeit versetzt, den Rückzug anzutreten, aber denselben auszuführen, ist nicht leicht. Wenn wir diesen wichtigen Punkt verlassen, würde der ganze nördliche Hang des Balkan offen sein, und dies einen ungünstigen Eindruck auf die Unseren und auf das Ausland machen; soviel mohammedanische Familien dem Feinde preiszugeben, wäre nicht zu verantworten und würde nicht im Sinne Euerer Majestät sein. Diese Erwägungen haben mich bewogen, die Stellung zu halten. Wenn Lowtscha von uns nicht wieder genommen wird, ist unsere Rückzugslinie in beständiger Gefahr. Sobald der Feind (hier) zurückgeworfen und unsere Truppen wieder in Ordnung gebracht,

werden wir mit Gottes Hülfe Lowtscha wieder nehmen. Zur Sicherung unserer Rückzugslinie und unserer Verbindungen und zum Heranschaffen von Proviant und Munition bitte ich außer den oben erwähnten 20 Bataillonen mir noch 10 Bataillone überweisen zu wollen, und dieselben nach irgend einem Punkt zwischen Plewna und Orchanie in Bewegung zu setzen. Die hiesigen Tscherkessen sind auseinandergelaufen, es fehlt uns daher sehr an Kavallerie; ich bitte um Zusendung von drei guten Kavallerie-Regimentern, außerdem um 5000 bis 6000 Mann zur Ergänzung des Abgangs meiner Infanterie. Da die Redif-Bataillone III. Aufgebots und die Mustahafiz nur geringen Werth haben, so bitte ich um Zusendung guter und vollständiger Bataillone ..."

Auf Grund dieses Telegramms richtete der Sultan am 16. September an den Kriegsminister einen Erlaß, in welchem auf die gefährliche Lage Osmans hingewiesen und die sofortige Absendung der erbetenen Verstärkungen anbefohlen wurde. Infolge dieses Befehls setzte sich die erste Entsatz-Expedition unter Achmed Chiwsi Pascha von Orchanie nach Plewna in Bewegung (Nr. 194). An demselben Tage (16. September) erging an Osman folgende Antwort: „Ihr Telegramm vom 14. ist vom Kriegsrath begutachtet worden. Ihr Entschluß, die Stellung zu halten, ist sehr zweckmäßig."

Das Eintreffen der beiden großen Entsatz-Expeditionen unter Achmed Chiwsi und Chefket hatte zwar für den Augenblick die Lage der Armee Osmans günstiger gestaltet, gleichzeitig aber auch den Beweis geliefert, mit welchen außerordentlich großen Schwierigkeiten das Heranschaffen genügender Proviantvorräthe verbunden sei, namentlich im Hinblick auf den sich bereits ankündigenden Winter und auf die fortgesetzte Vermehrung der gegen Plewna versammelten feindlichen Streitkräfte.

In richtiger Erkenntniß seiner immer gefährlicher werdenden Lage hatte Osman am 6. und zum zweiten Male am 11. Oktober telegraphisch in Konstantinopel die Ermächtigung erbeten, Plewna zu räumen und auf Orchanie zurückzugehen; als Antwort hatte er den Befehl erhalten, sich auch fernerhin bei Plewna zu behaupten.

Die Ueberwältigung der Etappenpunkte Gornji Dubnjak am 24. und Telisch am 28. Oktober, der Rückzug Chefket Paschas von Radomirze nach Orchanie am 29. Oktober und die hierdurch besiegelte Festsetzung der Russen auf der Sofia-Straße öffneten den maßgebenden Persönlichkeiten in Konstantinopel endlich die Augen.

Am 31. Oktober erhielt Suleiman, der Generalissimus der Ost-Armee, folgendes Telegramm des Seraskiers: „Die Lage bei Plewna wird kritisch. Die Kapitulation Hakki Paschas bei Telisch war eine Folge seiner Verrätherei (!). Bei Orchanie steht Chefket Pascha mit 16 Bataillonen; von Schipka werden noch 7 Bataillone nach Orchanie gesandt werden. Wir glauben, Osman muß jetzt Plewna räumen; nach den hier eingegangenen Nachrichten hat er nur noch Proviant für 20 Tage. Der Feind macht große Anstrengungen, Plewna vollständig einzuschließen und alle Verbindungen abzuschneiden. Wie denken Sie unter diesen Umständen über eine Operation auf Kesarewo (d. h. von Osmanbasar auf Tirnowa)? Mahmud wartet am Telegraph."

Suleimans Antwort ist dem Wortlaut nach nicht bekannt; er sprach sich dahin aus, Osman solle Plewna räumen.

Ueber die Plewna-Armee waren zu dieser Zeit bereits sehr bedenkliche Gerüchte verbreitet; zuverlässige direkte Nachrichten gelangten aus Plewna nicht mehr durch die russischen Linien hindurch.

Am 3. November wurde von Konstantinopel aus an Osman Pascha der Befehl übersandt, Plewna zu räumen; auf welchem Wege dieser Befehl geschickt wurde und ob er überhaupt an Osman gelangte, ist leider nicht bekannt.

Inzwischen spielten langwierige Auseinandersetzungen und Verhandlungen über Suleimans Stellung zu den Kommandirenden der drei anderen Armeen, infolge deren Suleiman am 10. November von Konstantinopel aus nochmals[*]) ausdrücklich als Vorgesetzter der Balkan-Armee (Reuf Pascha) und der Plewna-Armee (Osman Pascha) erklärt wurde. Das Verhältniß der Sofia-Armee (Mehmed Ali Pascha) zu Suleiman war zunächst unklar gelassen; auf eine am 14. November telegraphisch nach Konstantinopel gerichtete Frage, ob Mehmed Ali ihm unterstellt sei oder nicht, erhielt Suleiman indessen eine bejahende Antwort.

Während diese Verhandlungen noch schwebten, hatte sich das Gerücht verbreitet, Osman Pascha werde versuchen, nach Selwi durchzubrechen.

Suleiman meldete hierüber nach Konstantinopel: Wenn sich das Gerücht von dem Marsche Osmans auf Selwi bestätige, so werde

---

[*]) Seine Stellung als Höchstkommandirender auf dem ganzen bulgarisch-rumelischen Kriegsschauplatz war bereits Anfang Oktober bei seiner Ernennung zum Kommandirenden der Ost-Armee ausgesprochen.

er (Suleiman) mit 30 Bataillonen auf Elena marschiren, während Reuf mit 30 Bataillonen und seiner Gebirgsartillerie über den Paß Mara Heidul auf Selwi marschiren solle; auf diese Weise werde eine Vereinigung der drei Armeen auf der Nordseite des Balkan ermöglicht werden. Dieser Plan kam nicht zur Ausführung, da die Nachricht von dem Marsche Osmans auf Selwi sich nicht bestätigte.

Suleiman machte nun nach Konstantinopel den Vorschlag zu einem anderen Entsatzversuch: Durch Abgaben von der Lom- und Balkan-Armee soll bei Orchanie ein Korps von 40 bis 50 Bataillonen gebildet werden, über welches Suleiman persönlich den Oberbefehl übernehmen will, um mit ihm über Radomirze auf Plewna vorzugehen und der Armee Osmans den Weg zum Abzuge frei zu machen. Zur Unterstützung dieser Bewegung soll Mehmed Ali die bei Sofia sich sammelnden Truppen nach Berkowaz führen und von hier aus über Wrazza nach Plewna vorgehen. Gleichzeitig soll die Lom-Armee (Ost-Armee) gegen Elena vorgehen und die Balkan-Armee, „wenn möglich" (was Suleiman bezweifelt), über den Balkan herüber der Lom-Armee die Hand reichen.

Die auf diesen Plan bezüglichen Verhandlungen sind für den schwerfälligen Betrieb der türkischen Heeresleitung und für die in den Kreisen der türkischen Generale herrschenden strategischen Vorstellungen äußerst charakteristisch.

Am 14. November machte Suleiman dem Seraskeriat den ersten Vorschlag zu dem oben erwähnten Entsatzversuch; das bei Orchanie aufzustellende Korps soll hierbei in folgender Art gebildet werden:

Von der Ost-Armee sollen 15 Bataillone über Varna auf dem Seewege nach Konstantinopel, dann von hier mit der Eisenbahn nach Tatar Basardschik befördert werden; für diese ganze Bewegung bringt Suleiman nur 5 Tage in Anrechnung. Von Tatar Basardschik aus mußten diese Bataillone dann über den Arabkonak-Paß nach Orchanie marschiren. Von der Balkan-Armee sollten ebenfalls 15 Bataillone abgegeben werden, welche nach 5 Tagen bei Orchanie eintreffen sollten. Bei Orchanie selbst sollten außerdem von rückwärts her 10 Bataillone gesammelt werden.

Am 15. November erwidert hierauf das Seraskeriat: Die Entsendung von 15 Bataillonen und einigen Batterien von Seiten der Balkan-Armee sei zulässig; die Bataillone der Ost-Armee aber würden weder auf dem Land- noch auf dem Seewege rechtzeitig eintreffen. Der Beschleunigung wegen können aber die in Sliwno und Umgegend stehenden sieben oder acht Bataillone nach Orchanie geschickt werden, wo auf diese Weise, auch ohne Entsendung von der Ost-Armee, 55 Bataillone versammelt werden können. Hält Suleiman dies nicht für angängig, so soll er sich auf eine Bewegung der Ost-Armee gegen Plewna beschränken; die Ausführung der einen oder der anderen Operation wird übrigens ganz dem Ermessen Suleimans überlassen.

Als Antwort hierauf richtet Suleiman am 16. November an den Seraskier folgendes Telegramm:

„Aus Ihrem gestrigen Telegramm geht hervor, daß Sie den von mir vorgeschlagenen Plan zum Entsatz Plewnas — Offensive eines starken Korps von Orchanie her unter meinem Oberbefehl — nicht gutheißen. Mehmed Ali hat mir gestern mitgetheilt, er habe durch Euere Excellenz Kenntniß von meinem Plan erhalten; er bittet mich um genaue Bestimmung des Tages für den Beginn der allgemeinen Offensive. Nur von einer Seite her die Offensive zu ergreifen, kann leicht gefährlich werden, da die Aufstellung des Gegners diesem die Möglichkeit giebt, seine Hauptkräfte gerade nach dieser Seite zu richten; deshalb schlug ich vor, Mehmed Ali und ich selbst sollten beide gleichzeitig die Offensive beginnen, Mehmed Ali von Bertowaz und ich von Orchanie aus. Um die Aufmerksamkeit des Gegners abzulenken und seine Kräfte zu theilen, halte ich einen Offensivstoß der Ost-Armee auf Elena für nothwendig. Giebt die Balkan-Armee 15 Bataillone ab, so wird sie allerdings nicht mehr im Stande sein, den Balkan zu überschreiten und mit der Ost-Armee zu kooperiren. Den Angriff auf Elena müssen die bei Sliwno stehenden Bataillone über Istrak unterstützen, — von ihnen darf daher kein Bataillon nach Orchanie abgegeben werden."

Da Suleiman am folgenden Tage (17. November) auf obiges Telegramm noch keine Antwort hatte, so schickte er folgendes Telegramm ab mit der Adresse: „An den Kaimakam des Seraskeriats und an den Oberkriegsrath!" — „Die kritische Lage Plewnas zwingt mich, um schleunigste Antwort auf mein Telegramm vom gestrigen Tage zu bitten. Heute muß ich Ihren Entschluß über meine und Mehmed Alis Operationen erfahren; jeder Zeitverlust kann uns theuer zu stehen kommen. — Am 14. d. Mts. habe ich die Entsendung von 15 Bataillonen (der Ost-Armee) per Dampfschiff bezw. per Eisenbahn vorgeschlagen; wäre mein Vorschlag damals angenommen, und hätte das Seraskeriat die erforderlichen Maßregeln für den Transport getroffen, so würden wir heute schon (!) die Nachricht haben von der Ankunft jener Bataillone in Tatar Basardschik. Wenn Sie heute den Entschluß fassen, so können diese Truppen binnen acht Tagen in Orchanie sein ... Wenn ferner 15 Bataillone der Balkan-Armee heute in Marsch gesetzt werden, so können sie binnen fünf Tagen in Orchanie eintreffen ... Bei Nichtannahme meines Planes lehne ich übrigens jede Verantwortlichkeit für den Erfolg der zu unternehmenden Operationen ab, mit deren Grundgedanken ich nicht einverstanden bin."

Inzwischen hatte das Seraskeriat sich auch mit Mehmed Ali, dem Kommandirenden der bei Orchanie sich sammelnden sogenannten „Entsatz-Armee" in Verbindung gesetzt und seine Ansicht über Suleimans Vorschlag eingeholt; Mehmed Ali scheint — was bei seinem schlechten Verhältniß zu Suleiman begreiflich — sich gegen den Vorschlag ausgesprochen zu haben, und Seraskeriat und Kriegsrath schlossen sich dieser Auffassung an. Am 18. November ging von Konstantinopel aus folgendes Telegramm an Suleiman ab:

„Ihre Telegramme vom 14., 16. und 17. sind dem Oberkriegsrath unterbreitet worden. Die Ueberführung von 15 Bataillonen der Ost-Armee nach Orchanie würde unter den jetzigen Umständen und mit Rücksicht auf die Jahreszeit 20 bis 25 Tage in Anspruch nehmen; in dieser Zeit ist das Schicksal Plewnas bereits so oder so entschieden ... Mit Rücksicht auf die kritische Lage Plewnas ist es dringend geboten, irgend welche Maßregeln zu ergreifen, um der Armee Osmans Luft zu machen. Die zwingende Gewalt der Lage erlaubt keinen langen Schriftwechsel über diese Frage, daher befiehlt ein großherrlicher Erlaß, ohne Verzögerung hierüber schlüssig zu werden. Euere Excellenz werden daher aufgefordert, schleunigst zu erwägen, was in diesem Sinne geschehen kann; welche Operationen die Armee von Orchanie zum Entsatz der Armee von Plewna unternehmen soll und wieweit die Balkan-Armee hierbei mitwirken kann. Sie wollen sich hierüber mit Mehmed Ali und Reuf verständigen und den endgültig gefaßten Plan hierher mittheilen.

Die aufs Aeußerste gespannte Sachlage wird scharf charakterisirt durch folgende telegraphische Unterhaltung, welche am 21. November zwischen der Kanzlei des Sultans und dem zur Zeit in Sofia befindlichen Mehmed Ali geführt wurde.

Kanzlei: Irgend etwas Neues aus Plewna?

Mehmed Ali: Von den nach Plewna geschickten Personen noch Niemand zurückgekommen. Kiasim Pascha wird noch einige Tscherkessen abschicken, welche versuchen werden, auf der Straße von Rahowa nach Plewna zu gelangen. Ist es nicht möglich, einen Luftballon herzustellen und Jemand zu finden, der ihn bewegen kann? Bei günstigem Winde könnte er vielleicht nach Plewna hinein und dann leicht wieder herauskommen. Die Franzosen benutzten einen solchen bei der Belagerung von Paris.

Kanzlei: Herstellung eines Luftballons erfordert Zeit, wir dürfen aber keine Minute verlieren. Der Sultan hat befohlen, außer jenen Tscherkessen noch ortskundige Leute der Bevölkerung oder der Truppen abzuschicken mit guter Bezahlung und guten Versprechungen.

Mehmed Ali: Leute aus Orchanie sind bis auf zwei Stunden Entfernung an Plewna herangekommen, aber nicht hinein, wegen zu großer Wachsamkeit der Russen. Wir hoffen noch auf die Möglichkeit, von der Donau-Seite her nach Plewna zu gelangen. Morgen gehe ich persönlich nach Orchanie ab und werde Alles versuchen, Nachrichten aus Plewna zu erhalten.

Kanzlei: Wie viel Bataillone sind jetzt unter Ihrem Befehl? Wie viel Bataillone sind in Orchanie?

Mehmed Ali: In Orchanie und Umgegend befinden sich 2 Bataillone Nizam, 6 Bataillone Redif, 19 Bataillone Mustahfis und 4 Bataillone Muawine. Im Ganzen 31 Bataillone. In Sofia 7 Bataillone Mustahfis und die aus Novibasar angekommenen 2 Bataillone Redif und 2 Bataillone Nizam, im Ganzen 11 Bataillone. Unterwegs sind 4 Bataillone, ferner in Berkowaz 3, im Ganzen 7 Bataillone. Der Feind, der sich gegen Berkowaz zeigt, besteht nur aus Kavallerie, ich will von dort 2 Bataillone nach Orchanie ziehen. Außer den erwähnten 6 Bataillonen, welche aus Novibasar gekommen sind, wird morgen hier eins der in Bosnien formirten Bataillone eintreffen. Gestern und heute sind 4 Bataillone aus Nisch abmarschirt; die übrigen (der aus Bosnien abgerückten) 6 Bataillone befinden sich auf dem Wege zwischen Sjenniza und Nisch. Gestern Abend habe ich telegraphisch mit Suleiman den Operationsplan berathen. Er theilte mir mit, daß er mit Reuf übereingekommen, daß dieser 15 Bataillone der Balkan-Armee nach Orchanie senden soll. Die hier vorhandenen Mustahfis sind zum Kampf gegen reguläre

Gegner wenig zu brauchen, ich brauche dringend Nizams und Redifs. Wo sind die in Kandia und Konstantinopel formirten Bataillone?

Kanzlei: Die Zeit, die wir jetzt zur Rettung Plewnas versäumen, kann später nicht durch ein ganzes Jahrhundert gut gemacht werden. Wir werden versuchen, Verstärkungen aus Kandia und anderen Orten zu bekommen, aber die Zeit reicht nicht. Der Sultan hat befohlen, schleunigst die Operationen auszuführen, über welche Sie sich mit Suleiman geeinigt haben, und hierher zu melden, wann Sie dieselben beginnen.

Mehmed Ali: Ich werde versuchen, stets in Uebereinstimmung mit Suleiman zu handeln. Was den Tag des Anfangs meiner Operationen betrifft, so werde ich nicht die Ankunft der Bataillone aus Kandia abwarten, wohl aber die der Bataillone aus Bosnien, besonders derjenigen, welche aus Nisch ausmarschirt sind. Ich hoffe, daß diese Letzteren, wie auch die Bataillone aus Sofia sich innerhalb 10 Tagen in Orchanie sammeln werden; in dieser Zeit müssen auch die 15 Bataillone der Balkan=Armee eintreffen. Der Tag des Anfangs der allgemeinen Operationen muß von Suleiman bestimmt werden. Aus einer deutschen Zeitung, die ich heute gelesen, ist ersichtlich, daß die Russen bei Plewna 130 000 Mann konzentrirt haben; es ist daher (?) nothwendig, daß Suleiman seine Bewegung einen oder zwei Tage früher beginnt als ich, und daß er einen Theil der Russen auf sich zieht. Sobald meine Vorbereitungen fertig sind, werde ich mich sofort zur Verfügung Suleimans stellen."

Auf Grund der oben erwähnten kategorischen Weisung aus Konstantinopel und der mit Mehmed Ali und Reuf gepflogenen Verhandlungen machte Suleiman nunmehr in Konstantinopel folgenden Vorschlag: Er selbst wolle mit der Ost=Armee nach Elena marschiren; Mehmed Ali mit der sogenannten „Entsatz=Armee" oder „Armee von Sofia" solle von Orchanie aus sich Lowtschas zu bemächtigen suchen, und gleichzeitig solle Reuf mit der Balkan=Armee über den Paß Mara Heiduk nach der Nordseite des Balkan vordringen, und alle drei Armeen sollten sich in der Richtung auf Tirnowa zu vereinigen suchen.

Dieser Vorschlag wurde in Konstantinopel gutgeheißen, in wie weit er zur Ausführung kam und mit welchem Erfolge, ist bereits (Nr. 12) kurz dargelegt worden.

Das Schicksal Plewnas war besiegelt.

Neunundzwanzigster Abschnitt.
Türkische Vorbereitungen zum Durchbruchsversuch.

258. Organisatorische Maßregeln. Nachdem der Entschluß zum Durchbruchsversuch gefaßt, wurden die wenigen bis dahin noch verfügbaren Tage mit großer Umsicht dazu benutzt, die erforderlichen Vorbereitungen zu treffen.

Da ein Theil der vorhandenen Bataillone einen sehr geringen Mannschaftsbestand hatte, wurden eine Anzahl Bataillone miteinander verschmolzen oder auf andere Bataillone vertheilt; nach Ausführung dieser Maßnahmen waren noch 57 Bataillone vorhanden. Unter theilweiser Aenderung der bisherigen höheren Verbände wurden die in den verschiedenen Fronten des verschanzten Lagers vertheilten Bataillone für die Durchbruchsoperation in 7 Brigaden eingetheilt, welche sich indessen erst in der Nacht vor dem Ausfall formiren sollten.

Die in den Opanes-Werken stehenden 4 Bataillone zusammen mit 4 Bataillonen aus den Werken auf dem Janik Baïr sollten eine Brigade unter Edhem Pascha bilden, die anderen 8 Bataillone in den Werken des Janik Baïr eine Brigade unter Sadyk Pascha.

Von den in den Werken des mittleren Abschnittes stehenden Truppen bildeten 2 Bataillone aus der Redoute Ibrahim Bey, ferner die Besatzungen der Redouten Atuf Pascha und Omer Bey und der Laufgräben zwischen diesen Werken und der Tutscheniza-Schlucht eine Brigade unter Atuf Pascha, ein Bataillon aus der Redoute Ibrahim, sowie die Besatzungen der Redouten Tschorum, Arab und Ichtyat eine Brigade unter Tewfik Pascha.

Die Besatzungen der Werke der Südfront bildeten eine Brigade unter Junus Bey, diejenigen der Werke der Südwestfront eine Brigade unter Hussein Wasfi Pascha, endlich die Truppen aus der Westfront (am Wid) — und wahrscheinlich die bei dem „Hauptquartier" stehenden Reserven — eine Brigade unter Said Bey. Jede Brigade hatte 8 Bataillone, nur die Brigade Said Bey hatte deren 9.

Jeder Brigade waren 2 Batterien zugetheilt; unter diesen 14 Batterien waren 10 zu je 6 Geschützen, 1 zu 5 und 3 zu 4 Geschützen. Die Brigaden Atuf, Junus, Tewfik und Said bildeten die 1. Division unter Tahir Pascha, die Brigaden Hussein Wasfi, Sadyk und Edhem die 2. Division unter Abil Pascha.

259. Materielle Maßregeln. Die letzten bisher sorgfältig aufgesparten Zwiebacksvorräthe wurden ausgegeben, und zwar erhielt für die bevorstehenden Durchbruchsoperationen jeder Mann sechs Portionen; den Rest der vorhandenen Vorräthe verwendete man in der Art, daß die Mannschaften zur Stärkung ihrer Kräfte während der letzten drei Tage vor dem Ausfall mit vollen Portionen verpflegt wurden.

Die vorhandenen Transportmittel wurden gleichmäßig vertheilt; jedes Bataillon erhielt 50 Packthiere für die Munition, 8 Packthiere für Wasser und Bagage und außerdem 12 Ochsenkarren mit einer Bespannung von 25 bis 27 Ochsen. An Munition erhielt jeder Mann 120 Patronen, außerdem jedes Bataillon 170 Kisten à 1000 Patronen, von denen 100 Kisten auf die 50 Packthiere, 70 auf die Karren zu verladen waren. Jedes Geschütz war mit 300 Schuß ausgerüstet.

Aus den, wie es scheint, ziemlich zahlreichen Reservevorräthen an Gewehren wurden alle Offiziere, ferner die Artilleristen und Spielleute bewaffnet; ein Theil der mit Springfield-Gewehren bewaffneten Bataillone ließ diese zurück und erhielt dafür Snider-Gewehre.

Die in der Kriegskasse vorhandenen Gelder wurden vertheilt, jedes Bataillon erhielt 8000 Piaster (1800 Franks). Von den vorhandenen Zelten wurden jedem Bataillon 12 Stück zum Mitnehmen zugetheilt; der Rest wurde in Streifen geschnitten und denjenigen Mannschaften, welche an solche Tracht gewohnt waren, als Binden zum Umwickeln der Beine gegeben.

260. Stärkeverhältnisse. Kranke und Verwundete. Das offiziöse türkische Werk giebt die Kopfstärke der Armee am Tage des Ausfalls auf 30 000 Streitbare und 10 000 Nichtstreitbare an.

Die erstere Zahl stimmt ziemlich überein mit einer anderen Angabe, wonach die Kopfstärke der reorganisirten Bataillone zwischen 400 und 600 Mann geschwankt habe, was eine Durchschnittsstärke von etwa 500 Mann und für die 57 Bataillone eine Kopfzahl von etwa 28 500 Mann ergeben würde; die Kopfzahl der Kavallerie und Artillerie war verhältnißmäßig nur gering.

Die 10 000 sogenannten Nichtstreitbaren scheinen Kranke und Verwundete gewesen zu sein, welche bisher nicht in Reih und Glied standen, bei dem Ausfall aber sich ihren Truppentheilen angeschlossen hatten und daher ebenfalls als — wenn auch körperlich nicht ganz vollwerthig — Streitbare zu betrachten sind.

Von den Kranken und Verwundeten schienen 2500 Mann als nicht transportfähig; als es sich aber darum handelte, sie zurückzulassen, bat die große Masse derselben so dringend um Mitnahme, daß schließlich nur 350*) Mann zurückgelassen wurden, welche schlechterdings ohne direkte tödliche Wirkung nicht transportirt werden konnten. Die Häuser, in denen diese Kranken sich befanden, wurden durch Inschriften in türkischer und französischer Sprache gekennzeichnet. Bei den Kranken blieben ein Mullah, drei Aerzte und einige Pfleger zurück, auch wurden für diese Leute pro Kopf Lebensmittel für 30 Tage zurückgelassen.

261. Disposition für den 10. Dezember. Anfangs auf den 8. Dezember festgesetzt, wurde der Ausfall, weil bis dahin noch nicht alle Vorbereitungen beendet waren, auf den 10. Dezember verschoben.

Die für die Ausführung der ganzen Operation entworfene Disposition wurde am Abend des 8. Dezember den Brigadekommandeuren zugestellt, welche dieselbe den unteren Führern bis zu den Bataillonskommandeuren mitzutheilen hatten. Der Grundgedanke dieser Disposition war folgender:

Die drei Brigaden Atuf, Junus und Tewfik räumen ihre bisherigen Stellungen — vom Griviza-Thal bis zu den Krschin-Redouten — am 9. Dezember nach Einbruch der Dunkelheit in aller Stille und rücken nach dem Wid, wo inzwischen unterhalb der steinernen Chausseebrücke eine zweite Brücke auf Wagen hergestellt ist. Alle drei Brigaden überschreiten den Fluß und gehen am Morgen des 10. Dezember zum Angriff gegen die russische Einschließungslinie am linken Wid-Ufer vor.

Nach den drei Brigaden folgt der große Troß über die Brücken, der bereits im Laufe des 9. Dezember sich am rechten Wid-Ufer gesammelt hat; auf den Troß folgt die Brigade Said, welche die besondere Aufgabe hat, den Troß in der linken Flanke zu decken.

Den drei Brigaden der 2. Division war die Aufgabe gestellt, der auf das linke Ufer übergehenden 1. Division den Rücken gegen

---

*) Hiermit steht die russischerseits gemachte Angabe in Widerspruch, daß bei dem ersten Einrücken der Russen in Plewna hier etwa 2600 Kranke und Verwundete vorgefunden seien, es ist jedoch möglich, daß hierbei schon Verwundete aus den Kämpfen des 10. Dezember mitgerechnet sind, die nach der Stadt geschafft worden waren.

die voraussichtlich auf dem rechten Ufer vorgehenden Russen und Rumänen frei zu halten; zu diesem Zweck soll, unter Räumung der bisherigen vorderen Stellungen, Brigade Hussein Wasfi die Linie von Blasiwas bis zur fünfeckigen Redoute Vely Bey (Nr. 26) besetzen, Brigade Sadyk die Linie von dieser Redoute bis zum Griviza-Thal; die Brigade Edhem endlich soll die Werke der Opanes-Stellung zunächst besetzt behalten. Hat der große Troß die Brücken überschritten, so soll zunächst die Brigade Hussein Wasfi und dann die Brigade Sadyk über die Brücken folgen und jenseits des Flusses die Arrieregarde der Armee bilden; die Brigade Edhem soll bei Opanes den Fluß überschreiten und dann die Deckung der rechten Flanke des Trosses übernehmen.

Zur Ausführung dieses Planes wurden im Einzelnen folgende Befehle gegeben:

Mit Ausnahme von je 20 Munitionspackthieren pro Bataillon, welche ihrem Truppentheil unmittelbar folgen, sammelt sich der ganze Troß — 3300 Packthiere, 1000 Armeewagen und außerdem die Wagen der aus etwa 300 Familien bestehenden mohammedanischen Bevölkerung, der Osman auf dringende Bitten erlaubt hatte, sich der Armee anschließen zu dürfen — bereits im Laufe des 9. Dezember am rechten Wid-Ufer möglichst verdeckt in der Nähe der Brücken.

Die Brigaden Tewfik und Atuf räumen am 9. Dezember nach Einbruch der Dunkelheit die von ihnen besetzten Werke des mittleren Abschnitts in aller Stille, sammeln sich zwischen dem Bara Bair und der Stadt und marschiren auf der Chaussee nach den Wid-Brücken.

Zu derselben Zeit räumt die Brigade Junus ihre westlich der Tutscheniza-Schlucht gelegenen Stellungen, sammelt sich bei Baghlar Baschi und rückt ebenfalls nach den Brücken ab.

Sind alle drei Brigaden hier versammelt, so geht Brigade Atuf über die Kriegsbrücke, die Brigaden Junus und Tewfik über die Chausseebrücke; die drei Brigaden marschiren dann am linken Ufer auf, rechts Atuf, in der Mitte Junus, links Tewfik. Zur Sicherung dieses Ueberganges sind bereits vorher von den Brigaden Edhem und Sadyk einige Bataillone unterhalb der Brücken bis an und über den Fluß vorzuschieben.

Nach den drei Brigaden geht der große Troß in genau geregelter Ordnung über die Brücken, und zwar soll derselbe seinen Uebergang noch vor Tagesanbruch vollendet haben. Auf dem linken

Ufer marschiert der Troß hinter der 1. Division mit breiter Front in acht Abtheilungen auf; zur Handhabung des polizeilichen Dienstes wird ihm ein Bataillon der Brigade Said zugetheilt.

Nach dem Troß überschreitet die inzwischen herangerückte Brigade Said die Brücken und setzt sich, die nach der rechten Flanke abmarschirten Bataillone hintereinander, auf den linken Flügel des Trosses, so daß sie durch einfaches Linksummachen die Front nach der linken Flanke herstellen kann. Die für die Brigaden der 2. Division gegebenen Befehle sind in ihren Einzelheiten sehr unklar und zum Theil voller Widersprüche, weshalb diese Einzelheiten hier fortgelassen werden.

Die Brigade Hussein Wasfi sollte mit zwei Bataillonen die fünfeckige Redoute Vely Bey (Nr. 26) besetzen, mit den anderen sechs Bataillonen eine Reihe von Verschanzungen, welche zwischen diesem Werke und dem Wid mit nach Südwest gerichteter Front hergestellt waren. Die Artillerie dieser Brigade sollte derartig aufgefahren werden, daß sie sowohl das Vorgehen der 1. Division am linken Wid-Ufer unterstützen, wie auch den späteren Abzug der eigenen Brigade über die Brücken decken konnte.

Die Brigade Sadyk sollte zwei Bataillone unterhalb der Brücken am Wid Aufstellung nehmen lassen zur Deckung des Ueberganges der 1. Division; das Gros der Brigade sollte mit nach Osten gerichteter Front von der Redoute Vely Bey zum Griviza-Thal hin verschiedene vorbereitete Punkte besetzen, zunächst den Uebergang der Brigade Hussein Wasfi decken und dann dieser über die Brücken folgen.

Von der Brigade Edhem sollten drei Bataillone mit einer Batterie zusammen mit den obenerwähnten zwei Bataillonen der Brigade Sadyk nach dem Wid vorgeschoben werden, um den Uebergang der 1. Division zu decken; schließlich sollte die ganze Brigade bei Opanes — wo eine fliegende Brücke eingerichtet gewesen zu sein scheint — über den Fluß gehen und die rechte Flanke des Trosses decken.

Die Kavallerie, welche im Ganzen nur 1300 Pferde zählte, war auf die beiden Divisionen vertheilt; drei Eskadrons irregulärer Reiter waren dem Troß als besondere Bedeckung zugewiesen.

Dreißigster Abschnitt.

Russische Vorbereitungen in Erwartung des Durchbruchsversuchs.

262. Allgemeine Anordnungen. Stärke und Eintheilung der Einschließungs-Armee Ende November sind bereits (Nr. 188, 189) eingehend angegeben worden. Nachdem am 1. Dezember eine Verstärkung des sechsten Abschnitts auf Kosten des zweiten Abschnitts stattgefunden, waren die Abschnitte nunmehr folgendermaßen besetzt:

Erster Abschnitt: 29 Bataillone, 78 Geschütze, 5 Kavallerie-Regimenter — Rumänen;

Zweiter Abschnitt: 15 Bataillone, 56 Geschütze, einige Sotnien;

Dritter Abschnitt: 13 Bataillone, 64 Geschütze, einige Sotnien;

Vierter Abschnitt: 27 Bataillone, 96 Geschütze, 6 Sotnien;

Fünfter Abschnitt: 16 Bataillone, 54 Geschütze, 2 Eskadrons;

Sechster Abschnitt: 30 Bataillone, 124 Geschütze, 18 Eskadrons und Sotnien — Russen, 12 Bataillone, 24 Geschütze, 1 Kavallerie-Regiment — Rumänen.

Von Anfang Dezember an glaubte man russischerseits Tag für Tag einen Durchbruchsversuch der eingeschlossenen Armee erwarten zu müssen. Nach den Aussagen türkischer Ueberläufer und bulgarischer Flüchtlinge gingen die Vorräthe im Lager von Plewna zu Ende, und verschiedene auf einen Durchbruchsversuch hinweisende Vorbereitungen wurden getroffen: Schuhwerk und Kleidung wurden ausgebessert, die Waffen nachgesehen, in Stand gesetzt und eingefettet. General Totleben glaubte den Durchbruchsversuch jedenfalls in westlicher oder südwestlicher Richtung erwarten zu müssen, demzufolge waren die von ihm getroffenen Maßregeln im Besonderen darauf berechnet, die Besatzung des sechsten Abschnitts rechtzeitig unterstützen zu können, ohne jedoch die Möglichkeit einer anderen Durchbruchsrichtung aus den Augen zu verlieren.

Im fünften Abschnitt wurde General Katalei angewiesen, 6 Bataillone der 3. Garde-Infanterie-Division mit 2 Batterien in der Nähe des Wid bereit zu halten, um im Bedarfsfalle sofort den sechsten Abschnitt unterstützen zu können.

Im vierten Abschnitt sollte Skobelew 15 Bataillone — die ganze 16. Infanterie-Division und das 9., 10., 11. Schützen-Bataillon

— als allgemeine Reserve an der Straße Lowtscha—Plewna zusammenziehen.

Alle Abschnittskommandeure wurden darauf hingewiesen, im Falle eines auf ihre Stellung gerichteten feindlichen Angriffes die Nachbarabschnitte nicht eher um Unterstützung zu bitten, als bis sie die feste Ueberzeugung gewannen, es mit keinem Scheinangriff zu thun zu haben.

263. Allgemeine Aufstellung der Truppen des sechsten Abschnitts. General Ganezki hatte die Aufstellung der dem sechsten Abschnitt zugewiesenen Truppen in folgender Art geordnet:

Die 2. Grenadier-Division besetzte die Stellung zu beiden Seiten der Sofia-Straße, von dem bei Blasiwas in den Wid mündenden Bach (hier war Verbindung mit den Truppen des fünften Abschnittes) bis zu der sogenannten Moskauer Lünette (einschließlich dieser); Frontausdehnung der Stellung 3 km.

Die 3. Grenadier-Division besetzte die Stellung zu beiden Seiten des Weges Plewna—Rahowa, von der Moskauer Lünette bis zum Dorf Doljni Netropol; Frontausdehnung der Stellung $3\frac{1}{2}$ km.

Jede der beiden Divisionen sollte die angegebene Stellung mit 1 Regiment (Regiment du jour) und 3 9Pfünder-Batterien besetzt halten, während das andere Regiment der betreffenden Brigade dahinter die besondere Reserve bildete; die beiden anderen Brigaden beider Divisionen mit je 3 4Pfünder-Batterien sollten die allgemeine Reserve bilden.

Die Biwaks der 2. Grenadier-Division befanden sich bei Doljni Dubnjak, diejenigen der 3. Grenadier-Division bei Gornji Netropol, und zwar die 1./3. Grenadier-Brigade (Regimenter Sibirien Nr. 9 und Kleinrußland Nr. 10) südlich, 2./3. Brigade (Astrachan Nr. 11 und Fanagorien Nr. 12) nördlich des Orts. Aus diesen Biwaks rückte täglich ein Regiment du jour auf 24 Stunden in die verschanzte Stellung und kehrte nach erfolgter Ablösung in sein Biwak zurück. Die 3 9Pfünder-Batterien jeder Division befanden sich dauernd in der verschanzten Stellung, die 3 4Pfünder-Batterien jeder Division biwakirten bei Doljni Dubnjak bezw. Gornji Netropol.

Die 1./5. Infanterie-Brigade hielt mit 1 Regiment, 1 russischen und 1 rumänischen Batterie die $1\frac{1}{2}$ km lange Stellung von Doljni Netropol bis zu der sogenannten „einspringenden" Redoute besetzt; 1 Regiment mit 1 Batterie bildete dahinter die Reserve.

An die 1./5. Infanterie-Brigade schloß sich nach links die 4. rumänische Division, welche auf beiden Seiten des Wid eine Stellung von 5 km Frontausdehnung mit 1 Brigade und 2 Batterien besetzt hielt, während die andere Brigade mit 1 Batterie und dem der Division zugetheilten Kalaraschen-Regiment bei Demirkioi die Reserve bildete.

Von der dem sechsten Abschnitt zugetheilten russischen Kavallerie biwakirten die Regimenter Kasan-Dragoner und Kiew-Husaren mit der 2. donischen Batterie bei Doljni Dubnjak, die Regimenter Bug-Ulanen und Kasaken Nr. 4 mit der 7. reitenden Batterie bei Gornji Netropol.

Vor der verschanzten russischen Stellung standen zunächst Infanterievorposten; über die Postenkette derselben hinaus waren Kavalleriepikets gegen den Wid vorgeschoben.

264. Die Befestigungen der russischen Stellung am linken Wid-Ufer. Der 2 km betragende Raum zwischen dem Wid-Fluß und dem Dubnjak-Bach war durch zwei Redouten gesperrt, welche seit Ende November dem fünften Abschnitt zugetheilt und demgemäß von Abtheilungen der 3. Garde-Division besetzt waren.

Nördlich des Dubnjak-Baches begann die 3 km lange Stellung der 2. Grenadier-Division, deren rechter Flügel durch eine Redoute gebildet war, während die Stellung im Uebrigen aus drei Batteriestellungen und einer Anzahl Schützengräben bestand. Die erwähnte Redoute des rechten Flügels war vom Wid 2½ km, von Doljni Dubnjak 3 km entfernt; zwischen dieser Redoute und Doljni Dubnjak befanden sich die Biwaks der 2. Grenadier-Division. Hinter dem äußersten linken Flügel der Stellung dieser Division und etwa 1½ km von der vorderen Linie entfernt lag die ebenfalls von dieser Division besetzte Redoute Moskau.

An die Stellung der 2. Grenadier-Division schloß sich nach links die Stellung der 3. Grenadier-Division an, welche als das Angriffsobjekt des türkischen Durchbruchsversuchs, etwas näher beschrieben werden soll.

In erster Linie bestand diese Stellung aus vier Batterien, jede für acht Geschütze eingerichtet: Batterie Nr. 1 halbwegs zwischen der Sofia-Straße und dem von Plewna über Gornji Netropol nach Rahowa führenden Wege, Nr. 2 dicht nördlich des letzteren Weges, Nr. 3 und Nr. 4 zwischen diesem Wege und dem Dorfe Doljni Netropol.

Rechts der Batterie Nr. 1 lag der Schützengraben Nr. 1 mit 400 Schritt Feuerlinie; links von Batterie Nr. 1, zwischen dieser und dem Wege Plewna—Rahowa, lag ein sogenanntes „Retranchement" von 600 Schritt Feuerlinie. Zwischen Batterie Nr. 2 und Nr. 3 lagen die Schützengräben Nr. 2, 3, 4, zwischen den Batterien Nr. 3 und Nr. 4 die Schützengräben Nr. 5 und 6, zwischen der Batterie Nr. 4 und dem Dorfe Doljni Netropol die Schützengräben Nr. 7, 8, 9 und 10. Alle nördlich des Weges Plewna—Rahowa liegenden Schützengräben hatten die Form von Lünetten und eine Feuerlinie von 120 Schritt, nur Nr. 10 eine solche von 240 Schritt.

Etwa 700 bis 800 m hinter dieser ersten Linie befanden sich in zweiter Linie einige starke geschlossene Werke: die rechte Flügel-Redoute südlich des Weges Plewna—Rahowa; die Lünette Kopana Mogila dicht nördlich dieses Weges; die linke Flügel-Lünette halbwegs zwischen diesem Wege und dem Dorfe Doljni Netropol; endlich die Lünette Astrachan hinter dem äußersten linken Flügel der Stellung dicht vor der Schlucht des Netropol-Baches.

Zwischen der ersten und zweiten Linie der beschriebenen Stellung befanden sich übrigens eine Anzahl früher hergestellter und dann aufgegebener Schützengräben und Geschützemplacements. Zu erwähnen sind ferner einige innerhalb der Stellung befindliche „Kurgans", d. h. konische Erdhügel von 10 bis 20 m Höhe, welche als Grabstätten vorgeschichtlicher Völkerschaften künstlich hergestellt sind. Der bedeutendste derselben ist der Kurgan Kopana Mogila, welcher bei Herstellung der nach ihm benannten Lünette im Centrum der zweiten Linie gewissermaßen als Kavalier zur Aufstellung von Geschützen eingerichtet war. Hinter der Batterie Nr. 3 befand sich der sogenannte rumänische Kurgan, der von den früher hier stehenden Rumänen zu Befestigungsanlagen benutzt worden war.

Die erste Linie der beschriebenen Stellung war vom Wid-Fluß durchschnittlich 2½ km entfernt; dagegen betrug die Entfernung von der Stellung bis zum Biwak der 1. Brigade 3 km, bis zu dem der 2. Brigade sogar 5 km.

Nördlich des Netropol-Baches begann die Stellung der 1./5. Infanterie-Brigade, deren rechten Flügel das zur Vertheidigung eingerichtete Dorf Doljni Netropol, deren linken Flügel die sogenannte „einspringende Redoute" bildete, während der Raum zwischen beiden Punkten durch Schützengräben und Batteriestellungen befestigt war. Von der genannten Redoute an begann die Stellung der 4. rumänischen

Division, welche, ebenfalls aus Schützengräben und Batteriestellungen bestehend, in östlicher Richtung durch die Niederung zum Wid zog und jenseits des Flusses auf den Höhen südlich von Biwolar ihre Fortsetzung fand. Zu erwähnen ist schließlich, daß über den Netropol-Bach zwischen Dolnji und Gornji Netropol vier Uebergänge hergestellt waren.

265. Die Nachricht von der Niederlage bei Elena. Am 6. Dezember trafen vor Plewna die im ersten Augenblick natürlich weit übertriebenen Nachrichten über die von den Russen am 4. Dezember bei Elena erlittene Niederlage ein (Nr. 12). Man befürchtete eine allgemeine Offensive der Türken, den Verlust von Tirnowa, die Räumung des Schipka-Passes durch Radetzki und die Umgehung der Armee des Thronfolgers in der rechten Flanke. In der ersten Aufregung wurden bereits Anordnungen getroffen, die 30. Infanterie-Division von Plewna nach Tirnowa abrücken zu lassen; General Totleben widersetzte sich indessen energisch jeder Schwächung der Truppen vor Plewna, indem er darauf hinwies, daß das Mißgeschick eines vereinzelten Detachements bei Elena keine allzu große Bedeutung habe.

Die durch die Ereignisse bei Elena aber einmal aufgeregte Stimmung im großen Hauptquartier warf nun die Frage auf, ob man nicht versuchen solle, durch einen erneuten Sturmversuch rasch mit Plewna zu Ende zu kommen, aber auch diese entschieden unzeitgemäße Absicht scheiterte an dem Widerstande Totlebens, welcher von der Ueberzeugung durchdrungen war, daß der Fall Plewnas binnen kürzester Frist bevorstehe.

Einunddreißigster Abschnitt.

Die Schlußkatastrophe.

266. Der Uebergang der Türken über den Wid in der Nacht vom 9. zum 10. Dezember. Am Abend des 8. Dezember waren, wie wir gesehen haben (Nr. 261), die endgültigen Dispositionen für den am 10. zu unternehmenden Durchbruchsversuch an die türkischen Truppenführer ausgegeben worden. Bereits in der Nacht vom 8.

zum 9. sowie im Laufe des 9. Dezember wurde der zahlreiche Troß nach dem Wid-Ufer zusammengezogen.

Die Nachricht der bevorstehenden Entscheidung hatte auf die Stimmung der Truppen äußerst günstig gewirkt; dieselben rechneten zuversichtlich auf einen günstigen Verlauf der bevorstehenden Operation, deren fast aussichtslose Chancen sie zu beurtheilen nicht im Stande waren.

Anders urtheilten allerdings die höheren Führer, welche mit gespannter Erwartung bis zuletzt auf das hülfreiche Eingreifen einer von Westen kommenden Entsatz-Armee hofften.

Am 9. Dezember gegen 3 Uhr nachmittags, als der Beginn des Abmarsches aus den bisherigen Stellungen bereits unmittelbar bevorstand, bemerkten sowohl die in der Redoute Pertew Bey wie die in der Brückenschanze aufgestellten Ausguckposten in südlicher Richtung auf Telisch zu dichte Rauchwolken. Tahir Pascha machte hiervon sofort telegraphisch an Osman Pascha Meldung, die Nachricht verbreitete sich überall, in fieberhafter Erwartung richteten sich alle Blicke nach Süden, wo man jeden Augenblick die Entsatz-Armee erscheinen zu sehen erwartete — die Hoffnung blieb unerfüllt.

Osman gab Befehl, die vorgeschriebene Bewegung anzutreten.

Ein dichter Nebel senkte sich am Abend auf die ganze Umgebung Plewnas. Die Nacht war dunkel und naßkalt, der Marsch wurde durch Glatteis wesentlich erschwert, trotzdem wurden die befohlenen Bewegungen zur Versammlung der Armee am Wid-Ufer dem Programm gemäß ausgeführt, worauf die Brigaden der 1. Division den Uebergang auf der Chausseebrücke und auf der unterhalb derselben erbauten Kriegsbrücke begannen. Um 5 Uhr morgens hatten die Brigaden Atuf, Junus und Tewfik mit ihrer Artillerie die Brücken überschritten und entwickelten sich nun auf dem linken Ufer, dicht am Fluß, in einer Linie nebeneinander; jedes Regiment nahm zwei in Linie entwickelte Bataillone ins erste Treffen, während dahinter mit 25 Schritt Abstand zwei Bataillone in Doppelkolonne das zweite Treffen bildeten.

Als die drei Brigaden ihren Aufmarsch in der angegebenen Formation beendet hatten — es war etwa 8 Uhr — eröffneten die Russen aus ihren Stellungen zwischen Doljni Dubnjak und Doljni Netropol das Geschützfeuer.

267. Die Russen auf dem rechten Wid-Ufer in der Nacht vom 9. zum 10. Dezember. Das Geschütz- und Gewehrfeuer aus den türkischen Stellungen, welches bereits in den letzten Tagen nur sehr schwach unterhalten worden, schwieg am 9. Dezember vollständig; im Laufe dieses Tages bemerkte man innerhalb der feindlichen Stellung mehrfache Bewegungen nach dem Wid zu.

Am 9. Dezember 9 Uhr 40 Minuten abends erhielt General Totleben in Tutscheniza folgende Depesche, welche General Bjelokopitow aus dem zweiten Abschnitt um 9 Uhr 25 Minuten abgesandt hatte:

„Ein Ueberläufer sagt aus, daß Osman Pascha in dieser Nacht um 2 Uhr auf der Sofia=Straße durchzubrechen beabsichtigt. Pferde sind bei den Türken nicht mehr vorhanden, die Geschütze sollen stehen bleiben; die uns gegenüber in den Redouten und Laufgräben stehenden Truppen haben den Befehl, nach Plewna zurückzugehen. An die Truppen ist Zwieback auf zehn Tage ausgegeben."

Einige Stunden später — um 2 Uhr 28 Minuten nachts — ging vom General Skobelew aus dem 4. Abschnitt folgende, 2 Uhr 10 Minuten abgesandte Depesche ein:

„Soeben sagt ein Ueberläufer aus, daß die Krschin=Redouten von den Türken geräumt sind. Ich sende sofort Freiwillige ab, um die Sachlage aufzuklären."

Jetzt hielt General Totleben es an der Zeit, folgende Maßregeln zu treffen:

1. General Skobelew, Kommandirender des 4. Abschnitts, erhielt den Befehl, bei Tagesanbruch von den in dem sogenannten Reservelager stehenden Truppen eine Brigade der 16. Infanterie = Division auf das linke Wid-Ufer nach Doljni Dubnjak zu führen, um die Truppen des 6. Abschnittes zu unterstützen; die andere Brigade der 16. Infanterie=Division sollte an der Plewna—Lowtscha=Straße marschbereit bleiben; die drei Schützen=Bataillone sollten zur Verstärkung des zweiten Abschnittes nach Griviza rücken.

2. General Katalei, Kommandirender des fünften Abschnitts, wurde angewiesen, sechs Bataillone der 3. Garde=Division über den Wid gehen zu lassen, um hier, zwischen Wid und Dubnjak-Bach, bereit zu sein, je nach Umständen die Besatzung des fünften oder des sechsten Abschnittes zu unterstützen.

3. General Sotow, Kommandirender des dritten Abschnitts, welchem während der Abwesenheit Skobelews der Befehl auch im vierten Abschnitt übertragen wurde, erhielt die Ermächtigung, im Falle eines gegen den dritten Abschnitt gerichteten Angriffs eine Brigade

der 30. Infanterie-Division aus dem vierten Abschnitt über die Tutscheniza-Schlucht nach Rabischewo rücken zu lassen.

4. General Krüdener, Kommandirender des zweiten Abschnitts, dem bereits die drei Schützen-Bataillone der allgemeinen Reserve zugewiesen waren, erhielt die Ermächtigung, im Falle eines gegen seinen Abschnitt gerichteten Angriffs vier Bataillone Rumänen aus dem ersten Abschnitt an sich zu ziehen.

5. General Tschernat, Kommandirender des ersten Abschnitts, erhielt den Befehl, bei Tagesanbruch vier Bataillone Rumänen auf das linke Wid-Ufer nach Demirkioi rücken zu lassen, vier weitere Bataillone bei Wrbiza marschbereit zu halten.

6. General Ganezki, Kommandirender des sechsten Abschnitts, erhielt von allen eben erwähnten Verfügungen Nachricht.

Totleben selbst beabsichtigte, sich mit seinem Stabe bei Tagesanbruch nach Doljni Dubnjak zu begeben.

Vorgreifend sei hier erwähnt, daß infolge der eben mitgetheilten Anordnungen Totlebens General Katalei eine kombinirte Brigade der 3. Garde-Division unter General Kurlow — 3 Bataillone Petersburg, 2 Bataillone Kexholm, 1 Bataillon Littauen, 3./3. Garde-Batterie und 10. reitende donische Batterie — nach dem linken Wid-Ufer in Bewegung setzte, während Skobelew aus dem Reservelager unter Oberst Leo die Regimenter Wladimir und Kasan der 16. Infanterie-Division, das 9. donische Kasaken-Regiment und vier Batterien noch vor Tagesanbruch dorthin abrücken ließ. Die Garde-Brigade hatte ihren Uebergang über die bei Medewan befindliche Pontonbrücke um 7 Uhr morgens bewerkstelligt und blieb in Erwartung weiterer Befehle am linken Wid-Ufer stehen; die Brigade der 16. Division erreichte die Uebergangsstelle selbstverständlich erst bedeutend später als die Garde-Brigade; der genaue Zeitpunkt ist nicht bekannt. Beide Abtheilungen waren speziell dem General Skobelew unterstellt, dessen weitere Anordnungen später zur Darstellung kommen.

268. Die Russen auf dem linken Wid-Ufer in der Nacht vom 9. zum 10. Dezember. Am 9. Dezember waren die befestigten Stellungen der Russen am linken Wid-Ufer nur von den alle 24 Stunden zur Ablösung kommenden sogenannten Regimentern du jour besetzt: Die Stellung der 2. Grenadier-Division von dem Grenadier-Regiment Kiew Nr. 5, die Stellung der 3. Grenadier-Division von dem Grenadier-Regiment Sibirien Nr. 9, die Stellung der

1./5. Infanterie-Brigade von dem Regiment Archangel Nr. 17; die gegen den Wid vorgeschobenen Kavallerievorposten waren vom Husaren-Regiment Kiew gegeben.

Am Abend bemerkten die Kavallerieposten jenseits des Flusses lebhafte Bewegung.

Im Laufe der Nacht schickte Rittmeister Karjejew folgende Meldungen zunächst an den Generalmajor Zöge v. Manteuffel, welcher die ganze Vorpostenlinie des Abschnittes befehligte und der die Meldungen an den Abschnittskommandeur, General Ganezki, weitersandte:

12 Uhr: Am jenseitigen Ufer großer Lärm von Fuhrwerken, die Türken bauen eine Brücke.

3 Uhr: Der Lärm wird immer stärker, man sieht am Flusse viele Laternen.

4 Uhr: Am Wid sammeln sich dichte Truppenmassen.

Inzwischen hatte General Ganezki um 12 Uhr vom Armeekommando die Mittheilung erhalten: Nach Aussage eines Ueberläufers will Osman Pascha heute Nacht auf der Sofia-Straße durchbrechen. Um 4 Uhr morgens folgte eine Mittheilung Skobelews: Nach der Aussage von Ueberläufern sollen die Krschin-Redouten geräumt sein, die Türken sollen sich nach dem Wid-Ufer zusammenziehen.

Ganezki theilte diese Nachrichten einerseits seinen Divisionskommandeuren mit, andererseits dem Kommandirenden des fünften Abschnitts, General Katalei; Letzterer wurde gleichzeitig um Absendung von Verstärkungen gebeten; um 7 Uhr morgens traf von diesem eine zusagende Antwort ein — wie bereits erwähnt, hatte die von Katalei abgeschickte Brigade unter General Kurlow zu diesem Zeitpunkt bereits den Wid bei Medewan überschritten.

Trotz aller dieser auf einen unmittelbar bevorstehenden Angriff hinweisenden Nachrichten wurden merkwürdigerweise die weit hinter den verschanzten Stellungen bei Dolni Dubnjak und Gornji Netropol bivakirenden Truppen noch nicht in Bewegung gesetzt, ja, noch nicht einmal alarmirt; die Stellungen blieben einzig durch die oben genannten du jour-Regimenter besetzt.

General Danilow, Kommandeur der 3. Grenadier-Division, welcher um 3 Uhr nachts auch von den Rumänen die Mittheilung erhalten hatte: Von den Höhen von Biwolar aus sei die Ansammlung feindlicher Massen am Wid und der Bau einer Brücke zu bemerken — beritt um 5 Uhr morgens die von dem Regiment Sibirien besetzte Stellung. Die Nacht war so dunkel, daß man in dem sanft nach dem Wid zu abfallenden Vorgelände nichts erkennen konnte.

Um 7 Uhr morgens kam ein Husarenoffizier von den Vorposten mit der Meldung herangesprengt: Die Türken seien im Vorgehen. Auf General Danilows Frage, ob der Offizier die Türken selbst gesehen, gab derselbe keine bestimmte Antwort.

Noch war die Dunkelheit in Verbindung mit dem Nebel so groß, daß man von der Stellung aus nichts erkennen konnte; bald aber begann es etwas lichter zu werden, und nun bemerkte man am diesseitigen Wid-Ufer eine lange dunkle Linie.

Nach einer weiteren Viertelstunde unterschied man deutlich dichte Massen von Truppen und Fuhrwerk, welche auf dem rechten Wid-Ufer nach der Brücke und über dieselbe in Bewegung waren, sowie dichte Truppenmassen, die bereits auf dem diesseitigen Ufer standen.

General Danilow gab durch Raketen seinen bei Gornji Netropol biwakirenden Truppen das verabredete Alarmsignal und ließ seine drei in der Stellung befindlichen Batterien das Feuer eröffnen.

Die letzte Plewna-Schlacht begann.

Es war gegen 8 Uhr morgens.

269. **Stellung der Russen am Morgen des 10. Dezember.** Die verschanzte Stellung der 3. Grenadier-Division war vom rechten nach dem linken Flügel vom Regiment Sibirien mit den drei 9Pfünder-Batterien in folgender Art besetzt:

Schützengraben Nr. 1	. .	1. und 2. Linien-Kompagnie.
Batterie Nr. I	. . . .	unbesetzt.
Retranchement	. . . .	3., 4., 6., 8. Linien-Kompagnie.
Batterie Nr. II	. . . .	1./3. Grenadier-Batterie.
Schützengraben Nr. 2	. .	7. Linien-Kompagnie.
= Nr. 3	. .	1. Schützen-Kompagnie.
= Nr. 4	. .	2. Schützen-Kompagnie.
Batterie Nr. III	. . . .	2./3. Grenadier-Batterie.
Schützengraben Nr. 5	. .	3. Schützen-Kompagnie.
= Nr. 6	. .	5. Linien-Kompagnie.
Batterie Nr. IV	. . . .	3./3. Grenadier-Batterie.
Schützengraben Nr. 7	. .	9. Linien-Kompagnie.
= Nr. 8	. .	10. Linien-Kompagnie.
= Nr. 9	. .	11. Linien-Kompagnie.
= Nr. 10	. .	12. Linien-Kompagnie.

Die ganze vom Regiment Sibirien besetzte Stellung hatte eine Frontausdehnung von 4 km.

Die erste verfügbare Reserve, das zu derselben Brigade gehörende Regiment Kleinrußland Nr. 10, stand 3 km hinter der Stellung im Biwak; das Biwak der 2. Brigade der Division — Regimenter Fanagorien Nr. 11, Astrachan Nr. 12 und die drei 4 Pfünder-Batterien — lag 5 km hinter der Stellung. Das Regiment Kiew Nr. 5, welches die rechts anschließende Stellung der 2. Grenadier-Division besetzt hielt, konnte als Unterstützung nicht in Frage kommen; das Gros der 2. Grenadier-Division biwakirte bei Doljni Dubnjak, 4 km vom äußersten rechten Flügel des Regiments Sibirien entfernt. Dagegen betrug der Zwischenraum zwischen der russischen Stellung und den am linken Wid-Ufer bereits entwickelten Türken nur etwa $2^{1}/_{2}$ km.

Die Gefechtsstärke der Grenadier-Regimenter betrug durchschnittlich etwa 2500 Mann.

270. Siegreiches Vordringen der Türken auf dem linken Wid-Ufer. Der Aufmarsch der türkischen Brigaden Atuf, Junus und Tewfik am linken Wid-Ufer ist bereits erwähnt worden; es war gegen 8 Uhr, als diese Brigaden den Vormarsch gegen die russische Stellung zwischen Doljni Netropol und der Sofia-Straße antraten. Osman Pascha, der sich vor der Brigade des Centrums befand, leitete persönlich die Bewegung.

Dichte Schützenlinien, welche einen ununterbrochenen Bleihagel vor sich her schleuderten, gefolgt von geschlossenen Abtheilungen, bildeten das vordere Treffen, während das zweite Treffen in Bataillonskolonnen folgte. Bereits auf etwa 2000 m eröffneten die türkischen Schützen in der Bewegung ein lebhaftes Feuer. Die Artillerie — es befanden sich sechs Batterien bei diesen drei Brigaden — fuhr im Trabe über die Schützenlinie hinaus, protzte ab und eröffnete ein lebhaftes Feuer, bis dasselbe durch die weiter vorgehenden Schützen maskirt wurde; alsdann wurde aufgeprotzt und das Avanciren mit zeitweisem lebhaften Feuer in derselben Art fortgesetzt; gleichzeitig unterhielten einige auf den Höhen des rechten Wid-Ufers in der Nähe der Brücke aufgefahrene türkische Batterien ein heftiges Feuer ebenfalls gegen die Stellung des Regiments Sibirien.

Von den Russen mit lebhaftem Geschütz- und demnächst auch Gewehrfeuer empfangen, setzten die Türken trotz großer Verluste ihre Bewegung energisch fort. Etwa 800 m vor der russischen Stellung begann die Bewegung hier und da zu stocken, aber diese Stockungen wurden durch die Einwirkung der Führer und durch rechtzeitiges Verstärken der vorderen Linie überwunden, und unaufhaltsam näherte sich nunmehr die türkische Linie der russischen Stellung; die stark 2½ km betragende Entfernung von dem Aufmarschplatz der Türken bis zu den russischen Verschanzungen war in etwa ¾ Stunden durchschritten.

Es war etwa 8½ Uhr, als das von Osman Pascha persönlich geleitete Centrum der türkischen Linie, welches den Flügeln etwas vorgekommen war, die russische Stellung erreichte und sich mit betäubendem Allahruf auf dieselbe stürzte.

Vergebens setzten die Sibirien-Grenadiere einen verzweifelten Widerstand entgegen, vergebens setzte die russische Artillerie, welche an Menschen und Pferden bereits große Verluste erlitten, ihr Feuer mit großer Kaltblütigkeit fort — der wüthende Ansturm war nicht aufzuhalten. Nach erbittertem Handgemenge wurde zunächst Batterie III mit den benachbarten Schützengräben Nr. 3 und Nr. 4 genommen, gleich darauf auch Batterie IV und die benachbarten Schützengräben Nr. 6 und Nr. 7; in Batterie III fielen sechs, in Batterie IV zwei Geschütze den Türken in die Hände.

Die genannten Erfolge waren hauptsächlich durch die Brigade Junus und den rechten Flügel der Brigade Tewfik errungen; zwei Bataillone der letzteren Brigade — 5. II. Jäger und Monastir II — waren hierbei durch das auf nächste Entfernung abgegebene Feuer der Russen fast aufgerieben.

Die aus den genannten Verschanzungen hinausgeworfenen russischen Abtheilungen, welche auch ihrerseits außerordentlich große Verluste erlitten hatten, versuchten zunächst, sich in den zwischen der ersten und zweiten Linie gelegenen alten Verschanzungen zu halten, wichen aber bald weiter auf die zweite Vertheidigungslinie zurück. Links schlossen sich ihnen jetzt auch die 10, 11. und 12. Linien-Kompagnie an, welche sich von den vordringenden Türken in Flanke und Rücken bedroht sahen; rechts ging zunächst auch die 1. Schützen-Kompagnie aus dem Schützengraben Nr. 3 zurück, dann die 7. Linien-Kompagnie aus dem Schützengraben Nr. 2, worauf auch die 1./3. Batterie aus Batterie II abfuhr; auch die 6. und 8. Linien-Kompagnie aus der linken Hälfte des Retranchements schlossen sich der rückgängigen Bewegung an.

Von den zurückweichenden Abtheilungen sammelten sich die 5., 9., 10., 11. und 12. Linien-Kompagnie bei der Lünette Astrachan; die 3. Schützen-Kompagnie und die aus Batterie 4 abgefahrenen sechs 3./3. Geschütze gingen in den Zwischenraum zwischen der Lünette Astrachan und der Linkenflügel-Lünette zurück; die 1. und 2. Schützen-Kompagnie und die aus Batterie 3 allein geretteten zwei 2./3. Geschütze wichen auf die Linkeflügel-Lünette zurück, die 6., 7. und 8. Linien-Kompagnie auf die Lünette Kopana Mogila; die 1./3. Batterie nahm 300 m hinter dieser Lünette nördlich des Weges Plewna—Rahowa Stellung; südlich des Weges Plewna—Rahowa endlich hielten die vier Kompagnien des 1. Bataillons noch das Retranchement und den Schützengraben Nr. 1 besetzt.

Die Türken waren im Besitz der ganzen ersten russischen Vertheidigungslinie zwischen dem Wege Plewna—Rahowa und dem Netropol-Bach; zum Theil waren die Türken über diese Linie hinaus vorgegangen und hatten sich in den alten Verschanzungen zwischen der ersten und zweiten Linie festgesetzt. Der türkische linke Flügel hatte zur Zeit den Weg Plewna—Rahowa nicht überschritten; Theile der rechten Flügelbrigade Atuf hatten inzwischen die Front nach Norden genommen gegen die zwischen Doljni Netropol und dem Wid im Vorgehen begriffenen russischen und rumänischen Abtheilungen. Wo sich die Batterien der drei türkischen Brigaden zur Zeit befanden, ist nicht klar; von ihrer Wirkung ist kaum die Rede. Hinter der türkischen Kampflinie bedeckte der bereits stark in Unordnung gerathene große Troß das Gelände nach dem Wid zu.

Es war etwa 9 Uhr.

271. Erster Gegenstoß der Russen. Als General Danilow von der vorderen Vertheidigungslinie des Regiments Sibirien aus dem bei Gornji Netropol biwakirenden Gros seiner Division durch Raketen das Alarmzeichen gegeben, sandte er sowohl an das Regiment Kleinrußland, welches südöstlich von Gornji Netropol biwakirte, als auch an die Regimenter Astrachan und Fanagorien, deren Biwaks nördlich genannten Dorfes lagen, den Befehl, in der Richtung auf den Kurgan Kopana Mogila an die Vertheidigungsstellung heranzurücken. Die ebenfalls bei Gornji Netropol biwakirende Kavallerie-Brigade — Bug-Ulanen, 4. Kasaken und 7. reitende Batterie — sollte nach Doljni Netropol rücken.

Das Herankommen der drei genannten Grenadier-Regimenter an die Gefechtslinie dauerte auffallend lange. Allerdings muß man bedenken, daß die Regimenter den allgemeinen Befehl hatten, auf das Alarmzeichen sich nur in ihren Biwaks marschbereit zu machen, den Vormarsch aber erst auf besonderen Befehl anzutreten. Der Befehlsüberbringer hatte nun bis zu dem Regiment Kleinrußland 3 km, bis zur 2./3. Grenadier-Brigade 5 km zurückzulegen, und diese Strecken mußten dann von den Truppen durchschritten werden, wobei ihr Marsch stellenweise durch dichte Kukuruzfelder außerordentlich behindert wurde, immerhin aber bleibt das späte Eintreffen der Verstärkungen nicht ganz aufgeklärt.

Als das Regiment Kleinrußland sich dem Kampfplatz näherte, befanden sich hier die Gegner in den oben beschriebenen Stellungen in einem auf kurze Entfernungen geführten lebhaften Feuergefecht. Das an der Spitze des Regiments marschirende 3. Bataillon wurde auf den Zwischenraum zwischen der Lünette Astrachan und der Linkenflügel-Lünette gerichtet, das 2. Bataillon auf den Zwischenraum zwischen dieser Lünette und der Lünette Kopana Mogila, das 1. Bataillon auf Kopana Mogila selbst; jedes Bataillon formirte sich in Kompagniekolonne in zwei Treffen, die Schützenkompagnie ausgeschwärmt vor der Front. Den vorgehenden frischen Bataillonen schlossen sich überall die in der Nähe befindlichen Trümmer des Regiments Sibirien an. Das Vorgehen des 1. und 2. Bataillons Kleinrußland hatte anfangs Erfolg. Das über Kopana Mogila vorgehende 1. Bataillon mit den sich anschließenden Abtheilungen des Regiments Sibirien warf die Türken nicht nur auf die erste Verschanzungslinie zurück, sondern bemächtigte sich sogar wieder der Batterie Nr. II, während das 2. Bataillon ebenfalls mit den benachbarten Sibiriern den Türken die alten Verschanzungen zu beiden Seiten des rumänischen Kurgan entriß.

Der in der Richtung auf Batterie Nr. IV unternommene Vorstoß des 3. Bataillons Kleinrußland dagegen scheiterte. Der Bataillonskommandeur wurde tödlich verwundet, und das Bataillon wich unter großen Verlusten auf die Lünette Astrachan zurück; die 12. Kompagnie warf sich in die Südumfassung des Dorfes Doljni Netropol.

272. **Erneutes Vordringen der Türken.** Inzwischen hatten die türkischen Führer ihre Truppen aufs Neue geordnet und führten dieselben mit großer Energie wieder zum Angriff. Die Russen wurden nicht nur auf ihre zweite Vertheidigungslinie zurückgeworfen, sondern 4 Bataillone der Brigade Junus erstürmten sogar die LinkeflügelLünette und durchbrachen so die zweite russische Linie. Weiter gingen

indessen die türkischen Erfolge nicht; der rechte türkische Flügel kam vor der Astrachan-Lünette, der linke vor der Lünette Kopana Mogila zum Stehen, während südlich des Weges Plewna—Rahowa sich das 1. Bataillon Sibirien sogar noch in der ersten Vertheidigungslinie behauptete.

273. Eintreffen russischer Verstärkungen. — Zweiter Gegenstoß der Russen. General Ganezki, kommandirender General des Grenadierkorps und Befehlshaber des sechsten Abschnittes, war auf die von General Danilow gegebenen Raketensignale hin mit seinem Stabe zunächst auf der Sofia-Chaussee vorgeritten, hatte dann aber, dem immer lebhafter werdenden Feuer folgend, die Richtung auf Kopana Mogila eingeschlagen. Von der Höhe dieses Kurgans aus die Gefechtslage überschauend, gewann er die Ueberzeugung, daß die zur Zeit allein im Gefecht stehende 1./3. Grenadier-Brigade dem übermächtigen feindlichen Angriff nicht lange würde Stand halten können. Von der 2./3. Grenadier-Brigade, welche hinter Gornji Netropol im Biwak stand und von dort aus im Anmarsch sein mußte, war zur Zeit noch nichts zu sehen; von der 1./2. Grenadier-Brigade, welche die Vertheidigungslinie zu beiden Seiten der Sofia-Straße besetzt hielt, war ein Eingreifen zu Gunsten der hart bedrängten Regimenter Sibirien und Kleinrußland nicht möglich. Ganezki schickte nunmehr an die bei Dolnji Dubnjak im Biwak stehende 2./2. Grenadier-Brigade den Befehl, in der Richtung auf Kopana Mogila vorzugehen und den linken Flügel des türkischen Angriffs zu umfassen; die laut eingegangener Meldung bei Medewan auf dem linken Wid-Ufer übergegangene Garde-Brigade des Generals Kurlow erhielt den Befehl, nach Dolnji Dubnjak zu rücken und die allgemeine Reserve des Grenadierkorps zu bilden.

Hierauf ritt Ganezki der 2./3. Grenadier-Brigade entgegen, welche inzwischen ebenfalls in der Richtung auf Kopana Mogila im Anmarsch war.

Diese Brigade, welche in ihrem nördlich von Gornji Netropol gelegenen Biwak den Befehl des Generals Danilow zum Vormarsch auf Kopana Mogila (wann? ist nicht festgestellt) erhalten hatte, erreichte zusammen mit den drei 4pfündigen 4., 5., 6./3. Grenadier-Batterien erst gegen 10 Uhr das Biwak der 1./3. Brigade, wo die Tornister abgelegt wurden.

Die drei 4Pfünder-Batterien gingen sofort einige Hundert Schritt östlich des Biwaks der 1./3. Brigade in Stellung und eröffneten zur Vorbereitung des Angriffs ein lebhaftes, aber wegen der großen Entfernung (fast 2 km) ziemlich wirkungsloses Feuer.

Regiment Astrachan Nr. 12 formirte sich zunächst zum Gefecht, 1. und 2. Bataillon, jedes in Kompagniekolonne in zwei Treffen, in erster Linie, dahinter das 3. Bataillon in Reserve; alle drei Schützen-Kompagnien ausgeschwärmt vor der Front; Ziel des Angriffs war die von den Türken genommene Linksflügel-Lünette. Regiment Fanagorien Nr. 11 folgte anfangs als Staffel hinter dem rechten Flügel, setzte sich aber bald in gleiche Höhe rechts neben Astrachan. Auch die durcheinandergekommenen Abtheilungen der Regimenter Sibirien und Kleinrußland schlossen sich dem Vorgehen an; von links griffen zwei Bataillone Wologda Nr. 17 der 1./5. Infanterie-Brigade gegen die rechte türkische Flanke in das Gefecht ein; von rechts kamen zunächst einige Kompagnien des Grenadier-Regiments Samogitien Nr. 7 der 2. Grenadier-Division heran.

Der Angriff glückte, zunächst wurde die Linksflügel-Lünette vom Regiment Astrachan erstürmt, dann wurden unter mörderischem Gefecht die Türken allmählich aus allen anfangs eroberten Verschanzungen geworfen. Die verloren gegangenen Geschütze wurden zurückerobert, außerdem wurden hier sieben türkische Geschütze genommen. Der Durchbruchsversuch der Plewna-Armee war endgültig gescheitert.

274. Die Ereignisse auf dem rechten Wid-Ufer. Wir werfen zunächst einen Blick auf die Ereignisse, welche sich inzwischen — in der Nacht und am Morgen des 10. Dezember — auf dem rechten Wid-Ufer abspielten. Wir haben gesehen, daß bereits nach Einbruch der Dunkelheit am 9. Dezember in den vorderen Stellungen der Einschließungslinie sich Gerüchte über den Abzug der Türken aus den gegenüberliegenden Werken verbreiteten. Die Russen verhielten sich diesen Gerüchten gegenüber mit sehr großer Vorsicht; schwache Patrouillen gingen gegen die bedeutendsten türkischen Werke vor und stellten die Räumung derselben durch die Türken fest, worauf dann überall Abtheilungen zum Besetzen dieser Werke vorgeschoben wurden.

Erst kurz vor Tagesanbruch, d. h. nicht viel vor 8 Uhr, wurde von dem ersten Abschnitt — Rumänen — aus die Griviza-Redoute Nr. 2 besetzt, vom zweiten Abschnitt aus die Redouten Ibrahim Bey und Tschorum, vom vierten Abschnitt aus die Krschin-Redouten; die Besetzung der Redoute Omer Bey durch Abtheilungen des dritten Abschnittes scheint sogar erst gegen 11 Uhr vormittags erfolgt zu sein.

22*

Die Rumänen gingen dann in der Richtung auf Bukowa, die Truppen des zweiten und dritten Abschnittes gegen die Ostseite, die Truppen des vierten und fünften Abschnittes gegen die Westseite von Plewna vor, aber nur die beiden äußersten Flügel stießen überhaupt noch auf, allerdings außerordentlich schwachen, Widerstand.

Den Rumänen gegenüber hatte Edhem Pascha mit einem Theil seiner Brigade noch die Opanes-Redouten besetzt; nach kurzem Feuergefecht, das für die Rumänen verlustlos verlaufen zu sein scheint, streckte Edhem die Waffen: etwa 2000 Mann und 3 Geschütze fielen in die Hände der Rumänen.

Als General Katalei, Kommandirender des fünften Abschnittes, den Abzug der Türken nach dem Flusse hin bemerkte, ließ er die noch auf dem rechten Ufer befindlichen Bataillone seiner 3. Garde-Infanterie-Division gegen die westlich von Krschin gelegenen türkischen Verschanzungen vorgehen. Die Besatzungen derselben, die der Brigade Hussein Wasfi angehörten, streckten nach kurzem Widerstand die Waffen; in der sogenannten fünfeckigen Redoute Vely Bey (Nr. 26) ergab sich dieser Pascha selbst. Im Ganzen fielen hier etwa 4000 Mann und 4 Geschütze den Russen in die Hände, deren ganzer Verlust sich auf 3 Todte und 15 Verwundete beschränkte.

Drei Bataillone der Brigade Edhem und zwei Bataillone der Brigade Sadyk, welche bereits im Laufe der Nacht mit 9 Geschützen auf das linke Wid-Ufer übergegangen waren, schlossen sich hier dem rechten Flügel der türkischen Gefechtslinie an; die Brigade Said hatte nach dem großen Troß die Brücke überschritten und sich dispositionsgemäß hinter den linken Flügel der Gefechtslinie gesetzt. Das Gros der Brigade Sadyk und der Rest der Brigaden Edhem und Hussein Wasfi drängten sich am rechten Wid-Ufer zusammen, ohne den von Plewna aus vorgehenden Russen Widerstand zu leisten; um Mittag waren daher die Höhen am rechten Wid-Ufer taktisch in den Händen der Russen, und den am linken Wid-Ufer stehenden Türken war jede Möglichkeit des Rückzuges vollkommen abgeschnitten.

275. **Das Ende der Plewna-Armee.** Nachdem die 3. Grenadier-Division die anfangs verlorenen Stellungen wieder genommen, ließ General Danilow halten, um die Truppen einigermaßen zu ordnen, während die bis in die vorderste Linie vorgezogenen Batterien ein lebhaftes Feuer eröffneten. Nach kurzer Pause traten die Regimenter der 3. Grenadier-Division den Vormarsch an, dem sich links Theile der 1./5. Infanterie-Brigade anschlossen, rechts die Regimenter

der 2. Grenadier-Division. Die Garde-Brigade Kurlow, welche von Ganezki zunächst als Reserve nach Dolini Dubnjak beordert war, erhielt von diesem General nunmehr den Befehl, gegen den linken Flügel der Türken vorzugehen, wurde aber durch einen in seinen Motiven nicht recht aufgeklärten Befehl Skobelews in dieser Bewegung aufgehalten und kam nicht mehr dazu, in das Gefecht einzugreifen. Die von Skobelew herangeführte Brigade der 16. Infanterie-Division war zu dieser Zeit noch ziemlich weit zurück im Anmarsch.

Das Schicksal des Tages und gleichzeitig das der Plewna-Armee war indessen bereits entschieden. Die Türken hatten verzweifelte Anstrengungen gemacht, sich in den eroberten Verschanzungen zu halten, aber ohne Erfolg. Ihre Verluste waren bereits außerordentlich groß, namentlich auch an Offizieren. Junus Bey, der tapfere Kommandeur der Centrums-Brigade, war tödlich verwundet; bald darauf wurde der Generalissimus Osman, der bis dahin, den Säbel in der Faust, seinen Truppen ein glänzendes Beispiel der Tapferkeit gegeben, durch einen Granatsplitter kampfunfähig gemacht und nach der Brücke zurückgeschafft.

Auf dem linken Flügel der Türken griffen Theile der Brigade Said in das Gefecht ein — namentlich zeichnete sich hier das von Pertew Bey geführte 5./II. Nizam-Regiment durch kaltblütige Tapferkeit aus — und auf dem rechten Flügel warfen sich einige Bataillone der Brigaden Edhem und Sadyk den von Dolini Netropol aus gegen die rechte Flanke der Türken vorbrechenden Russen entgegen, aber bald brach jeder Widerstand zusammen. Unaufhaltsam wälzten sich die türkischen Massen dem Wid-Ufer zu in wildem Durcheinander mit den zahlreichen Fuhrwerken und Packthieren des großen Trosses und den jammernden türkischen Flüchtlings-Familien. In dieses wüste vollkommen widerstandsunfähige Chaos schlugen von allen Seiten die russischen Granaten, und die überall im Vorgehen begriffenen russischen Bataillone schleuderten einen tödlichen Bleihagel in die Massen der Flüchtigen.

Der schnelle wenig rühmliche Fall der am rechten Wid-Ufer noch besetzt gehaltenen Stellungen und das Erscheinen der russischen Truppen auf den Höhen des rechten Ufers nahm der geschlagenen Armee nicht nur jede Hoffnung auf Rettung, sondern machte auch jeden Gedanken an den Abschluß einer regelrechten Kapitulation mit einigermaßen günstigen Bedingungen hinfällig.

Von einem Hause dicht am rechten Wid-Ufer in der Nähe der Brücke, wohin man den verwundeten Generalissimus geschafft hatte, übersah dieser die hoffnungslose Lage seiner widerstandslos dem Untergange preisgegebenen Truppen; mit Thränen in den Augen faßte er den letzten schweren Entschluß: in verschiedenen Richtungen sandte er den vordringenden Russen Offiziere entgegen mit der Erklärung unbedingter Unterwerfung.

Allmählich schwieg das russische Feuer. Die am Wid-Ufer ordnungslos zusammengedrängten türkischen Massen legten die Waffen nieder; der Todeskampf der Plewna-Armee war zu Ende.

276. Verluste. Der russische Verlust traf der Hauptsache nach die Regimenter der 3. Grenadier-Division, welche den eigentlichen Entscheidungskampf durchzufechten hatten.

	todt		verwundet	
	Offiz.	Mann	Offiz.	Mann
Sibirien Nr. 9	5	114	11	208
Kleinrußland Nr. 10 . .	3	165	14	415
Fanagorien Nr. 11 .	—	36	10	154
Astrachan Nr. 12 . . .	1	93	11	305
3. Grenadier-Division . .	9	408	46	1082
2. "	—	10	—	45
1./5. Infanterie-Brigade .	—	3	1	46
3. Garde-Division . . .	—	3	—	15
Artillerie	—	10	2	32
Kavallerie	—	1	—	3
Zusammen	9	435	49	1228

58 Offiziere, 1663 Mann.

Der türkische Verlust wird auf etwa 6000 Mann an Todten und Verwundeten angegeben; eine türkische Angabe, welche von 2500 Mann spricht, scheint nur die Todten im Auge zu haben. Dieser Verlust entfiel ausschließlich auf die Truppen der 1. Division und auf die wenigen Bataillone der 2. Division, welche an den Kämpfen auf dem linken Wid-Ufer betheiligt waren; von diesen hatte z. B. das Redif-Bataillon Safranboli der Brigade Edhem, welches auf dem äußersten rechten Flügel gegen die 1./5. Infanterie-Brigade focht, bei einer Gefechtsstärke von 600 Mann einen Verlust von 450 Todten und Verwundeten.

An Gefangenen (einschließlich der Verwundeten und Kranken) fielen den Russen in die Hände: 10 Paschas, 128 Stabsoffiziere, 2000 Oberoffiziere und etwa 40 000 Mann, sowie 77 Geschütze.

Das Schicksal der gefangenen Armee war ein trauriges. Tagelang blieben die Gefangenen am rechten Wid-Ufer bei ganz ungenügender Verpflegung den Unbilden der Witterung schutzlos preisgegeben, und als in Staffeln von je einigen Hundert Mann der Abmarsch nach Rußland begann, scheint das Elend fast noch schlimmer geworden zu sein. Die durch die monatelang erlittenen Entbehrungen und Anstrengungen entkräfteten Mannschaften erlagen massenhaft den Strapazen; von den 40 000 Gefangenen sollen 10 000 Mann den Tod gefunden haben.

Osman Pascha wurde von den Siegern mit gebührender Hochachtung behandelt; Kaiser Alexander gab ihm unter Worten ehrender Anerkennung seines glänzenden Widerstandes seinen Säbel zurück und trug Sorge für die Pflege seiner Wunde, für welchen Zweck Osman seinen Leibarzt bei sich behielt.

Nachdem Osman zunächst einige Zeit in dem russischen Hauptquartier bei Plewna verblieben, wurde ihm später für die Dauer seiner Gefangenschaft Charkow in Südrußland als Aufenthalt angewiesen.

277. Schlußwort. Der Kampf um Plewna hatte dem ganzen Feldzuge des Jahres 1877 seinen Stempel aufgedrückt. Der Fall Plewnas verschob die ganze Kriegslage derart, daß der weitere Widerstand der Türkei aussichtslos erscheinen mußte. Der kurze Feldzug des Jahres 1878 — der sogenannte Feldzug von Adrianopel — führte die russischen Fahnen bis vor die Thore von Konstantinopel.

Der Präliminarfriede von St. Stefano machte den Feindseligkeiten ein Ende.

Der Balkan-Feldzug mit seinen gewaltigen Kämpfen, mit seinen Strömen von Blut, mit seinen unter Doppeladler und Halbmond vollführten heroischen Thaten gehört der Geschichte an, als Mittelpunkt aller dieser Erinnerungen aber ragt ein mit blutigen Lettern geschriebener Name hervor:

Plewna!

Zweiunddreißigster Abschnitt.
Die Zusammensetzung der Armee von Plewna.

278. Zusammensetzung zur Zeit des ersten und zweiten Plewna. Osman Pascha marschirte von Widdin ab mit 19 Bataillonen; unterwegs stießen zu ihm noch 3 Bataillone; in Plewna fand er vor unter Atuf Pascha (von Nikopolis gekommen) 3 Bataillone. Die Stärke der Armee im Treffen des 20. Juli wird offiziell angegeben auf 25 Bataillone; von diesen Truppentheilen sind im Einzelnen bekannt:

a. Nizam-Truppen:

1., 2., 3. Bataillon des 2./II. Regiments
2. Bataillon des 4./II. Regiments
1., 2., 3. Bataillon des 4./I. Regiments
2. Bataillon des 5./II. Regiments
1./V. Jäger-Bataillon
5./II. Jäger-Bataillon

} 10 Bataillone.

b. Redif-Truppen:

Simaw I, Simaw II, Riangueri II, Zafranboli I, Affi Josgad II, Schumla II, Dschuma II, Tschorum I, Josgad I, Silistria I, Kirchehir I, Trapezunt I, Aintab II, Naplus I, Gumuschhané II = 15 Bataillone. Für das erste Plewna sind also alle 25 Bataillone bekannt.

Abgesehen von den 8 Bataillonen, welche unter Rifaat Pascha Lowtscha besetzten und später werden in Rechnung gestellt werden, erhielt die Armee bis Ende Juli eine Verstärkung von 8 Bataillonen; ihre Stärke in der Schlacht des 30. Juli betrug 33 Bataillone.

Von den 8 neu hinzugetretenen Bataillonen sind nur bekannt die Redif-Bataillone Milas II und Nisch; zu diesem Zeitpunkte fehlen also die Namen von 6 Bataillonen.

279. Zusammensetzung zur Zeit des Treffens von Pelischat Ende August. Am Tage der Ausfallschlacht von Sgalewize-Pelischat am 31. August wird die Zahl der zur Plewna-Armee gehörenden Bataillone offiziell auf 35 angegeben, also 2 mehr als in der Schlacht vom 30. Juli. Außer den bisher namentlich aufgeführten Bataillonen werden, als am Treffen von Pelischat betheiligt, genannt:

Nizams: 1., 2., 3. Bataillon des 2./III. Regiments; 3./I. Jäger-Bataillon. Redifs: Ischtib I, Gumuldschina II, Kiangueri I, Monastir I — im Ganzen 8 Bataillone.

Die 35 Bataillone, welche am Tage von Pelischat zur Plewna-Armee gehörten, sind also sämmtlich namentlich bekannt; es waren 14 Nizam-Bataillone und 21 Redif-Bataillone.

280. Zusammensetzung zur Zeit des dritten Plewna (Anfang September). Von den unter Rifaat Pascha in Lowtscha stehenden 8 Redif-Bataillonen wurden 3 Bataillone am 3. September vernichtet, so daß sie vorläufig zu existiren aufhörten, nämlich:

Ischtib II, Samsun I, Sinope I.

Die Trümmer der anderen 5 Bataillone traten zur Armee von Plewna über und wurden hier wieder reorganisirt; es waren dies: Angora III, Bey Basar I, Bey Basar III, Eregli I, Assi Josgab III.

Am 6. September bei Beginn der Kämpfe des dritten Plewna zählte die Armee von Plewna nach offiziellen Angaben 45 Bataillone.

Da am 31. August 35 Bataillone vorhanden waren und am 5. September die oben genannten 5 Bataillone von Lowtscha hinzutraten, so müssen außerdem in den ersten Septembertagen 5 Bataillone Verstärkungen eingetroffen sein. Außer den bisher namentlich bekannten 40 Bataillonen (14 Nizam-, 26 Redif-) werden als an den Kämpfen des dritten Plewna betheiligt erwähnt die Redif-Bataillone Jneboli I, Drama II, Serös II, Sliwno III, Karahissar I, Monastir II, Angora I, Milas III.

Würden diese 8 Bataillone richtig bezeichnet sein, so würde sich daraus für den 6. September die Zahl von 48 Bataillonen ergeben, also 3 mehr als die offizielle Angabe für diesen Tag; es ist aber sehr wahrscheinlich, daß Monastir II, Angora I und Milas III hier falsche Aufgebotsbezeichnungen haben und mit früher genannten gleichnamigen Bataillonen anderer Aufgebote identisch sind. In diesem Falle würde die Armee von Plewna am 6. September bestanden haben aus 14 Nizam- und 31 Redif-Bataillonen, welche sämmtlich namentlich bekannt sind.

281. Verstärkungen im September und Oktober. Bis hierher sind die Angaben über den Bestand der Armee von Plewna ziemlich klar, aber die weiteren Angaben sind sehr unzuverlässig und zum Theil voller Widersprüche. Nach bestimmten nicht zu bezweifelnden Angaben trafen am 13. September von Widdin her 2 Bataillone ein, und am 24. September von Orchanie her 17 Bataillone unter Achmed Chiwsi Pascha; die Zahl der vorhandenen Bataillone steigt also auf 45 + 2 + 17 = 64 Bataillone. Ob von den 15 Bataillonen, welche unter Cheflet Pascha Anfang Oktober den zweiten großen Transport auf der Sofia-Straße nach Plewna geleiteten, ein Theil zur Armee von Plewna übergetreten ist, wollen wir zunächst als offene Frage behandeln; nach der vorliegenden Angabe, welche aber nicht sehr wahrscheinlich ist, kehrten alle 15 Bataillone mit Cheflet Pascha wieder um und besetzten die Etappen von Radomirze an südwärts. Von den oben berechneten 64 Bataillonen gehen am 24. Oktober 6 Bataillone unter Chiwsi Pascha in Gornji Dubnjak verloren und weitere 6 Bataillone unter Hafi Pascha am 28. Oktober in Telisch. Die 5 Bataillone, welche unter Bely Pascha in Dolni Dubnjak standen, bewerkstelligten Ende Oktober ihre Vereinigung mit der Armee von Plewna. Diese Armee verlor also in den Oktoberkämpfen 12 Bataillone und müßte nach der obigen Berechnung Ende Oktober eine Stärke von 52 Bataillonen gehabt haben.

Nach den Entscheidungskämpfen auf der Sofia-Straße, also von Ende Oktober an, ist nachweislich keine Verstärkung mehr nach Plewna hineingekommen, trotzdem aber giebt das offiziöse türkische Werk summarisch an: Ende November habe die Armee von Plewna aus 76 Bataillonen bestanden; dieses Mehr von 24 Bataillonen ist im Hinblick auf die offiziöse Quelle nicht gut zu beanstanden, aber über die Herkunft dieses Mehrs fehlt jede irgendwie zuverlässige Angabe. Auf diese 76 Bataillone sind nun zunächst wahrscheinlich in Anrechnung zu bringen erstens: die „Freiwilligen der ottomanischen Union", welche als eine Art Stabswache dem Hauptquartier zugetheilt waren, und zweitens: 4 Kompagnien des Redif-Bataillons Rasgrad, welche von Anfang an nicht in der Gefechtsfront verwendet wurden, sondern eine Art Heerespolizei beim Troß bildeten. Rechnet man diese beiden Abtheilungen als je ein Bataillon, so blieben Ende November 74 Front-Bataillone, von denen die Herkunft von 22 Bataillonen nicht nachgewiesen ist.

Jedenfalls muß man annehmen, daß diese 22 Bataillone in der Zeit vom 24. September bis 24. Oktober in Plewna eingetroffen sind. Am nächsten liegt der Gedanke, daß die 15 Bataillone Cheflet Paschas sämmtlich oder doch zum größten Theil zur Armee von Plewna übergetreten sind und daß die dann noch fehlenden Bataillone als Eskorten kleinerer Transporte in der Zwischenzeit angekommen sind — die über diesen ganzen Zeitraum sehr unklaren Berichte lassen darüber aber nichts Sicheres erkennen.

282. Zusammensetzung Ende November. Nach den detaillirten Angaben des offiziösen türkischen Werkes gehörten zur Armee von Plewna Ende November folgende Bataillone:

a. **Nizam-Truppen:**

1., 2., 3. Bataillon des 3./I. Regiments
1. Bataillon des 7./I. Regiments
1., 2., 3. Bataillon des 4./II. Regiments
1., 2., 3. Bataillon des 5./II. Regiments
2., 3. Bataillon des 6./II. Regiments
1., 2., 3. Bataillon des 2./III. Regiments
3. Bataillon des 2./V. Regiments } 22 Bataillone.
3./I. Jäger-Bataillon
2., 5./II. Jäger-Bataillon
1./V. Jäger-Bataillon
Zwei Bataillone zweifelhafter Nummer, aber jedenfalls mit keinem der oben genannten identisch.

b. **Redif-Truppen:**

Prisrend I, II, III, Bey Basar I, II, III, Nisch I, II, Kianguéri I, II, Angora I, II, Simaw I, II, Fotscha I, II, Prischtina II, III, Affi Josgab II, III, Ischtib I, Jneboli I, Josgab I, Silistria I, Tschorum I, Eregli I, Tireboli I, Sliwno I (oder III), Kirchéir I, Safranboli I, Monastir I, Gumuldschina II, Drama II, Gumuschhané II, Serès II, Nigdé II, Aintab II, Kilis II, Schumla II, Naplus II, Djennis II, Kula II, Milas II = 43 Bataillone.

c. **Mustahfis-Truppen:**

Ada Basar II, Sparta I, Magnesia, Serès, Kirchéir II, Nigdé, Tireboli, Gumuldschina = 8 Bataillone.

Aidin = 1 Auxiliar- (irreguläres) Bataillon.

Zusammen also: 22 Nizam-Bataillone,
43 Redif-Bataillone,
8 Mustahfis-Bataillone,
1 Auxiliar-Bataillon.
74 Bataillone.

Vergleicht man den Bestand an Bataillonen zur Zeit des dritten Plewna (6. September) mit dem Bestande Ende November, so ergeben sich folgende Veränderungen:

A. Nizam:

Von den am 6. September vorhandenen 14 Bataillonen sind völlig verschwunden

1., 2., 3. Bataillon des 4./I. Regiments ⎱ 6 Bataillone.
1., 2., 3. Bataillon des 2./II. Regiments ⎰

Es bleiben also übrig . . . . 8 Bataillone
Dazu treten hinzu . . . . <u>14 Bataillone</u>
   Bestand Ende November: 22 Bataillone.

B. Redif:

Von den am 6. September vorhandenen 31 Bataillonen sind völlig verschwunden: Trapezunt I, Karahissar I, Dschuma II = 3 Bataillone.

Es bleiben also übrig . . . . 28 Bataillone
Dazu treten hinzu . . . . <u>15 Bataillone</u>
   Bestand Ende November: 43 Bataillone.

C. Mustahfis:

Sämmtliche Ende November vorhandenen 8 Bataillone sind erst **nach** dem dritten Plewna hinzugekommen.

D. Irreguläre (Auxiliar-Truppen):

Dasselbe gilt von dem einen Bataillon (Aidin) dieser Kategorie.

Von den am 6. September vorhandenen 14 Nizam- und 31 Redif-Bataillonen sind also bis Ende November gänzlich verschwunden: 6 Nizam- und 3 Redif-Bataillone; es blieben von dem damaligen Stamm übrig: 8 Nizam- und 28 Redif- = 36 Bataillone.

Es treten neu hinzu: 14 Nizam-, 15 Redif-, 8 Mustahfis-Bataillone und 1 irreguläres Bataillon = 38 Bataillone. Dies ergiebt als Summe die bereits anderweitig berechnete Zahl von 74 Bataillonen.

Verloren gingen in Gornji Dubnjak am 24. Oktober und in Telisch am 28. Oktober 12 Bataillone. Hierunter waren 2 Bataillone — Brussa und Kerassunde —, welche in obiger Rechnung überhaupt nicht enthalten sind und welche wahrscheinlich zu den unter

Achmed Chiwsi angekommenen Truppen gehörten. Auf die 10 Bataillone, welche außerdem am 24. und 28. Oktober verloren gingen, darf man wohl die oben in Verlust gestellten 6 Nizam- und 3 Redif-Bataillone in Anrechnung bringen. Es würde dann von den damals verloren gegangenen Bataillonen e in s nicht namentlich bekannt sein; dieses eine Bataillon würde jedenfalls zu den mit Achmed Chiwsi Pascha oder später eingetroffenen Bataillonen gehören.

Die n a ch dem dritten Plewna eingetroffenen Bataillone und zwar
    2 Bataillone am 13. September von Widdin her,
17 Bataillone am 24. September unter Achmed Chiwsi,
22 Bataillone in der Zeit vom 24. September bis 24. Oktober,
zusammen 41 Bataillone, würden sich also zusammensetzen, wie folgt: 3 Bataillone (Brussa, Keraffunde und ein unbekanntes Bataillon) vernichtet auf der Sofia-Straße am 24. bezw. 28. Oktober, 14 Nizam-Bataillone, 15 Redif-Bataillone, 8 Mustahfis-Bataillone, 1 irreguläres Bataillon, zusammen 41 Bataillone.

Auffallend ist hierbei die verhältnißmäßig sehr große Zahl der Nizam-Bataillone, welche n a ch dem dritten Plewna bei der Armee Osmans eingetroffen sein müssen, namentlich wenn man die anderweitige Angabe beachtet, daß unter den 17 Bataillonen Achmed Chiwsis nur 2 Nizam-Bataillone gewesen sein sollen. Die aufgestellten Berechnungen halten sich indessen streng an das bekannt gewordene offiziöse türkische Material, dieses aber prinzipiell anzuzweifeln, liegt durchaus kein Grund vor.

283. Neuformation der Infanterie vor dem Durchbruchsversuch. Von den für Ende November als anwesend berechneten 74 Bataillonen wurden, als die Armee für den entscheidenden Durchbruchsversuch formirt wurde, eine Anzahl mit sehr geringer Effektivstärke entweder je zwei und zwei zu einem kombinirten Bataillon zusammengezogen oder aufgelöst und auf andere Bataillone vertheilt, so daß im Ganzen 17 Bataillone verschwanden und die Zahl der in der Ordre de Bataille aufgeführten Bataillone von 74 auf 57 herabsank.

Zu je einem Bataillon wurden zusammengezogen die Redif-Bataillone: 1) Prisrend I und II, 2) Prischtina II und III, 3) Angora I und III, 4) Bey Basar I und II, 5) Bey Basar III und Assi Josgad III.

Auf andere Bataillone vertheilt wurden alle 8 Mustahfis-Bataillone, ferner die Redif-Bataillone Fotscha I, Fotscha II,

Prisrend III und eins der drei Bataillone Naplus, Djennis und Kula — welches von diesen, ist nicht ersichtlich, aber diese drei Bataillone formirten bei der neuen Eintheilung nur zwei Bataillone."

Die Armee bestand nunmehr also aus 22 Nizam-Bataillonen, 34 Redif-Bataillonen und 1 irregulären Bataillon und wurde in 7 Brigaden zu je 2 Regimentern à 4 Bataillone formirt; das speziell zur Troßbedeckung bestimmte irreguläre Bataillon Aïdin wurde außerdem der 4. Brigade zugetheilt.

1. Brigade. General Atuf Pascha.

1./2. II. Nizam-Bataillon
2./2. II.   »   »
3./2. II.   »   »
Redif-Bataillon Ischtib I

Oberstlieutenant Raïf Bey.

»   »   Jneboli I
»   »   Gumuldschina II
»   »   Josgad I
»   »   Drama II

Oberstlieutenant Ejub Bey.

2. Brigade. Oberst Junus Bey.

1./4. II. Nizam-Bataillon
2./4. II.   »   »
3./4. II.   »   »
Redif-Bataillon Silistria I

Oberst Zihni Bey.

»   »   Nisch I
»   »   Nisch II
»   »   Kianguéri I
»   »   Prisrend I u. II

Oberstlieutenant Abbullah Bey.

3. Brigade. General Tewfik Pascha.

5./2. Jäger-Bataillon
Redif-Bataillon Monastir II
»   »   Tschorum I
»   »   Prischtina II u. III

Oberstlieutenant Mehmed Nazif Bey.

»   »   Angora I u. III
»   »   Gumuschhané II
»   »   Bey Basar I u. II
»   »   Eregli I

Oberstlieutenant Rassim Bey.

4. Brigade. Oberst Said Bey.

1./5. II. Nizam-Bataillon
2./5. II. ″   ″
3./5. II. ″   ″ } Oberstlieutenant Pertew Bey.
Redif-Bataillon { Bey Basar III
  Assi Josgab III }

3./I. Jäger-Bataillon
Redif-Bataillon Tireboli I
  ″   ″   Serès II
  ″   ″   Milas III } Oberstlieutenant Ali Bey.
Irreguläres Bataillon Aibin

5. Brigade. General Hussein Wasfi Pascha.

1./V. Jäger-Bataillon
1./7. I. Nizam-Bataillon
Redif-Bataillon Simaw II
  ″   ″   Nigdé II } Oberstlieutenant Natouh Bey.

3./6. II. Nizam-Bataillon
Redif-Bataillon Kianguéri II
  ″   ″   Aintab II
  ″   ″   Kilis II } Oberstlieutenant Hourschid Bey.

6. Brigade. General Sabyt Pascha.

1./3. I. Nizam-Bataillon
2./3. I. ″   ″
3./3. I. ″   ″ } Oberst Hafruz Bey.
Redif-Bataillon Simaw I

  ″   ″   Sliwno I
  ″   ″   Assi Josgab II
  ″   ″   Schumla II
  ″   ″   Kirchéir I } Oberstlieutenant Latif Bey.

7. Brigade. General Ebhem Pascha.

2./II. Jäger-Bataillon
2./6. II. Nizam-Bataillon
  ? Nizam-Bataillon
Redif-Bataillon Safranboli I } Oberstlieutenant Mehmed Kiazim Bey.

3. 2. V. Nizam-Bataillon		
? Nizam-Bataillon		Oberst Suleiman Bey.
zwei Redif-Bataillone	Naplus Djennis Kula	

284. Artillerie. In dem Treffen des 20. Juli hatte die türkische Armee über 58 Geschütze verfügt; in der Schlacht am 30. Juli war diese Zahl unverändert. Demnächst trafen zwei Batterien ein, so daß am 5. September 70 Geschütze zur Stelle waren, zu denen dann noch 5 aus Lowtscha gerettete Geschütze hinzutraten.

Mit Achmed Chiwsi Pascha trafen dann am 24. September noch zwei Batterien ein mit 12 Geschützen, wodurch die Zahl der Geschütze auf 87 stieg.

Am 11. September gingen in der Redoute Kanly Tabia 2 Geschütze verloren, am 24. Oktober in Gornji Dubnjak 4 Geschütze, am 28. Oktober in Telisch ebenfalls 4 Geschütze — was einen Restbestand von 77 Geschützen ergiebt.

Dem Kaliber nach waren diese Geschütze in der Hauptmasse Kruppsche 4 Pfünder und 6 Pfünder; eine kleine Anzahl waren 3 pfündige Gebirgsgeschütze.

Jeder der oben erwähnten 7 Brigaden waren je 2 Batterien zugetheilt, deren Geschützzahl zwischen 4 und 6 Geschützen schwankte.

285. Kavallerie. An Kavallerie waren am 6. September verfügbar gewesen:

5 Eskadrons des 3./II. regulären Regiments 2 Eskadrons Garde-Kasaken	400 Mann.
irreguläres Reiter-Regiment Saloniki Tscherkessen	1200 Mann.

Mit Achmed Chiwsi Pascha traf ein das 2./III. reguläre Regiment mit 6 Eskadrons, dasselbe scheint bei Gornji Dubnjak und Telisch gänzlich verloren zu sein.

Ferner trafen ein — Zeitpunkt unbekannt — 4 Eskadrons des 4./III. regulären Regiments, das irreguläre Regiment Serès und die irreguläre Eskadron Wodena; die Tscherkessen scheinen im Laufe der Zeit gänzlich verschwunden zu sein.

Dreiunddreißigster Abschnitt.
Die Verpflegungsverhältnisse der Armee von Plewna.

286. Einleitung. Die Verpflegungsverhältnisse der Armee von Plewna, obgleich thatsächlich ausschlaggebend für den tragischen Untergang dieser tapferen Armee, liegen sehr im Dunkeln, und nur mit sehr vorsichtiger Benutzung der durchaus unsicheren und vielfach widerspruchsvollen Quellenangaben läßt sich einigermaßen eine Uebersicht über diese Verhältnisse gewinnen.

Bevor ich den Versuch unternehme, ein allgemeines Bild der Verpflegungsverhältnisse zu entwerfen, mögen alle einzelnen Quellenangaben, auf welche sich dieser Versuch stützt, der Reihe nach aufgeführt werden.

287. Zusammenstellung der einzelnen Quellenangaben. Ich beginne mit den bezüglichen Angaben aus dem Subbetul Chakeif, und zwar sollen mit Rücksicht auf bequemere Gegenüberstellung der einzelnen Daten diese in laufender Reihenfolge numerirt werden.

1. Osman Pascha telegraphirt am 14. September nach Konstantinopel: Munition und Proviant gehen bei uns zu Ende.

2. Am 16. September ergeht aus der Kanzlei des Sultans an das Kriegsministerium der Befehl, über die Maßregeln zur Verproviantirung der Armee von Plewna zu berichten. Hierauf erfolgt die Antwort: Die in Sofia vorhandenen für Plewna bestimmten Vorräthe seien bereits dorthin unterwegs. (Es scheint hier der Transport gemeint zu sein, den Achmed Chiwsi Pascha von Orchanie aus am 24. September nach Plewna brachte.)

3. Am 18. Oktober meldet Osman Pascha telegraphisch nach Konstantinopel: Bei Ausgabe der vollen Portion reicht der Proviant noch auf drei oder vier Tage.

4. In einer zwischen Konstantinopel und dem in Orchanie befindlichen Chefket Pascha geführten längeren telegraphischen Unterhaltung sagt dieser Letztere: „Jeden Tag gebrauchen wir mindestens 300 bis 400 Wagen, um einen eintägigen Bedarf für Plewna aufzunehmen."

5. Chefket theilt hier ferner mit: Osman verlangt nur Zufuhr von Proviant, keine Munition.

6. Auf die ebenfalls am 18. Oktober von Konstantinopel aus gestellte Frage: „Wie viel Proviant ist für die Armee von Plewna

auf sechs Monate erforderlich?" antwortet Chefket Pascha: „Für die in Plewna und auf dem Wege dorthin begriffenen Truppen sind täglich erforderlich 50 000 Oka Mehl, 60 000 Oka Gerste und 80 000 Oka Heu." Zu dieser Angabe bemerke ich zunächst, daß 1 Oka = 1282,945 Gramm ist. Ueber die Bedeutung der hier gemachten Angaben wird weiterhin ausführlich gesprochen werden.

7. Auf die im Verlauf derselben Unterhaltung von Konstantinopel aus gestellte Frage: „Auf wie lange reicht, Ihrer Rechnung nach, der in Plewna vorhandene Proviant?" antwortet Chefket ausweichend: „Seit Anfang Oktober wurde ein zehntägiger Vorrath abgeschickt und später an verschiedenen Tagen noch ein achttägiger Vorrath und 10 000 Granaten."

8. Auf die ferner von Konstantinopel gestellte Frage, wie lange ein Transport von Orchanie nach Plewna unterwegs sei, lautet Chefkets Antwort: „Bei gutem Wetter sechs Tage!" Da jetzt aber bereits Oktober war und der Schneefall begonnen hatte, darf man wohl annehmen, daß thatsächlich längere Zeit für diesen Weg erforderlich war.

9. Auf die ferner von Konstantinopel gestellte Frage: „Wie viel Fuhrwerke sind zuletzt abgeschickt und wann sind sie von Orchanie abgegangen?" lautet Chefkets Antwort: „Seit einer Woche (also etwa seit dem 11. Oktober, d. h. seit Chefkets Rückkehr von seiner Expedition nach Plewna) senden wir täglich einen Transport ab; der letzte bestand aus 160 Wagen mit 38 000 Oka Mehl."

10. Aus dem Protokoll einer Berathung des Kriegsraths (Kriegsministeriums) vom 18. Oktober geht hervor: Der Kommandant von Sofia hat erklärt, zur gleichzeitigen Absendung aller dort gesammelten Proviantvorräthe nach Plewna fehlt es an Transportmitteln; die Absendung kann nur in kleinen Partien geschehen. Das Kriegsministerium hat nach Sofia und Orchanie die Weisung geschickt, Alles aufzubieten, um einen zweimonatlichen Proviant nach Plewna zu schaffen; auch ist für gutes Futter der Zugthiere des Transports zu sorgen.

11. Aus dem erwähnten Protokoll geht ferner hervor: nach einer Meldung des Kommandanten von Sofia sind von Plewna aus 6000 Fuhrwerke rückwärs nach Sofia unterwegs.

12. Das Protokoll enthält ferner die Bemerkung: „Am 13. und 14. Oktober sind 1000 Wagen nach Plewna abgegangen, und binnen fünf oder sechs Tagen werden weitere 3000 Wagen bereit sein."

13. In dem Protokoll des Kriegsraths (Kriegsministeriums) vom 29. Oktober heißt es: „Vor fünf bis zehn Tagen (d. h. also jedenfalls kurz vor dem Verlust von Gornji Dubnjak) hat Osman mitgetheilt, der dort vorhandene Proviant reiche noch für eine Woche; der seitdem abgeschickte Proviant, der noch nach Plewna gelangt sein kann, ist nicht sehr bedeutend."

Ich gehe nunmehr über zu denjenigen Angaben, welche das offiziöse Werk von Muzaffer Pascha über die Verpflegungsverhältnisse bringt.

14. Vor dem Ausmarsch aus Widdin traf am 12. Juli bei der Armee von Berkowaz her ein Transport mit 50 000 kg Zwieback ein; ein gleicher Vorrath wurde in Orchanie gesammelt.

15. In Betreff der beiden großen Transporte, welche Achmed Chiwsi am 24. September und Chefket am 8. Oktober nach Plewna brachten, wird ganz ausdrücklich gesagt: die russische Behauptung, jeder dieser Transporte habe aus 1500 Wagen bestanden, sei falsch; die Zahl der Wagen eines jeden dieser Transporte habe nur 500 betragen.

16. Der am 24. September mit Achmed Chiwsi eingetroffene Transport hatte Lebensmittel und Munition, aber keine Fourage gebracht.

17. Ende September und Anfang Oktober fanden in der Umgegend von Plewna am Wid-Ufer große Fouragirungen statt, welche namentlich ziemlich bedeutende Fouragevorräthe einbrachten.

18. Als Chefket Pascha nach der Einbringung des zweiten großen Transportes auf dem Rückmarsch nach Orchanie war (also etwa am 10. oder 11. Oktober), nahm er den Russen einen ziemlich bedeutenden Viehtransport ab, der ursprünglich von Orchanie nach Plewna bestimmt und einer russischen Streifabtheilung (unter Oberst Lewis, s. Nr. 216) in die Hände gefallen; Chefket sandte von diesem Transport 3000 Hammel nach Plewna.

19. Im November (ohne nähere Angabe) war die tägliche Portion bereits auf 330 g Maisbrot herabgesetzt, nebst einigen in Wasser gekochten Maiskolben.

20. Am 27. November reichte der vorhandene Proviant, selbst bei Einschränkung, noch höchstens 14 Tage.

21. In Vorbereitung des auf den 10. Dezember festgesetzten Durchbruchsversuches gab man unter Heranziehung aller in den Magazinen noch vorhandenen Reservevorräthe für drei Tage, also

für den 7., 8. und 9. Dezember, den Mannschaften volle Portionen, um ihre Kräfte zu stärken; außerdem erhielt jeder Mann sechs Portionen für die Zeit der bevorstehenden Operationen.

22. Die 350 nicht transportfähigen Verwundeten und Kranken, welche man in Plewna zurücklassen mußte, erhielten Lebensmittel auf 30 Tage.

23. Nicht in dem offiziösen Werk Muzaffer Paschas selbst, wohl aber in der demselben zu Grunde liegenden ersten Arbeit des Majors Talat findet sich folgende Auslassung:

„In Plewna befanden sich vor der Ankunft der Armee Osman Paschas weder Vorräthe an Kriegsbedürfnissen, noch an Lebensmitteln. Dies nöthigte uns, bei dem Marsch von Widdin nach Plewna möglichst viel Kriegsbedürfnisse und Lebensmittel mitzunehmen, mit welchen die Armee bis zur Ankunft der Vorräthe aus Sofia verpflegt wurde. Mit den aus Sofia zugeführten Vorräthen konnte die Armee bei sparsamer Verausgabung bis zum September auskommen. In diesem Monat*) traf noch Proviant für 28 Tage ein, aber vor Ablauf dieser Frist war bereits ein großer Theil dieser Vorräthe verbraucht. Durch die Transporte, welche unter Achmed Chiwsi und Chefket eintrafen, erhielt die Armee Vorräthe für zwei bis drei Monate, wenn man die vorschriftsmäßige Portion auf ein Drittel herabsetzte ... Fleisch gab es reichlich, selbst in größeren als durch das Reglement vorgeschriebenen Portionen, aber aus Mangel an Brennholz war die Zubereitung schwierig."

24. An einer anderen Stelle sagt Talat ferner:

„Die Verpflegung wurde nur in halben Portionen ausgegeben, so daß die Mannschaften (nebenbei) gekochte Maisähren aßen. Gegen Ende November ging der Vorrath an Weizenmehl zu Ende; Mais war allerdings noch vorhanden, aber in Körnern, und das Vermahlen desselben zu Mehl machte Schwierigkeiten. Die sieben in der Umgegend von Plewna befindlichen Mühlen waren vom Feinde theils zerstört, theils durch Ableitung des Wassers in Unthätigkeit versetzt. Vom 22. November an wurde die Portion auf ein Drittel herabgesetzt, d. h. der Mann erhielt statt der vorschriftsmäßigen drei Liter täglich nur einen Liter Brot; dazu wurde pro Kopf täglich eine Maiskolbe ausgegeben, welche abtheilungsweise gekocht und als Gemüse verzehrt wurden."

---
*) Daß es hier statt „in diesem Monat", d. h. im September, heißen muß, „im August", hat bereits Kuropatkin sehr richtig bemerkt.

25. In den kriegsgerichtlichen Verhandlungen über Suleiman Pascha findet sich in einem Schreiben des stellvertretenden Kriegs= ministers Mahmud an Suleiman vom 31. Oktober folgende Stelle: „Ich nehme an, daß Osman Plewna räumen und den Rückzug an= treten muß; nach den hier vorliegenden Nachrichten hat er nur noch Vorräthe für 20 Tage."

26. In dem russischen Werke Kuropatkins ist folgende Aussage eines am 24. Oktober bei Gornji Dubnjak gefangenen türkischen Offiziers enthalten:

Bei seiner Ankunft in Plewna betrug die tägliche Portion 3 Pfund Brot und ³/₄ Pfund Fleisch; seit dem 9. Oktober war sie heruntergesetzt auf 2 Pfund Brot und etwas mehr als ½ Pfund Fleisch. Brot und Fleisch reichten noch auf 15 bis 20 Tage mit Einschluß der für 5 Tage kürzlich angekommenen Vorräthe. Nach= dem vor Kurzem 4000 Verwundete nach Sofia geschafft, sollen sich in Plewna noch 4500 Verwundete und 500 bis 600 Kranke befinden.

288. **Der eintägige Bedarf der Plewna-Armee.** Auf Grund der vorliegenden, zum Theil, wie schon gesagt, ziemlich unklaren und widerspruchsvollen Daten handelt es sich zunächst um die Unter= suchung:

a) Was ist unter einer eintägigen Portion für die Armee von Plewna zu verstehen?
b) Was ist als Ladung eines der bei den Transporten ver= wendeten Fuhrwerke zu rechnen?

Die Frage a wird zunächst durch die Angabe 24) beantwortet: Die Tagesportion eines türkischen Soldaten bestand vorschriftsmäßig aus 3 Liter Weizenbrot. Dieses „Liter" hat mit unserem Litermaß nichts zu thun, sondern ist der vierte Theil einer Oka, also
$$\frac{1282,945}{4} = \text{rund } 320 \text{ g}.$$

In der bei Kuropatkin enthaltenen Angabe des gefangenen Offiziers (Angabe 26) hat sich in dieser Beziehung ein Irrthum ein= geschlichen. Der Gefangene hat jedenfalls ganz richtig ausgesagt, die ursprüngliche Tagesportion an Brot habe 3 Liter betragen; aus diesem „Liter" wurde dann bei der Dolmetscherübersetzung der all= gemeine Ausdruck „Pfund", und die Aussage lautet nun in der russi= schen Darstellung: Anfangs betrug die Tagesportion 3 Pfund. — Der deutsche Uebersetzer hat das „Pfund" als russisches Pfund an= genommen und durch Umrechnung aus den „3 Pfund" gemacht:

1227 g, welcher Notiz man ihre irrthümliche Entstehung nicht leicht ansehen kann. Durch diese Angabe wird aber der Leser leicht verführt, die türkische Tagesportion für höher anzunehmen als sie thatsächlich war.

Die in 19) gemachte Angabe über Herabsetzen der Tagesportion auf 330 g ist dann die Herabsetzung auf 1 Liter ($^1/_4$ Oka), wobei ein kleiner Rechenfehler (330 statt 321 g) untergelaufen ist.

In 6) ist ein Tagesbedarf der Armee von Plewna auf 50 000 Oka Mehl angegeben, was unter Zugrundelegung einer einzelnen Tagesportion von $^3/_4$ Oka eine Verpflegungsstärke von rund etwa 66 000 Mann ergeben würde.

Am Tage der Schlußkatastrophe betrug die Kopfstärke der Armee jedenfalls 45 000 Mann; im Laufe des Monats November war nach den offiziösen Angaben die Sterblichkeit im türkischen Lager infolge der Entbehrungen und der Witterungseinflüsse eine sehr große; seit dem 24. Oktober waren keine Verstärkungen mehr nach Plewna hereingekommen, und um Mitte Oktober waren jedenfalls 4000 Kranke und Verwundete nach Sofia abgeschoben worden.

In der Angabe 6) heißt es ausdrücklich: „Für die in Plewna und auf dem Wege dahin begriffenen Truppen sind täglich erforderlich 50 000 Oka Mehl", man darf also annehmen, daß auch die Besatzungen der befestigten Etappenpunkte auf der Sofia-Straße hierunter einbegriffen waren, wenigstens soweit sie von Plewna aus gestellt waren, also die Besatzungen von Dolnji Dubnjak, Gornji Dubnjak und Telisch. In Gornji Dubnjak und Telisch gingen aber am 24. und 28. Oktober mindestens 8000 Mann verloren. Stellt man alle diese verschiedenen Punkte in Rechnung, so ist die unter 6) für den 18. Oktober angenommene Verpflegungsstärke von rund 66 000 Mann wahrscheinlich ziemlich richtig.

Hierbei ist angenommen, daß die zu diesem Zeitpunkt in Plewna noch vorhandene Civilbevölkerung, sowohl Bulgaren wie Türken, durch eigene kärgliche Vorräthe für ihre Verpflegung sorgte. Für die Zeit von Mitte Oktober bis zur Schlußkatastrophe werden wir daher die Verpflegungsstärke der im Lager von Plewna eingeschlossenen Armee auf durchschnittlich mindestens 50 000 Mann annehmen können.

289. **Die Transportmittel.** Wir gehen jetzt zur Prüfung der Frage über: Welches Ladungsquantum darf man im Durchschnitt für jeden der zu den Transporten benutzten Wagen ansetzen? Von

der Beantwortung dieser Frage hängt wesentlich die Bestimmung der zugeführten Vorräthe ab, da die statistischen Angaben über die Zufuhren vielfach nur durch die Zahl der Wagen gegeben sind.

Die für den Transport aus dem westlichen und mittleren Bulgarien willkürlich requirirten Fuhrwerke werden die landesüblichen Arben (Ochsenkarren) gewesen sein. Das nicht unbeträchtliche Futterquantum für die Bespannung für den Hinmarsch nach Plewna sowie für den Rückmarsch nach Orchanie während einer Zeitdauer von mindestens 14 Tagen (d. h. im günstigsten Falle bei gutem Wetter) fällt bei Berechnung der Ladungsfähigkeit eines solchen Fuhrwerks sehr ins Gewicht.

In 9) giebt Chefket an: Ein aus 160 Wagen bestehender Transport habe 38 000 Oka Mehl geladen gehabt, also rund 48 000 kg, jeder Wagen also 300 kg oder 6 Centner, also allerdings ziemlich wenig; aber, wie schon gesagt, man muß das Futter für die Bespannung auf mehrere Wochen hinzurechnen.

Kuropatkin rechnet die Ladung eines Wagens 20 bis 30 Pud, also rund 320 bis 480 kg; nimmt man seine niedrigste Schätzung an, so kommt man ziemlich auf das Verhältniß aus der Angabe Chefkets.

Bei Beladung mit 300 kg würde ein Wagen also rund 300 Portionen enthalten; der eintägige Bedarf für 50 000 Mann würde rund 160 bis 170 Wagen erfordern.

Nimmt man mit Kuropatkin die Ladungsfähigkeit eines Wagens im Mittel zu 400 kg an, so würde er rund 400 Portionen enthalten, und für den eintägigen Bedarf von 50 000 Mann würden nur 125 Wagen erforderlich sein.

Wenn Chefket (4.) am 18. Oktober sagt: Jeden Tag brauchen wir 300 bis 400 Wagen, um einen eintägigen Bedarf für Plewna aufzunehmen, so mag darauf hingewiesen werden, daß er damals doch wahrscheinlich die Etappenbesatzungen auf der Sofia-Straße einrechnete und daß er wenigstens einen Theil der für die Armee nothwendigen Fourage im Auge hatte, welche er (6.) täglich auf 60 000 Oka Körnerfutter und 80 000 Oka Heu schätzt.

Indem wir von der Zufuhr von Fourage ganz absehen, da diese wahrscheinlich nur in sehr geringem Maße erfolgte und die Armee in dieser Beziehung fast ganz auf die lokalen Mittel von Plewna und Umgegend angewiesen war, so können wir wohl die Ladung eines Wagens auf 300 bis 400 volle Mundportionen veranschlagen.

290. Die rückwärtigen Zufuhren. Nach Erledigung dieser gewissermaßen elementaren Fragen kommen wir nunmehr zu der sehr verwickelten Betrachtung der Frage: Welche Mengen von Vorräthen sind bis zum 24. Oktober — dem Beginn der völligen Einschließung — von rückwärts her nach Plewna geschafft worden?

Nach der Aussage des gefangenen Offiziers (26.) sind bis zum 9. Oktober volle Mundportionen ausgegeben worden, von da an zunächst nur $^2/_3$ Portionen. Der angegebene Tag der Portionsherabsetzung hat eine gewisse innere Wahrscheinlichkeit für sich. Am 8. Oktober war der zweite „große" Transport unter Chefket in Plewna angekommen; aus dem verhältnißmäßig wohl unter den Erwartungen gebliebenen Umfang dieses Transportes sowie aus den Besprechungen, welche Osman in dieser Nacht mit Chefket über die Organisirung einer regelrechten Zufuhr von Orchanie aus hatte, mag Osman sich über die großen Schwierigkeiten klar geworden sein, welche die fernere Verproviantirung seiner Armee hatte; unter diesem Eindruck wurde sofort die Herabsetzung der Portion auf $^2/_3$ verfügt.

Dieser Portionssatz wurde nun bis zum 22. November innegehalten; an diesem Tage (24.) wurde die Herabsetzung der Portion auf $^1/_3$ verfügt.

Lassen wir zunächst die Zeit vor dem 24. Oktober unberücksichtigt und nehmen wir, wie oben begründet, die durchschnittliche Verpflegungsstärke (welche anfangs höher war und dann in immer stärkerer Progression abnahm) auf rund 50 000 Mann an, so sind thatsächlich verabreicht worden:

Vom 24. Oktober bis zum 22. November: 30 Tage à 50 000 $\times\ ^2/_3 = 1\ 000\ 000$ volle Portionen;

vom 23. November bis zum 7. Dezember: 15 Tage à 50 000 $\times\ ^1/_3 = 250\ 000$ volle Portionen;

am 7. Dezember vorhanden und ausgegeben für 45 000 Mann je 9 Portionen $= 405\ 000$ volle Portionen;

für 350 Kranke je 30 Portionen $= 10\ 500$ Portionen; im Ganzen also 1 665 500 volle Portionen.

Runden wir diese Zahl der besseren Uebersicht und der bequemen Handhabung wegen ab, so ergiebt sich, daß am 24. Oktober für eine Kopfstärke von 50 000 Mann noch 32 volle Portionen oder 1 600 000 Portionen vorhanden gewesen sein müssen.

Ueber die Meldungen, welche Osman Pascha in der Zeit kurz vor Beginn der völligen Einschließung über den Bestand seiner Vorräthe gemacht haben soll, liegen folgende Angaben vor:

1. Am 18. Oktober (3.) meldet Osman: „Bei Ausgabe der vollen Portion reicht der Proviant noch auf 3 oder 4 Tage."

2. In dem Protokoll des Kriegsministeriums vom 29. Oktober (13.) heißt es: „In der Zeit vor 5 bis 10 Tagen hat Osman mitgetheilt, der dort vorhandene Proviant reiche noch für eine Woche; der seitdem abgesandte Proviant, der noch nach Plewna gelangt sein kann, ist nicht bedeutend."

Aus der merkwürdig ungenauen Zeitbestimmung dieser Angabe geht indessen jedenfalls hervor, daß diese Meldung Osmans zwischen dem 18. und 24. Oktober erfolgt sein muß.

In der ersten Meldung vom 18. Oktober hat Osman noch Vorräthe auf 3 oder 4 Tage; nach der zweiten Meldung muß man annehmen, daß im Laufe der nächsten Tage neue Vorräthe etwa für eine Woche eingetroffen sind.

3. Der Kriegsminister Mahmud theilt unter dem 31. Oktober an Suleiman mit (25.): „Nach den hier vorliegenden Nachrichten hat Osman nur noch Vorräthe für 20 Tage."

Die Nachricht, auf welche hier Bezug genommen wird, dürfte aller Wahrscheinlichkeit nach nicht später als etwa am 24. Oktober aus Plewna abgegangen sein, an welchem Tage die bis dahin zwischen Plewna und Konstantinopel bestehende telegraphische Verbindung endgültig zerstört wurde.

Betrachten wir diese drei von Osman ausgegangenen Mittheilungen — von denen übrigens die zweite und dritte vielleicht identisch sind — näher, so passen die erste und zweite Mittheilung ganz gut zusammen; die dritte Mittheilung würde allerdings mit den beiden ersten in auffälligem Widerspruch stehen, wenn man sie auf volle Tagesportionen beziehen wollte; legt man ihr aber die bereits in Aussicht genommene Herabsetzung der Portion auf ein Drittel zu Grunde, so fällt dieser Widerspruch fort, und alle drei hier zusammengestellten Mittheilungen Osmans würden schließlich darauf hinauskommen, daß er am 24. Oktober noch etwa sieben volle Tagesportionen zur Verfügung hatte.

Dies steht nun aber in geradezu unerklärlichem Widerspruch mit dem Ergebniß der oben aufgestellten Rechnung, wonach am 24. Oktober noch 32 volle Portionen, oder wenn wir selbst diese Zahl noch nach unten abrunden, mindestens doch 30 volle Portionen vorhanden sein mußten, um die Verpflegung in der offiziös angegebenen Art zu Ende führen zu können.

Auf Grund der bisher angestellten vergleichenden Berechnungen kann ich zu keinem anderen Urtheil kommen, als daß Osman in seinen in der Woche vom 18. bis 24. Oktober ausgehenden mehrfachen Mittheilungen die Masse der noch vorhandenen Vorräthe absichtlich viel geringer angegeben hat, als sie in Wirklichkeit war, um hierdurch das Tempo der zu seinem Entsatz unternommenen Bemühungen möglichst zu beschleunigen.

Eine andere Annahme ist nur unter der Voraussetzung möglich, daß in der letzten Woche vor der völligen Einschließung derartige Massen von Vorräthen nach Plewna hineingeschafft worden wären, daß dagegen die offiziös auf je 500 Wagen bezifferten „großen" Transporte Achmed Chiwsis und Chefkets geradezu als Kleinigkeiten erscheinen würden.

Die Verpflegungsstärken der Plewna-Armee während der verschiedenen Perioden, welche die Grundlage jeder weiteren Untersuchung bilden müssen, nehme ich in runder Summe und selbstverständlich unter entsprechender Erhöhung der zu den verschiedenen Zeitpunkten berechneten Gefechtsstärken folgendermaßen an:

20. Juli: 20 000 Mann,
Ende Juli: 25 000 Mann,
Ende August: 30 000 Mann,
Anfang September: 35 000 Mann.

Von Ende September bis Anfang Dezember betrug die mehrfachen Schwankungen unterworfene Durchschnittsstärke etwa 50 000 Mann.

Aus verschiedenen Daten ergiebt sich bei summarischer Berechnung, daß in dem Vierteljahr von der ersten Ankunft Osmans bei Plewna bis zum 24. Oktober, dem Beginn der endgültigen Einschließung, etwa drei Millionen Mundportionen verzehrt worden sind, und daß dann am 24. Oktober noch mindestens anderthalb Millionen Mundportionen verfügbar sein mußten.

Wir betrachten nun die vorliegenden Daten, aus denen der Beschaffungsmodus der oben angeführten Vorräthe zu ersehen ist.

Von besonderer Wichtigkeit ist zunächst die (unter 23) angeführte Angabe Talats: „In Plewna befanden sich vor der Ankunft Osmans weder Vorräthe an Kriegsbedürfnissen noch an Lebensmitteln; dies nöthigte uns, bei dem Marsche von Widdin nach Plewna möglichst viel Lebensmittel mitzunehmen, mit welchen die Armee bis zur Ankunft der Vorräthe aus Sofia verpflegt wurde."

Von besonderem Interesse ist der nun folgende Passus: „Mit den von Sofia zugeführten Vorräthen konnte die Armee bei sparsamer Verausgabung bis zum September auskommen. In diesem Monat (muß heißen: August) traf noch Proviant für 28 Tage ein, aber vor Ablauf dieser Frist war bereits ein großer Theil dieser Vorräthe verbraucht."

Dieser, wie ich zugebe, nicht sehr klare Passus, der auch bei Kuropatkin Anstoß erregt hat, wird von mir folgendermaßen verstanden: Während der ersten Wochen der Anwesenheit Osmans bei Plewna erfolgte die Verpflegung seiner Truppen durch die mitgeführten Vorräthe und, wie ich in Uebereinstimmung mit Kuropatkin hinzufüge, mit Benutzung der nicht unbedeutenden Vorräthe, welche sich jedenfalls in Plewna vorfanden. Dann traf von Sofia ein großer Transport oder auch mehrere Transporte ein, welche bei sparsamer Verausgabung die Verpflegung bis Anfang September sichergestellt haben würden; außerdem traf dann später noch im August ein weiterer Transport ein, welcher Vorräthe für 28 Tage enthielt, der also unter der obigen Voraussetzung etwa bis Ende September oder Anfang Oktober gereicht haben würde.

Da nun aber bei der Verausgabung der Vorräthe nicht mit besonderer Sparsamkeit verfahren, sondern wahrscheinlich täglich eine volle Portion ausgegeben wurde, so reichten die Vorräthe dieser ersten Transportgruppe nicht bis zu der von Talat in Aussicht genommenen Frist, d. h. bis Anfang September, sondern bis dahin war auch bereits ein großer Theil — sagen wir etwa ein Viertel — des zuletzt eingetroffenen 28tägigen Vorraths verbraucht.

Anfang September war von den bisher erwähnten Zufuhren also nur noch ein etwa dreiwöchentlicher Vorrath vorhanden, der also bei voller Portionsausgabe bis zu Anfang der letzten Septemberwoche gereicht haben würde. Hiermit stimmt die telegraphische Meldung Osmans vom 14. September überein, nach welcher „der Proviant zu Ende ging".

Inzwischen trafen nun aber am 24. September und am 8. Oktober die beiden großen Transporte unter Achmed Chiwsi und Chefket ein, welche nach Talats Angabe auf 2 bis 3 Monate reichten, wenn man täglich nur $1/3$ Portion ausgab, mit anderen Worten: diese

beiden Transporte enthielten zusammen Vorräthe für 20 bis 30 Tage.*)
Nehmen wir hieraus das Mittel mit 25 Tagen, so reichten diese
beiden Transporte bei voller Portionsausgabe etwa bis zum 18. Oktober; da aber am 9. Oktober die Portion bereits auf $^2/_3$ herabgesetzt
wurde, so würden unter diesen Umständen am 18. Oktober noch vier
volle Portionen vorhanden gewesen sein.

Die Resultate der ganzen vorstehenden Untersuchung lassen sich
schließlich dahin zusammenfassen:

1. Verschiedene von Osman nach Konstantinopel gerichtete Meldungen kommen bei näherem Vergleich darauf hinaus, daß er am
18. Oktober nur noch Vorräthe für drei oder vier Tage habe.

2. Eine summarische Berechnung der nach Plewna der Armee
nachgeführten Vorräthe — soweit eine solche überhaupt möglich ist
— und ihrer Verwerthung kommt, ohne den gegebenen Daten etwa
Gewalt anzuthun, zu dem überraschenden Ergebniß, daß am 18. Oktober von diesen Vorräthen noch der volle Bedarf für etwa vier
Tage übrig war, d. h. etwa 200000 Mundportionen. Dieser viertägige Vorrath mußte bei täglicher Ausgabe von $^2/_3$ Portionen bis
zum 24. Oktober vollständig aufgebraucht sein.

3. Eine auf Grund durchaus glaubwürdiger Daten angestellte
Berechnung ergiebt andererseits, daß am 24. Oktober allermindestens
anderthalb Millionen voller Mundportionen zu Osmans Verfügung
sein mußten.

Aus einer Gegenüberstellung dieser Berechnungen endlich ergeben
sich mit unbedingter Nothwendigkeit folgende Eventual-Annahmen:

Entweder sind in der Zeit vom 18. bis 24. Oktober, also
binnen sechs Tagen, mindestens $1^1/_2$ Millionen Portionen nach Plewna
geschafft worden, was 3000 bis 4000 Wagen erfordert haben würde;
in diesem Falle ist die Meldung Osmans vom 18. Oktober, daß er
nur noch für vier Tage Lebensmittel habe, wörtlich richtig; oder
nur ein wahrscheinlich kleiner Theil jener Vorräthe ist in der Zeit
vom 18. bis 24. Oktober von rückwärts her nach Plewna geschafft
worden — dann bestand der größte Theil jener $1^1/_2$ Millionen
Portionen aus lokalen Vorräthen Plewnas und seiner nächsten Umgebung, welche Osman sich bei Zeiten gesichert, die er aber in seinen
Meldungen nach Konstantinopel nicht erwähnt hat.

---

*) Ist diese Angabe richtig, so dürfte die Zahl der Wagen jedes dieser
beiden Transporte allerdings wohl größer gewesen sein als 500; die russische
Angabe von 1500 Wagen scheint dann nicht übertrieben.

Kuropatkin, dessen Untersuchungen über die Verpflegung der Armee von Plewna nicht so eingehend sind, als die von mir angestellten, scheint im Wesentlichen mit meiner Auffassung der Dinge übereinzustimmen und kommt auf Grund derselben zu folgenden ebenso interessanten wie unumstößlich richtigen Schlußfolgerungen:

Die ziemlich dichte Bevölkerung der Gegend von Plewna bestand aus wohlhabenden Ackerbauern. Die im Juli beginnende Weizenernte jenes Bezirkes deckte nicht nur den Jahresbedarf, sondern ergab einen sehr bedeutenden Ueberschuß zur Ausfuhr. Von Ende Juli bis Anfang September verfügte Osman ganz ungestört über den ganzen Bezirk von der Linie Plewna—Lowtscha nach Westen und Südwesten zu. Bei richtiger Ausnutzung dieser Sachlage durch umfassende Maßregeln konnte Osman rechtzeitig so bedeutende Vorräthe in Plewna ansammeln, daß er seinen Widerstand bis zum Frühjahr 1878 hätte verlängern können; thatsächlich zog er aber nur aus der allernächsten Umgebung Plewnas Vortheil.

Wäre es andererseits den Russen gelungen, die am 24. September und 8. Oktober in Plewna eintreffenden Transporte zu nehmen oder zurückzuhalten, so würden im Hinblick auf die thatsächlich ungenügende Ausnutzung der örtlichen Hülfsmittel des Landes durch die Türken Osman bereits einen Monat früher mit seinen Vorräthen zu Ende und zu dem Durchbruchsversuch gezwungen gewesen sein.

Siebentes Buch.

Betrachtungen.

Vierunddreißigster Abschnitt.
Die strategischen Verhältnisse.

291. Allgemeine Bedeutung der Ereignisse bei Plewna. Das ungemein lebhafte Interesse, welches sich an den Namen „Plewna" knüpft, ist ein doppeltes: ein strategisches und ein taktisches.

In strategischer Beziehung handelt es sich um die Frage: Wie kam es, daß Plewna eine solche Alles beherrschende Bedeutung für den Verlauf des ganzen Krieges gewinnen konnte?

In taktischer Beziehung gilt es die Frage zu beantworten: Welchen Ursachen sind die wiederholten taktischen Mißerfolge der Russen bei ihren Angriffen auf die Stellung von Plewna zuzuschreiben?

Ich beginne mit der Erörterung der strategischen Frage.

Die geographische Lage Plewnas an sich hat keine strategische Bedeutung; auch der Umstand, daß Plewna auf der großen von Rustschuk über Orchanie und den Arabkonat=Paß nach Sofia führenden Straße liegt, kommt nicht in Betracht, denn bei der Beschaffenheit des Geländes auf beiden Ufern des Wid=Flusses wird der Verkehr auf der genannten Linie durch das in Feindeshand befindliche Plewna durchaus nicht gesperrt und nicht namhaft erschwert. Auch Plewna als Stadt von etwa 20 000 Einwohnern und als Inbegriff der in solchem Platze vorhandenen materiellen Hülfsmittel ist kein Objekt, welches an sich irgend welche strategische Bedeutung beanspruchen kann.

Die strategische Bedeutung der ganzen Situation, welche unter dem Namen „Plewna" zusammengefaßt wird, muß also ausschließlich darin gesucht werden, daß bei Plewna eine türkische Armee stand und durch ihre dortige Anwesenheit auf die gesammte russische Kriegführung einen beherrschenden Einfluß ausübte. Worin dieser Einfluß bestand und in welcher Art er sich geltend machte, soll kurz betrachtet werden.

292. Osman Paschas Vormarsch von Widdin nach Plewna. Mitte Juli war Osman Pascha mit der Hauptmasse der türkischen West-Armee von Widdin her in östlicher Richtung im Vormarsch; die ihm von Konstantinopel gestellte Aufgabe war nicht klar formulirt: er sollte im Allgemeinen mit der Ost-Armee zusammenwirken und besonders auch der Besatzung von Nikopolis zu Hülfe kommen.

Zwischen Osman und der Ost-Armee befand sich die feindliche Armee, deren rechter Flügel (Krüdener) augenblicklich gegen Nikopolis operirte, während das Centrum (Gurko und Radezki) gegen den Schipka-Balkan im Vorgehen war, der linke Flügel (Thronfolger) aber an der Jantra nach Osten Front machte.

Ein direktes Zusammenwirken mit der Ost-Armee war für Osman zunächst also ausgeschlossen; wollte er aktiv in die Operationen eingreifen — und das war doch der Zweck seines Vormarsches — so war das Natürlichste, der Besatzung von Nikopolis zu Hülfe zu eilen, durch welche Marschrichtung Osman gleichzeitig den Donau-Uebergang von Sistowa, die zur Zeit einzige Verbindung der in Bulgarien stehenden russischen Armee mit dem linken Donau-Ufer, ernsthaft bedrohte; es ist indessen charakteristisch, daß dieser in der Situation gegebene offensive Gedanke im Stabe Osmans gar nicht erörtert worden zu sein scheint

Noch bevor das Gros Osmans Plewna erreicht, kam die Nachricht, daß Nikopolis gefallen, fast gleichzeitig diejenige von der Besetzung Lowtschas durch die Russen; alarmirende zum Theil übertriebene Gerüchte von dem reißend schnellen Vordringen der russischen Heeresmassen in das Innere des Landes schwirrten überall durch die Luft: in Osmans Armee hatte man ein gewisses Gefühl der Beklommenheit und momentan, nach dem Fall von Nikopolis, eigentlich kein bestimmtes Ziel. Unter diesen Umständen erfolgte bei Plewna der erste Zusammenstoß mit dem Gegner.

293. Das erste Plewna. Krüdener hatte Nikopolis mit Sturm genommen (15. Juli). Es darf nicht übersehen werden, daß der hier erzielte glückliche Erfolg eines ohne weitere Vorbereitung gegen befestigte Stellungen unternommenen Sturmangriffs einerseits das Selbstgefühl der russischen Truppen sehr gehoben, andererseits aber auch eine etwas leichtfertige Anschauung über die Schwierigkeit derartiger Unternehmungen hervorgerufen hatte.

Ueber seine weitere Bestimmung nach der Einnahme von Nikopolis hatte Krüdener keine bestimmten Weisungen. Im Armee-Oberkommando hatte man im Allgemeinen die Absicht, Krüdener als rechte Seitenkolonne über Plewna nach dem Balkan vorzuschieben, bestimmt formulirt war diese Bestimmung aber noch nicht, nur erhielt Krüdener den Befehl: „einen Theil seines Korps nach Plewna vorzuschieben."

Diese unklare und bedenkliche Maßregel muß als der erste direkte Fehler der oberen Heeresleitung in Bezug auf die Angelegenheiten von Plewna bezeichnet werden.

Unklar war die Anordnung, weil aus ihr gar nicht zu ersehen war, welche Absicht das Armee-Oberkommando mit dem „Vorschieben" eines Theiles der Truppen nach Plewna hatte; bedenklich war sie, weil sie das Korps Krüdeners in zwei Theile auseinanderriß und so die Möglichkeit anbahnte, daß diese Theile einzeln geschlagen werden konnten. Als der betreffende Befehl vom Armee-Oberkommando gegeben wurde, lagen zwar einige ganz unbestimmte Meldungen einiger Kasakenpatrouillen über den Anmarsch türkischer Abtheilungen von Westen her nach dem Wid vor; daß man aber über den Anmarsch eines so starken Korps nicht genauer unterrichtet war, ist immerhin ein auffallender Mangel, der einerseits dem Kundschaftsdienst, andererseits der aufklärenden Kavallerie und schließlich auch den von Widdin bis Nikopolis längs des linken Donau-Ufers stehenden Rumänen zur Last fällt.

Der Befehl, „einen Theil" des Korps nach Plewna zu schicken, konnte nur den Sinn haben, einen Theil, und zwar einen namhaften Theil des Korps bei Nikopolis zurückzubehalten: Diese Absicht war fehlerhaft. Entweder es drohte zu dieser Zeit von Westen her Gefahr, dann mußte das ganze Korps entweder bei Nikopolis oder Plewna, aber jedenfalls vereinigt, dem Feinde entgegentreten; oder es drohte von Westen keine Gefahr, dann war kein Grund vorhanden, zum Schutze von Nikopolis (das dann gar nicht bedroht war) die Hälfte des Korps zwecklos zurückzulassen, zumal die sumpfigen Niederungen in der Umgebung von Nikopolis dem Gesundheitszustand der Truppen gefährlich waren.

Daß in Nikopolis natürlich auf jeden Fall eine angemessene Besatzung bleiben mußte, ist selbstverständlich.

So aber schickte Krüdener den größten Theil seiner Kavallerie und 3 Infanterie-Regimenter gegen Plewna vor und zwar mit dem ebenfalls ziemlich unklaren Befehl: Plewna zu besetzen, „wenn man kein Hinderniß fände"; 4 Infanterie-Regimenter blieben bei Nikopolis, 1 Infanterie-Regiment war an dem Uebergangspunkt Sistowa zurückbehalten.

In der oben erwähnten Anordnung des Armee-Oberkommandos ist deutlich erkennbar der Keim der ersten Niederlage von Plewna enthalten. General Schilder-Schuldner erschien am 19. Juli mit seinem schwachen Detachement, welches noch dazu auf einer Linie von 18 km in mehreren Gruppen verzettelt war, vor Plewna und stieß hier auf einen ihm sichtlich überlegenen Gegner. Hätte Schilder-Schuldner den einfachen Befehl gehabt: „gegen Plewna zu rekognosziren" oder „als Avantgarde Krüdeners gegen Plewna vorzugehen", so darf man annehmen, daß er unter diesen Umständen keinen ernsten Angriff unternommen, sondern die Situation aufgeklärt und im Uebrigen die Ankunft des Gros abgewartet hätte. Aus den beiden unklaren Befehlen „einen Theil der Truppen nach Plewna vorzuschicken" und „Plewna zu besetzen, wenn er kein Hinderniß fände", las Schilder-Schuldner die Verpflichtung heraus: Plewna zu nehmen. Er griff am 20. Juli an und wurde mit bedeutendem Verlust geschlagen.

294. Das zweite Plewna. Bevor wir den weiteren Fortgang der Ereignisse verfolgen, sei hier eine kurze kritische Exkursion gestattet über die grundsätzliche Auffassung, welche sich in der Behandlung des Zwischenfalls von Plewna seitens der russischen oberen Heeresleitung kundgab.

Von einer zielbewußten Heeresleitung muß man allerdings einerseits verlangen, daß sie sich nicht durch nebensächliche Zwischenfälle von der konsequenten Durchführung eines wohlerwogenen Planes ablenken lasse; andererseits ist es aber unbestreitbar ein Zeichen von Begabung und geistiger Elastizität, wenn die Heerführung es versteht, die Durchführung ihres Hauptplanes geschickt den Verhältnissen anzupassen und jeden unerwartet eintretenden Zwischenfall — und zwar nicht nur die günstigen, sondern auch die von vornherein ungünstigen — als nutzbringendes Glied in die Kette der eigenen Kombinationen einzufügen.

Konsequent muß die Heerführung sein; aber diese Konsequenz darf nicht starr und eigensinnig, sie muß elastisch und rationell sein;

sie muß das Hauptziel unverrückt im Auge behalten, darf aber nicht zögern, den betretenen Weg zu verlassen und einen plötzlich sichtbar werdenden besseren Weg einzuschlagen. Die starre in ihrer Art bewundernswerthe Konsequenz Benedeks führte nach Königgrätz. Die Feldzüge aller großen Feldherren, namentlich auch diejenigen Napoleons, weisen zahlreiche Fälle auf, wo die geschickte Benutzung eines augenblicklichen theilweisen Mißerfolges einen großen Gesammterfolg erzielte.

Beziehen wir das eben Gesagte auf den vorliegenden Fall.

Das in dem russischen Kriegsprogramm ausdrücklich betonte Hauptziel der russischen Operationen war ein Sieg über die türkische Armee mit möglichster Vermeidung des Festungskrieges. Der bisherige Gang der Operationen hatte hierzu keine Gelegenheit gegeben: die türkische Ost-Armee hielt sich unbeweglich im Schutze des Festungsvierecks; die bei Widdin stehende West-Armee war schon durch die räumliche Entfernung einem russischen Angriff so gut wie unerreichbar, ganz abgesehen davon, daß auch diese Armee schließlich im Schutz einer Festung stand.

Die Erstürmung von Nikopolis und die Besetzung des Schipka-Passes waren schöne Theilerfolge, brachten die Russen aber ihrem sehr richtig erkannten Hauptziel, einer entscheidenden Schlacht, nicht näher.

Die Verzettelung der Armee nach allen Himmelsrichtungen war gewissermaßen ein unfreiwilliges und unbewußtes Eingeständniß der Verlegenheit, in welcher sich die Heeresleitung befand; trotz ihrer zur Schau getragenen Siegesfreudigkeit mußte sie momentan doch kaum ein Objekt für eine ernste Aktion zu finden, wenn man sich nicht entschließen wollte, den Angriff auf die starken Stellungen des Festungsvierecks zu unternehmen und so gewissermaßen dem Gegner die von ihm erwünschte denkbar günstigste Chance zu geben.

In diese Situation fällt die Niederlage Schilder-Schuldners am 20. Juli.

Daß eine russische Division geschlagen war und schwere Verluste erlitten hatte, war an und für sich bedauerlich; dieser bedauerlichen Thatsache ließ sich aber eine Seite abgewinnen, welche für die Erwägungen der Heeresleitung von hoher Wichtigkeit war.

Bei Plewna, dicht vor der strategischen Front der russischen Armee, steht ein feindliches Korps von mindestens 25 000 Mann. Nach Lage der Dinge mußte dies die Armee von Widdin sein, welche nach russischen Kundschafternachrichten eine Stärke von 50 000 Mann haben sollte; man mußte also darauf gefaßt sein, daß der bei Plewna aufgetretene Feind wenigstens annähernd diese Stärke habe. Diese Armee war jetzt für die russische Armee erreichbar geworden; die Gelegenheit zu einer entscheidenden Schlacht war gegeben und zwar bei Plewna. Im Hinblick auf die oben berührten Stärkeverhältnisse mußte man russischerseits bemüht sein, zu der bei Plewna fallenden Entscheidung so stark als möglich zu sein.

Rustschuk und Schipka sowie die Streifzüge Gurkos in Rumelien treten momentan dagegen vollkommen in den Hintergrund.

Der Armee des Thronfolgers gegenüber verhielt sich um diese Zeit die türkische Ost-Armee vollkommen unthätig, so daß man fast ihr Vorhandensein hätte bezweifeln können; es mußte unbedenklich erscheinen, die Hälfte der zwischen Jantra und Lom befindlichen Infanterie, also etwa 2 Divisionen, nach Plewna heranzuziehen. Zeit- und Raumverhältnisse konnten keine Schwierigkeiten bilden, wenn man die glänzenden Marschleistungen bedenkt, welche die russischen Truppen mehr als einmal während dieses Krieges an den Tag gelegt.

Daß das 8. Korps recht zwecklos im Balkan verzettelt war, machte sich jetzt recht unbequem fühlbar; stand es in Reserve geschlossen bei Tirnowa, so konnte es in seiner Gesammtheit bei Plewna mitwirken, aber auch unter den jetzigen Verhältnissen mußte es unbedingt angängig sein, einige Regimenter dieses Korps zu der erwarteten Schlacht heranzuziehen.

Konnten die verschiedenen Verstärkungen nicht so rechtzeitig eintreffen, daß sie bereits am 30. Juli mitzuwirken vermochten, so konnte der Angriff noch um einige Tage verschoben werden; in der Situation lag nichts, was diesen Aufschub hätte bedenklich erscheinen lassen.

Auf diese Weise hätte aber Krüdener zur Schlacht nicht über 36 Bataillone, sondern über 60 bis 70 Bataillone verfügt; über die Bedeutung dieses Unterschiedes braucht nichts weiter gesagt zu werden.

Hätte die russische Heeresleitung die Verhältnisse bei Plewna von dem angedeuteten Gesichtspunkt aus betrachtet und behandelt, so würde der 30. Juli wahrscheinlich ein entscheidender Sieg der russischen Waffen geworden sein, dessen eventuelle militärische und politische Folgen voraussichtlich von großer Bedeutung gewesen sein würden. Die russische Heeresleitung stellte sich indessen auf einen kleinlichen Standpunkt, betrachtete die bei Plewna bevorstehende

Waffenentscheidung als Nebensache, traf halbe Maßregeln und erntete dafür den Lohn einer schweren Niederlage.

Auch bei den thatsächlichen Stärkeverhältnissen hätte allerdings Krüdener ganz gut siegen können, und der Verlust der Schlacht ist wesentlich eine Folge seiner grundfalschen Dispositionen; aber man konnte nicht wissen, ob nicht die türkische Armee bei Plewna die doppelte als die thatsächliche Stärke hatte (verschiedene Meldungen der letzten Julitage sprachen von 60 000 Mann und mehr), und in diesem Falle hätte Krüdener mit seinen 36 Bataillonen auch bei besseren Dispositionen einer Niederlage kaum entgehen können.

Stellt man sich auf den von der diesseitigen Betrachtung eingenommenen Standpunkt, so ist die obere Heeresleitung kaum von dem Vorwurf frei zu sprechen, die Angelegenheit von Plewna in diesem Zeitabschnitt kleinlich, oberflächlich und leichtfertig behandelt zu haben.

Unsere Betrachtung kehrt nach dieser Abschweifung wieder zu den thatsächlichen Ereignissen zurück.

Im großen Hauptquartier legte man dem Mißgeschick Schilder-Schuldners keine große strategische Bedeutung bei, aber man war über den Unfall verstimmt und gereizt.

Anstatt den Schwerpunkt der ganzen Operationen jetzt nach Plewna zu legen, begnügte man sich damit, Krüdener durch einige soeben eingetroffene Truppentheile des 4. und 11. Korps zu verstärken und ihn abermals gegen Plewna vorgehen zu lassen.

Krüdeners allerdings irrthümliche Meldung von der großen numerischen Ueberlegenheit des bei Plewna stehenden Gegners blieb unberücksichtigt; in nervöser Ungeduld gab das Armee-Oberkommando den unbedingten Befehl zum sofortigen Angriff. Krüdener griff am 30. Juli an und wurde mit sehr großem Verlust geschlagen.

295. **Die strategische Lage nach dem zweiten Plewna.** Der Eindruck, den dieses neue und, wie sich nicht leugnen ließ, ernste Mißgeschick auf die Heeresleitung machen mußte, wurde noch verstärkt durch den Umstand, daß gleichzeitig auch Gurko von weit überlegenen feindlichen Kräften in die Balkan-Pässe zurückgeworfen wurde, und auf der Ostfront die feindliche Haupt-Armee sich zu regen begann.

Jeder Gedanke an eine Fortsetzung der so planlos begonnenen Offensive war hiermit zu Ende; es handelt sich für die russische Heerleitung jetzt nur noch um die Frage, ob es möglich sein werde, sich bis zum Eintreffen der sofort aufgebotenen namhaften Verstärkungen auf dem rechten Donau-Ufer zu behaupten. Ob dies möglich gewesen sein würde, wenn die drei türkischen Armeen unverzüglich eine energische Offensive mit einem gemeinsamen Direktionspunkt — sei es Tirnova oder Sistowa — ergriffen hätten, ist fast zu bezweifeln. Jedenfalls mußte unmittelbar nach Krüdeners Niederlage die russische Heeresleitung die Möglichkeit einer Katastrophe ins Auge fassen, und daß man die Gefahr für sehr drohend hielt, geht am besten aus der Thatsache hervor, daß man sich zum Anrufen der rumänischen Hülfe entschloß, ein Entschluß, der der russischen Heerführung sicher nicht leicht gewesen sein kann!

Dank der Uneinigkeit, Unentschlossenheit und Schwerfälligkeit der türkischen Generale ging die Krisis glücklich vorüber.

Nachdem bereits im August außer der rumänischen Armee auch zwei neue russische Divisionen auf dem Kriegsschauplatz eingetroffen, konnte, namentlich im Hinblick auf die von der türkischen Heerführung an den Tag gelegten Beweise ihrer Unfähigkeit, von einer ernsten Gefährdung der russischen Stellung in Bulgarien nicht mehr die Rede sein; für die Wiederaufnahme der Offensive im großen Stil mußte aber natürlich die Ankunft der Hauptmasse der russischen Verstärkungen abgewartet werden, welche nicht vor Oktober in Bulgarien eintreffen konnten.

Nach diesem Blick auf die allgemeine Lage wenden wir uns wieder speziell den Verhältnissen bei Plewna zu.

Das Vorhandensein einer feindlichen Armee bei Plewna war — rein theoretisch betrachtet — durch die unmittelbare Bedrohung der rechten Flanke und der Rückzugslinie der russischen Armee und ihres einzigen Donau-Uebergangs bei Sistowa von so großer strategischer Bedeutung, daß die möglichst rasche Ueberwältigung dieser Armee die nächste und hauptsächlichste Aufgabe der russischen Heeresleitung sein mußte. In diesem Sinne habe ich bereits meine Auffassung dahin ausgesprochen, daß nach dem ersten Mißgeschick Schildner-Schuldners es angezeigt gewesen wäre, die Hauptmasse der russischen Armee zu einem zerschmetternden Schlage gegen den bei Plewna aufgetretenen Gegner zu versammeln.

Die russische Heerführung schlug ein anderes Verfahren ein; welches zu einer neuen und diesmal sehr ernsten Niederlage der russischen Waffen führte. Nach außerordentlich großen Verlusten mußten die Truppen Krüdeners einen ziemlich regellosen Rückzug antreten, nicht nur in theilweiser taktischer Auflösung, sondern, was weit schlimmer, mit gänzlich gebrochenem Selbstvertrauen. Ob eine sofortige energische Verfolgung seitens der Türken thatsächlich zur völligen Zersprengung der Armee Krüdeners und zur Einnahme von Sistowa geführt haben würde, mag im Hinblick auf die von den russischen Truppen jederzeit und unter den schwierigsten Umständen an den Tag gelegte Ausdauer und Tapferkeit dahingestellt bleiben; für möglich muß ein derartiger Erfolg aber unbedingt gehalten werden.

Daß die Türken aber in diesem für sie denkbar günstigsten Augenblick des ganzen Feldzuges nicht überhaupt wenigstens den Versuch gemacht haben, die Offensive zu ergreifen und den geschlagenen Gegner in die Donau zu werfen oder wenigstens ihn von seiner so sehr empfindlichen Rückzugslinie abzudrängen, das ist der Wendepunkt in der ganzen strategischen Bedeutung der Episode von Plewna.

Eine Armee, welche einen so glänzenden und vollständigen Sieg, wie der 30. Juli für die türkischen Waffen entschieden war, gänzlich unbenutzt und nicht einmal die leiseste Andeutung einer Verfolgung eintreten läßt, gesteht ihre gänzliche Unfähigkeit zu offensivem Auftreten ein. Ein General, der durch eine derartig packende Situation, wie sie nach dem Siege Osmans vorlag, nicht zu kühnem Wagen, zu dem Versuch begeistert wird, auf dem Wege der Offensive die Entscheidung herbeizuführen, der gesteht seine gänzlich hoffnungslose Auffassung der gesammten Kriegslage ein und erklärt sich und seine Armee in strategischer Beziehung gewissermaßen für bankerott.

296. Das dritte Plewna. Die strategische Bedeutung Plewnas war auf ein Minimum herabgesunken, sobald man russischerseits zu der Ueberzeugung gekommen war, daß von dorther eine ernste gefahrdrohende Offensive nicht zu erwarten sei; das von den Türken zwar tapfer durchgefochtene, aber schwächlich angelegte und geleitete Ausfallsgefecht von Sgalowize—Pelischat am 31. August konnte diese Auffassung nur bestätigen, aber desto größer war die moralische Bedeutung, welche Plewna für die ganze russische Kriegführung gewonnen hatte.

Gerade weil die russischen Truppen, die bei Plewna gefochten, das ehrliche Bewußtsein hatten, ihre Schuldigkeit voll und ganz gethan zu haben, war der Eindruck der Niederlage ein so überwältigender und vor allen Dingen so nachhaltiger.

Es ist charakteristisch, daß das Vertrauen der Truppen zu ihren Führern wenig oder gar nicht gelitten zu haben scheint, das Vertrauen zu den eigenen Waffen und zu der eigenen Taktik war dagegen gründlich erschüttert. Eine ähnliche Stimmung drohte einzureißen, wie sie im Krimkriege nach den Kämpfen an der Alma, bei Inkerman und an der Tschornaja die Truppen beherrschte: der Gedanke, gegen solche Waffen und gegen solche Kampfweise sind alle Anstrengungen, sind alle Wunder der Tapferkeit vergeblich.

Inwieweit diese Auffassung berechtigt war und inwieweit nicht, das wird weiter unten besprochen werden. Hier handelte es sich um die Thatsache, daß infolge dieser bei den Russen mehr und mehr Boden gewinnenden Anschauung die Armee Osmans und ihre verschanzte Stellung mit einem gewissermaßen geheimnißvollen Nimbus der Furchtbarkeit und Unbesiegbarkeit umgeben wurde, der auf die ganze Kriegführung einen bestimmenden Einfluß ausübte.

An den Begriff „Plewna" knüpfte sich in den großen Massen ein unbestimmtes, unheimliches Gefühl einer theils technischen, theils intellektuellen Ueberlegenheit des Gegners, welcher der russische Soldat trotz seiner anerkannt vorzüglichen Eigenschaften gewissermaßen hülflos gegenüberstehe. Dieses Gefühl gegnerischer Ueberlegenheit war um so empfindlicher und drückender, als man diese Ueberlegenheit einem Gegner zugestehen mußte, den man — allerdings mit Unrecht — in Bezug auf allgemeine soldatische Eigenschaften nicht für ebenbürtig halten zu müssen glaubte.

Dieser moralische Druck, der wie ein Alp auf den Truppen lastete, machte sich, wenn auch in anderer Form, in gesteigertem Maße auch bei der oberen Heeresleitung fühlbar.

Mit der zornigen Erbitterung über die erlittene Niederlage, welche dem geträumten Siegeslauf ein jähes Ende bereitete, verband sich der Aerger und Verdruß über die Nothwendigkeit der rumänischen Hülfe und endlich das Bewußtsein, daß ein großer Theil Europas mit offener Genugthuung und Schadenfreude der russischen Niederlage zugejubelt hatte. Daß die Heeresleitung vor Begierde brannte, durch einen glänzenden Sieg die erlittene Niederlage wett zu machen und sich hierdurch aus der gegenwärtigen beklemmenden Situation zu befreien, ist vollkommen begreiflich, aber es ist bezeichnend für die unverbesserliche Kurzsichtigkeit der Heeresleitung, daß die zu dem Zweck der Revanche getroffenen Veranstaltungen nicht etwa infolge eines unglücklichen Zwischenfalls, sondern mit einer gewissen inneren Nothwendigkeit nur zu einer dritten weit größeren Niederlage führten.

Im Hinblick auf die verhältnißmäßig sehr bedeutenden Streitkräfte, welche zu diesem Angriff verfügbar gemacht worden waren, hatte man in den höheren Regionen ganz unbedingt einen glänzenden und vollständigen Sieg erwartet; um so niederschmetternder war der Eindruck der Niederlage.

Der Zauber des „verfluchten Plewna" hatte sich abermals wirksam erwiesen; der Nimbus der Unbesiegbarkeit Osmans und Plewnas war größer wie je, und die Verlegenheit der russischen Heeresleitung desgleichen.

297. Totleben. Dreimal hatte man versucht, mit stürmender Hand den Widerstand Osmans zu brechen; am 20. Juli waren 10 000 Mann, am 30. Juli 30 000 Mann, in den letzten blutigen Septemberkämpfen waren 100 000 Mann gegen die türkische Stellung geführt worden; nur die Verluste waren größer geworden, das Resultat war stets dasselbe geblieben: eine entschiedene Niederlage.

Dem blödesten Auge mußte wohl klar werden, daß hier das bisher befolgte System als solches eine Niederlage erlitten hatte, und an maßgebender Stelle brach sich die Ueberzeugung Bahn, daß nur von einem Wechsel des Systems ein endlicher Erfolg zu erwarten sei.

Daß in dieser Anschauung eine herbe Kritik der bisherigen Heeresleitung lag, ist klar, und die Geltendmachung dieser Anschauung, wenn auch allerdings von sehr hoher Stelle ausgehend, dürfte nicht ohne heftige Reibungen und gereizten Widerspruch durchzuführen gewesen sein. Schließlich blieb es der oberen Heeresleitung nicht erspart, daß als ihr Berather eine nicht sowohl vergessene als vielmehr absichtlich bei Seite geschobene Persönlichkeit nachträglich doch herbeigerufen wurde: Totleben, der Held der ruhmreichen Vertheidigung von Sebastopol.

Totleben hat nicht Gelegenheit gehabt, als selbständiger Heerführer entscheidende Thaten zu vollbringen; sein großes Verdienst um den Erfolg der russischen Waffen besteht wesentlich darin, daß er der überreizten und verletzten nationalen, militärischen und persönlichen Eitelkeit gegenüber die nüchterne, praktische Vernunft zur Geltung zu bringen verstand, der es mehr um die unbedingte Gewißheit eines großes Erfolges als um ein mehr oder weniger theatralisch aufgeputztes Effektstück zu thun war.

Formell seit dem 4. Oktober in der Stellung als „Gehülfe des Kommandirenden der West-Armee", leitet Totleben die Einschließung, deren eiserner Ring, nachdem inzwischen zahlreiche Verstärkungen eingetroffen, am 24. Oktober durch die Einnahme von Gornji Dubnjak geschlossen wurde.

298. Gornji Dubnjak. Der blutige Tag von Gornji Dubnjak ist übrigens — ganz abgesehen von dem großen Interesse, das er für den Taktiker hat — ein sehr werthvoller Beweis für den eigenthümlichen Zauber, mit dem die türkischen Waffen bei Plewna gefeit zu sein schienen, und für den tiefen Eindruck den die bisherigen unglücklichen Kämpfe auf die ganze Anschauung der Russen gemacht hatten.

Nicht ganz 4000 Mann mit 4 Geschützen in einer noch nicht ganz vollendeten Erdverschanzung werden von mehr als 20 000 Mann Elitetruppen auf allen Seiten umringt und von 60 Geschützen einen halben Tag lang konzentrisch beschossen, und trotzdem war die Entscheidung eine Zeit lang zweifelhaft, trotzdem hatte es einen Moment den Anschein, als ob auch dieser Tag mit einer Niederlage der russischen Waffen enden könnte. Natürlich war dies nur möglich infolge sehr ungeschickter taktischer Maßnahmen der Russen, aber daß diese kolossale Uebermacht nicht trotz aller Fehler die Mindermacht im ersten Anlauf erdrückte, ist ein Beweis für das gestörte moralische Gleichgewicht beider Parteien, und der fast überschwängliche Siegesjubel, mit dem Rußland und die russische Armee diesen doch an und für sich nicht gerade überwältigend zu nennenden Erfolg feierten, gab einen Maßstab ab für den Barometerstand, den das russische Selbstvertrauen nach den wiederholten Niederlagen vor Plewna erreicht hatte.

299. Plewnas Fall. Je größer nun die moralische Bedeutung Plewnas für die beiden Gegner geworden war, desto größer war schließlich auch die moralische Bedeutung des Falles von Plewna, ganz abgesehen von der nicht zu unterschätzenden strategischen Bedeutung desselben, insofern er eine überwältigende numerische Uebermacht für die über den Balkan zu führende entscheidende Offensive verfügbar machte.

Der moralische Werth des Falles von Plewna wurde für die Russen übrigens bedeutend gehoben durch die Umstände, unter denen er erfolgte.

Der heroische Durchbruchsversuch Osmans am 10. Dezember bildet trotz der unmittelbar mit ihm verbundenen Katastrophe eines der schönsten Lorberblätter in dem Ruhmeskranze der Plewna-Armee und wird derselben stets zu hohem Ruhme gereichen; aber auch für die Russen mußte es in hohem Grade erwünscht sein, daß das Trauerspiel von Plewna nicht mit einer zahmen Kapitulation im Sande verlief, sondern daß es mit einer blutigen siegreichen Waffenentscheidung abschloß; es war dies immerhin eine gewisse Genugthuung für die vielen auf den Gefilden von Plewna erlittenen Niederlagen!

Fünfunddreißigster Abschnitt.

Die taktischen Verhältnisse.

300. Die Ursachen der russischen Niederlagen. Unsere Betrachtung wendet sich jetzt zur Beantwortung der zweiten Frage:

Welchen Ursachen sind die wiederholten taktischen Mißerfolge der Russen bei ihren Angriffen auf die Stellung von Plewna zuzuschreiben?

Es ist ein der menschlichen Natur tief eingeprägter eigenthümlicher Zug, die Erklärung sensationeller Erscheinungen nur ungern auf die Allgemeingültigkeit längst bekannter, scheinbar trivialer Gesetze zurückzuführen, sondern weit lieber ganz besondere Ursachen herauszufinden, welche sich in möglichst greifbarer anschaulicher Gestalt und in klar verständlicher präziser Formel vorführen und handhaben lassen.

Von diesem Gesichtspunkte aus ist es leicht begreiflich, wenn zur Erklärung der russischen Mißerfolge bei Plewna in ausgedehnten — russischen und nichtrussischen — Kreisen drei vorwiegend technische Motive namhaft gemacht werden:

1. Die Ueberlegenheit der türkischen Bewaffnung (sowohl der Gewehre wie der Geschütze);
2. die überraschende ausgedehnte Anwendung der modernen Feldbefestigung;
3. die Mangelhaftigkeit des russischen Reglements und der russischen Ausbildung.

Wäre diese Behauptung richtig, so würde damit der Technik der erste Platz unter den Faktoren des Sieges eingeräumt, eine Auffassung, welche der materialistisch-technischen Richtung der Jetztzeit allerdings entspricht, trotzdem aber durchaus falsch ist.

Es wäre natürlich mehr als thöricht, den großen Werth verkennen zu wollen, welchen die oben erwähnten drei technischen Momente jederzeit für die Durchführung und den Erfolg einzelner taktischer Aktionen gehabt haben und haben werden. Aber es wird geleugnet, daß sie nothwendiger Weise für den Gesammterfolg einer größeren taktischen Aktion, einer Schlacht, maßgebend sind; die endgültige Entscheidung wird fast immer durch geistige Faktoren bedingt werden, welche theils moralischer, theils intellektueller Natur sein können.

Die drei erwähnten technischen Momente — Ueberlegenheit der Bewaffnung und geschickte Anwendung der Feldbefestigung auf türkischer Seite und schwerfälliges Ungeschick der taktischen Formen auf russischer Seite — haben entschieden sehr viel dazu beigetragen, die russischen Verluste zu vergrößern und die Erringung des Sieges den Russen zu erschweren, aber der Sieg der russischen Waffen wäre trotz dieser erschwerenden Umstände bei besseren Maßnahmen der Führung sehr wohl möglich gewesen.

Um den Beweis für diese Behauptung zu führen, muß unsere Betrachtung auf die einzelnen Aktionen kritisch etwas näher eingehen:

301. **Das erste Plewna.** Kritische Betrachtungen der geschilderten Ereignisse:

1. Daß Schilder-Schuldner am 20. Juli zum Angriff schritt, war weder durch die strategische noch durch die taktische Sachlage geboten und im Hinblick auf das numerische Stärkeverhältniß sehr bedenklich; als Gründe für den Entschluß zum Angriff sind anzusehen einerseits die unklaren Befehle, welche dem General Schilder-Schuldner ertheilt worden waren, andererseits das durch die Erstürmung von Nikopolis sehr bedeutend gehobene Selbstbewußtsein der Russen.

2. Russischerseits fehlte jede einheitliche Oberleitung; die beiden Flügel — Nord- und Ostdetachement — fochten vollkommen isolirt, nicht nur ohne sich gegenseitig unterstützen zu können, sondern sogar ohne über ihre gegenseitige Thätigkeit etwas Bestimmtes zu wissen.

3. Die Hauptmasse der Kavallerie war auf beiden Flügeln zur Bedrohung der feindlichen Flanken taktisch gänzlich aus der Hand gegeben, während ihre Mitwirkung im unmittelbaren Anschluß an das Gefecht der Infanterie für letztere eine sehr bedeutende Unterstützung gewesen sein würde.

4. Die Hauptmasse der Artillerie wurde in viel zu großer Entfernung von der feindlichen Stellung zurückgehalten und kam daher so gut wie gar nicht zur Geltung. Welchen Werth eine energische

Mitwirkung der Artillerie hätte haben können, zeigt das Beispiel der bei dem Regiment Kostroma befindlichen Batterie.

5. Es war ein schwerer Fehler, daß die Infanterie des Nord-Detachements nach der theilweisen Erstürmung der Höhen von Bukowa und die des Ost-Detachements nach der Erstürmung der Höhen von Griviza sofort ordnungslos weiter stürmte; die Truppen mußten in den erstürmten Höhenstellungen zunächst gesammelt und die Artillerie dorthin vorgezogen werden.

Aus obigen Betrachtungen scheinen folgende Schlüsse berechtigt zu sein:

1. Die Art und Weise, wie Schilder-Schuldner zum Angriff schritt und wie der Angriff durchgeführt wurde, ist fehlerhafter kaum zu denken; trotzdem war der Angriff dank der stürmischen Tapferkeit der Truppen nahe daran zu gelingen, und wenn man sich vorstellt, daß hinter dem Regiment Kostroma zwei intakte Infanterie-Regimenter verfügbar gewesen wären, so war der Sieg der russischen Waffen so gut wie sicher.

2. Hätte Schilder-Schuldner gehandelt, wie es die einfachsten taktischen Regeln vorschreiben — möglichstes Zusammenfassen seines ganzen Detachements, Vorführen desselben entweder gegen die Höhen von Bukowa oder gegen diejenigen von Griviza, Erstürmen derselben und Festsetzen in derselben, Heranziehen der Artillerie, Vorbereitung des ferneren Angriffs von der gewonnenen Stellung aus und schließlich wieder erneutes Vorgehen, dabei immer die Kavallerie in unmittelbarem taktischen Verbande auf den Flügeln der Infanterie, — so ist, wenn man den thatsächlichen Verlauf des Gefechts und die geschilderten Zustände auf türkischer Seite ins Auge faßt, die Möglichkeit durchaus nicht zu bezweifeln, daß der russische Angriff auch trotz des numerischen Mißverhältnisses reüssirt hätte.

3. Nimmt man aber an, Krüdener hätte nicht die drei Regimenter Schilder-Schuldners, sondern sein ganzes Korps (also nach Abrechnung des nach Sistowa detachirten und eines etwa in Nikopolis zurückgelassenen Regiments, 6 Infanterie-Regimenter und 10 Batterien) gegen Plewna vorgehen lassen, so war der siegreiche Ausgang des Gefechts wohl so ziemlich über jeden Zweifel erhaben.

Fragt man also schließlich nach den Gründen, welche den Mißerfolg des 20. Juli herbeigeführt haben, so waren dies:

1. Die unklaren Befehle der oberen Heeresleitung und Krüdeners, wodurch das Detachement Schilder-Schuldners in den Kampf mit

einem Gegner verwickelt wurde, zu dessen erfolgreicher Bekämpfung die numerische Stärke des Detachements nicht genügte;

2. die strategisch fehlerhafte Maßregel Krübeners, die gegen Plewna bestimmten Truppen in zwei ganz getrennten Kolonnen in Bewegung zu setzen, wodurch die späteren taktischen Fehler gewissermaßen vorbereitet wurden; endlich

3. die fehlerhafte Art, in der Schilder-Schuldner, den einfachsten Regeln der Taktik entgegen, die ihm zur Verfügung stehenden Truppen verwandte.

Wir sehen, daß die früher erwähnten drei technischen Motive — überlegene Bewaffnung der Türken, überraschende Anwendung der Feldbefestigung, Schwerfälligkeit des russischen Reglements — bei der Entscheidung des Gefechtes gar keine Rolle spielen, sondern daß sie erst in zweiter Linie als Nebenfaktoren nicht des Mißerfolges überhaupt, sondern der mit ihm verbundenen großen Verluste genannt werden dürfen.

302. **Das zweite Plewna.** Betrachten wir nunmehr die eingehend geschilderten Ereignisse des zweiten Plewna vom kritischen Standpunkte aus, so drängen sich folgende Bemerkungen auf:

1. Die Einheitlichkeit der oberen Führung fehlte auf russischer Seite vollständig, die Schuld hierfür ist in der mangelnden Energie Krübeners zu suchen.

2. Jeder der beiden Flügel führte ein Gefecht für sich ohne irgend welche Beziehung auf das Gefecht des anderen Flügels — es war dies die Schuld der in ihren Grundzügen fehlerhaften und in ihrer Fassung unklaren Disposition.

3. Zwischen beiden Flügeln fehlte während des viele Stunden anhaltenden Gefechtes so gut wie jede Nachrichtenverbindung, jedenfalls wurde weder Krübener noch Schachowski während der ganzen Zeit über den wahren Stand der Dinge auf dem anderen Flügel unterrichtet; Schachowski scheint noch im Laufe der Nacht darüber im Unklaren gewesen zu sein, ob Krübener ernstlich im Gefecht war oder nicht. Stobelews Anordnungen haben bewiesen, daß auch unter erschwerenden Umständen — hier war die tiefe und unwegsame Tutscheniza-Schlucht zu passiren — eine derartige wichtige Verbindung in vollkommen genügender Weise aufrecht erhalten werden kann.

4. Die taktische Bedeutung der Griwiza-Front und der Radischewo-Front war russischerseits, wenigstens von Seiten Krübeners,

falsch beurtheilt worden, der die Hauptkräfte gegen die Griviza-Front dirigirte, während die Radischewo-Front für den Angriff größere Vortheile bot. Außerdem wurde auf der Griviza-Front die Bedeutung der sogenannten Griviza-Redoute überschätzt, welche als der taktische Schlüssel der ganzen Stellung betrachtet wurde. Daß sie eine solche Bedeutung durchaus nicht hatte, zeigte sich deutlich am 11. September, da die an diesem Tage erfolgte Einnahme der Redoute durch die Russen die ganze Sachlage fast gar nicht veränderte.

5. Die Erkundung der feindlichen Stellung, der man tagelang auf verhältnißmäßig geringe Entfernung gegenüber gestanden hatte, war ungenügend gewesen; auf den Griviza-Höhen glaubte man nur eine Redoute vor sich zu haben, während dort zwei sich gegenseitig unterstützende Redouten errichtet waren; merkwürdigerweise ist dieser Umstand nicht einmal während der mehrfachen russischen Angriffe erkannt worden.

6. Die Vorbereitung des Angriffs erfolgte auf beiden Flügeln ausschließlich durch Artilleriefeuer; als die Infanterie zum Angriff vorbrach, war fast kein Gewehrschuß gefallen.

7. Die russische Artillerie war trotz ihrer dreifachen numerischen Ueberlegenheit der türkischen Artillerie bei Weitem nicht gewachsen; ihre Aufgabe, der Infanterie den Weg zum Erfolge zu bahnen, war sie theils gar nicht, theils nur mangelhaft zu erfüllen im Stande. Der Grund hierfür lag nur zum geringeren Theil in dem gegen die türkischen Geschütze (System Krupp) minderwerthigen Material, vor Allem aber an den falschen taktischen Grundsätzen, welche bei der Verwendung der Artillerie meist maßgebend waren. Wo richtige Grundsätze obwalteten, war auch stets ein wenigstens relativer Erfolg zu verzeichnen.

8. Der Infanterie-Angriff wurde auf beiden Flügeln mit großer Tapferkeit durchgeführt, aber die obere Leitung dieser Angriffe war unter aller Kritik.

Auf dem rechten Flügel vergeudete man die hier zur Verfügung stehenden verhältnißmäßig zahlreichen Streitkräfte zu fortgesetzten planlosen Angriffen ausschließlich nur gegen die Griviza-Redoute, so daß nicht nur die dem rechten Flügel ursprünglich zugewiesenen sechs Regimenter, sondern auch der größere Theil der Hauptreserve und das erst gegen Abend eintreffende Regiment Woronesch gegen einige wenige türkische Bataillone verbraucht wurden.

Während auf dem rechten Flügel die Russen einen zu schmalen Theil der feindlichen Stellung angriffen, geschah auf dem linken Flügel bei Schachowski gerade das Gegentheil. Hier wurde die im ersten Treffen befindliche 1./32. Infanterie-Brigade in einer 4 km langen Linie auseinander gezogen und dann, bevor noch die das zweite Treffen bildende 1./30. Brigade überhaupt in Sehweite war, ebenso plan- wie kopflos gegen die feindliche Stellung in Bewegung gesetzt, ohne die Truppen überhaupt darüber zu orientiren, was eigentlich angegriffen werden solle. Die nach einiger Zeit herankommende 1./30. Brigade wurde dann ebenso planlos unter völliger Zerreißung der Verbände bataillonsweise in die vordere Linie geworfen. Trotz dieser so überaus ungünstigen Verhältnisse gelang hier den Russen dennoch die vorübergehende Einnahme von zwei Redouten, aber die Abwesenheit jeder höheren Führung in der Gefechtslinie, die hierdurch herbeigeführte Zersplitterung der vorhandenen Kräfte und die allmählich eintretende völlige Erschöpfung der Truppen ließen nach dem Verlust der einen genommenen Verschanzung den Angriff zum Stehen kommen und führten schließlich zu einer allgemeinen Panik, obwohl auch die Kampfkraft der Türken zu diesem Zeitpunkt völlig erschöpft war und obwohl türkischerseits nicht nur die Offensivversuche eingestellt, sondern sogar die bis dahin behaupteten Verschanzungen der ersten Linie geräumt wurden. Der Umstand, daß die eroberte Redoute Ibrahim von einer schwachen russischen Abtheilung bis gegen Morgen besetzt blieb, ist für die ganze Sachlage äußerst charakteristisch.

9. Die Kavallerie des rechten Flügels unter Loschkarew fiel — theils infolge der fehlerhaften Dispositionen, theils wegen mangelnder Initiative ihres Führers — für das Gefecht gänzlich aus; auch die den beiden Hauptmassen und der Hauptreserve zugetheilte Kavallerie griff in das Gefecht nicht aktiv ein, während dies von Seiten der sehr schwachen türkischen Kavallerie mehrfach mit Erfolg geschah. — Auf dem linken Flügel dagegen war die Thätigkeit der Kavallerie unter Skobelew mustergültig.

Auf Grund der obigen kritischen Betrachtungen scheinen folgende Schlüsse berechtigt:

1. Das Gefecht gegen die Griviza-Redoute würde im Hinblick auf die ganze Art und Weise, wie es geführt wurde, keinen besseren Erfolg gehabt haben, auch wenn noch weit mehr Bataillone dazu verfügbar gewesen wären. Andererseits hätten die Türken die

Stellungen der Griviza-Front kaum schwächer besetzen können, als es thatsächlich der Fall war, auch wenn eine weit geringere Stärke gegen diese Front im Gefecht gewesen wäre.

2. Der Angriff gegen die Radischewo-Front hatte, trotz der überaus ungeschickten Art seiner Inscenirung, dank der großen Tapferkeit der Truppen, anfangs Erfolg; um diesen zu vervollständigen, fehlte es aber an Reserven. Man darf annehmen, daß hier im entscheidenden Augenblick sechs frische Bataillone — allerdings nicht verzettelt wie die übrigen, sondern einheitlich und planmäßig gegen einen beliebigen Punkt der türkischen Stellung eingesetzt — den Sieg der russischen Waffen entschieden haben würden. Eine derartige Verstärkung Schachowskis erscheint aber durchaus möglich; man brauchte nur die Hauptreserve, anstatt sie so zwecklos zu verzetteln, geschlossen dem linken Flügel zuzuweisen. Verstärkte man diesen Flügel außerdem noch, von Anfang an, durch eine Brigade, welche dem rechten Flügel natürlich entzogen werden mußte, so würden die Chancen des Erfolges auf der Radischewo-Front außerordentlich gestiegen sein, während in dem Gange des Gefechts auf der Griviza-Front irgend welche Aenderung sicherlich nicht eingetreten wäre.

3. Ueberhaupt würde es zweckmäßiger gewesen sein, gegen die Griviza-Front nur zu demonstriren, namentlich durch Artilleriefeuer, den Entscheidungsangriff aber, wie dies der Stabschef des 11. Korps thatsächlich vorgeschlagen hatte, gegen die Radischewo-Front zu richten.

Versuchen wir schließlich die Frage zu beantworten:

Was hat das Mißgeschick der russischen Waffen am 30. Juli herbeigeführt? — so lautet die Antwort:

1. Die in Bezug auf Wahl der Angriffs-Fronten wie in Bezug auf Vertheilung der verfügbaren Kräfte durchaus fehlerhafte Angriffsdisposition;

2. die mit den einfachsten Regeln der Taktik im Widerspruch stehende planlose Art und Weise, wie die Truppen sowohl auf der Griviza-Front wie auf der Radischewo-Front verwendet wurden, wobei eine mehr oder weniger große Schwerfälligkeit der reglementarischen Formen und der Detailausbildung gar nicht ins Gewicht fällt.

Die Ueberlegenheit der türkischen Infanteriebewaffnung hat die russischen Verluste wahrscheinlich vergrößert, den Ausfall der Entscheidung hat sie nicht beeinflußt. Die Mangelhaftigkeit der russischen Artilleriewirkung war störend und erschwerend, aber nicht entscheidend.

Die Griwiza-Redouten widerstanden erfolgreich den ungeschickt geleiteten Angriffen zahlreicher Truppenmassen; zwei Redouten der Radischewo-Front erlagen, wenn auch nur vorübergehend, dem kaum weniger ungeschickt geleiteten Angriff einer bedeutend schwächeren Abtheilung; von einer grundsätzlichen Unbesiegbarkeit der türkischen Verschanzungen kann also unbedingt nicht die Rede sein.

Die Schuld für das Mißgeschick des 30. Juli trifft Krüdener und eine Anzahl seiner Unterführer, aber **nicht die russische Bewaffnung, nicht das russische Reglement und nicht die russische Infanterie als Truppe.**

303. **Die artilleristische Vorbereitung zum dritten Plewna.** Wir wenden uns nunmehr zu den großartigen sechstägigen Kämpfen des dritten Plewna und betrachten zunächst den vom 7. bis 10. September geführten vorbereitenden Artilleriekampf, bei welchem verschiedene auffallende Erscheinungen hervortraten.

1. Die Batterien feuerten im Allgemeinen auf viel zu große Entfernungen. In der Disposition und den derselben vorhergehenden Berathungen war besonders betont worden, die artilleristische Aktion solle innerhalb der Grenzen des wirksamen Feuerbereiches zur Ausführung kommen. Dieser Grundsatz wurde thatsächlich nicht beobachtet; die Batterien feuerten zum Theil auf Entfernungen, welche ihre Wirkung sehr zweifelhaft machten; die 4pfündigen Batterien mußten der übergroßen Entfernungen wegen meist ganz ausfallen. Die Belagerungsgeschütze feuerten zum Theil auf 6000 und 7000 m, wodurch ihre überlegene Wirkung, die unter anderen Umständen hätte überwältigend sein können, gar nicht zur Geltung kam; ihre Treffer waren meist nur Zufallstreffer.

2. Die in der Disposition geforderte allmähliche Annäherung der Artillerie an die feindlichen Stellungen fand im Großen und Ganzen nicht statt; die Batterien blieben meist stehen, wo sie ursprünglich standen; viele Batterien waren sichtlich nicht energisch genug bestrebt, sich dem Feinde zu nähern. Die Versuche, vorzugehen, erfolgten ohne Energie und ohne Vorbereitung, so daß sie meist keinen Erfolg hatten. Die Furcht vor Verlusten war so groß, daß die höheren Führer Batterien aus vorgeschobenen Stellungen zurückriefen, sobald einige Mann gefechtsunfähig geworden waren. Begannen gar Verluste durch Gewehrfeuer einzutreten, so galt das Zurückziehen der Batterien für dringend geboten. Am 8. September z. B. wurden östlich der Tutscheniza-Schlucht drei 4Pfünder Batterien in Position gebracht,

um die Infanterie des linken Flügels in dem heftigen Gefecht um den zweiten Kamm der Grünen Berge zu unterstützen. In dem bedenklichsten Moment für jene Infanterie, als die Türken nach dem verunglückten Angriff des Regiments Kaluga die Offensive ergriffen, gingen jene drei Batterien infolge ihrer Verluste zurück, obwohl diese nur in 2 Todten und 17 Verwundeten bestanden.

3. Die allmähliche Verstärkung des Feuers von Tag zu Tag fand nicht statt, im Gegentheil wurde dasselbe von Tag zu Tag schwächer, erstens mit Rücksicht auf den gewaltigen Munitionsverbrauch, zweitens dadurch, daß infolge des anhaltenden Schießens auf übertrieben weite Entfernungen eine sehr große Anzahl von Geschützen gebrauchsunfähig wurde.

4. Ganz besonders bedenklich war die Unklarheit über die zu beschießenden Ziele.

Daß auf dem rechten Flügel die Griviza-Redoute Gegenstand des Sturmes sein werde, wußte man allgemein; aber gegen welche Punkte der Radischewo-Front und der Krschin-Front der Sturm gerichtet sein solle, darüber machte man sich überhaupt erst am 10. September schlüssig. Infolge dieser Ungewißheit richtete sich das Feuer des Centrums am 8., 9. und 10. überwiegend auf solche Punkte, welche nachher gar nicht angegriffen wurden; gerade gegen die Redoute Omer Bey, den späteren Angriffspunkt, war das Feuer an diesen Tagen sehr unbedeutend. Aber auch nachdem am 10. September bekannt geworden, daß der Angriff des nächsten Tages gegen die Redoute Omer Bey gerichtet sein werde, blieben 8 9Pfünder-Batterien, welche bis dahin andere Punkte der feindlichen Stellung, namentlich die Redoute Ibrahim Bey, beschossen hatten, unverändert in ihren bisherigen Stellungen, obwohl aus denselben ein Feuer gegen die Redoute Omer Bey gar nicht möglich war. Eine energische konzentrirte Mitwirkung dieser gewaltigen Masse schwerer Geschütze hätte am 10. als Vorbereitung und am 11. als Unterstützung des Angriffs ein bedeutendes Gewicht in die Waagschale des Erfolges werfen können.

5. Die Unzweckmäßigkeit des eingeschlagenen Verfahrens zeigte sich auch darin, daß die Türken die im Laufe des Tages von dem russischen Feuer angerichteten Beschädigungen nicht nur im Laufe der Nächte ausbesserten, sondern daß sie unter Berücksichtigung der erkannten Schwäche ihrer Stellung die letztere durch Vervollständigung der bestehenden und Anlage neuer Werke bedeutend verstärkten, so

daß die Stellung der Türken am Morgen des 11. September thatsächlich stärker war als am Morgen des 7. September.

Auf Grund der vorstehenden Betrachtungen ist man berechtigt, das Resultat der viertägigen Artillerievorbereitung folgendermaßen zu präzisiren:

1. In materieller Beziehung war die Einbuße der Türken sehr gering; es war weder ihre Artillerie niedergekämpft worden, noch hatte die Stärke der Verschanzungen gelitten.

2. In moralischer Beziehung war es für die Türken ein Gewinn, daß sie sich allmählich an den betäubenden aber schließlich wenig wirksamen Lärm der Kanonade gewöhnten und daß sie sich von der Erfolglosigkeit der numerisch ihnen um das Sechsfache überlegenen feindlichen Artillerie überzeugten.

3. In materieller Beziehung schwächten sich die Russen durch ein gewaltiges Munitionsquantum, welches für die unmittelbare Vorbereitung und die Unterstützung des Sturmes zum Theil fehlte; außerdem schwächten sie sich durch das Unbrauchbarwerden zahlreicher Geschütze.

4. In moralischer Beziehung verloren die Russen das Vertrauen auf ihre Artillerie; die Artilleristen selbst verloren das Vertrauen zu ihren Geschützen und zu ihren Führern.

Das Gesammtresultat der artilleristischen Vorbereitung kann man wohl einen entschiedenen Mißerfolg nennen.

Als Gründe für denselben lassen sich folgende anführen:

1. Gänzlicher Mangel an einheitlicher Leitung, daher Planlosigkeit und Mangel an Zusammenwirken;

2. fehlerhafte Grundsätze über die taktische Verwendung der Artillerie;

3. fehlerhafte Anschauungen über die technische Leistungsfähigkeit des innerhalb gewisser Grenzen sehr guten Materials.

304. **Das dritte Plewna.** Indem ich mich nunmehr zum Sturm selbst wende, geben die eingehend dargestellten Ereignisse Veranlassung zu folgenden Betrachtungen:

1. Die obere Heerführung zeigte eine mit fast raffinirter Absichtlichkeit durchgeführte Desorganisation einer einheitlichen Kommandoführung, dieser unerläßlichen Grundbedingung eines jeden Erfolges. Die West-Armee hatte kein einheitliches Oberhaupt, wenn man von dem formell unbetheiligten Armee-Oberkommando absieht. Dieses „wollte zwar die volle Selbständigkeit des Kommandos der West-

1. Sowohl der Angriff des rechten Flügels wie der des Centrums hätte am 11. September gelingen müssen, wenn die vorhandenen gewaltigen Streitmittel sachgemäß verwendet worden wären.

2. Gelang es Skobelew, sich in den eroberten Plewna-Redouten dauernd zu behaupten, so war die Stellung Osmans durchbrochen und nicht mehr haltbar, welche Ansicht auch Osman selbst hatte. Skobelew würde sich aber wahrscheinlich haben behaupten können, wenn er rechtzeitig durch 10 bis 12 Bataillone verstärkt worden wäre und wenn das Centrum ihn am 12. wenigstens durch eine Demonstration gegen die Redoute Omer Bey unterstützt hätte.

3. Auch wenn am 12. September die auf dem rechten Flügel und im Centrum verfügbaren 80 Bataillone zum entscheidenden Angriff gegen die von höchstens 15 türkischen Bataillonen besetzten Fronten vorgegangen wären, nachdem Skobelew die Hauptkräfte der Türken auf sich gezogen, war der Sieg kaum zweifelhaft.

Fragen wir auch hier wieder nach dem wahren Grunde der russischen Niederlage, so ist derselbe ganz ausschließlich in der kläglichen Führung zu suchen; die vorhandenen Streitmittel waren vollauf genügend, bei richtiger Verwendung den türkischen Widerstand geradezu zu zermalmen.

305. Schlußwort. Resumiren wir die Resultate der vorstehenden Betrachtungen über die Gründe des wiederholten taktischen Mißerfolges der russischen Angriffe auf die Stellung von Plewna, so ergiebt sich Folgendes:

Trotz der Mängel der russischen Bewaffnung und des russischen Reglements und trotz der türkischerseits mit überraschendem Geschick angewandten Feldbefestigung würde der Sieg der russischen Waffen am 20. Juli **möglich**, am 30. Juli **wahrscheinlich**, am 11. September **zweifellos** gewesen sein, wenn die **Führung** es verstanden hätte, die verfügbaren Streitmittel sachgemäß zu benutzen!